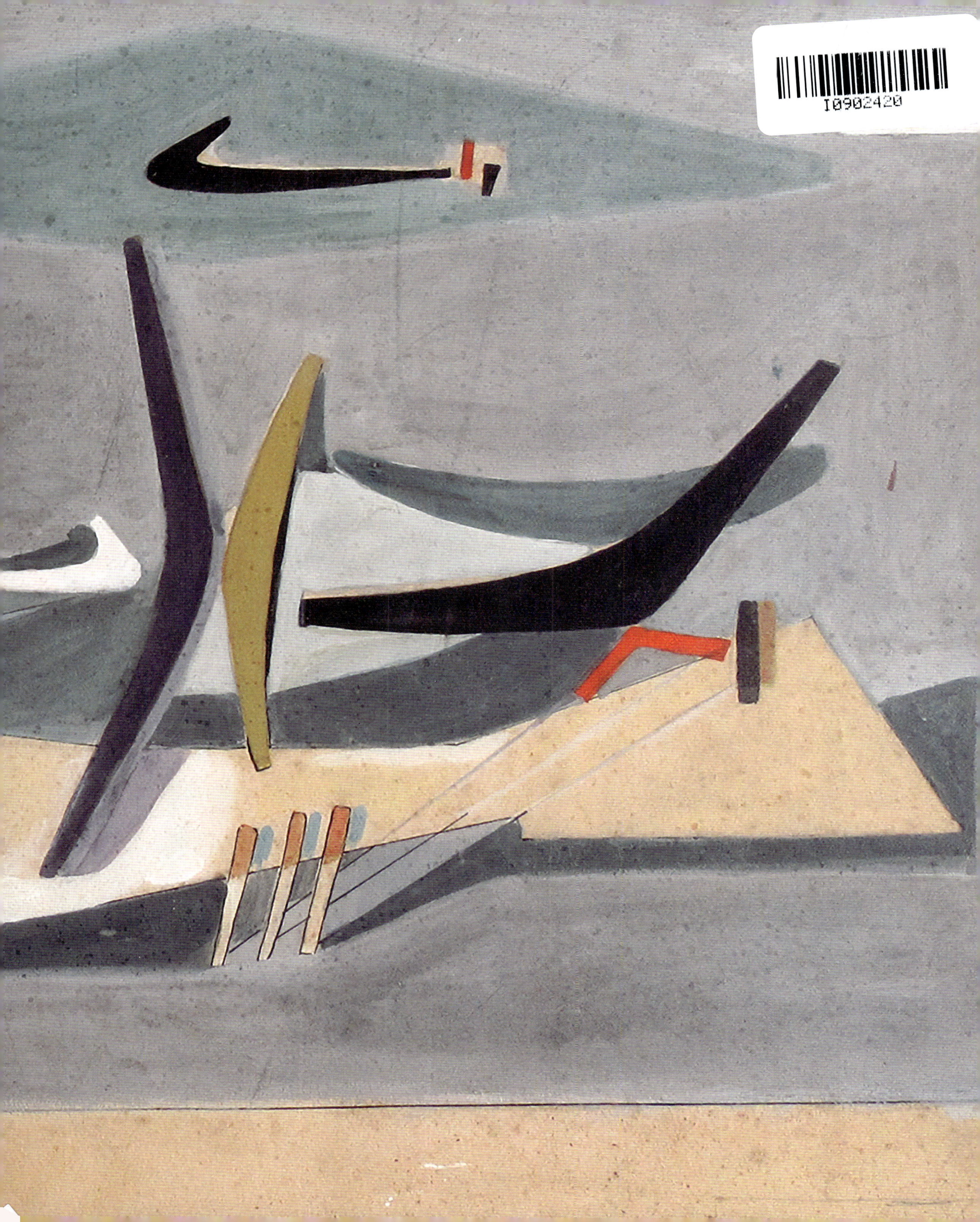

MARIANO

Variations on a Theme | Variaciones sobre un tema

Elizabeth Thompson Goizueta, ed.
McMullen Museum of Art, Boston College

This catalogue is published by the McMullen Museum of Art, Boston College in conjunction with the exhibition *Mariano: Variations on a Theme* in the Daley Family and Monan Galleries at the McMullen Museum (September 7–December 5, 2021) and at Pérez Art Museum Miami (2022). Organized by the McMullen Museum in collaboration with the Fundación Mariano Rodríguez, *Variations on a Theme* has been curated by Elizabeth Thompson Goizueta and underwritten by Boston College with major support from the Patrons and the Latin American Art Initiative of the McMullen Museum.

Library of Congress Control Number: 2020900236

ISBN: 978-1-892850-41-6

Distributed by the University of Chicago Press

Printed in the United States of America

Editor in chief: Kate Shugert
Designer: John McCoy
Translators: Erin Goodman & César Pérez

Front: *Mangoes*, 1967 (**188**)
Back: *Mozambique*, 1965 (**176**)
Endpapers (front): sketch for *Boomerang*, 1956 (**129**)
Endpapers (back): sketch for *Boomerang*, 1956 (**129**)

Note to reader: All works are by Mariano unless otherwise noted. Bold numbers within parentheses refer to page numbers that illustrate works in the exhibition. Photographs of Mariano appear courtesy of the Fundación Mariano Rodríguez and other images courtesy of those listed in captions.

McMULLEN
MUSEUM OF ART
BOSTON COLLEGE

PEGGY SIMONS
MEMORIAL
PUBLICATIONS FUND

El McMullen Museum of Art de Boston College publica este catálogo con motivo de la exposición *Mariano: variaciones sobre un tema*, en las Galerías Monan y Familia Daley en el McMullen Museum (7 de septiembre 2021–5 de diciembre 2021) y en Pérez Art Museum Miami (2022). Con la comisaría de Elizabeth Thompson Goizueta, el McMullen Museum ha organizado *Variaciones sobre un tema* en colaboración con la Fundación Mariano Rodríguez. Ha sido subvencionada por Boston College con el apoyo de los Patrocinadores y la Iniciativa de Arte Latinoamericano del McMullen Museum.

Número de Control de la Biblioteca del Congreso: 2020900236

ISBN: 978-1-892850-41-6

Distribuido por University of Chicago Press

Impreso en Estados Unidos

Editora en jefe: Kate Shugert
Diseñador: John McCoy
Traductores: Erin Goodman & César Pérez

En portada: *Mangos*, 1967 (**188**)
En contraportada: *Mozambique*, 1965 (**176**)
Páginas interiores (inicio): boceto para *Bumerán*, 1956 (**129**)
Páginas interiores (final): boceto para *Bumerán*, 1956 (**129**)

Nota al lector: Todas las obras son de Mariano a menos que se indique lo contrario. Los números en negrita entre paréntesis se refieren a números de página que ilustran obras en la exposición. Las fotografías de Mariano aparecen por cortesía de la Fundación Mariano Rodríguez y otras imágenes por cortesía de las personas e instituciones que figuran en los subtítulos.

Contents | Contenido

Foreword

Presentación

For several years, the McMullen Museum of Art, Boston College has been at the forefront of the confluence between the American public and important contemporary Latin American masters. Through a series of important exhibitions, the McMullen has brought to light the indisputable existence of a continental crossroads for twentieth-century visual arts, which provided essential coordinates for the history of art worldwide.

As part of this continuously evolving project, this prestigious cultural space now hosts the retrospective exhibition of Cuban artist Mariano Rodríguez. It is an honor and a great challenge for everyone involved in the research and memory of his work to be able to present almost sixty years of Mariano's artistic career in such an estimable academic context.

Mariano Rodríguez had important ties to the North American cultural sphere from the start of his career. In 1944, he was part of the group exhibition *Modern Cuban Painters*, held at the Museum of Modern Art in New York under the guidance of Alfred Barr Jr. and José Gómez Sicre. If Mariano was first enthralled with Mexico, in New York he was touched by expressionism, which forever marked his stylistic development. He would return to that renowned artistic city several times thereafter, and had four successful exhibitions at the Feigl Gallery. His last visit took place in 1960, en route to another place that influenced him aesthetically: India.

But Mariano never felt capable of painting or living outside of Cuba. The island—its light, its culture—was his greatest inspiration. Through his art, he became an exceptional witness to life in the largest of the Antillean islands in the last half-century, until his death in 1990. During this period, he created some of his most significant series of paintings and maintained a line of aesthetic autonomy from which he would never stray.

Currently, a growing analytical collectionism is discovering and reclaiming little-known aspects of the

Desde hace varios años McMullen Museum of Art de Boston College ha protagonizado el encuentro del público estadounidense con importantes maestros de la contemporaneidad latinoamericana. Dicha institución ha puesto en perspectiva, a través de una serie de valiosas exposiciones, la indiscutible existencia de un eje continental para las artes visuales del siglo XX, que aportó coordenadas esenciales a la historia del arte internacional.

Como parte de este proyecto, siempre en progreso, el prestigioso espacio cultural recibe ahora la exposición retrospectiva del artista cubano Mariano Rodríguez. Es un honor y un gran desafío para todos los implicados en la investigación y la memoria de su obra el poder presentar casi sesenta años de trayectoria artística de Mariano en un contexto académico de tan alto nivel.

Mariano Rodríguez tuvo un vínculo importante con el mundo cultural norteamericano desde la primera década de su carrera, cuando en 1944 formó parte de la exposición colectiva *Modern Cuban Painters*, celebrada en Museum of Modern Art de Nueva York bajo la guía de Alfred Barr Jr. y de José Gómez Sicre. Si México constituyó su primer deslumbramiento, en Nueva York lo alcanzó la voluntad expresionista, que marcó su desarrollo estilístico para siempre. Volvería a esa ciudad consagrada al arte varias veces a partir de entonces y expuso con éxito en Feigl Gallery en cuatro ocasiones. Su última visita ocurrió en 1960, de paso hacia otro de los lugares que lo sugestionó estéticamente: la India.

Pero Mariano nunca se sintió capaz de pintar o de vivir fuera de Cuba. La Isla, su luz, su cultura fueron la mayor inspiración de su vida. Así, a través de su arte, se convirtió en un testigo excepcional de la vida en la mayor de las Antillas en el último medio siglo, hasta su muerte, acaecida en 1990. Durante este periodo creó algunas de sus series más significativas y mantuvo una línea de autonomía en el plano estético que nunca se traicionaría.

Actualmente un coleccionismo analítico creciente descubre y reclama estos segmentos poco difundidos de la obra del maestro cubano, que abarcan casi treinta

Cuban master's work spanning nearly thirty years. Important institutions and halls around the world—from Mexico and Spain to Monaco—have hosted exhibitions by this quintessential Cuban avant-garde artist.

Today, the exhibition *Variations on a Theme* marks Mariano's great reencounter with the North American art world and academic environment. The laudable sensitivity of Elizabeth Thompson Goizueta, curator of Latin American art and professor of Hispanic studies, and of Nancy Netzer, director of the McMullen Museum of Art, have made this possible. Mariano's heirs extend their eternal gratitude to both, as well as to all the McMullen team.

The exhibition before us today would not have come to fruition without the support of the Patrons of the McMullen Museum, and the selfless efforts of Thompson Goizueta and her collaborators, among whom we would like to mention the assiduous Kate Shugert, as well as the skilled translators Erin Goodman and César Pérez.

Three experts contributed essays to the accompanying catalogue: Alejandro de la Fuente, Roberto Cobas Amate, and Elizabeth Thompson Goizueta herself, adding continuity to the history of Latin American art and to Mariano's work and world. Their commendable intellectual work deserves all our gratitude.

Upon its conclusion at the McMullen Museum, the exhibition will be hosted at Pérez Art Museum Miami, thanks to its director, Franklin Sirmans, and chief curator, René Morales. The presence of Mariano's work in such prestigious spaces is a source of pride for us.

For their generosity and assistance in the preparatory work, during which they shared their deep knowledge of Cuban art and their special relationship with collections located both in the United States and beyond, we wish to especially thank Ramón and Nercys Cernuda. To our friends and philanthropists Emilio M. and Silvia Ortiz, who have accompanied every event related to Mariano for over a decade, we are delighted to express that their friendship has been one of the most important pillars of our work throughout these years.

To all our art collectors around the world, many of them historical connoisseurs of our father's art, and who altruistically lent their works for this exhibition, we want to reiterate that without them, an event of such magnitude would never have been possible.

Behind every great dream, there is a confluence of wills; to all those who helped achieve this dream, we thank you.

Dolores & Alejandro Rodríguez
Fundación Mariano Rodríguez

años de trabajo. Importantes instituciones y salas de exposiciones alrededor del mundo, desde México y España hasta Mónaco, han acogido muestras de este representante de la vanguardia artística cubana.

Hoy, con la presentación de la exposición *Variaciones sobre un tema* se produce el gran reencuentro de Mariano con el mundo del arte y con el ámbito universitario norteamericanos. La sensibilidad encomiable de la comisaria de arte latinoamericano y profesora de estudios hispánicos Elizabeth Thompson Goizueta y de Nancy Netzer, directora de McMullen Museum of Art lo ha hecho posible. Llegue a ambas, y al resto del equipo de McMullen, el agradecimiento eterno de los herederos de Mariano.

La exposición que hoy nos acoge no hubiese podido realizarse sin el apoyo de los Patrocinadores de McMullen Museum y sin el esfuerzo abnegado de un grupo de colaboradores que auxiliaron la labor de Thompson Goizueta, entre los cuales quisiéramos resaltar a la asidua Kate Shugert, y a los excelentes traductores Erin Goodman y César Pérez.

Los especialistas que escribieron los ensayos que acompañan el catálogo: Alejandro de la Fuente, Roberto Cobas Amate y la propia Elizabeth Thompson Goizueta aportan continuidad a la historia del arte latinoamericano y a la obra y el mundo de Mariano. Su meritoria labor intelectual merece toda nuestra gratitud.

Franklin Sirmans, director, y René Morales, curador principal de Pérez Art Museum Miami, hospedarán esta muestra al finalizar su exhibición en el McMullen Museum. La presencia de la obra de Mariano en estas salas de tan probado prestigio es motivo de orgullo para nosotros.

Por su generosidad y ayuda en los trabajos preparatorios, durante los cuales pusieron a nuestra disposición su profundo conocimiento sobre arte cubano y su especial relación con las colecciones emplazadas dentro y fuera de los Estados Unidos, deseamos agradecer de manera especial a Ramón y Nercys Cernuda. A Emilio M. y Silvia Ortiz, amigos y fliántropos que han acompañado cada evento relacionado con Mariano por más de una década, nos complace expresarles que su amistad ha sido uno de los pilares más importantes de nuestro trabajo en este periodo.

A todos los coleccionistas, localizados en distintos lugares, muchos de ellos conocedores históricos de la obra de nuestro padre, que con altruismo prestaron sus obras para esta ocasión, queremos reafirmarles nuestra seguridad de que sin ellos, un evento de tal magnitud nunca hubiese sido posible.

Detrás de todo gran sueño, existe una confluencia de voluntades. A todos aquellos que ayudaron a lograrlo: gracias.

Dolores & Alejandro Rodríguez
Fundación Mariano Rodríguez

Preface

Prefacio

Mariano: Variations on a Theme represents the sixth exhibition in the McMullen Museum's Latin American Art Initiative; all have been curated by Elizabeth Thompson Goizueta from Boston College's Department of Hispanic Studies. In 2013 Thompson Goizueta and I had the privilege of touring the Cuban avant-garde wing of the Museo Nacional de Bellas Artes (MNBA) in Havana with its curator, Roberto Cobas Amate. At the time, Thompson Goizueta was completing research on the McMullen's *Wifredo Lam: Imagining New Worlds* (2014). Hung on the same floor were the MNBA's extensive holdings of paintings by both Lam (1902–82) and José Mariano Manuel Rodríguez Álvarez (1912–90, fig. 1), artists whose visions changed the trajectory of Cuban avant-garde art. The installation provided an opportunity, unavailable elsewhere in the world, to view the striking breadth and depth of Mariano's artistic contribution. We listened with great interest as Cobas Amate attested to the significance of Mariano's legacy in Cuba, explaining that Mariano has been the focus of solo exhibitions in major museums in Madrid, Paris, Monte Carlo, and Cairo.

Inspired and impressed by Mariano's oeuvre, Thompson Goizueta soon thereafter proposed the McMullen mount the first retrospective in the United States of the artist's widely dispersed works. She

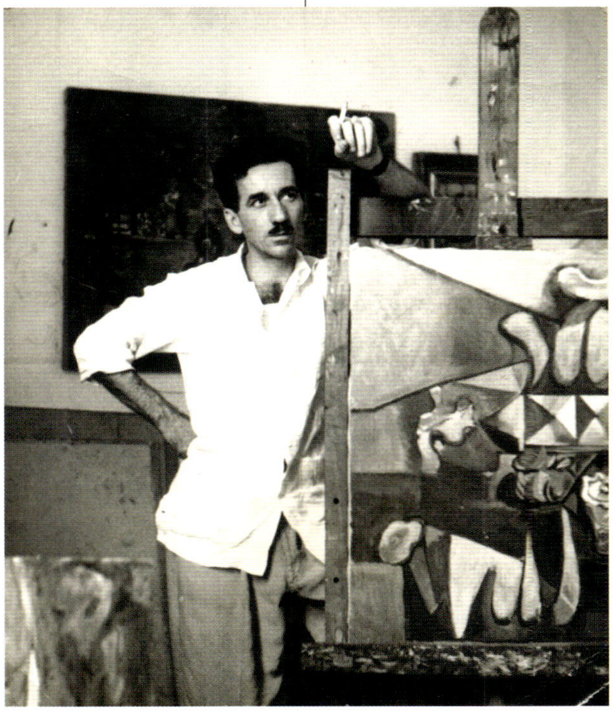

1. Mariano in his studio, 1949 | Mariano en su estudio, 1949.

Mariano: variaciones sobre un tema representa la sexta exposición de la Iniciativa de Arte Latinoamericano del McMullen Museum. Todas han sido comisariadas por Elizabeth Thompson Goizueta, del Departamento de Estudios Hispánicos de Boston College. En el año 2013, Thompson Goizueta y yo tuvimos el privilegio de recorrer el ala dedicada a la vanguardia en el Museo Nacional de Bellas Artes (MNBA) en La Habana con su curador, Roberto Cobas Amate. En aquel momento, Thompson Goizueta estaba completando una investigación para la exposición *Wifredo Lam: Imagining New Worlds* del McMullen Museum, en 2014. La extensa colección de pinturas de Lam (1902–82) que posee el MNBA comparte el piso con las obras de su contemporáneo, José Mariano Manuel Rodríguez Álvarez (1912–90, fig. 1), artistas cuyas visiones cambiaron la trayectoria del arte cubano de la vanguardia. Esto nos proporcionó una oportunidad, imposible de encontrar en ningún otro sitio, para ver la imponente amplitud y profundidad de la contribución artística de Mariano. Escuchamos con gran interés la explicación de Cobas Amate sobre la importancia del legado de Mariano en Cuba, y cómo su obra ha sido el foco de exposiciones individuales en importantes museos de Madrid, París, Montecarlo y El Cairo.

Inspirada e impresionada por la obra de Mariano, Thompson Goizueta propuso poco después que el McMullen montase la primera retrospectiva en los Estados Unidos de las obras dispersas del artista. Examinó

examined newly available archival and primary sources in an effort to track down and expand the corpus of Mariano's known works. A principal objective was to illuminate how the artist blended his grounding in *lo cubano* (the essence of Cuban expression) with his interpretations of various international styles to transform himself into a singular painter of universal significance (fig. 2). As first steps, Thompson Goizueta contacted the artist's daughter, Dolores, and son, Alejandro, president of the Fundación Mariano Rodríguez and the Fundación Arte Cubano (publisher of *Wifredo Lam: imaginando nuevos mundos*, the 2016 Spanish translation of the Lam catalogue), and Ramón and Nercys Cernuda, collectors and gallerists in Miami. All embraced the project with enthusiasm and, throughout the planning process, offered invaluable assistance in locating and obtaining loans from private collections, where many of the finest examples of Mariano's work reside. They, along with Cobas Amate, made an exhibition of the present scope possible.

To complement her new research on the artist from different disciplinary perspectives, Thompson Goizueta invited Cobas Amate and Alejandro de la Fuente, Robert Woods Bliss Professor of Latin American History and Economics at Harvard University, to write essays for this volume. We thank them as well as Erin Goodman and César Pérez, who translated their texts, for their important contributions to this book. The project also benefited greatly from the research and expertise of Betty Gago, an art historian based in Havana, and the advice of collectors María Bechily-Hodes, Rafael Miyar, and Alejandro Román. Franklin Sirmans, director, and René Morales, chief curator, of Pérez Art Museum Miami, arranged for their institution to host the exhibition in 2022.

Throughout this project Elizabeth Thompson Goizueta served as mastermind, beginning with archival research and selection of loans to crafting the exhibition's narrative and editing of this volume. She remains the best of collaborators, readily sharing her knowledge and ideas and inspiring all with her goodwill and cheer. To her we extend profound appreciation.

A comprehensive exhibition like this requires many lenders. For their generosity and assistance we

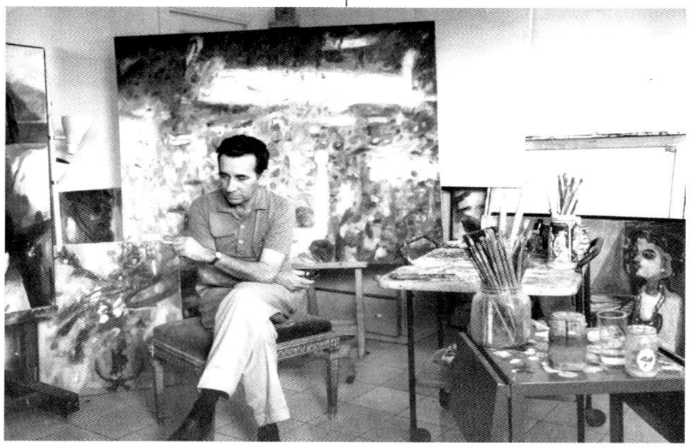

2. Mariano in his studio with *Woman in Interior (Woman with Shells)*, at right (**95**), January 30, 1968 | Mariano en su estudio con *Mujer en interior (Mujer con conchas)*, a la derecha (**95**), 30 de enero 1968.

archivos y fuentes primarias hasta hace poco no disponibles, en un esfuerzo por localizar y expandir el corpus de las obras conocidas de Mariano. Uno de los objetivos principales era iluminar cómo el artista mezcló su base en "lo cubano" con sus interpretaciones de varios estilos internacionales para transformarse en un pintor singular de importancia universal (fig. 2). Para comenzar, Thompson Goizueta contactó a la hija del artista, Dolores, y a su hijo, Alejandro, presidente de la Fundación Mariano Rodríguez y de la Fundación Arte Cubano (donde se editó *Wifredo Lam: imaginando nuevos mundos*, la traducción al español en 2016 del catálogo de la exposición sobre Lam en el McMullen Museum), y a Ramón y Nercys Cernuda, coleccionistas y galeristas en Miami. Todos acogieron el proyecto con entusiasmo y, a lo largo del proceso de planificación, ofrecieron una asistencia inestimable para localizar y obtener préstamos de obras de colecciones privadas, donde residen muchos de los mejores ejemplos del trabajo de Mariano. Ellos, junto con Cobas Amate, hicieron posible una exposición de este alcance.

Para complementar su nueva investigación sobre el artista desde las perspectivas de diferentes disciplinas, Thompson Goizueta invitó a Cobas Amate y a Alejandro de la Fuente, profesor de la cátedra Robert Woods Bliss de Historia Latinoamericana y Economía de la Universidad de Harvard, a escribir ensayos para este volumen. Les agradecemos a ellos, así como a Erin Goodman y César Pérez, quienes tradujeron sus textos, por sus importantes contribuciones a este libro. El proyecto también se benefició enormemente de la investigación y experiencia de Betty Gago, historiadora del arte residente en La Habana, y del asesoramiento de los coleccionistas María Bechily-Hodes, Rafael Miyar y Alejandro Román. Franklin Sirmans, director, y René Morales, curador principal, del Pérez Art Museum Miami, coordinaron para que su institución acoja esta exposición en el 2022.

Elizabeth Thompson Goizueta fue la coordinadora y la fuerza motriz de todo este proyecto, desde la investigación en archivos y la selección de préstamos hasta la elaboración de la narrativa de la exposición y la edición de este volumen. Como siempre, no se puede pedir una mejor colaboradora, alguien que comparte generosamente sus conocimientos e ideas y que inspira a todos con su buena voluntad y alegría. A ella le extendemos nuestro profundo aprecio.

Una exposición tan abarcadora como ésta requiere una gran cantidad de personas e instituciones dispuestas a contribuir con préstamos de obras. Por su genero-

acknowledge: Fundación Mariano Rodríguez, Madrid (Alejandro Rodríguez, Dolores Rodríguez, and Betty Gago); Cernuda Arte, Miami (Ramón and Nercys Cernuda and Jorge Palomino); Latin Art Core Gallery, Miami (Israel Moleiro Sarracino); Museum of Modern Art, New York (Glenn Lowry); Pan American Art Projects, Miami (Robert Borlenghi and Janda Wetherington); Martha Richardson Fine Art, Boston; Antonio Acosta; Armando Amorín; Malcolm L. Borlenghi; Gina Claussen; Mark and Kathy Grier; Llilian Llanes, Liliam M. Boti Llanes, and Regino E. Boti Llanes; Juan Pedro Loumiet; Silvia and Emilio M. Ortiz; David and Laurie Pauker; Andrés Rivero; Enrique Rodríguez; Juan Rodríguez; Isaac and Betty Rudman; Jason and Sonia Silverman; Luis de la Vega; Jorge Virgili; and many anonymous collectors worldwide.

An outstanding team at the McMullen Museum ushered this project to completion. Diana Larsen, an assistant director, has designed an installation to emphasize nuances in the artist's stylistic shifts and iconographic continuities. Taking cues from mid-twentieth century Bauhaus designs, especially as manifested in Cuban posters, John McCoy, an assistant director, has designed this book and signage for the exhibition that complement a bilingual format. Our manager of publications and exhibitions, Kate Shugert, served indefatigably as editor in chief for this volume, working with contributors and collectors to obtain images. She also organized all loans to the exhibition, an especially daunting task during the pandemic. Rachel Chamberlain, manager of education, outreach, and digital resources, aided by our student ambassadors and docents, has plans to organize a variety of both in-person and virtual public programs to engage a wide audience. At Boston College, Anastos Chiavaras arranged insurance and Jack Dunn, Rosanne Pellegrini, Diana Griffith, Peter Marino, and Ericka Webb aided with publicity and funding.

As always, the McMullen remains grateful for the following endowed funds that support all its projects: Linda '64 and Adam Crescenzi Fund, Janet M. and C. Michael Daley '58 Fund, Gerard and Jane Gaughan Fund for Exhibitions, Hecksher Family Fund, Hightower Family Fund, John F. McCarthy and Gail M. Bayer Fund, Christopher J. Toomey '78 Fund, and Alison S. and William M. Vareika '74, P'09, '15 Fund.

Finally, this ambitious project could not have been realized without the backing of the administration of Boston College and the McMullen Family Foundation. We thank especially Jacqueline McMullen, Boston College President William P. Leahy, SJ, Provost David Quigley, Vice Provost of Faculties Billy Soo, and Dean of the Morrissey College of Arts and Sciences Gregory

sidad y asistencia reconocemos a: la Fundación Mariano Rodríguez, Madrid (Alejandro Rodríguez, Dolores Rodríguez y Betty Gago); Cernuda Arte, Miami (Ramón y Nercys Cernuda y Jorge Palomino); Latin Art Core Gallery, Miami (Israel Moleiro Sarracino); Museum of Modern Art, Nueva York (Glenn Lowry); Pan American Art Projects, Miami (Robert Borlenghi y Janda Wetherington); Martha Richardson Fine Art, Boston; Antonio Acosta; Armando Amorín; Malcolm L. Borlenghi; Gina Claussen; Mark y Kathy Grier; Llilian Llanes, Liliam M. Boti Llanes y Regino E. Boti Llanes; Juan Pedro Loumiet; Silvia y Emilio M. Ortiz; David y Laurie Pauker; Andrés Rivero; Enrique Rodríguez; Juan Rodríguez; Isaac y Betty Rudman; Jason y Sonia Silverman; Luis de la Vega; Jorge Virgili; y muchos coleccionistas anónimos del mundo entero.

El excelente equipo de McMullen Museum contribuyó a hacer realidad este proyecto. Diana Larsen, subdirectora, ha organizado la exposición en una secuencia que enfatiza los matices en los cambios estilísticos del artista y las continuidades iconográficas. Inspirándose en elementos del diseño Bauhaus de mediados del siglo XX, especialmente en la manera en que estos aparecen en los carteles cubanos de la época, John McCoy, subdirector, ha diseñado este libro y la señalización para la exposición, que complementan un formato bilingüe. Nuestra gerente de publicaciones y exposiciones, Kate Shugert, trabajó infatigablemente como editora en jefe para este volumen, contactando con colaboradores y coleccionistas para obtener imágenes. También organizó todos los préstamos de obras para la exposición, una tarea particularmente difícil durante la pandemia. Rachel Chamberlain, gerente de educación, divulgación y recursos digitales, con la ayuda de nuestros embajadores estudiantiles y docentes, ha diseñado los planes para organizar una variedad de programas virtuales y presenciales para ampliar el alcance y la audiencia de la exposición. Desde Boston College, Anastos Chiavaras realizó las gestiones de los seguros de las obras y Jack Dunn, Rosanne Pellegrini, Diana Griffith, Peter Marino y Ericka Webb colaboraron con la publicidad y la recaudación de fondos.

Como siempre, el McMullen agradece a los siguientes fondos de dotación que respaldan todos sus proyectos: Linda '64 and Adam Crescenzi Fund, Janet M. and C. Michael Daley '58 Fund, Gerard and Jane Gaughan Fund for Exhibitions, Hecksher Family Fund, Hightower Family Fund, John F. McCarthy and Gail M. Bayer Fund, Christopher J. Toomey '78 Fund y Alison S. and William M. Vareika '74, P'09, '15 Fund.

Por último, este ambicioso proyecto no podría haberse realizado sin el respaldo de la administración de Boston College y la Fundación Familia McMullen. Estamos especialmente agradecidos a Jacqueline McMullen; al presidente de Boston College William P. Leahy, SJ; al rector David Quigley; al vice preboste del claustro de profesores, Billy Soo; y a Gregory Kalscheur, SJ, decano del Morrissey College de Artes y Ciencias.

Kalscheur, SJ. Major support was provided by Boston College, the Patrons of the McMullen Museum, chaired by C. Michael Daley, and the McMullen's Latin American Art Initiative. This volume has been underwritten in part by the publications fund in memory of our former Museum docent Peggy Simons, who embraced each new exhibition with joyous enthusiasm.

Nancy Netzer
Inaugural Robert L. and Judith T. Winston Director and Professor of Art History

Ayuda financiera fue proporcionada por Boston College; los Patrocinadores del McMullen Museum, presididos por C. Michael Daley; y la Iniciativa de Arte Latinoamericano del McMullen. Este volumen ha sido subvencionado en parte por el fondo de publicaciones en memoria a nuestra antigua docente del museo, Peggy Simons, quien acogía cada nueva exposición con alegría y entusiasmo.

Nancy Netzer
Robert L. y Judith T. Winston Directora Inaugural y Profesora de Historia del Arte

The 1930s: Mariano's *Primera Etapa*

La década de 1930: la "primera etapa" de Mariano

Alejandro de la Fuente

We know very little about Mariano's early years as an artist. Although it was in the 1930s that he developed the skills, techniques, networks, and sensibilities that sustained and informed his long artistic and intellectual career, art historians and critics have given little attention to these formative years. The period is frequently dismissed as a precedent of things to come, a more or less unfortunate phase that would be quickly superseded by his more mature work and by critical and commercial success in the following decade.

There is something of an established, traditional narrative that art critics deploy to encapsulate Mariano's life, plotting his artistic production along a temporal arc that does not really begin until the 1940s, when new colors, themes, and aesthetic solutions appear in his work. "With very few Cuban painters it is possible to detect as clear and defined a chronological thread as with Mariano," art critic Alberto Quevedo wrote in 1977. According to him, the "year 1940 was a moment of transit" for the artist (fig. 1), whereas "1941 can be established as the defining moment of the personal encounter of the artist with a precise workstyle."

This shift is associated with new approaches to painting, but also with the emergence of new central themes in his work (**38**): "the roosters, women, fruits and *el guajiro* [the peasant] make their appearance this year."[1] As another scholar claims, "in all the chronologies of the painter we find the following, unavoidable

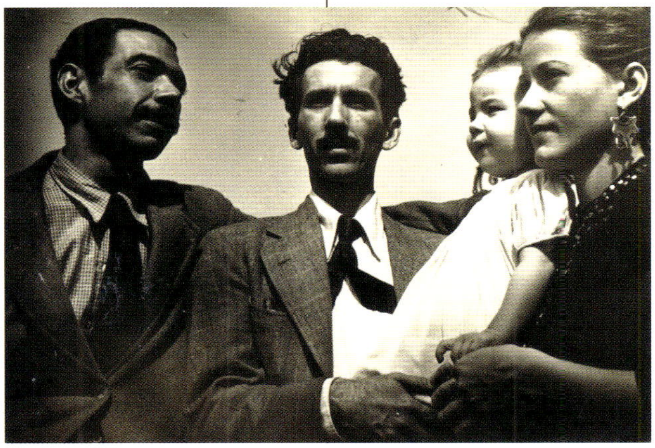

1. Cuban artist René Portocarrero and Mariano, his daughter, Dolores, and wife, Libi, ca. 1940 | El artista cubano René Portocarrero y Mariano, con su hija, Dolores, y su esposa. Libi, ca. 1940.

Sabemos muy poco sobre los primeros años de Mariano como artista. Aunque fue en la década de 1930 que desarrolló las habilidades, técnicas, contactos y sensibilidades que sustentaron e informaron su larga carrera artística e intelectual, los historiadores y críticos de arte han prestado poca atención a estos años formativos. El período es con frecuencia considerado como un precedente de lo que vendrá, una fase más o menos desafortunada que sería rápidamente reemplazada por su obra más madura y por el éxito comercial y crítico de la década siguiente.

Hay una especie de narrativa tradicional establecida que los críticos de arte utilizan para encapsular la vida de Mariano, delineando su producción artística a lo largo de un arco temporal que realmente no comienza hasta la década de 1940, cuando aparecen nuevos colores, temas y soluciones estéticas en su obra. "Con pocos pintores cubanos como con Mariano puede hacerse una hilación cronológica de su obra tan clara y definida", escribió en 1977 el crítico de arte Alberto Quevedo. Según él, "el año 1940 resultó un momento de tránsito en la obra de Mariano" (fig. 1), mientras que "el año 1941 puede situarse definitoriamente en la obra de Mariano como el momento del encuentro personal del artista con una línea de trabajo precisa".

Este cambio está asociado con un nuevo acercamiento a la pintura, pero también con la aparición de nuevos temas centrales en su obra (**38**): "los gallos, la mujer, las frutas y el guajiro harán su aparición en este año"[1]. Como declara otro crítico, "en todas las cronologías del pintor encontramos el siguiente dato, ineludi-

fact...[in] 1941, he began to work on roosters."[2]

In this chronology, in which intellectual work and artistic creation evolve in suspiciously clear and precise ways, the lessons and influences that Mariano may have drawn from his experience with teachers in Cuba and Mexico during the 1930s becomes "baggage," something from which he needed to "liberate" himself, as Loló de la Torriente asserted in her study of the visual arts in Cuba in the 1950s: "Soon enough, Mariano liberates himself and starts searching for a Cuban expression through color."[3] Mariano himself occasionally used the metaphor of "liberation" when talking about Mexican influences and it would appear that such influences were used early on to criticize his work[4] (fig. 2).

In the first known published commentary on Mariano's art, written by Ramón Guirao in 1938, the author speaks of the "facile verbal criticism" deployed against the artist, who was "being accused of receiving Mexican influences."[5] This criticism, these "accusations" probably go a long way in explaining why Mariano and his admirers emphasized a stylistic and thematic shift, a change that was and could only be a turn away from his Mexican period. The fact that the international art market embraced his new works in the 1940s, when he participated in *Modern Cuban Painters* (1944) at the Museum of Modern Art (MoMA) in New York—MoMA had acquired one of Mariano's roosters in 1942 (**40**)—contributed to solidify the notion of a permanent shift, consigning all previous work to what Mariano labeled a "first period," a *primera etapa* that was quickly superseded and transcended.[6]

Perceptions about the Cuban Revolution of 1959 also contributed to this narrative. Some art critics and scholars such as Adelaida de Juan anchored Mariano's artistic career on a political chronology that connected the popular struggles of the 1930s with 1959. Mariano's participation in leftist youth organizations and his affiliation with the Communist Party during the 1930s were presented as clear antecedents to the Revolution of 1959. In this narrative, the Revolution is imagined as an endpoint to previous struggles for nationhood

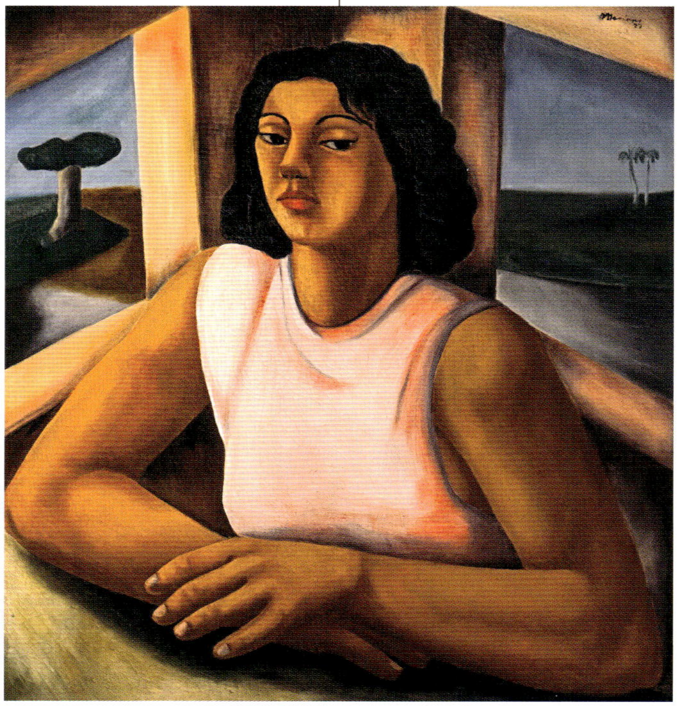

2. Mariano, *Zora (Retrato de Zora)* | *Zora (Portrait of Zora)*, 1937. Oil on canvas | óleo sobre lienzo, 34.8 × 34.6", Museo Nacional de Bellas Artes (MNBA), La Habana, 90.417.

ble... 1941, comienza a elaborar el tema de los gallos"[2].

En esta cronología, en la que el trabajo intelectual y la creación artística evolucionan de maneras sospechosamente claras y precisas, las lecciones e influencias que Mariano pudo haber extraído de su experiencia con los maestros de Cuba y México durante la década de 1930 se convierten en "bagaje", algo de lo que necesitaba "liberarse", como afirmó Loló de la Torriente en su estudio de las artes visuales en Cuba de la década de 1950: "bien pronto, Mariano se libera y empieza a trabajar en la búsqueda de una expresión cubana a través del color"[3]. El propio Mariano empleó ocasionalmente la metáfora de la "liberación" cuando hablaba de las influencias mexicanas, y parece que tales influencias se usaron desde el principio para criticar su obra[4] (fig. 2).

En el primer comentario publicado conocido sobre el arte de Mariano, escrito por Ramón Guirao en 1938, el autor habla del "fácil criticismo verbal" usado en contra del artista, a quien "se le acusa de recibir influencias mexicanas"[5]. Esta crítica, estas "acusaciones" probablemente explican en gran medida por qué Mariano y sus admiradores enfatizaron un cambio estilístico y temático, un giro que fue y solo pudo ser un alejamiento de su etapa mexicana. El hecho de que el mercado internacional del arte acogiese calurosamente sus nuevas obras en la década de 1940, cuando participó en *Modern Cuban Painters* (1944) en el Museum of Modern Art (MoMA) en Nueva York—el MoMA había adquirido uno de los gallos de Mariano en 1942 (**40**)—contribuyó a solidificar la noción de un cambio permanente, confinando todo el trabajo anterior a lo que Mariano llamó una "primera etapa", que rápidamente fue superada y trascendida[6].

Las percepciones sobre la Revolución cubana de 1959 también contribuyeron a esta narrativa. Algunos críticos de arte y académicos, como Adelaida de Juan, anclaron la carrera artística de Mariano en una cronología política que conectó las luchas populares de la década de 1930 con 1959. La participación de Mariano en organizaciones juveniles de izquierda y su afiliación con el Partido Comunista durante la década de 1930 se presentaron como claros antecedentes a la Revolución de 1959. En esta narrativa, la Revolución es imaginada como un punto final de las luchas anteriores por la

and justice. It is also a new turn in the social functions of the visual arts and of artistic production. The 1940s and 1950s are something of an interlude between the dreams and mobilization of the 1930s and 1959. "For the time being, all those struggles for a real national independence were frustrated," an outcome that was only realized in 1959, "Then the moment of true Independence for the country begins...a moment of deep social transformation that is immediately reflected in artistic production." Although in this approach the turn of the 1940s is assessed somewhat differently, as a "retreat" from the radical expectations of the previous decade, its effects on Mariano's early years is the same. Those years are mentioned only as antecedents to something else, in this case the Revolution of 1959.[7]

The 1930s are then constructed by many critics and scholars as a sort of prehistory in Mariano's career. This is compounded by the unfortunate fact that the number of known and existing works from those years is exceedingly small. This paucity is not necessarily a function of the artist's production, but the literal consequence of fire. In several interviews, Mariano remembered burning numerous paintings, from fifty to eighty (the number varies), which surely included many from this period. "They bothered me, and I did not want to see them...they were a very cold thing, it was an emotional problem." As if to clarify the connection with Mexico, after burning the paintings he went to the Bar Mexicano in Regla (near Havana), ordering "some tacos and tequila."[8]

My goal in this essay is not to deny the evolution of Mariano, the development of novel themes, techniques, approaches, or the acquisition of a new palette in his career ("colors" are mentioned ad nauseam by all critics after 1940). Like any other artist, Mariano's work evolved in conversation with current and succeeding influences, as he encountered fresh pressures and challenges, not excluding market demands. My goal, rather, is to highlight the importance of a formative period in Mariano's life, his immersion in transnational networks of activism and cultural production, his participation in continental conversations about art, justice, and national identity. Guirao captured the importance of this moment when, as early as 1938, before the "turn" to anything, he noted Mariano's "continental quest for an authentic and enduring Americanism" and how much his work at the time was imbued with a Latin American "character."[9] Rescuing this period requires a "multinational or even transnational" cultural historical approach.[10] Mariano arrived at *lo cubano* from Mexico and via a Latin American journey that did not simply end when he painted his first *gallos* (roosters) circa 1941.

nación y la justicia. También se trata de un nuevo giro en las funciones sociales de las artes visuales y de la producción artística. Las décadas de 1940 y 1950 aparecen así como una suerte de interludio entre los sueños y la movilización de los años treinta y 1959. "Frustradas, de momento, todas esas luchas por lograr una verdadera independencia en el país", un resultado que sólo se logró en 1959, "Se abre entonces el momento de Independencia del país... un proceso de profunda transformación social que no puede sino reflejarse de inmediato en las producciones pictóricas". Aunque en esta perspectiva el cambio de la década de 1940 se evalúa de manera algo diferente, como un "repliegue" de las expectativas radicales de la década anterior, sus efectos en los primeros años de la carrera de Mariano son los mismos. Estos años se mencionan sólo como antecedentes de otro proceso, en este caso la Revolución de 1959[7].

La década de 1930 entonces es presentada por muchos críticos y académicos como una suerte de prehistoria en la carrera de Mariano. Esto se ve agravado por el hecho de que desafortunadamente el número de obras conocidas y aún existentes de esa época es muy pequeño. No tenemos mucho con qué trabajar. La escasez de obras no es necesariamente una función de la producción del artista, sino la consecuencia literal de su destrucción. En varias entrevistas, Mariano recordó haber quemado numerosas pinturas, entre cincuenta y ochenta (el número varía), de las cuales seguramente había muchas de ese período. "Me estorbaban y yo no los quería ver... eran una cosa muy fría, fue un problema emocional". Como para hacer más clara la conexión con México, después de quemar las pinturas Mariano fue al Bar Mexicano en Regla (cerca de La Habana), y pidió "unos tacos y tequila"[8].

Mi objetivo en este ensayo no es negar la evolución de Mariano, ni el desarrollo de temas, técnicas y enfoques novedosos o la adquisición de una nueva paleta en este punto de su carrera ("los colores" son mencionados *ad nauseam* por todos sus críticos a partir de 1940). Como cualquier otro artista, el trabajo de Mariano evolucionó en un diálogo con sus influencias iniciales y las que fue incorporando al responder a nuevas presiones y desafíos, incluyendo las demandas del mercado. Mi objetivo, más bien, es resaltar la importancia de un período formativo en la vida de Mariano, su inmersión en redes transnacionales de activismo y producción cultural, y su participación en conversaciones continentales sobre arte, justicia e identidad nacional. Guirao captó la importancia de este momento cuando, ya en 1938, antes del tan mentado "giro", notó su "deseo continental de americanismo auténtico y perdurable" y cuánto de su trabajo de aquel tiempo estaba imbuido de un "carácter" latinoamericano[9]. El rescate de este período requiere un enfoque histórico cultural "multinacional o incluso transnacional"[10]. Mariano llegó a "lo cubano" desde México y a través de una travesía latinoamericana que no terminó simplemente cuando pintó sus primeros gallos alrededor de 1941. Quienes hablan de antecedentes olvidan lo

Those who speak of antecedents forget the obvious: in grammar, antecedents give meaning to later pronouns.

"The Present Enormous Vogue of Things Mexican"

Mariano was not alone in traveling to Mexico City, which in the 1930s was competing with Paris and New York as one of the art capitals of the Western world, what the *New York Times* called in 1933 "the present enormous vogue of things Mexican."[11] To modernist and radical intellectuals across the Americas, Mexico represented the one place where art had successfully produced an authentic and novel national culture. Mexico was a place of pilgrimage for artists, writers, and activists, a Latin American "Way of Santiago de Compostela," in the words of an American art critic writing for the Boston press.[12] State-sponsored cultural and artistic projects, combined with the expansion and development of popular educational initiatives, attracted the attention of radical and nationalist intellectuals from the whole region. Furthermore, the presidency of Lázaro Cárdenas (1934–40) was a singularly auspicious moment, as his administration implemented some of the most radical and daring proposals of the revolutionary project, from agrarian reform to secular education and oil nationalization.

Young, leftist intellectuals and artists such as Mariano, who was only twenty-four when he arrived in Mexico City in November 1936, made themselves at home in the city's radical cosmopolitan cultural circles. This was the place where an artist searching for revolutionary authenticity could complete his education, both technically and thematically. In terms of skills, a trip to Mexico made it possible to learn from the renowned masters of *muralismo* (muralism) and their collaborators (fig. 3). Ideologically, it was also an opportunity

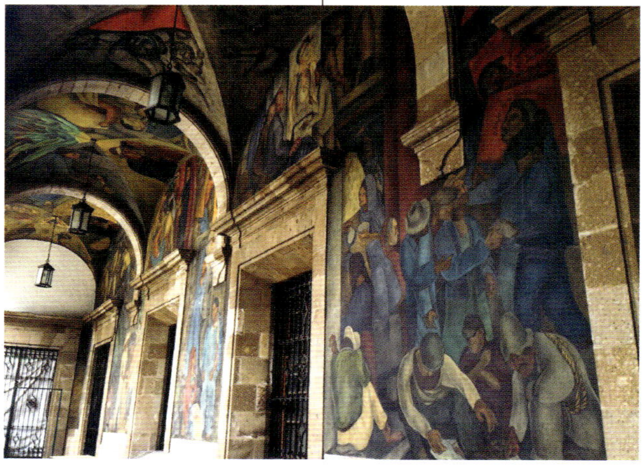

3. Pablo O'Higgins (1904–83), *La lucha de los obreros contra los monopolios* | *The Workers' Struggle against Monopolies*, 1934–35. Mercado Abelardo L. Rodríguez, Ciudad de México.

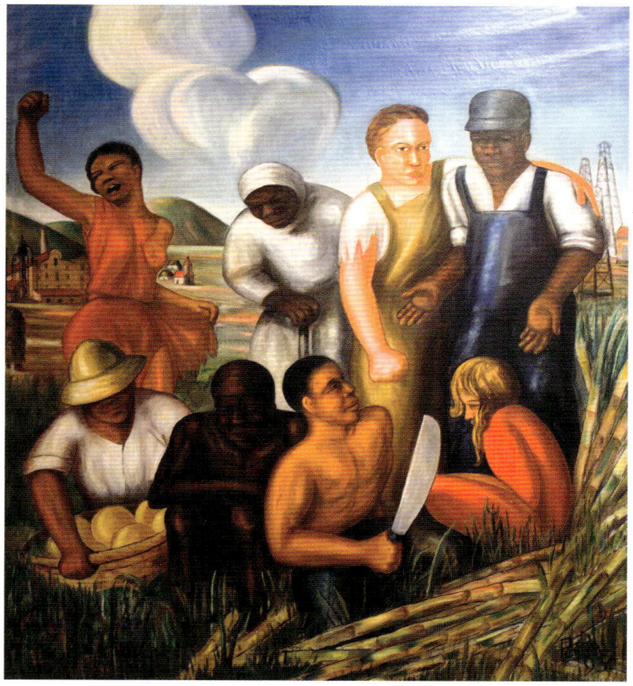

4. Alberto Peña (Peñita), *Trabajadores* | *Workers*, 1934. Oil on canvas | óleo sobre lienzo, 56.7 × 50.6", MNBA, La Habana, 88.238.

obvio: en gramática, los antecedentes dan significado a los pronombres que los suceden.

"La enorme moda actual de lo mexicano"

Mariano no era el único viajero a la Ciudad de México, que en la década de 1930 competía con París y Nueva York como una de las capitales artísticas del mundo occidental, lo que el *New York Times* llamó en 1933 "la enorme moda actual de lo mexicano"[11]. Para los intelectuales modernistas y radicales de América, México representaba el único lugar donde el arte había logrado producir una cultura nacional auténtica y novedosa. México era un lugar de peregrinación para artistas, escritores y activistas, un "Camino de Santiago" latinoamericano, en palabras de un crítico de arte estadounidense que escribía para la prensa de Boston[12]. Los proyectos culturales y artísticos patrocinados por el estado, junto con la expansión y el desarrollo de iniciativas educativas populares, atrajeron la atención de intelectuales radicales y nacionalistas de toda la región. Además, la presidencia de Lázaro Cárdenas (1934–40) fue un momento singularmente prometedor, ya que su administración implementó algunas de las propuestas más radicales y audaces del proyecto revolucionario, desde la reforma agraria hasta la educación secular y la nacionalización del petróleo.

Jóvenes intelectuales y artistas de izquierda como Mariano, que tenía sólo veinticuatro años cuando llegó a la Ciudad de México en noviembre de 1936, encontraron un espacio propicio en los círculos culturales cosmopolitas radicales de la ciudad. Este era el lugar donde un artista en busca de la autenticidad revolucionaria podía completar su educación, tanto técnica como temáticamente. En términos de técnica pictórica, el viaje a México permitió que aprendiese de los reconocidos maestros del muralismo y sus colaboradores (fig. 3).

to develop an artistic language anchored in the needs, experiences, and struggles of the popular sectors. "That country had a muralist movement of great influence in America, socially linked to the Mexican Revolution. Because of my political formation, I was closer to Mexico City than to Paris," Mariano recalled later. He described muralismo as "the world's most interesting movement, American and revolutionary, because the Mexicans used painting for social purposes, when they started working with murals, so I decided to go to Mexico to study Mexican paintings and to study with Mexican masters."[13]

Before going to Mexico, Mariano took drawing lessons with another radical artist: Afro-Cuban painter Alberto Peña (1897–1938). A disciple of one of the most accomplished painters of Cuba's vanguard from the 1920s, Victor Manuel García (1897–1969), Peñita, as he was commonly known, developed a unique body of work where issues of social and racial justice figured prominently. Influenced by Mexican muralism and by the proletarian modernist art of the 1920s and 1930s, Peñita's paintings highlight the predicament of manual workers (fig. 4), the unemployed, and the working poor in general, with a particular emphasis on issues of race and the failure of republican society to deliver on its promises of racial equality.[14] Peña was a graduate of the Escuela de Artes y Oficios (School of Arts and Trades), a formation that landed him a job in the team of modernist urban architect Jean-Claude Nicolas Forestier (1861–1930), who supervised urban regeneration in Havana in the late 1920s. According to Afro-Cuban poet Enrique Andreu, Forestier held Peña in high esteem and considered him one of the best technical drawers in his team.[15]

We know next to nothing about the relationship between Mariano and Peña. They probably connected with each other in one of the leftist intellectual and cultural circles that they shared. Mariano recalled later that he had coincidentally encountered Peñita, described by Mariano as an artist "was also a communist militant like me," and asked him for lessons. But Mariano seldom mentioned Peña in his numerous interviews later in life and did not credit him as an important influence in his work. We do not know for how long they worked together, or what Mariano may have learned from him. According to Mariano, the relation-

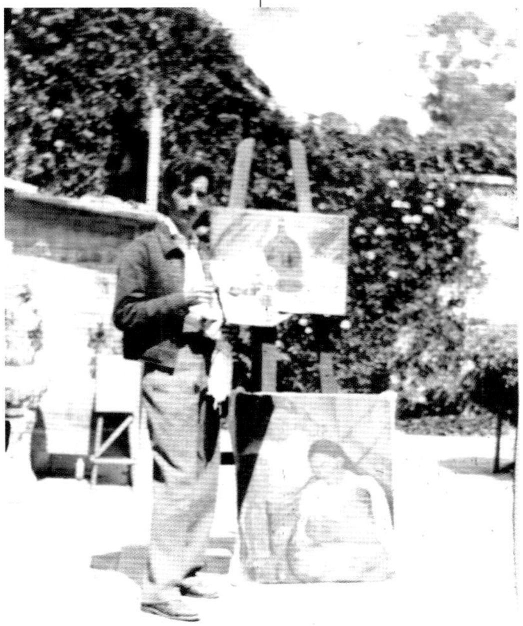

5. Mariano in the garden outside of his Mexico City studio, ca. 1937 | Mariano en el patio de su estudio en la Ciudad de México, ca. 1937.

Ideológicamente, también fue una oportunidad para desarrollar un lenguaje artístico anclado en las necesidades, experiencias y luchas de los sectores populares. "Ese país tenía un movimiento muralista de gran influencia en América muy vinculado socialmente a la Revolución mexicana. Por mi formación política estaba más cerca de Ciudad de México que de París", recordó Mariano más tarde. Del muralismo dice: "era el movimiento más interesante, americano y revolucionario que había en el mundo, porque los mexicanos se plantearon algo social con la pintura cuando comenzaron a hacer los muros, y decidí ir a México a estudiar la pintura mexicana y estudiar con los maestros mexicanos"[13].

Antes de ir a México, Mariano tomó clases de dibujo con otro artista radical: el pintor afrocubano Alberto Peña (1897–1938). Discípulo de uno de los pintores más consumados de la vanguardia cubana de la década de 1920, Víctor Manuel García (1897–1969), Peñita, como se le conocía, desarrolló una obra única donde los problemas de justicia social y racial ocupaban un lugar destacado. Influenciadas por el muralismo mexicano y por el arte modernista proletario de las décadas de 1920 y 1930, las pinturas de Peñita destacan la situación de los obreros (fig. 4), los desempleados y la clase obrera pobre en general, con un énfasis particular en cuestiones de raza y el fracaso de la sociedad republicana en cumplir sus promesas de igualdad racial[14]. Peña se graduó de la Escuela de Artes y Oficios, una formación que le consiguió un puesto en el equipo del arquitecto urbano modernista Jean-Claude Nicolas Forestier (1861–1930), quien supervisó la regeneración urbana de La Habana a finales de los años veinte. Según el poeta afrocubano Enrique Andreu, Forestier estimaba mucho a Peña y lo consideraba uno de los mejores dibujantes técnicos de su equipo[15].

No sabemos casi nada sobre la relación entre Mariano y Peña. Probablemente se conocieron en alguno de los círculos intelectuales y culturales de izquierda que compartían. Mariano recordó más tarde que se había encontrado casualmente con Peñita, a quien describió como un artista "con militancia comunista igual que yo", y pidió que le diese clases. Sin embargo, Mariano rara vez mencionó a Peña en entrevistas a lo largo de su vida y no lo acreditó como una influencia importante en su obra. No sabemos por cuánto tiempo trabajaron juntos, o qué pudo haber aprendido Mariano de él. Según Mariano, la relación

ship ended once he arrived at Peña's studio and found him painting over one of Mariano's canvases. "I told him that could not be done. So I never went back."[16] Like many other facets of the early years of Mariano, his relationship with Peña requires (and merits) additional research.[17]

Mariano arrived in Mexico City in November 1936 and remained there for seven months, until June 1937 (fig. 5). With the support of poet and fellow Cuban communist activist Juan Marinello Vidaurreta (1898–1977), he gained access to the muralists and to the artists and intellectuals who belonged to the Liga de Escritores y Artistas Revolucionarios (League of Revolutionary Writers and Artists, LEAR), which celebrated a national congress in January 1937. This was Marinello's second Mexican exile. Both he and his wife, María Josefa Vidaurreta (known to all their friends as Pepilla), had lost their teaching positions in Cuba due to political repression. Through Marinello's connections, Mariano managed to get a spot at the Academia de San Carlos, where he attended lessons with Manuel Rodríguez Lozano (1897–1971), a personal friend of Marinello, whose portrait he painted in 1936.[18] According to Mariano:

> Later, I went to Mexico, to study painting; I was lucky to find Marinello, who was exiled there. He had been dispossessed of his professorship, the same as Pepilla, who was a music teacher. When I arrived in Mexico, I had some difficulties with the master painters, with some of those who could teach me. Although the problems were not with the true masters, Diego Rivera, [David Alfaro] Siqueiros, and [José Clemente] Orozco. It was at that point that I decided to go see Marinello, who had much prestige there. It was the period of the Lázaro Cárdenas administration. I said, "Look Juan, I am in trouble." I even told him about my intention to go study in a different country. And [Juan

terminó una vez que llegó al estudio de Peña y lo encontró pintando sobre uno de los lienzos de Mariano. "Le dije que eso no podía ser. Y no volví"[16]. Como muchas otras facetas de esa primera época de Mariano, su relación con Peña requiere (y merece) investigación adicional[17].

Mariano llegó a la Ciudad de México en noviembre de 1936 y permaneció allí durante siete meses, hasta junio de 1937 (fig. 5). Con el apoyo del poeta y activista comunista cubano Juan Marinello Vidaurreta (1898–1977), obtuvo acceso a los muralistas y a los artistas e intelectuales que pertenecían a la Liga de Escritores y Artistas Revolucionarios (LEAR), que celebró un congreso nacional en enero de 1937. Este fue el segundo exilio mexicano de Marinello. Tanto él como su esposa, María Josefa Vidaurreta (conocida por todos sus amigos como Pepilla), habían perdido sus puestos docentes en Cuba debido a la represión política. A través de las conexiones de Marinello, Mariano logró obtener un puesto en la Academia de San Carlos, donde tomó clases con Manuel Rodríguez Lozano (1897–1971), un amigo personal de Marinello, cuyo retrato pintó en 1936[18]. Según Mariano:

> Más tarde, marchamos a México, a estudiar pintura; y para suerte nuestra nos encontramos con Marinello, que estaba exiliado en aquel país. Lo habían despojado de su cátedra en Cuba, al igual que a Pepilla, que era profesora de música. Al llegar a México, tuvimos algunas dificultades con los maestros pintores, con algunos de los que nos podían enseñar. Aunque las dificultades no fueran con los verdaderos maestros, como Diego Rivera, [David Alfaro] Siqueiros y [José Clemente] Orozco. Fue entonces que decidimos ir a ver a Marinello, que tenía mucho prestigio allí. Era la época del gobierno de Lázaro Cárdenas. Le dijimos, "mire Juan, tenemos dificultades". Incluso, le manifesté mi intención de irme a estudiar a otro país. Y él: "No hay

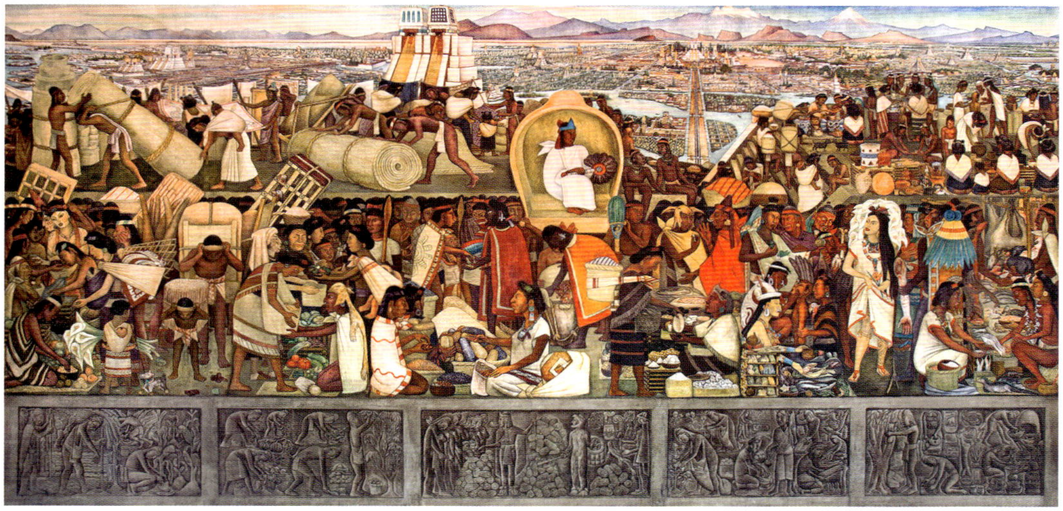

6. Diego Rivera (1886–1957), *Mercado de Tlatelolco (Epopeya del pueblo mexicano)* | *Market of Tlatelolco (Epic of the Mexican People)*, 1929–35. Palacio Nacional, Ciudad de México.

said]: "No problem, I will help." And in fact, he introduced me to Manuel Rodríguez Lozano, who opened the doors of the Academia de San Carlos to me. Later Juan connected me to the team of Diego Rivera [fig. 6], who really taught me what painting is about.[19]

Rodríguez Lozano (fig. 7) was a Paris-trained painter who, after his return to Mexico in 1921, was appointed as a teacher of drawing at the Escuelas de Pintura al Aire Libre (Open Air Painting Schools) which, under the sponsorship of Ministro de Educación José Vasconcelos and with the support of Diego Rivera, operated in Mexico from 1920 to 1933. The Schools were "the first movement of popular education through art in Latin America and also the first movement that integrated education for art and for design in Latin America."[20] They represented a radical modernist pedagogical effort that sought to harness popular creativity in the promotion of national culture. This effort found echoes in Cuba, first in a project for an Estudio Libre de Pintura y Escultura (Free Studio of Painting and Sculpting), proposed by Domingo Ravenet (1905–69), Eduardo Abela (1889–1965), and others in 1934, and later in the opening of an Estudio Libre de Pintores y Escultores (Free Studio for Painters and Sculptors) in 1937 under Abela's direction.[21] Mariano would become one of the teachers at the Studio.

With Rodríguez Lozano, Mariano not only perfected his drawing skills, but also learned to appreciate the work of Western masters that he had previously rejected for political reasons. "I did drawings for two or three hours per day at the Academia de San Carlos," Mariano recalled later. Rodríguez Lozano "helped me a lot artistically, but I also owe him a change in certain dogmatic concepts I had about art, because when I arrived in Mexico I was very sectarian; I even underestimated great painters such as Matisse, 'because they were bourgeois.'"[22] Rodríguez Lozano may have influenced Mariano in other ways as well. Rodríguez Lozano's art was not explicitly polit-

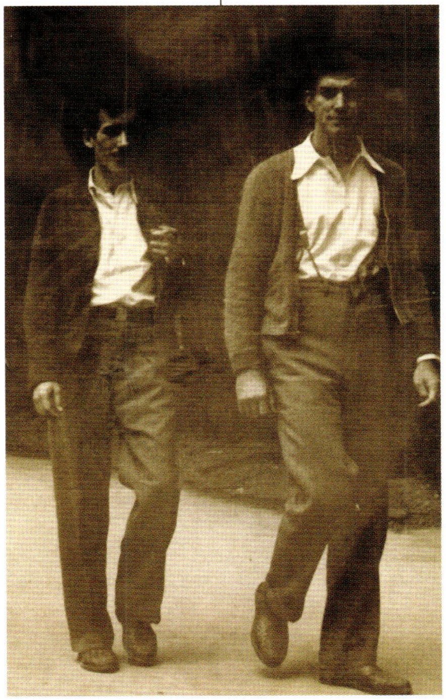

7. Mariano (left) and Manuel Rodríguez Lozano in 1944 | Mariano (izquierda) y Manuel Rodríguez Lozano en 1944.

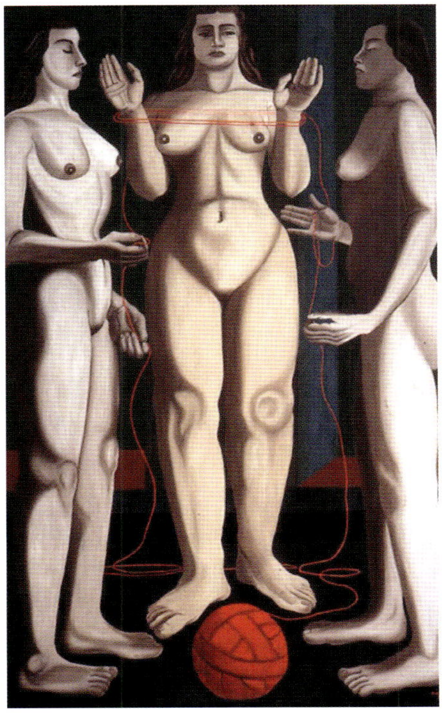

8. Manuel Rodríguez Lozano, *Las tres parcas* | *The Three Fates*, 1936. Oil on canvas | óleo sobre lienzo, 78.7 × 51.2", Colección Blaisten, Ciudad de México, MRL001.

problema, los voy a ayudar". Y efectivamente, nos presentó a Manuel Rodríguez Lozano, quien nos abrió las puertas de la Academia de San Carlos. Después, Juan nos vinculó al equipo de Diego Rivera [fig. 6], que sí nos enseñó lo que era la pintura[19].

Rodríguez Lozano (fig. 7) fue un pintor formado en París que, después de su regreso a México en 1921, fue nombrado maestro de dibujo en las Escuelas de Pintura al Aire Libre, que operaban en México de 1920 a 1933 bajo el patrocinio del Ministro de Educación José Vasconcelos y con el apoyo de Diego Rivera. Las Escuelas fueron "el primer movimiento de educación popular a través del arte en América Latina y también el primer movimiento que integró la educación para el arte y el diseño en América Latina"[20]. Representaban un esfuerzo pedagógico radicalmente moderno que buscaba integrar la creatividad popular en la promoción de la cultura nacional. Este esfuerzo encontró ecos en Cuba, primero en el proyecto para un Estudio Libre de Pintura y Escultura, propuesto por Domingo Ravenet (1905–69), Eduardo Abela (1889–1965), y otros en 1934, y más tarde en la apertura de un Estudio Libre de Pintores y Escultores en 1937 bajo la dirección de Abela[21]. Mariano llegaría a ser uno de los profesores del Estudio.

Con Rodríguez Lozano, Mariano no sólo perfeccionó sus habilidades de dibujante, sino que también aprendió a apreciar el trabajo de los maestros occidentales que previamente había rechazado por razones políticas. Mariano recordó después: "dibujaba dos y tres horas diarias en la Academia de San Carlos" con Rodríguez Lozano, y "me ayudó mucho en el orden artístico, mas también a él le debo un cambio en ciertos conceptos esquemáticos que tenía con relación al arte, pues cuando llegué a México era muy sectario, incluso subvaloraba a grandes pintores, como Matisse, 'porque eran burgueses'"[22]. Rodríguez Lozano también puede haber influido en Mariano de otras maneras. El arte de Rodríguez Lozano no era explícitamente político, pero buscaba inspiración en el campo,

ical, but he found inspiration in the countryside, in Mexican indigenous cultures and peoples, an approach that would shape Mariano's work for decades. When Mariano took lessons with him, Rodríguez Lozano was in the midst of his "monumental period" (1935–39, fig. 8), characterized by towering figures that Mariano appears to have emulated in some of his early works (see **28–31** and fig. 9).[23]

Mariano also worked on mural techniques and the execution of fresco panels with Pablo O'Higgins (fig. 3), a US-born artist who emigrated to Mexico in the 1920s, joined the Communist Party, and was one of the co-founders of the famed Taller de Gráfica Popular (Workshop for Popular Graphic Art) in 1937. He was also one of the founding members of LEAR (1934), the organization with which Mariano, along with other Cuban intellectuals such as Nicolás Guillén and Juan Marinello, collaborated later. O'Higgins became the primary assistant of Diego Rivera, working with him on some of his best-known murals, such as those at the Ministerio de Educación and the Universidad Autónoma in Chapingo.[24]

The work of the muralists attracted large numbers of international artists who wanted to take part in the movement.[25] Neither O'Higgins nor Mariano were in this sense exceptional.[26] Among those Mariano encountered during his trip to Mexico was Ignacio Gómez Jaramillo (1910–70). A Colombian painter who was part of the Bachués, a visual arts group (1920s–40s) that celebrated indigenous cultural influences, Gómez Jaramillo traveled to Mexico in 1936 to study fresco techniques with the muralists and also to learn about the Open Air Painting Schools pedagogical project. In Mexico he worked with the artists associated with LEAR and was responsible for two of the murals that these artists executed in the Centro Escolar Revolución (CER) in 1937. An elementary school, the CER sought to implement long-delayed programs in socialist education in the country, which received new impetus under President Cárdenas. It is unknown whether Mariano participated in any capacity in the execution of these murals, assisting any of the six artists who worked on them, among whom was one of the few female muralists, Aurora Reyes (1908–85), who was a personal friend of Marinello and Guillén.[27] What we do know is that Mariano remembered Gómez Jaramillo, fondly—"we were together a lot, I was younger than him, but he helped us a lot at the beginning." It is pos-

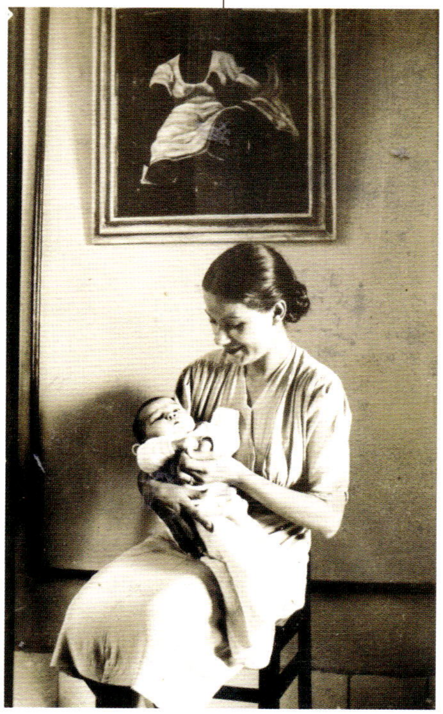

9. Libi and Dolores, Mariano's wife and daughter, sitting in front of *Educating* (**28**), ca. 1938 | Libi y Dolores, esposa e hija de Mariano, sentadas frente a *Educando* (**28**), ca. 1938.

en las culturas y poblaciones indígenas mexicanas, un enfoque que Mariano aplicaría en su obra por décadas. Cuando Mariano tomó clases con él, Rodríguez Lozano estaba en medio de su "período monumental" (1935–39, fig. 8), caracterizado por macizas figuras que Mariano parece haber emulado en algunas de sus primeras obras (ver **28–31** y fig. 9)[23].

Mariano también trabajó en las técnicas del muralismo y en la ejecución de paneles al fresco con Pablo O'Higgins (fig. 3), un artista nacido en Estados Unidos que emigró a México en la década de 1920, se unió al Partido Comunista y fue uno de los co-fundadores en 1937 del famoso Taller de Gráfica Popular. También fue uno de los miembros fundadores de LEAR (1934), la organización con la que Mariano, junto con otros intelectuales cubanos como Nicolás Guillén y Juan Marinello, colaboraron más tarde. O'Higgins se convirtió en el principal asistente de Diego Rivera, trabajando con él en algunos de sus murales más conocidos, como los del Ministerio de Educación y la Universidad Autónoma de Chapingo[24].

El trabajo de los muralistas atrajo a un gran número de artistas internacionales que querían participar en el movimiento[25]. Ni O'Higgins ni Mariano fueron excepcionales en este sentido[26]. Entre los que Mariano encontró durante su viaje a México estaba Ignacio Gómez Jaramillo (1910–70), un pintor colombiano que formó parte del grupo de los Bachués, un colectivo de artes visuales que celebró las influencias culturales indígenas (entre los años 1920–40). Gómez Jaramillo viajó a México en 1936 para estudiar técnicas de fresco con los muralistas y también para aprender sobre el proyecto pedagógico de las Escuelas al Aire Libre. En México trabajó con los artistas asociados con LEAR y fue responsable por dos de los murales que estos artistas ejecutaron en el Centro Escolar Revolución (CER) en 1937. El CER era una escuela primaria que buscó implementar los programas de educación socialista en el país, que habían sido largamente pospuestos y recibieron un nuevo impulso bajo el presidente Cárdenas. Se desconoce si Mariano participó de alguna manera en la ejecución de estos murales, ayudando a alguno de los seis artistas que trabajaron en ellos, entre los cuales se encontraba una de las pocas mujeres muralistas, Aurora Reyes (1908–85), amiga personal de Marinello y Guillén[27]. Lo que sí sabemos es que Mariano recordaba a Gómez Jaramillo con afecto—"estuvimos mucho juntos, claro yo más joven que él, pero nos ayudó mucho al principio".

sible that it was through these exchanges with Gómez Jaramillo, who would go on to become an important muralist in Colombia after his return in 1938, that Mariano developed his well-known admiration for Paul Cézanne's (1839–1906) color palette.[28] Prior to going to Mexico, Gómez Jaramillo had traveled to Europe, where he had become seriously interested in Cézanne's work.

Back in Cuba: Mexican Influences

The lessons, contacts, skills, and influences that Mariano developed and absorbed during his time in Mexico would continue to shape his work after he returned to Cuba in June 1937. The shadows of his Mexican education are obvious in the thematic and aesthetic choices of his art (see also fig. 5 in Elizabeth Thompson Goizueta's essay in this catalogue), in some of the techniques used, in his participation in radical artistic initiatives such as Abela's Free Studio, and in ongoing exchanges and contacts with Mexican artists.

One of the dominant subtexts of Mariano's works in the late 1930s and early 1940s was his celebratory adoption of some of the tenets and visual cues of Mexico's triumphant mestizo nationalism. Massive bronzed figures, frequently anchored in rural landscapes, sought to capture national, cultural, demographic, and racial essences through a visual language that still owed much to previous racial typologies. These visual representations, which gained much credence across Latin America in the 1930s, sought to transform national pride and national identity into recognizable images. The goal everywhere was to develop a visual language that captured what Gómez Jaramillo called "el pueblo, the mestizo people."[29] The muralists led the way, propelled by nationalist visions of mestizaje anchored in Vasconcelos's "cosmic race," but similar efforts were also happening elsewhere, including Cuba, by the late 1920s and 1930s. This influence is exemplified in the works of yet another communist sympathizer, the Brazilian Cândido Portinari (1903–62), who in the mid-1930s was producing images that openly identified the Brazilian nation with its working people

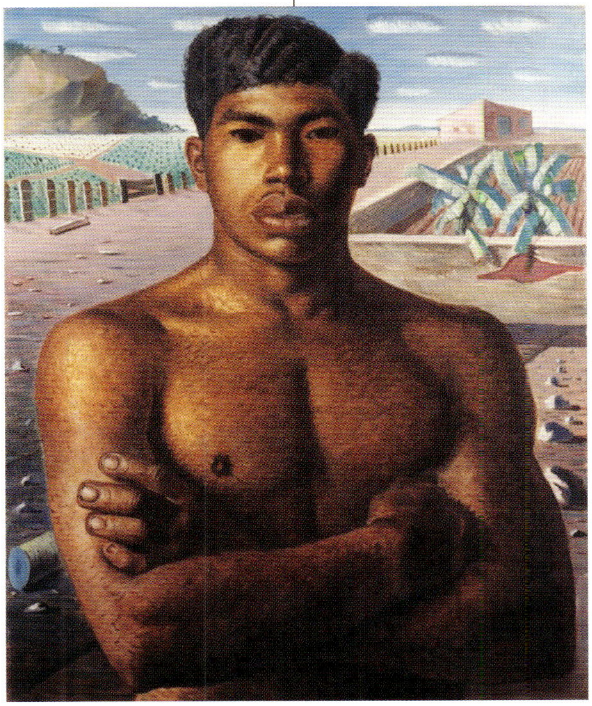

10. Cândido Portinari, *Mestiço* | *Mestizo*, 1934. Oil on canvas | óleo sobre lienzo, 31.9 × 25.6", Pinacoteca de São Paulo.

Es posible que fuese a través de estos intercambios con Gómez Jaramillo—quien se convertiría en un importante muralista en Colombia después de su regreso en 1938—que Mariano desarrolló su conocida admiración por la paleta de colores de Paul Cézanne (1839–1906)[28]. Antes de ir a México, Gómez Jaramillo había viajado a Europa, donde se había interesado seriamente en la obra de Cézanne.

De regreso en Cuba: influencias mexicanas

Las lecciones, contactos, técnicas e influencias que Mariano desarrolló y absorbió durante su tiempo en México continuarían dando forma a su trabajo después de regresar a Cuba en junio de 1937. Los reflejos de su educación mexicana son obvios en las elecciones temáticas y estéticas de su arte (ver también fig. 5 en el ensayo de Elizabeth Thompson Goizueta en este catálogo), en algunas de las técnicas utilizadas, en su participación en iniciativas artísticas radicales como el Estudio Libre de Abela, y en continuos intercambios y contactos con artistas mexicanos.

Uno de los subtextos dominantes de las obras de Mariano a finales de la década de 1930 y principios de la década de 1940 fue su adopción entusiasta de algunos de los principios y marcas visuales del triunfante nacionalismo mestizo de México. Monumentales figuras bronceadas, frecuentemente ancladas en paisajes rurales, buscaban captar esencias nacionales, culturales, demográficas y raciales a través de un lenguaje visual que aún debía mucho a las tipologías raciales anteriores. Estas representaciones visuales, que adquirieron mucho prestigio en América Latina en la década de 1930, buscaban transformar el orgullo nacional y la identidad nacional en imágenes reconocibles. El objetivo en todas partes era desarrollar un lenguaje visual que capturase lo que Gómez Jaramillo llamó "el pueblo, el pueblo mestizo"[29]. Los muralistas fueron los pioneros de este tipo de representación, impulsados por visiones nacionalistas del mestizaje ancladas en la "raza cósmica" de Vasconcelos, pero también se estaban realizando esfuerzos similares en otros lugares, incluida Cuba, ya a fines de los años veinte y treintas. Esta influencia se ejemplifica en las obras de otro simpatizante comunista, el brasileño Cândido Portinari (1903–62), quien a mediados de la década de 1930 estaba produciendo imágenes que identificaban abiertamente a la nación brasileña con sus trabajadores

of mixed descent. These monumental figures dominate some of his best-known work from this period, such as *Mestiço (Mestizo)*, 1934 (fig. 10), *O lavrador de café (The Coffee Farmer)*, 1934 and *Café (Coffee)*, 1935, works that, in the words of poet Oswald de Andrade, "clamor for the walls that Siqueiros and his group have already managed to pry from the bourgeoisie in Mexico."[30] Portinari would in fact execute such murals, first in Brazil, and later in the Hispanic Division of the Library of Congress in Washington, DC.

Portinari's monumental, imposing, brown, working mestizos are visually very similar to some of the figures that populated Mariano's works from the late 1930s, as illustrated in *Educando (Educating)* (**28**) and *Unidad (Unity)* (fig. 12), both from 1938, and in *Pareja con bueyes (Bueyes) (Couple with Oxen [Oxen])* from 1939 (**30**). Even his *Autorretrato (Self-Portrait)*, 1938 (fig. 11) depicts him as a brown-skinned individual with massive hands, inserted in a rural landscape.

Later on, Mariano was frequently critical of these works, which he described as "very hard, very rigid, almost like a sculpture, with enormous influence from Mexican sculpture."[31] He was equally critical of the color palette, of the preponderance of ocher and earth tones, as well as the absence of landscape references that were specifically Cuban. Yet, these works participated in and contributed to important continental debates concerning race, culture, and nation in Latin America. These debates were also happening in Cuba, which in the 1930s experienced intense popular mobilization, repression, and the rise of a politically organized and mobilized working class under communist leadership. In other words, Mariano's Latin American mestizos connected with vibrant and important debates on race, justice, and nation in Cuba.

By the 1930s a growing number of intellectuals began to articulate the notion that Cuba was, and could only be, a racially mixed, mestizo nation. These voices included prominent Afro-Cuban intellectuals. Gustavo Urrutia, for instance, mused about the emergence of a "Cuban race" as early as 1928; Guillén envisioned in 1931 the dawn of a new, mestizo nation: "Cuba's soul is mestizo, and it is from the soul, not the skin, that we derive our definitive color. Someday it will be

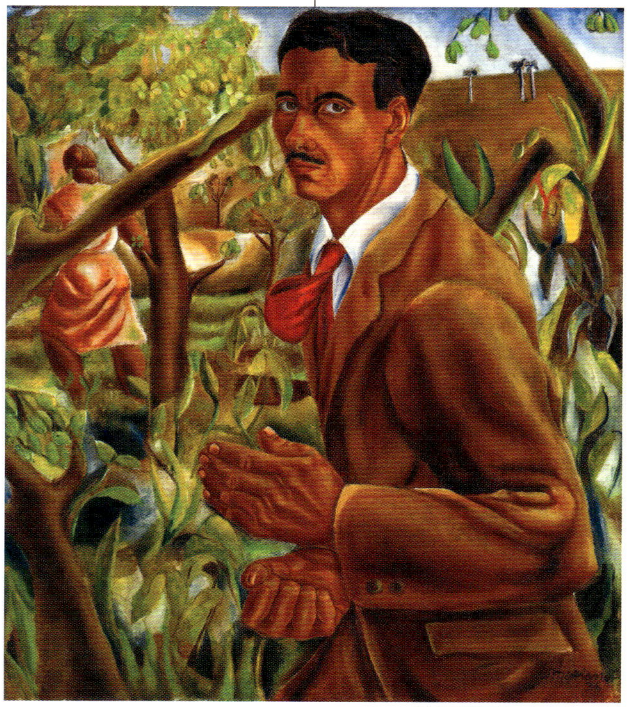

11. Mariano, *Autorretrato* | *Self-Portrait*, 1938. Oil on canvas | óleo sobre lienzo, 25.8 × 22.2", MNBA, La Habana, R.98.143.

mestizos. Estas figuras monumentales dominan algunas de sus obras más conocidas de este período, como *Mestiço (Mestizo)*, 1934 (fig. 10), *O lavrador de café (El labrador de café)*, 1934 y *Café*, 1935, obras que, en palabras del poeta Oswald de Andrade, "claman por los muros que Siqueiros y su grupo ya han logrado arrancarle a la burguesía en México"[30]. De hecho, Portinari ejecutaría tales murales, primero en Brasil y luego en la División Hispana de la Biblioteca del Congreso en Washington, DC.

Los trabajadores mestizos y monumentales de Portinari son visualmente muy similares a algunas de las figuras que poblaron las obras de Mariano de fines de la década de 1930, como se ilustra en *Educando* (**28**) y *Unidad* (fig. 12), ambos de 1938, y en *Pareja con bueyes (Bueyes)* de 1939 (**30**). Incluso su *Autorretrato*, 1938 (fig. 11) lo representa como un individuo de piel morena con manos enormes, insertado en un paisaje rural.

Más tarde, Mariano frecuentemente criticó estas obras, las cuales describió como algo "muy duro, muy rígido, es casi escultórico, con mucha influencia de la escultura mexicana"[31]. Era igualmente crítico de la paleta de colores, la preponderancia de los tonos ocres y terrosos, así como la ausencia de referencias de paisajes específicamente cubanos. Sin embargo, estos trabajos participaron y contribuyeron a importantes debates continentales sobre raza, cultura y nación en América Latina. Estos debates también estaban ocurriendo en Cuba, que en la década de 1930 experimentó una intensa movilización popular, represión y el surgimiento de una clase obrera políticamente organizada y movilizada bajo el liderazgo comunista. En otras palabras, los mestizos latinoamericanos de Mariano estaban conectados con vibrantes e importantes debates sobre raza, justicia y nación en Cuba.

En la década de 1930, un número creciente de intelectuales comenzó a articular la noción de que Cuba era, y solo podía ser, una nación mestiza, una mezcla de razas. Estas voces incluyeron a destacados intelectuales afrocubanos. Gustavo Urrutia, por ejemplo, reflexionó sobre el surgimiento de una "raza cubana" ya en 1928; Guillén imaginó en 1931 el amanecer de una nueva nación mestiza: "El espíritu de Cuba es mestizo. Y del espíritu hacia la piel nos vendrá el color definitivo. Algún día se dirá: 'color cubano'". El historiador

called 'Cuban color.'" Historian Juan Jiménez Pastrana (1946) spoke about "the mestizo reality of the Cuban soul."[32] Although this vision was becoming dominant, supported by well-known white intellectuals such as Fernando Ortiz and José Antonio Ramos ("Cuba is neither black nor white, but mulatta, mestiza"), it did not enjoy universal support.[33] Important intellectuals such as musicologist Antonio Sánchez de Fuentes, historian Ramiro Guerra, and poet Rafael Esténger did not support this vision, while numerous visual artists emphasized the Spanish roots of Cuban culture.[34] Furthermore, some of the Afro-Cuban intellectuals who supported mestizaje asserted at the same time that it did not imply racial justice. As one of these writers stated, "even though we are mestizos as a pueblo, that does not represent any solution" to racism.[35] As such, this was a true intellectual debate, one that was being waged in some of the main journals, newspapers, and tribunes of the country. It was also waged in art galleries, as the visual arts were singularly capable of sustaining white supremacist views that were politically difficult to articulate in other spaces, although some political parties, such as ABC, came close to it.[36] Mariano jumped into these debates, aligning his monumental, rural, working-class Latin American mestizos with the most radical interpretations of mestizaje: those that identified this nationalist ideology with struggles for social equality and racial inclusion.

In addition to his pictorial embrace of mestizo nationalism, Mariano imported another thematic concern from Mexico: education. As his *Educating* (**28**) graphically shows, the sources of knowledge for new generations of Cubans would be located in the countryside, on the soil, the sacred grounds on which the muralists and their modernist followers located their nations. The Mexican connection is even more explicit in one of the first paintings that Mariano completed after his return to Havana: his *Educación sexual (Sex Education)*, a mural executed at the Escuela Normal (Teachers' School) in Santa Clara in 1937. The murals were promoted by Domingo Ravenet, who had taught at the school since 1934, which was at that time directed by Pepilla, Marinello's wife. He engaged the support of Abela and several of his collaborators in the Free Studio, including René Portocarrero (1912–85), Jorge Arche (1905–56), and sculptor Alfredo Lozano (1913–97, see fig. 4 in Thompson Goizueta's essay in this volume). Also participating were Amelia Peláez (1896–1968) and Ernesto González Puig (1913–88), who taught painting alongside Ravenet at the Teachers' School.[37]

Mariano, who at the time worked as a teacher of mural painting at the Free Studio, devoted his own mural to a topic that was the subject of much public debate in Mexico in the mid-1930s: sex education.[38] The debate over the convenience and morality of including

Juan Jiménez Pastrana (1946) habló de "la realidad mestiza del alma cubana"[32]. Aunque esta visión llegó a ser dominante, apoyada por conocidos intelectuales blancos como Fernando Ortiz y José Antonio Ramos ("Cuba no es blanca, ni negra, sino mulata, mestiza"), no gozaba de apoyo universal[33]. Intelectuales importantes como el musicólogo Antonio Sánchez de Fuentes, el historiador Ramiro Guerra y el poeta Rafael Esténger no respaldaron esta visión, mientras que numerosos artistas visuales enfatizaron las raíces españolas de la cultura cubana[34]. Además, algunos de los intelectuales afrocubanos que postulaban el mestizaje afirmaron al mismo tiempo que éste no implicaba justicia racial. Como declaró uno de estos escritores, "aunque somos mestizos como pueblo ello no representa ninguna solución" al racismo[35]. Como vemos, fue un verdadero debate intelectual, que se libró en algunas de las principales revistas, periódicos y tribunas del país. También se libró esta batalla en las galerías de arte, ya que las artes visuales eran singularmente capaces de presentar posiciones de supremacía blanca que eran políticamente difíciles de articular en otros espacios, aunque algunos partidos políticos estuvieron cerca de hacerlo, como ABC[36]. Mariano entró de lleno en estos debates, alineando sus mestizos latinoamericanos monumentales, rurales y de clase obrera con las interpretaciones más radicales del mestizaje: aquellas que identificaban esta ideología nacionalista con las luchas por la igualdad social y la inclusión racial.

Además de su adopción pictórica del nacionalismo mestizo, Mariano importó de México otra preocupación temática: la educación. Como ilustra gráficamente *Educando* (**28**), las fuentes de conocimiento para las nuevas generaciones de cubanos se ubicarían en el campo, en la tierra, en los terrenos sagrados en los que los muralistas y sus seguidores modernistas situaron a sus naciones. La conexión mexicana es aún más explícita en una de las primeras pinturas que Mariano realizó después de su regreso a La Habana: su *Educación sexual*, un mural ejecutado en la Escuela Normal de Santa Clara en 1937. Los murales fueron promovidos por Domingo Ravenet, quien había enseñado en la escuela desde 1934, dirigida en ese momento por Pepilla, la esposa de Marinello. Allí contó con el apoyo de Abela y varios de sus colaboradores en el Estudio Libre, incluidos René Portocarrero (1912–85), Jorge Arche (1905–56) y el escultor Alfredo Lozano (1913–97, véase fig. 4 en el ensayo de Thompson Goizueta en este volumen). También participaron Amelia Peláez (1896–1968) y Ernesto González Puig (1913–88), quien enseñaba pintura junto a Ravenet en la Escuela Normal[37].

Mariano, que en ese momento trabajaba como maestro de pintura mural en el Estudio Libre, dedicó su propio mural a un tema que era objeto de mucho debate público en México a mediados de la década de 1930: la educación sexual[38]. El debate sobre la conveniencia y la moralidad de incluir este tema en los planes nacionales de educación para las escuelas primarias generó mucha

this matter in national education plans for elementary schools generated much opposition from the Catholic Church and from parents' organizations. The rise of Lázaro Cárdenas to power in 1934 added fuel to the controversy, as his administration was clearly in favor of secular and "socialist" education. Although his Departamento de Educación eventually backed off from instituting sex education in schools, the topic was very much alive during Mariano's visit.[39]

Devoting a mural to sex education in a Teachers' School was of course a radical political statement, so it is not surprising that the mural was destroyed a decade later. Executed in the fall of 1937, barely a few months after Mariano's return to Cuba, the murals were inaugurated on December 5 of that year.[40] This was a moment in which, under Mexican influence, muralist painting was expanding in Cuba. Just a few months earlier, between August and September 1937, another set of murals were painted at yet another school in Havana. This project was sponsored by the municipal government and included, among other artists, murals by Alberto Peña, Mariano's drawing instructor, and Victor Manuel García. The only artist who participated in both muralist projects, in Havana and Santa Clara, was Amelia Peláez.[41]

After concluding the murals in Santa Clara, Mariano participated in the *II Exposición Nacional de Pintura y Escultura (Second National Exhibit of Painting and Sculpting)* at the Castillo de la Fuerza in Havana, in June 1938. As is well-known, he exhibited two pieces in this, his first collective exhibition, *Zora* (fig. 2) and *Unity* (fig. 12), which was awarded one of the prizes. Abela and Peláez received prizes as well. It is possible that the "accusations" of Mexican influence against Mariano, referenced by Guirao in his 1938 note, are linked to the *Second National Exhibit* and to the prize awarded to *Unity*, rather than to general thematic or aesthetic influences of muralism on Mariano's work. Havana was visited during the exhibition by a "Mexican artistic delegation" that, rumors had it, "naturally" exercised a "powerful influence on the decision of the jury," which apparently led to the sort of conflicts and controversies

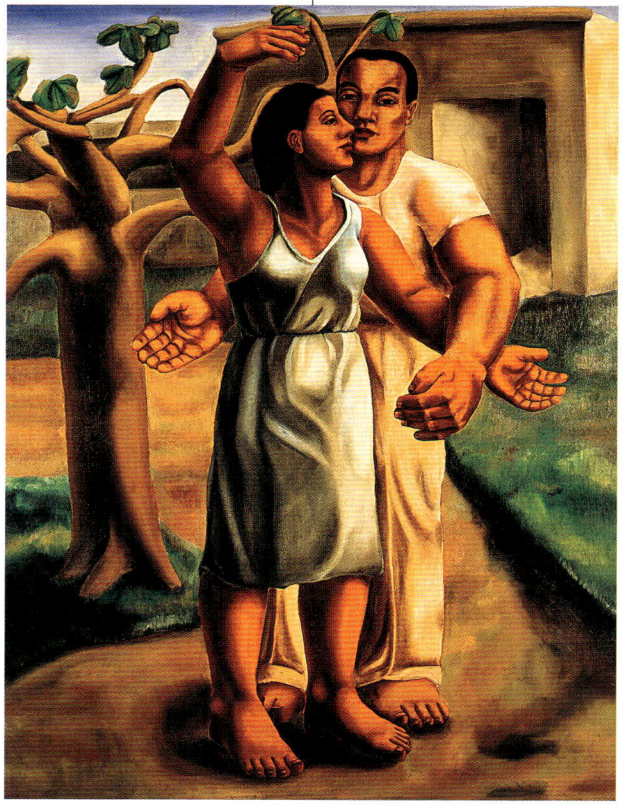

12. Mariano, *Unidad* | *Unity*, 1938. Oil on canvas | óleo sobre lienzo, 57.7 × 46.1", MNBA, La Habana, 07.191.

oposición por parte de la Iglesia Católica y de las organizaciones de padres. El ascenso de Lázaro Cárdenas al poder en 1934 estimuló esta controversia, ya que su administración estaba claramente a favor de la educación secular y "socialista". Aunque su Departamento de Educación eventualmente se abstuvo de instituir la educación sexual en las escuelas, el debate estaba muy vivo durante la visita de Mariano[39].

Dedicar un mural a la educación sexual en una escuela de docentes era, por supuesto, una declaración política radical, por lo que no sorprende que el mural fuese destruido una década después. Ejecutados en el otoño de 1937, apenas unos meses después del regreso de Mariano a Cuba, los murales fueron inaugurados el 5 de diciembre de ese año[40]. Fue un momento en el que, bajo la influencia mexicana, la pintura muralista se estaba expandiendo en Cuba. Apenas unos meses antes, entre agosto y septiembre de 1937, otros murales fueron pintados en una escuela de La Habana. Aquel proyecto fue patrocinado por el gobierno municipal e incluyó, entre otros, murales de Alberto Peña, el instructor de dibujo de Mariano, y Víctor Manuel García. La única artista que participó en ambos proyectos, en La Habana y Santa Clara, fue Amelia Peláez[41].

Después de terminar los murales en Santa Clara, Mariano participó en la *II Exposición Nacional de Pintura y Escultura* en el Castillo de la Fuerza en La Habana, en junio de 1938. Como se sabe, exhibió dos piezas en ésta, su primera exposición colectiva, *Zora* (fig. 2) y *Unidad* (fig. 12), que recibió uno de los premios. Abela y Peláez también recibieron premios. Es posible que las "acusaciones" de influencia mexicana contra Mariano, mencionadas por Guirao en su nota de 1938, hayan estado vinculadas a la *II Exposición Nacional* y al premio otorgado a *Unidad*, más que a las influencias temáticas o estéticas generales del muralismo en la obra de Mariano. Durante la exposición "una excursión artística mejicana" visitó La Habana, lo que, según se rumoraba, "naturalmente" "influyó poderosamente en el fallo del jurado". Estos rumores parecen haber conducido al tipo de conflictos y controversias que con frecuencia afectan al mundo del arte[42]. Entre los visitantes se encontraba Xavier Guerrero (1896–1974), un muralista a quien Mariano muy probablemente había conocido

that frequently plague the art world.[42] Among the visitors was Xavier Guerrero (1896–1974), a muralist whom Mariano had almost certainly met in Mexico. Guerrero worked with Rivera and Siqueiros in the 1920s. In 1924 they founded the newspaper *El Machete*, under Guerrero's direction, which also published illustrations by the other great muralist, José Clemente Orozco. A well-known communist militant, Guerrero was one of the founding members of LEAR and a contributor to the Workshop for Popular Graphic Art co-founded by O'Higgins.[43] In 1938 he married modernist industrial and furniture designer Clara Porset (1895–1981), a Cuban political exile who had lived in Mexico since 1935 and who was part of the transnational and leftist cultural circles that flourished in Mexico City during the years of Lázaro Cárdenas.[44] It is possible that Porset formed part of the Mexican cultural entourage that visited Havana in June 1938, although I have been unable to ascertain if this was indeed the case.

Beyond the polemic, gossip, and probable jealousies that may have inspired the Mexican-influenced award for *Unity*, what is clear is that Mariano gained much from his visit to Mexico. The lessons, contacts, and sensibilities developed there reached into many areas of the artist's life, including drawing skills, painting techniques, aesthetic choices, thematic influences, and political convictions. In Mexico, Mariano plunged into a vibrant, transnational, anti-imperialist arts scene that included people as diverse as the Colombian Gómez Jaramillo, the Salt Lake City native Pablo O'Higgins, an indigenous muralist such as Guerrero, of Toltec origin, or the fellow Cuban Clara Porset, who became Guerrero's wife. This art scene, these influences, these networks, transformed Mariano into a Latin American artist who developed sensitivities that would later allow him to incorporate other artistic influences into his work.

Mariano himself sometimes acknowledged that the lessons he gathered in Mexico, and muralist influences, stayed with him for the long term. As he put it in 1975,

> In 1937, when I came back from studying with the muralists in Mexico, I had clear ideas about what I wanted to do with my painting and I had mastered the trade. I wanted two things: one, to search with all possible techniques in universal art what the art of a country is; two, to eliminate the Cartesian influence that defined Cuban painting, that French feeling; and to reproduce in the canvas the elements, to create an atmosphere, to create a world like the Mexicans teach you in their murals... Mexican muralism gives you that freedom to make lights with the color you want, and a realist but not schematic approach, at the same time without the European obsession that you always need to be original or to invent something.[45]

That is, Mariano marked this as a foundational period,

en México. Guerrero trabajó con Rivera y Siqueiros en la década de 1920. En 1924 habían fundado el periódico *El Machete*, bajo la dirección de Guerrero, que también publicó ilustraciones del otro gran muralista, José Clemente Orozco. Guerrero, conocido militante comunista, fue uno de los miembros fundadores de LEAR y colaborador del Taller de Gráfica Popular co-fundado por O'Higgins[43]. En 1938 se casó con la vanguardista diseñadora industrial y de muebles Clara Porset (1895–1981), una exiliada política cubana que vivió en México desde 1935 y que formó parte de los círculos culturales transnacionales e izquierdistas que florecieron en la Ciudad de México durante los años de Lázaro Cárdenas[44]. Es posible que Porset formase parte de la delegación cultural mexicana que visitó La Habana en junio de 1938, aunque no he podido determinar si este fue realmente el caso

Más allá de la polémica, los rumores y los celos probables que pueda haber inspirado el premio (bajo supuesta influencia mexicana) para *Unidad*, lo que está claro es que su temporada en México fue muy enriquecedora para Mariano. Las lecciones, contactos y sensibilidades desarrollados allí alcanzaron muchas áreas de la vida del artista, incluidas las técnicas de dibujo y pintura, elecciones estéticas, influencias temáticas y convicciones políticas. En México, Mariano se sumergió en una escena artística vibrante, transnacional y antimperialista que incluía a personas tan diversas como el colombiano Gómez Jaramillo, el nativo de Salt Lake City Pablo O'Higgins, un muralista indígena como Guerrero, de origen tolteca, o su compatriota cubana Clara Porset, que se casó con Guerrero. Este ambiente artístico, estas influencias, estas conexiones, transformaron a Mariano en un artista latinoamericano que desarrolló sensibilidades que luego le permitirían incorporar otras influencias artísticas en su trabajo.

El propio Mariano a veces llegó a reconocer que las lecciones que recibió en México y las influencias muralistas tuvieron efectos duraderos. Como lo expresó en 1975,

> En 1937, cuando regresé de estudiar con los muralistas en México, venía con conceptos claros de lo que quería en pintura y con dominio del oficio. Deseaba dos cosas: una, buscar con todas las técnicas posibles que pudiera encontrar en el arte universal lo que es un arte del país; y otra, eliminar el sentido cartesiano que marcaba a la pintura cubana en ese instante, el sentido francés; y repetir en el cuadro los elementos y crear una atmósfera, crear un mundo como los mexicanos lo enseñan en el muralismo... el muralismo mexicano entrega esa libertad de dar luces con el color que uno quiera, y una manera realista pero no esquemática, y por otra parte sin el complejo europeo de que siempre hay que ser original e inventor[45].

Es decir, Mariano marcó este período como un

one that merits serious consideration and additional research. This was not a period to be transcended, one from which he needed to liberate himself, in search for a personal language. On the contrary: Mariano's long and distinguished career built on the valuable lessons acquired during this, his foundational *primera etapa*.

momento fundacional, que merece una seria consideración e investigación adicional. Este no era un período que precisaba ser trascendido, o del que necesitaba liberarse en busca de un lenguaje personal. Muy al contrario: la larga y distinguida carrera de Mariano se basó en las valiosas lecciones adquiridas durante ésta, su "primera etapa" fundacional.

1 Alberto Quevedo, "Mariano: ámbito pictórico," *Revolución y cultura* 64 (Dec. 1977): 48–54. Unless otherwise noted, all translations are my own.

2 Juan Sánchez, *Hijos de su tiempo: once pintores mayores de Cuba* (Havana: Publicigraf, 1994), 73.

3 The "baggage" reference comes from Sánchez, *Hijos de su tiempo*, 77; Loló de la Torriente, *Estudio de las artes plásticas en Cuba* (Havana: Úcar García, 1954), 184.

4 In an undated, typed interview included in the archive of the Fundación Mariano Rodríguez under "Entrevista a Mariano," he describes his early work as evolving from "lo mexicano" to "my liberation from lo mexicano."

5 Ramón Guirao, "Mariano, pintor," *Grafos* 7, no. 64 (Aug. 1938).

6 José Veigas, "Pero no es el final: entrevista a Mariano Rodríguez," *Revolución y cultura* 64 (Dec. 1977): 45.

7 Francisco Garzón Céspedes, "Imágenes en libertad: entrevista a Mariano Rodríguez y Adelaida de Juan," *Teorema* [Bogota] (May–June 1976): 25; Adelaida de Juan, "Mariano: historia y color," *Casa de las Américas* 92 (Sept.–Oct. 1975): 71–75.

8 Orlando Castellanos, *Formalmente informal* (Havana: Ediciones Unión, 1989), 59; Veigas, "Pero no es el final," 47.

9 Guirao, "Mariano, pintor."

10 Mauricio Tenorio Trillo, "The Cosmopolitan Mexican Summer, 1920–1949," *Latin American Research Review* 32, no. 3 (1997): 224–42.

11 "Noted Woman Archeologist," *New York Times* (Apr. 5, 1933). The article is cited in Helen Delpar, *The Enormous Vogue of Things Mexican: Cultural Relations between the United States and Mexico, 1920–1935* (Tuscaloosa: University of Alabama Press, 1992), 55.

12 Delpar, 155.

13 Fernando Rodríguez Sosa, "Mariano: vivo y pinto, pinto y vivo," *Casa de las Américas* 139 (July–Aug. 1983): 119; Castellanos, *Formalmente informal*, 52.

14 Salvador García Agüero, "Un comentario final," *Revista bimestre cubana* 38 (1936): 126–32; Enrique Andreu, "La muerte de Peñita," *Estudios afrocubanos* 2, no. 1 (1938): 115–17.

15 Enrique Andreu, "El pintor Alberto Peña y su obra," *Revista bimestre cubana* 38 (1936): 117. On Forestier's urban renewal efforts in Havana, and on how local influences may have shaped his work, see Joseph R. Hartman, "Modernity, Colonialism, and Jean-Claude Nicolas Forestier's Unfinished Plans for Havana," *Journal of the Society of Architectural Historians* 78, no. 3 (2019): 292–311.

16 José Veigas, "Chronology 1912–1949," in *Mariano: catálogo razonado; pintura y dibujo 1936–1949, volumen I*, 2nd ed. (Madrid: Ediciones Vanguardia Cubana, 2008), 326.

17 Quevedo, "Mariano: ámbito pictórico," 48.

18 Angel Augier, *Orbita de Juan Marinello* (Havana: UNEAC, 1968), 28–29, 41; Ana Díaz Suárez, *Cada tiempo trae una faena...: selección de correspondencia de Juan Marinello Vidaurreta, 1923–1940* (Havana: Centro de Investigación y Desarrollo de la Cultura Cubana Juan Marinello, 2004), 42–43; Manuel López Oliva, "Visión y vivencia plástica," in *Recopilación de textos sobre Juan Marinello*, ed. Pedro

1 Alberto Quevedo, "Mariano: ámbito pictórico", *Revolución y cultura* 64 (dic. 1977): 48–54.

2 Juan Sánchez, *Hijos de su tiempo: once pintores mayores de Cuba* (La Habana: Publicigraf, 1994), 73.

3 La referencia al "bagaje" es de Sánchez, *Hijos de su tiempo*, 77; Loló de la Torriente, *Estudio de las artes plásticas en Cuba* (La Habana: Úcar García, 1954), 184.

4 En una entrevista escrita a máquina, sin fecha, de los archivos de la Fundación Mariano Rodríguez bajo "Entrevista a Mariano", él describe su obra temprana como una evolución desde "lo mexicano" a "mi liberación de lo mexicano".

5 Ramón Guirao, "Mariano, pintor", *Grafos* 7, no. 64 (agosto 1938).

6 José Veigas, "Pero no es el final: entrevista a Mariano Rodríguez", *Revolución y cultura* 64 (dic. 1977): 45.

7 Francisco Garzón Céspedes, "Imágenes en libertad: entrevista a Mariano Rodríguez y Adelaida de Juan", *Teorema* [Bogotá] (mayo–jun. 1976): 25; Adelaida de Juan, "Mariano: historia y color", *Casa de las Américas* 92 (set.–oct. 1975): 71–75.

8 Orlando Castellanos, *Formalmente informal* (La Habana: Ediciones Unión, 1989), 59; Veigas, "Pero no es el final", 47.

9 Guirao, "Mariano, pintor".

10 Mauricio Tenorio Trillo, "The Cosmopolitan Mexican Summer, 1920–1949", *Latin American Research Review* 32, no. 3 (1997): 224–42.

11 "Noted Woman Archeologist", *New York Times* (5 abr. 1933). El artículo citado es de Helen Delpar, *The Enormous Vogue of Things Mexican: Cultural Relations between the United States and Mexico, 1920–1935* (Tuscaloosa: University of Alabama Press, 1992), 55.

12 Delpar, 155.

13 Fernando Rodríguez Sosa, "Mariano: vivo y pinto, pinto y vivo", *Casa de las Américas* 139 (jul.–agosto 1983): 119; Castellanos, *Formalmente informal*, 52.

14 Salvador García Agüero, "Un comentario final", *Revista bimestre cubana* 38 (1936): 126–32; Enrique Andreu, "La muerte de Peñita", *Estudios afrocubanos* 2, no. 1 (1938): 115–17.

15 Enrique Andreu, "El pintor Alberto Peña y su obra", *Revista bimestre cubana* 38 (1936): 117. Sobre los esfuerzos de la renovación urbana de Forestier en La Habana, y sobre cómo las influencias locales podrían haber influenciado su obra, vea Joseph R. Hartman, "Modernity, Colonialism, and Jean-Claude Nicolas Forestier's Unfinished Plans for Havana", *Journal of the Society of Architectural Historians* 78, no. 3 (2019): 292–311.

16 José Veigas, "Cronología 1912–1949", en *Mariano: catálogo razonado; pintura y dibujo 1936–1949, volumen I*, 2da ed. (Madrid: Ediciones Vanguardia Cubana, 2008), 266.

17 Quevedo, "Mariano: ámbito pictórico", 48.

18 Angel Augier, *Orbita de Juan Marinello* (La Habana: UNEAC, 1968), 28–29, 41; Ana Díaz Suárez, *Cada tiempo trae una faena...: selección de correspondencia de Juan Marinello Vidaurreta, 1923–1940* (La Habana: Centro de Investigación y Desarrollo de la Cultura Cubana Juan Marinello,

Simón and Trinidad Pérez (Havana: Ediciones Casa de las Américas, 1979), 385.

19 Mariano Rodríguez, "Testimonio," in Simón and Pérez, *Recopilación de textos sobre Juan Marinello*, 669. Author's note: I translated the first person plural in Spanish to singular because in the politically correct Spanish of Cuba at the time, people spoke in plural when referring to themselves (it was considered poor taste to speak in the singular).

20 Ana Mae Barbosa, "The *Escuelas de Pintura al Aire Libre* in Mexico: Freedom, Form, and Culture," *Studies in Art Education* 42, no. 4 (Summer 2001): 287.

21 Yolanda Wood, "Eduardo Abela y el Estudio Libre," in *Abela: de lo real a lo imaginario*, ed. José Veigas and Betty Gago (Madrid: Ediciones Vanguardia Cubana, 2010), 9–11; Mariana Ravenet, *Ravenet revela a Ravenet* (Havana: Editorial Letras Cubanas, 2005), 139.

22 Rodríguez Sosa, "Mariano: vivo y pinto," 15.

23 Beatriz Zamorano Navarro, "Manuel Rodríguez Lozano: una interpretación finisecular," in *Manuel Rodríguez Lozano: una revisión finisecular*, ed. Museo de Arte Moderno (Mexico City: La Sociedad Mexicana de Arte Moderno, 1998), 11–16; Agustín Velázquez Chávez, *Contemporary Mexican Artists* (New York: Friede, 1937), 235.

24 Susan Vogel, *Becoming Pablo O'Higgins* (San Francisco: Pince-Nez Press, 2010); Desmond Rochfort, *Mexican Muralists: Orozco, Rivera, Siqueiros* (London: Laurence King, 1993), 67.

25 Leticia López Orozco, "The Revolution, Vanguard Artists and Mural Painting," *Third Text* 28, no. 3 (2014): 256–68.

26 See Edward J. Sullivan's review of the 2020 Whitney Museum of American Art exhibition, *Vida Americana: Mexican Muralists Remake American Art, 1925–1945*, which "refocuses attention on Mexico as a centre of modernist art in the first half of the 20th century." Edward J. Sullivan, "Border Crossings—*Vida Americana* at the Whitney, Reviewed," *Apollo*, May 21, 2020, https://www.apollo-magazine.com/vida-americana-mexican-muralists-remake-american-art-whitney-review/.

27 Melba Pineda García, "Rómulo Rozo, la diosa Bachué y el indigenismo en Colombia (1920–1950)," *Baukara* 3 (2013): 41–56; Juanita Solano Roa, "The Mexican Assimilation: Colombia in the 1930s; The Case of Ignacio Gómez Jaramillo," *Historia y memoria* 7 (2013): 79–111; Dina Comisarenco Mirkin, "Aurora Reyes's *Ataque a la Maestra Rural*: The First Mural Created by a Mexican Female Artist," *Woman's Art Journal* 26, no. 2 (Autumn 2005–Winter 2006): 19–25.

28 Garzón Céspedes, "Imágenes en libertad," 26; Rodríguez Sosa, "Mariano: vivo y pinto," 15.

29 Solano Roa, "Mexican Assimilation," 89.

30 The quote is taken from Alejandro de la Fuente and Rafael Cardoso, "Race and the Latin American Avant-Gardes, 1920s–1930s," in *The Image of the Black in Latin American and Caribbean Art*, ed. David Bindman, Alejandro de la Fuente, and Henry Louis Gates Jr. (forthcoming). See also Annateresa Fabris, *Cândido Portinari* (São Paulo: Edusp, 1996); João Henrique Zanelatto and

2004), 42–43; Manuel López Oliva, "Visión y vivencia plástica", en *Recopilación de textos sobre Juan Marinello*, ed. Pedro Simón y Trinidad Pérez (La Habana: Ediciones Casa de las Américas, 1979), 385.

19 Mariano Rodríguez, "Testimonio", en Simón y Pérez, *Recopilación de textos sobre Juan Marinello*, 669. Nota del autor: En el español políticamente correcto de Cuba de aquel tiempo, la gente hablaba en el plural cuando se refería a sí mismo (era de mal gusto hablar en singular).

20 Ana Mae Barbosa, "The *Escuelas de Pintura al Aire Libre* in Mexico: Freedom, Form, and Culture", *Studies in Art Education* 42, no. 4 (verano 2001): 287.

21 Yolanda Wood, "Eduardo Abela y el Estudio Libre", en *Abela: de lo real a lo imaginario*, ed. José Veigas y Betty Gago (Madrid: Ediciones Vanguardia Cubana, 2010), 9–11; Mariana Ravenet, *Ravenet revela a Ravenet* (La Habana: Editorial Letras Cubanas, 2005), 139.

22 Rodríguez Sosa, "Mariano: vivo y pinto", 15.

23 Beatriz Zamorano Navarro, "Manuel Rodríguez Lozano: una interpretación finisecular", en *Manuel Rodríguez Lozano: una revisión finisecular*, ed. Museo de Arte Moderno (Ciudad de México: La Sociedad Mexicana de Arte Moderno, 1998), 11–16; Agustín Velázquez Chávez, *Contemporary Mexican Artists* (Nueva York: Friede, 1937), 235.

24 Susan Vogel, *Becoming Pablo O'Higgins* (San Francisco: Pince-Nez Press, 2010); Desmond Rochfort, *Mexican Muralists: Orozco, Rivera, Siqueiros* (Londres: Laurence King, 1993), 67.

25 Leticia López Orozco, "The Revolution, Vanguard Artists and Mural Painting", *Third Text* 28, no. 3 (2014): 256–68.

26 Vea la reseña de Edward J. Sullivan de la exposición de 2020 del Whitney Museum of American Art, *Vida Americana: Mexican Muralists Remake American Art, 1925–1945*, la cual "re-enfoca la atención sobre México como centro de arte modernista en la primera mitad del siglo XX". Edward J. Sullivan, "Border Crossings—*Vida Americana* at the Whitney, Reviewed", *Apollo*, 21 mayo 2020, https://www.apollo-magazine.com/vida-americana-mexican-muralists-remake-american-art-whitney-review/.

27 Melba Pineda García, "Rómulo Rozo, la diosa Bachué y el indigenismo en Colombia (1920–1950)", *Baukara* 3 (2013): 41–56; Juanita Solano Roa, "The Mexican Assimilation: Colombia in the 1930s; The Case of Ignacio Gómez Jaramillo", *Historia y memoria* 7 (2013): 79–111; Dina Comisarenco Mirkin, "Aurora Reyes's *Ataque a la Maestra Rural*: The First Mural Created by a Mexican Female Artist", *Woman's Art Journal* 26, no. 2 (otoño 2005–invierno 2006): 19–25.

28 Garzón Céspedes, "Imágenes en libertad", 26; Rodríguez Sosa, "Mariano: vivo y pinto", 15.

29 Solano Roa, "Mexican Assimilation", 89.

30 De Alejandro de la Fuente y Rafael Cardoso, "Race and the Latin American Avant-Gardes, 1920s–1930s", en *The Image of the Black in Latin American and Caribbean Art*, ed. David Bindman, Alejandro de la Fuente y Henry Louis Gates Jr. (de próxima aparición). Véase también Annateresa Fabris, *Cândido Portinari* (São Paulo: Edusp,

Tiago da Silva Coelho, "Encontros e desencontros: o muralismo de Portinari e o muralismo mexicano," *Locus: revista de história* 20, no. 2 (2016): 261–75.

31 Veigas, "Pero no es el final," 40.

32 Gustavo Urrutia, "La raza cubana," *Diario de la Marina*, June 26, 1928; Nicolás Guillén, *Obra poética*, 2 vols. (Havana: Instituto Cubano del Libro, 1972), 1:114; Juan Jiménez Pastrana, "Balance del carnaval en el Prado," *Nuevos rumbos* 1, no. 5 (1946): 7–8.

33 Fernando Ortiz, "La poesía mulata," *Revista bimestre cubana* 34 (1934): 205–13; José Antonio Ramos, "Cubanidad y mestizaje," *Estudios afrocubanos* 1, no. 1 (1937): 107.

34 Robin Moore, *Nationalizing Blackness:* Afrocubanismo *and Artistic Revolution in Havana, 1920–1940* (Pittsburgh: University of Pittsburgh Press, 1997), 134; Rafael Esténger, "Cubanidad y derrotismo," *Revista bimestre cubana* 46 (1940): 369–89; Juan A. Martínez, "*Lo Blanco-Criollo* as *Lo Cubano*: The Symbolization of a Cuban National Identity in Modernist Painting of the 1940s," in *Cuba, the Elusive Nation: Interpretations of National Identity*, ed. Damián J. Fernández and Madeline Cámara Betancourt (Gainesville: University Press of Florida, 2000), 277–91.

35 Roberto Poey, "Réplica al Dr. Jorge Mañach: el problema negro y su solución," *Nuevos rumbos* 3, no. 8 (Aug. 1948): 9–11, 33.

36 ABC was a Cuban political organization formed as a part of the resistance to Gerardo Machado's government. Using a hierarchy of clandestine cells, members would oversee cells on subsequent levels. For an excellent study of the development of these debates in the visual arts during the 1940s and 1950s, see Cary A. García Yero, "Sights and Sounds of *Cubanidad*: Race, Nation, and the Arts in Cuba, 1938–1958" (PhD diss., Harvard University, 2020).

37 Ravenet, *Ravenet revela a Ravenet*, 142–45; Roberto Avalos Machado and Alexis Castañeda Pérez de Alejo, "Un episodio desconocido de la vanguardia cubana: los murales al fresco de la Escuela Normal de Santa Clara," in *El muralismo y los muralistas en Cuba*, ed. Luis García Peraza (Havana: Ediciones Boloña La Habana, 2015), 169–74.

38 Janet Batet, "Vanguardia, identidad y utopía," *Arte cubano* 1 (1996): 7–12.

39 C. D. Ebaugh, "Mexico Studies Sex Education," *Social Forces* 15, no. 1 (Oct. 1936): 81–83; María del Carmen Zavala Ramírez, "¿De quién son los niños? Estado, familia y educación sexual en México en la década de 1930," *Signos históricos* 21, no. 41 (Jan.–June 2019): 154–91; Michael C. Meyer and William H. Beezley, *The Oxford History of Mexico* (New York: Oxford University Press, 2000), 653.

40 The mural is dated incorrectly as 1939 in Veigas, "Año 1939," in *Catálogo razonado I* (2008), 52.

41 Meykén Barreto and Verónica Sedano, "Primer proyecto official de pintura mural en Cuba," *Crónica* 7 (2000–01): 19–30, http://revistas.unam.mx/index.php/cronicas/article/viewFile/17229/16398; García Peraza, *El muralismo y los muralistas en Cuba*, 27.

42 Ravenet, *Ravenet revela a Ravenet*, 138.

43 López Orozco, "Vanguard Artists and Mural Painting,"

1996); João Henrique Zanelatto y Tiago da Silva Coelho, "Encontros e desencontros: o muralismo de Portinari e o muralismo mexicano", *Locus: revista de história* 20, no. 2 (2016): 261–75.

31 Veigas, "Pero no es el final", 40.

32 Gustavo Urrutia, "La raza cubana", *Diario de la Marina*, 26 jun. 1928; Nicolás Guillén, *Obra poética*, 2 vols. (La Habana: Instituto Cubano del Libro, 1972), 1:114; Juan Jiménez Pastrana, "Balance del carnaval en el Prado", *Nuevos rumbos* 1, no. 5 (1946): 7–8.

33 Fernando Ortiz, "La poesía mulata", *Revista bimestre cubana* 34 (1934): 205–13; José Antonio Ramos, "Cubanidad y mestizaje", *Estudios afrocubanos* 1, no. 1 (1937): 107.

34 Robin Moore, *Nationalizing Blackness:* Afrocubanismo *and Artistic Revolution in Havana, 1920–1940* (Pittsburgh: University of Pittsburgh Press, 1997), 134; Rafael Esténger, "Cubanidad y derrotismo", *Revista bimestre cubana* 46 (1940): 369–89; Juan A. Martínez, "*Lo Blanco-Criollo* as *Lo Cubano*: The Symbolization of a Cuban National Identity in Modernist Painting of the 1940s", en *Cuba, the Elusive Nation: Interpretations of National Identity*, ed. Damián J. Fernández y Madeline Cámara Betancourt (Gainesville: University Press of Florida, 2000), 277–91.

35 Roberto Poey, "Réplica al Dr. Jorge Mañach: el problema negro y su solución", *Nuevos rumbos* 3, no. 8 (agosto 1948): 9–11, 33.

36 ABC fue una organización política cubana formada como parte de la resistencia al gobierno de Gerardo Machado. Empleando una jerarquía de células clandestinas, los miembros supervisan células en niveles subsecuentes. Para un excelente análisis del desarrollo de estos debates en las artes visuales en los 1940 y 1950, véase Cary A. García Yero, "Sights and Sounds of *Cubanidad*: Race, Nation, and the Arts in Cuba, 1938–1958" (PhD diss., Universidad de Harvard, 2020).

37 Ravenet, *Ravenet revela a Ravenet*, 142–45; Roberto Avalos Machado y Alexis Castañeda Pérez de Alejo, "Un episodio desconocido de la vanguardia cubana: los murales al fresco de la Escuela Normal de Santa Clara", en *El muralismo y los muralistas en Cuba*, ed. Luis García Peraza (La Habana: Ediciones Boloña La Habana, 2015), 169–74.

38 Janet Batet, "Vanguardia, identidad y utopía", *Arte cubano 1* (1996): 7–12.

39 C. D. Ebaugh, "Mexico Studies Sex Education", *Social Forces* 15, no. 1 (oct. 1936): 81–83; María del Carmen Zavala Ramírez, "¿De quién son los niños? Estado, familia y educación sexual en México en la década de 1930", *Signos históricos* 21, no. 41 (enero–jun. 2019): 154–91; Michael C. Meyer y William H. Beezley, *The Oxford History of Mexico* (Nueva York: Oxford University Press, 2000), 653.

40 El mural tiene la fecha incorrecta de 1939 en Veigas, "Año 1939", en *Catálogo razonado I* (2008), 52.

41 Meykén Barreto y Verónica Sedano, "Primer proyecto oficial de pintura mural en Cuba", *Crónica* 7 (2000–01): 19–30, http://revistas.unam.mx/index.php/cronicas/article/viewFile/17229/16398; García Peraza, *El muralismo y los muralistas en Cuba*, 27.

42 Ravenet, *Ravenet revela a Ravenet*, 138.

261; Evelyn Useda Miranda et al., *Xavier Guerrero, 1896–1974* (Mexico City: Museo Nacional de Arte, 2012); Juan Rafael Coronel Rivera and Monserrat Sánchez Soler, eds., *Xavier Guerrero (1896–1974): de piedra completa* (Mexico City: Consejo Nacional para la Cultura y las Artes, 2012); Héctor Jaimes, *Fundación del muralismo mexicano: textos inéditos de David Alfaro Siqueiros* (Mexico City: Siglo Veintiuno Editores, 2012); Leticia López Orozco, "Los murales de Xavier Guerrero en la casa de los directores de Chapingo," *Crónicas* 1 (1998): 7–15, http://www.revistas.unam.mx/index.php/cronicas/article/download/17156/16326.

44 Randal Sheppard, "Clara Porset in Mid-Twentieth-Century Mexico: The Politics of Designing, Producing, and Consuming Revolutionary Nationalist Modernity," *Americas* 75, no. 2 (Apr. 2018): 349–79.

45 Francisco Garzón Céspedes, "Incorporar el arte a la vida: entrevista a Mariano Rodríguez," *Bohemia* (Apr. 18, 1975): 10–11.

43 López Orozco, "Vanguard Artists and Mural Painting", 261; Evelyn Useda Miranda et al., *Xavier Guerrero, 1896–1974* (Ciudad de México: Museo Nacional de Arte, 2012); Juan Rafael Coronel Rivera y Monserrat Sánchez Soler, eds., *Xavier Guerrero (1896–1974): de piedra completa* (Ciudad de México: Consejo Nacional para la Cultura y las Artes, 2012); Héctor Jaimes, *Fundación del muralismo mexicano: textos inéditos de David Alfaro Siqueiros* (Ciudad de México: Siglo Veintiuno Editores, 2012); Leticia López Orozco, "Los murales de Xavier Guerrero en la casa de los directores de Chapingo", *Crónicas* 1 (1998): 7–15, http://www.revistas.unam.mx/index.php/cronicas/article/download/17156/16326.

44 Randal Sheppard, "Clara Porset in Mid-Twentieth-Century Mexico: The Politics of Designing, Producing, and Consuming Revolutionary Nationalist Modernity", *Americas* 75, no. 2 (abr. 2018): 349–79.

45 Francisco Garzón Céspedes, "Incorporar el arte a la vida: entrevista a Mariano Rodríguez", *Bohemia* (18 abr. 1975): 10–11.

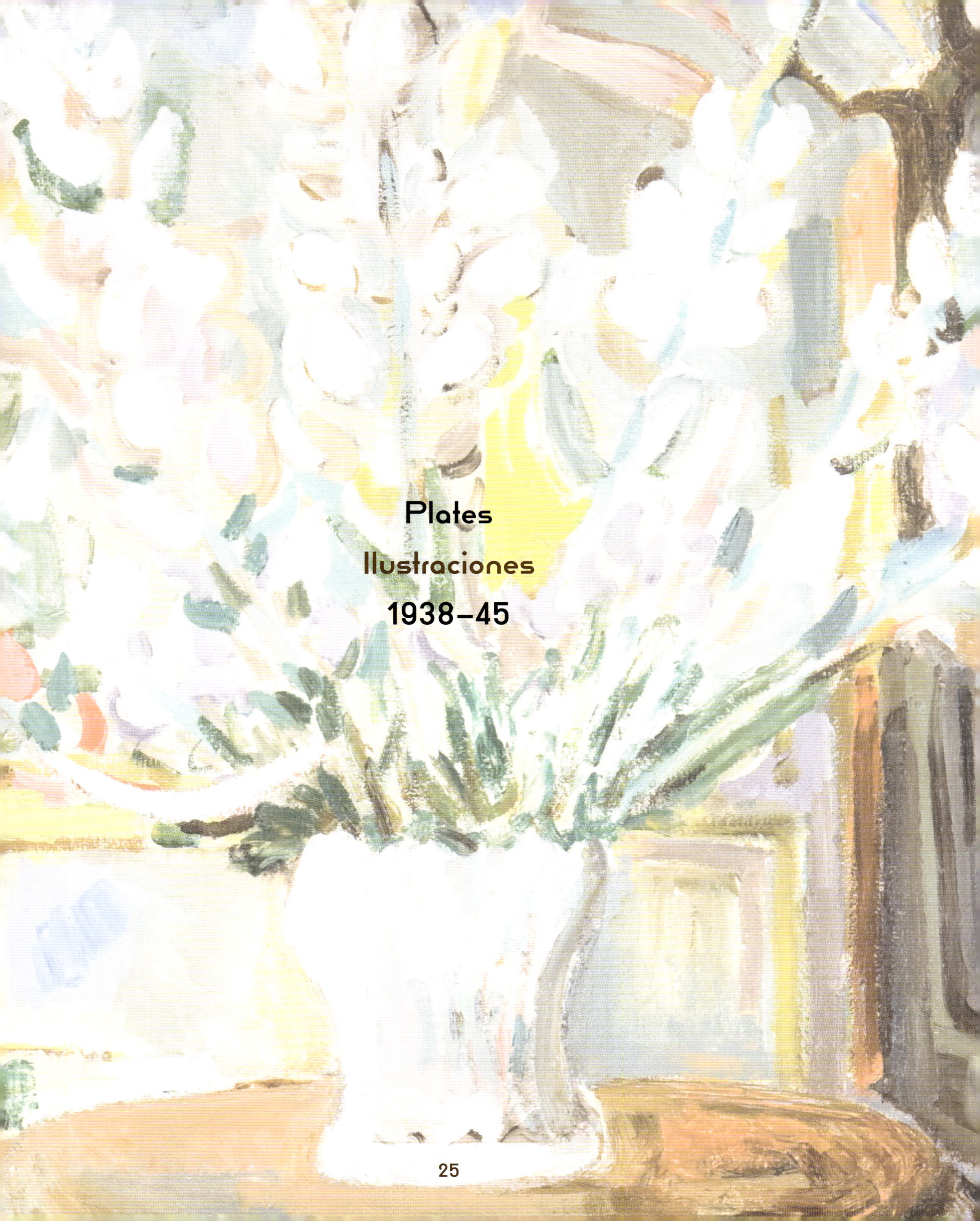

Plates

Ilustraciones

1938–45

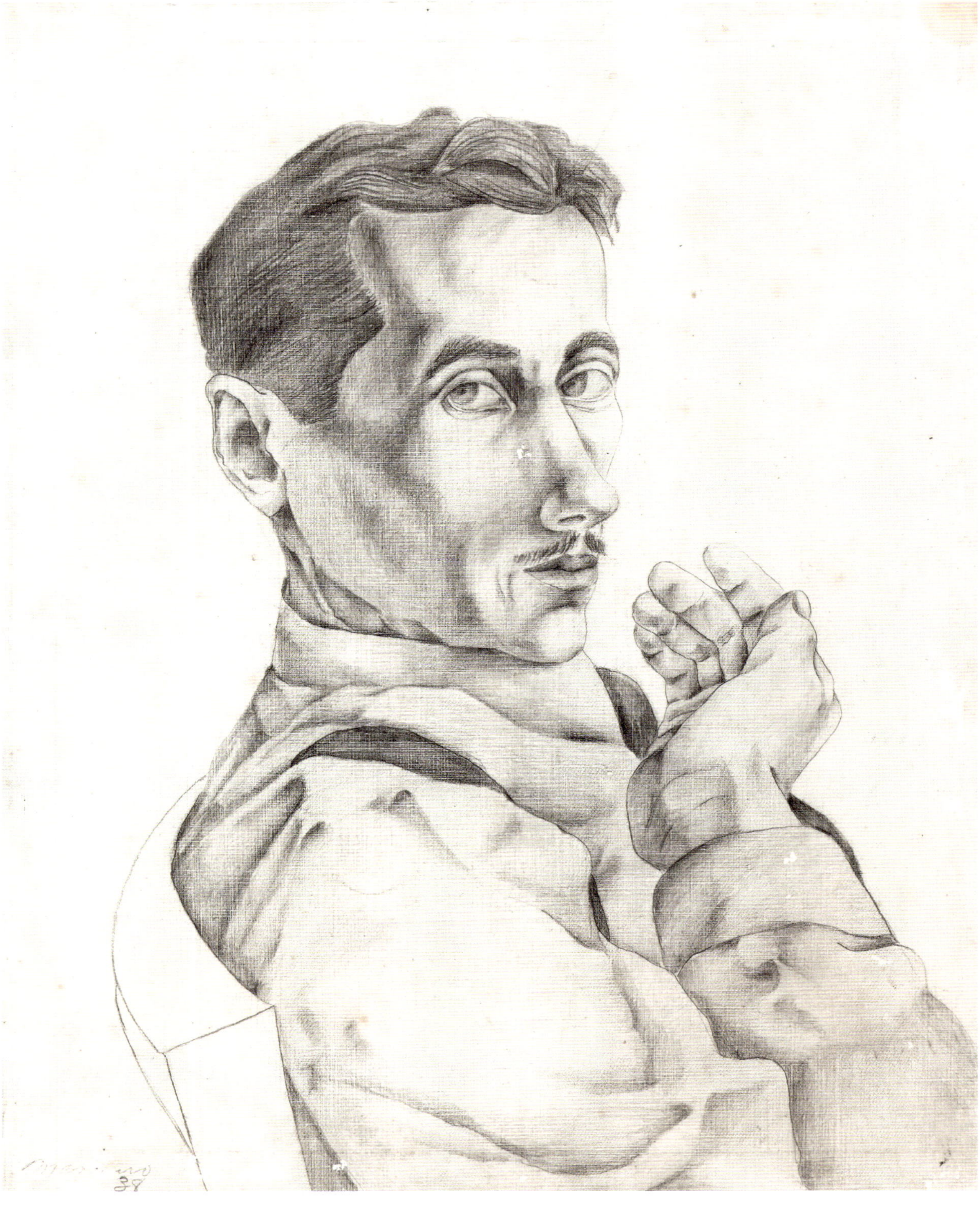

Autorretrato | *Self-Portrait*, 1938
pencil on cardboard | lápiz sobre cartulina, 14 × 11″
Col. Fundación Mariano Rodríguez

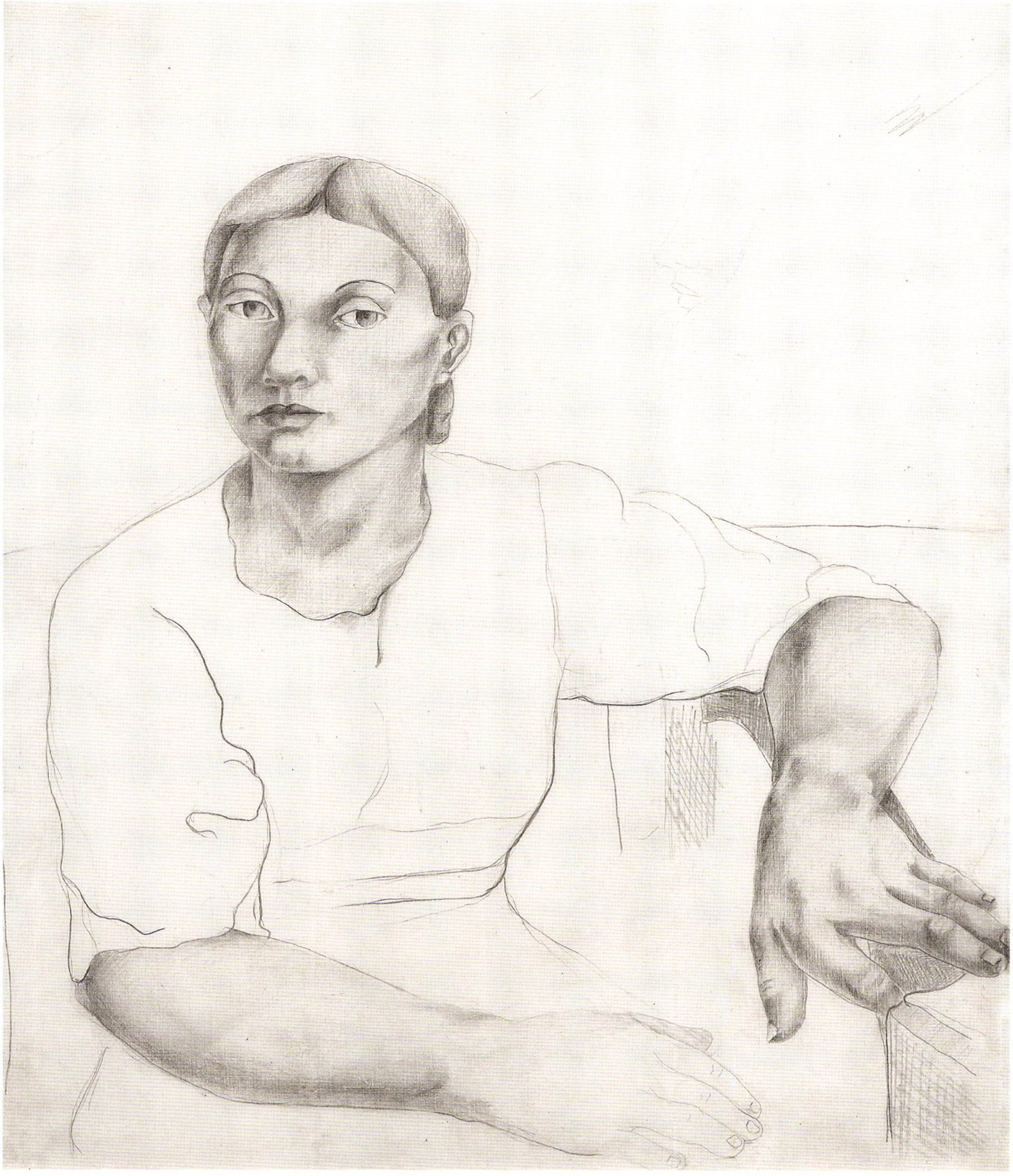

estudio para *Retrato de Libi* | study for *Portrait of Libi*, ca. 1938
pencil on cardboard | lápiz sobre cartulina, 14.2 × 11.1″
Col. Jorge Virgili

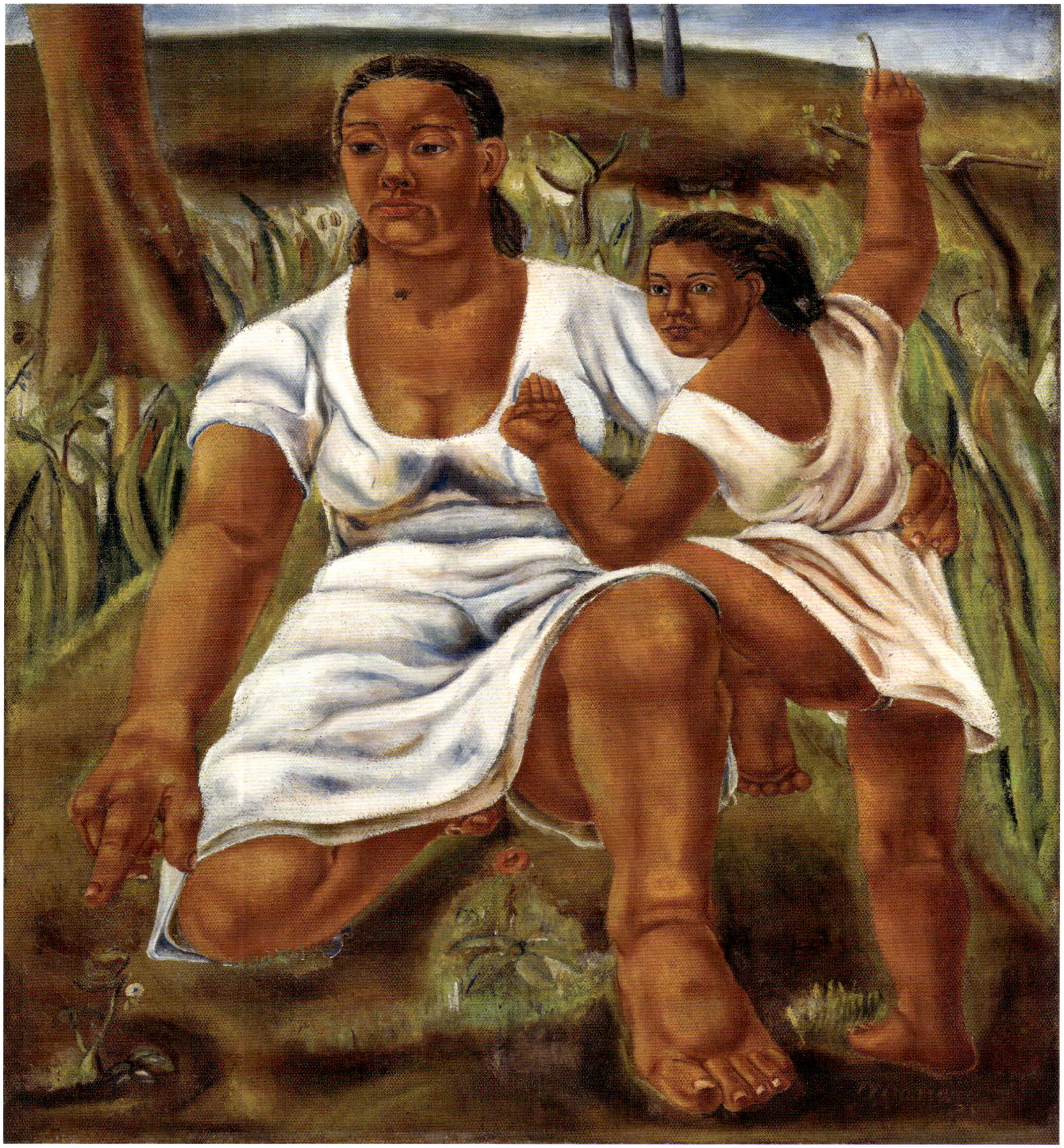

Educando | *Educating*, 1938
oil on canvas | óleo sobre lienzo, 22.8 × 21.1″
private collection | colección privada, courtesy of | cortesía de Cernuda Arte

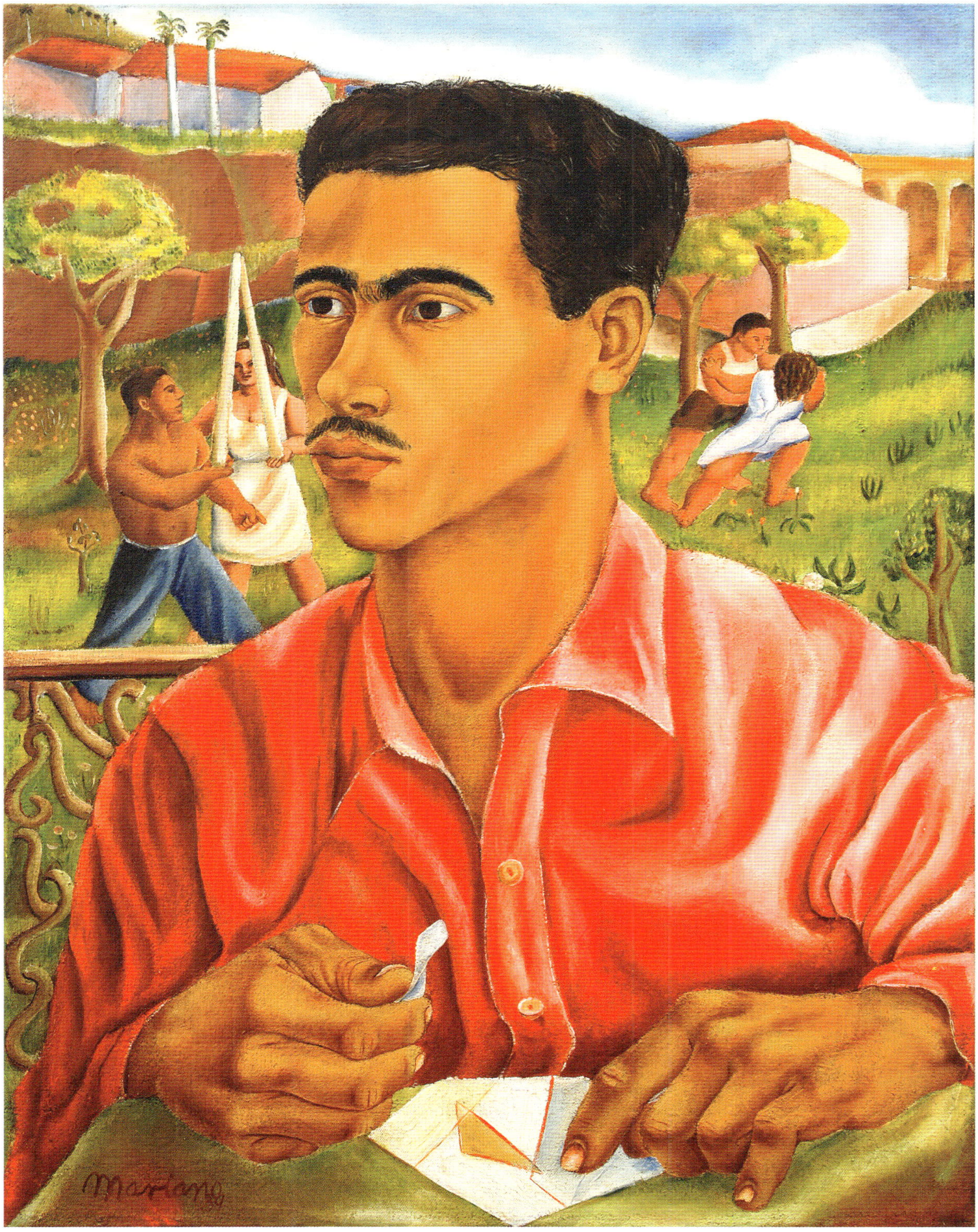

Retrato de Aníbal | *Portrait of Aníbal*, 1939
oil on canvas | óleo sobre lienzo, 23 × 18″
private collection | colección privada, courtesy of | cortesía de Cernuda Arte

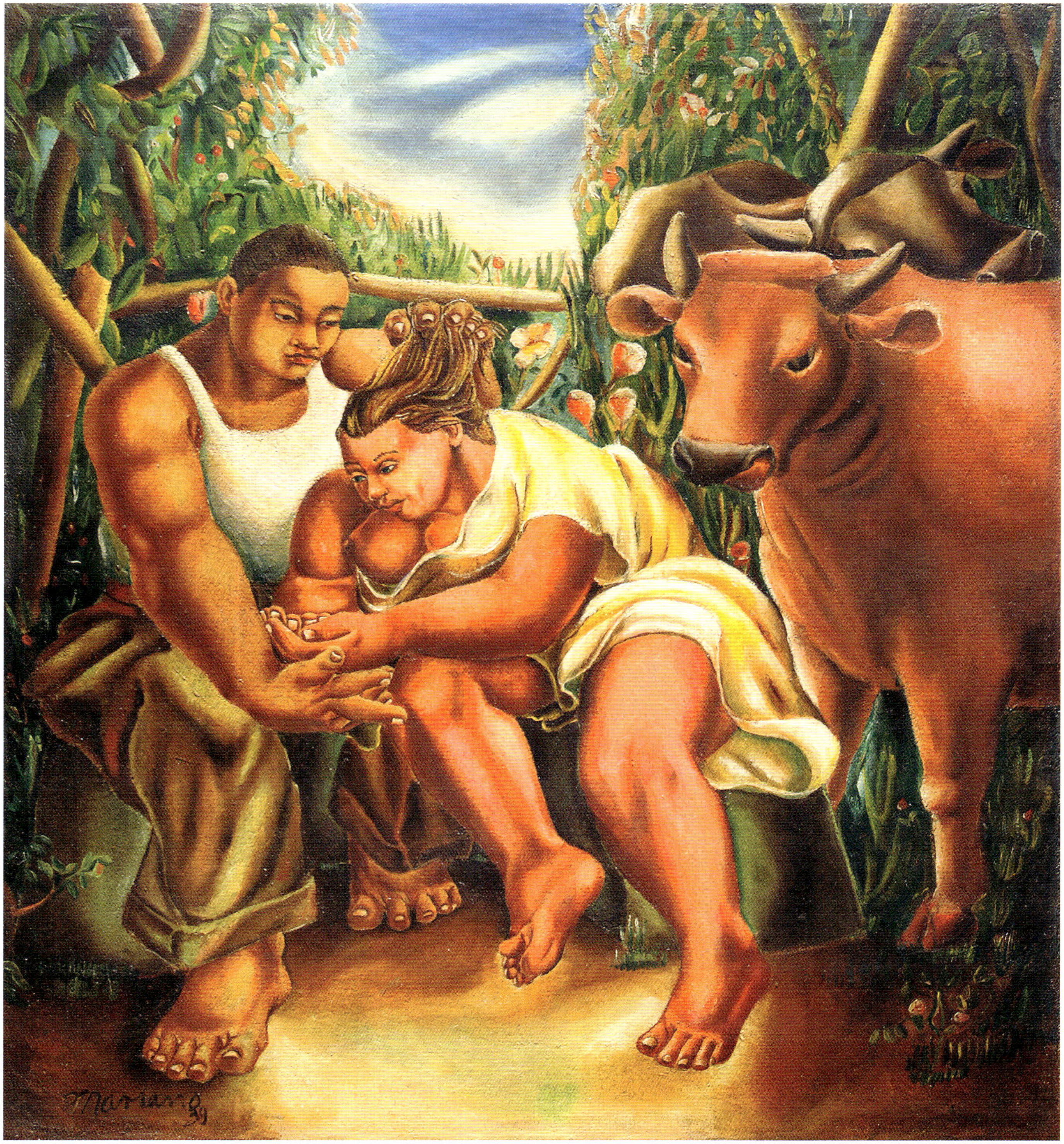

Pareja con bueyes (Bueyes) | *Couple with Oxen (Oxen)*, 1939
oil on canvas | óleo sobre lienzo, 21.9 × 19.8″
private collection | colección privada

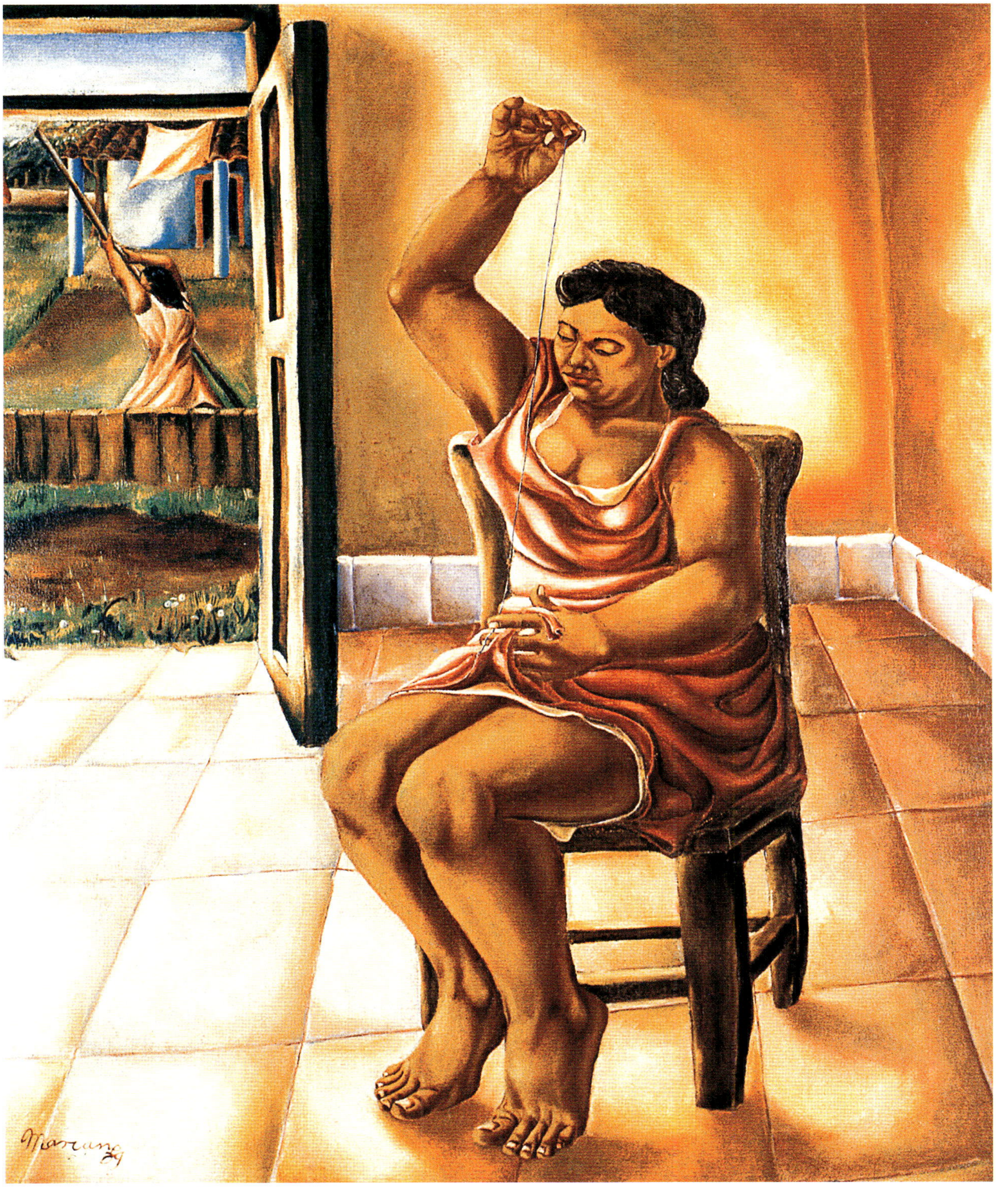

La hebra (Mujer con hebra) | *Thread (Woman with Thread)*, 1939
oil on canvas | óleo sobre lienzo, 36.2 × 30.1″
Col. Rudman, courtesy of | cortesía de Cernuda Arte

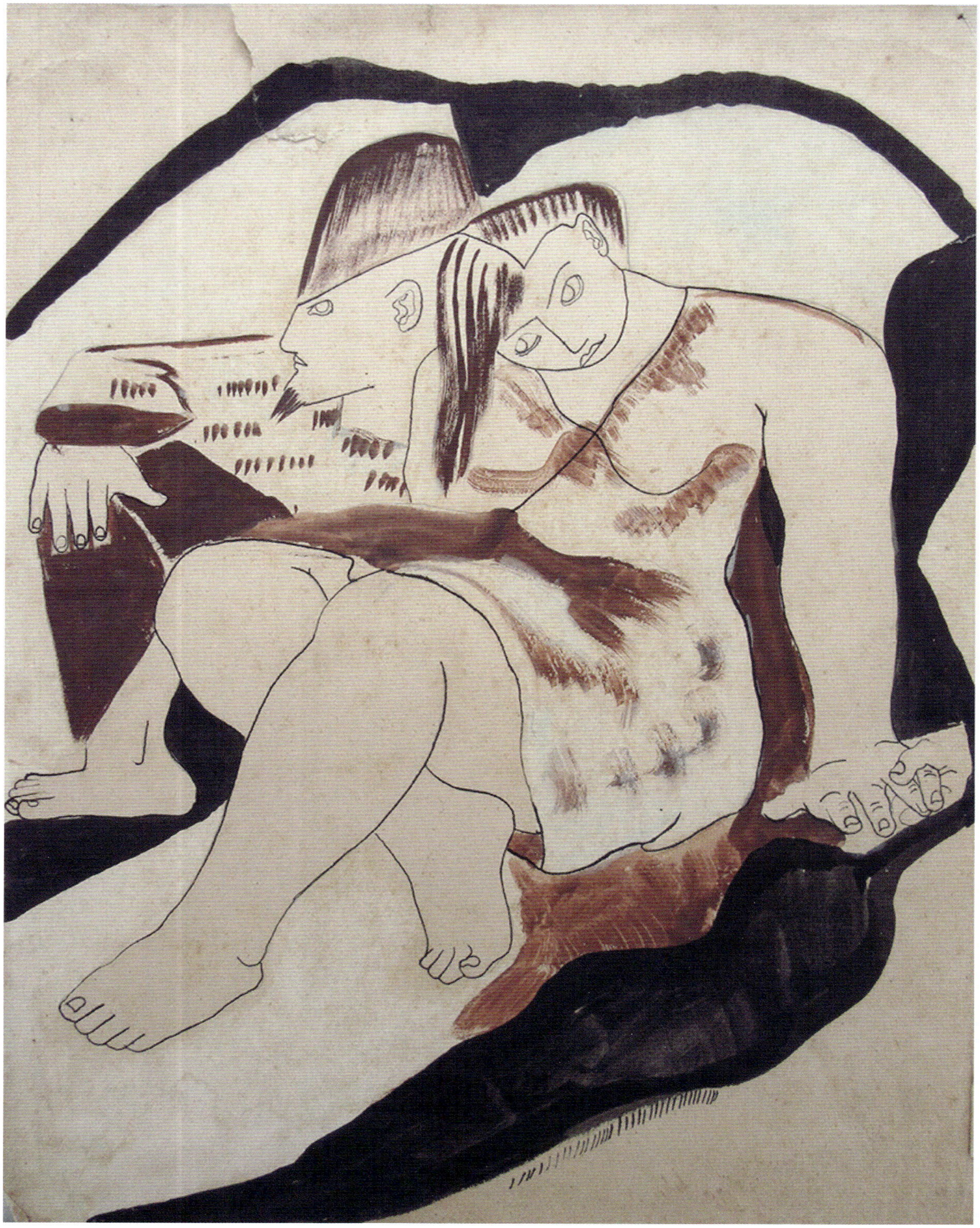

Pareja sentada | *Seated Couple*, ca. 1939
ink and watercolor on cardboard | tinta y acuarela sobre cartulina, 14.3 × 11.1″
Col. Fundación Mariano Rodríguez

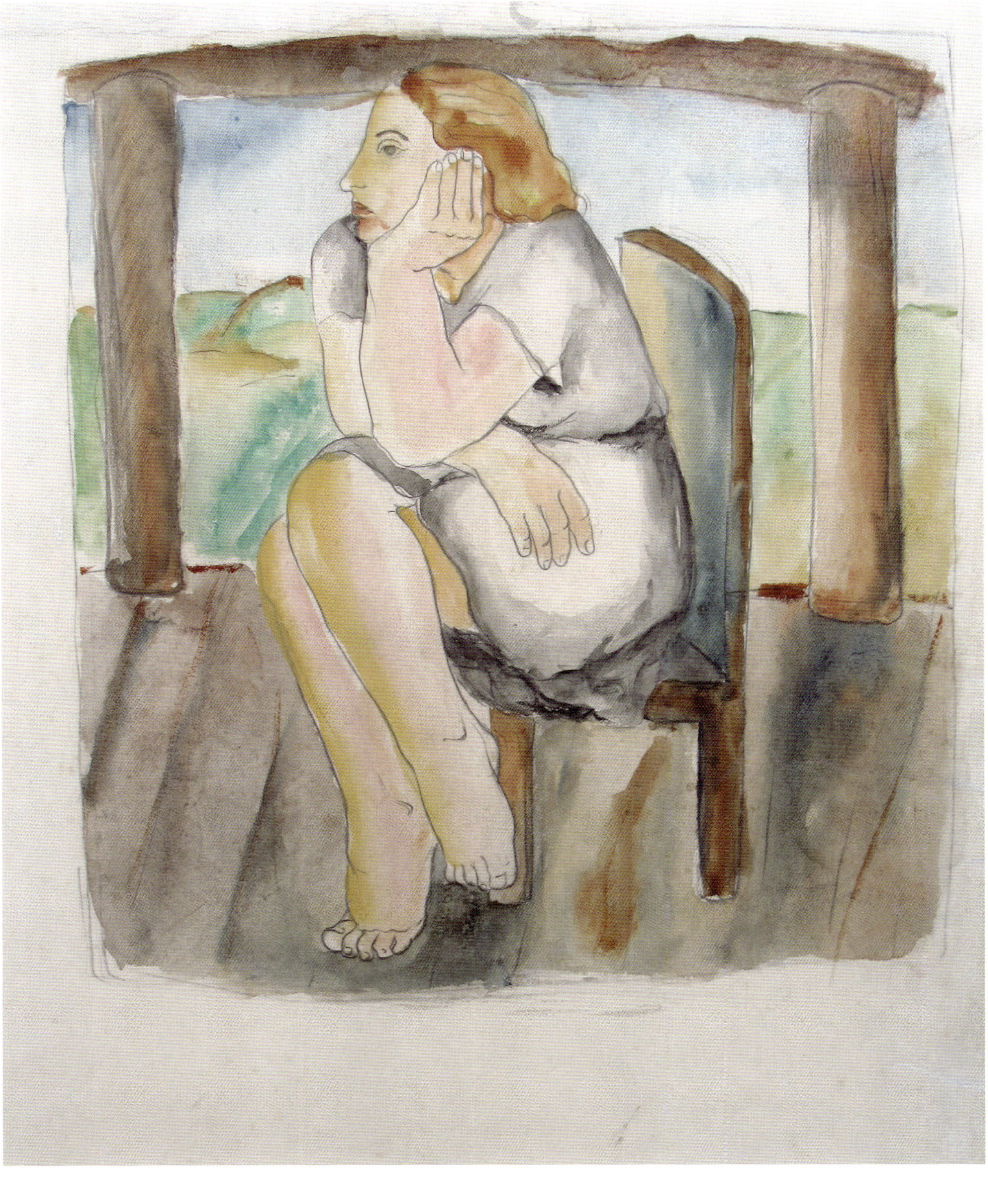

Mujer pensativa | *Pensive Woman*, ca. 1940
ink and watercolor on board | tinta y acuarela sobre cartón, 14 × 13″
Col. Fundación Mariano Rodríguez

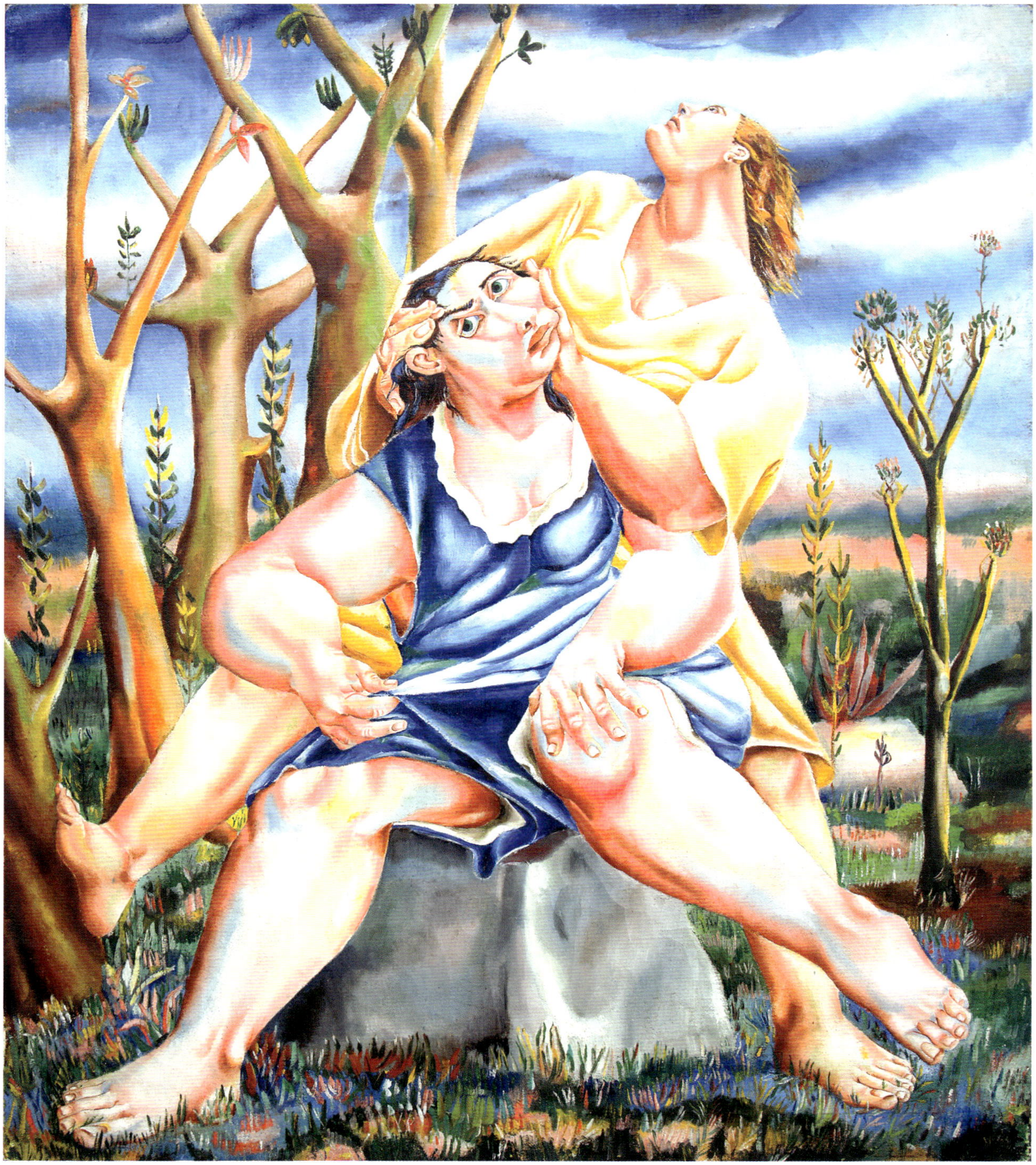

Mujeres luchando (Dos figuras; Mujeres) | *Women Fighting (Two Figures; Women)*, ca. 1940
oil on canvas | óleo sobre lienzo, 30 × 26″
Col. Nercys & Ramón Cernuda

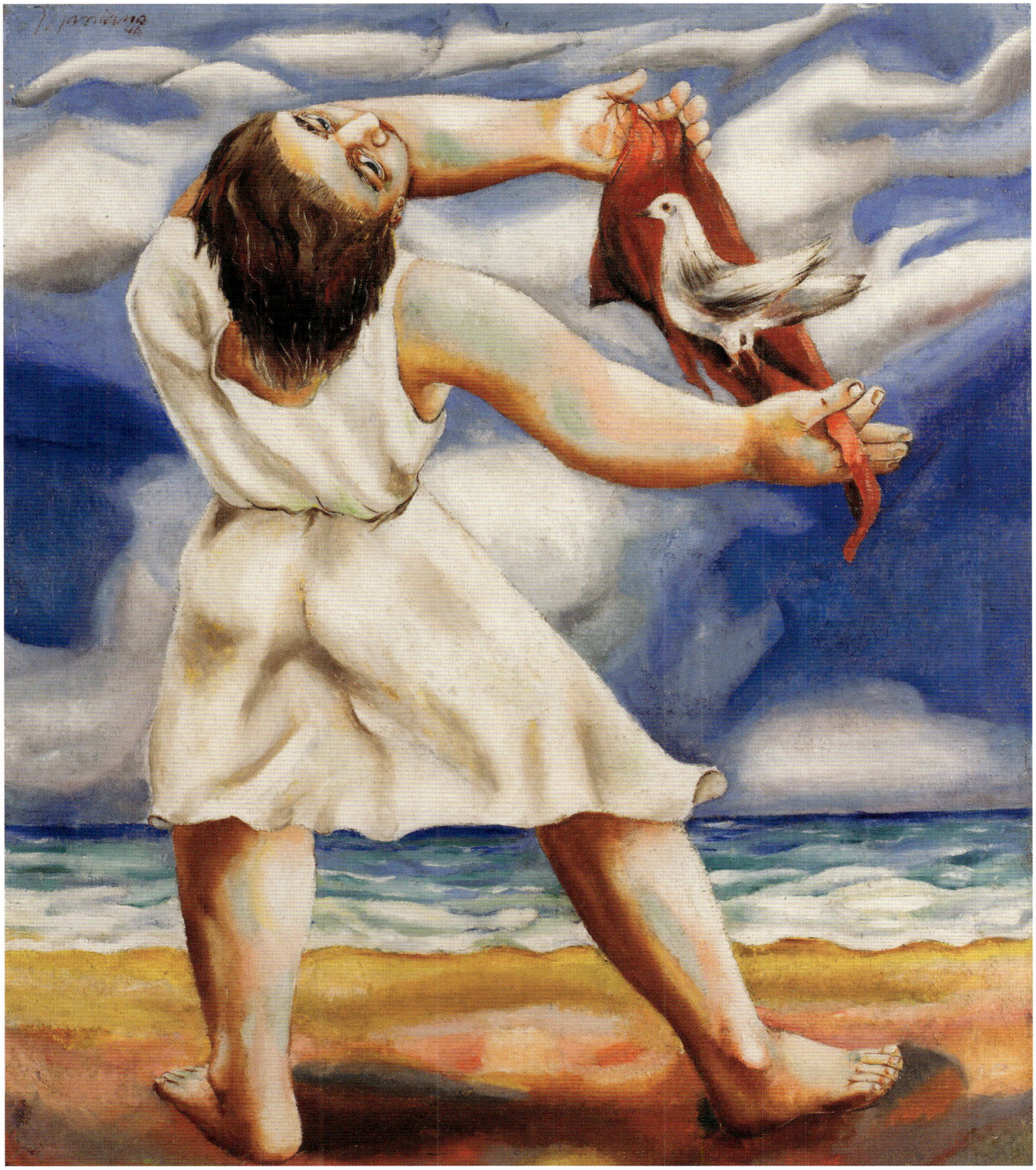

La paloma de la paz | *The Dove of Peace*, 1940
oil on canvas | óleo sobre lienzo, 29.1 × 25″
Col. Fundación Mariano Rodríguez

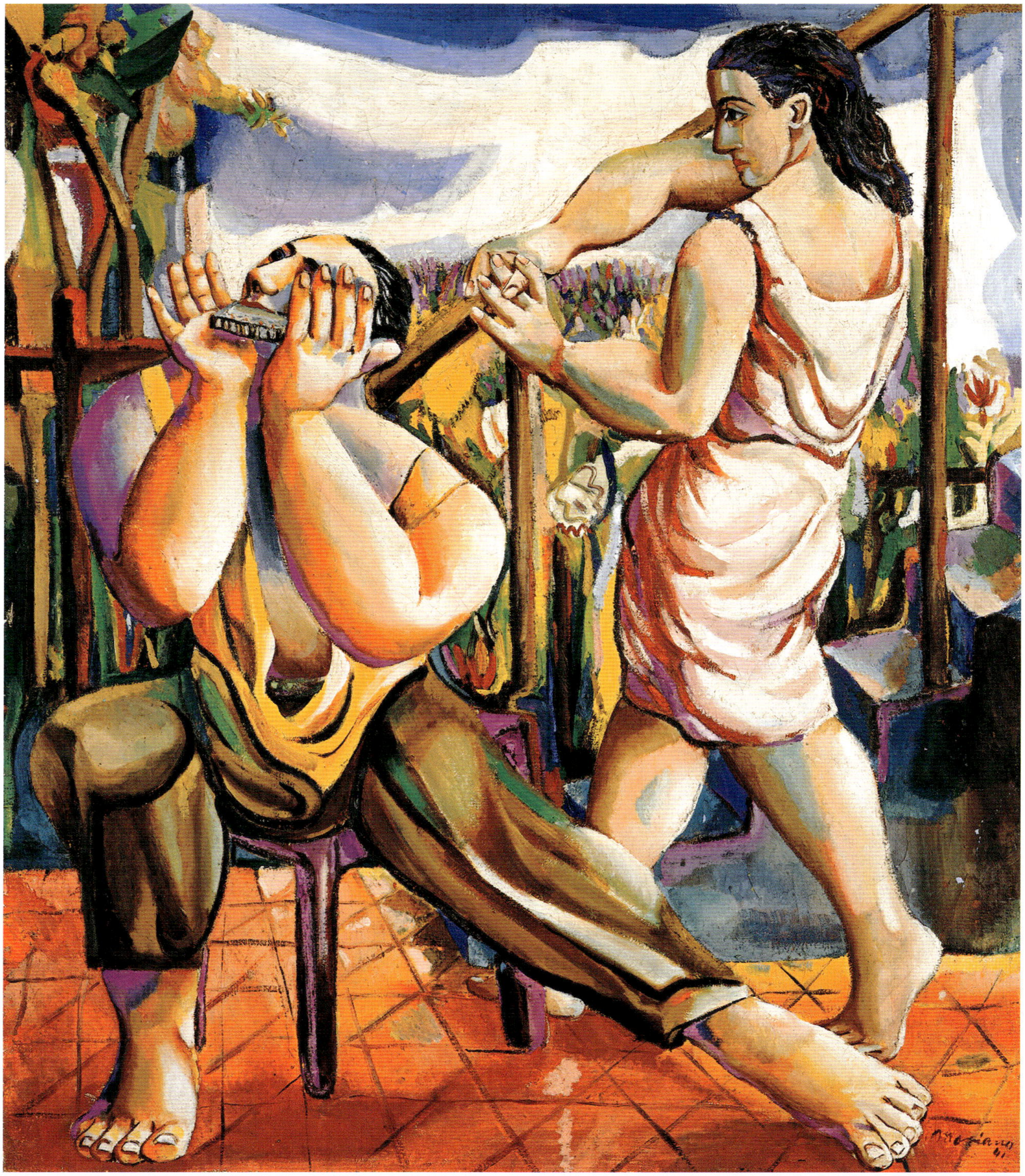

La filarmónica (Filarmónica; Pareja) | *The Philharmonic (Philharmonic; Couple)*, 1941
tempera and oil on canvas on Masonite | tempera y óleo sobre lienzo sobre Masonite, 28.9 × 24.9″
Col. Rudman, courtesy of | cortesía de Cernuda Arte

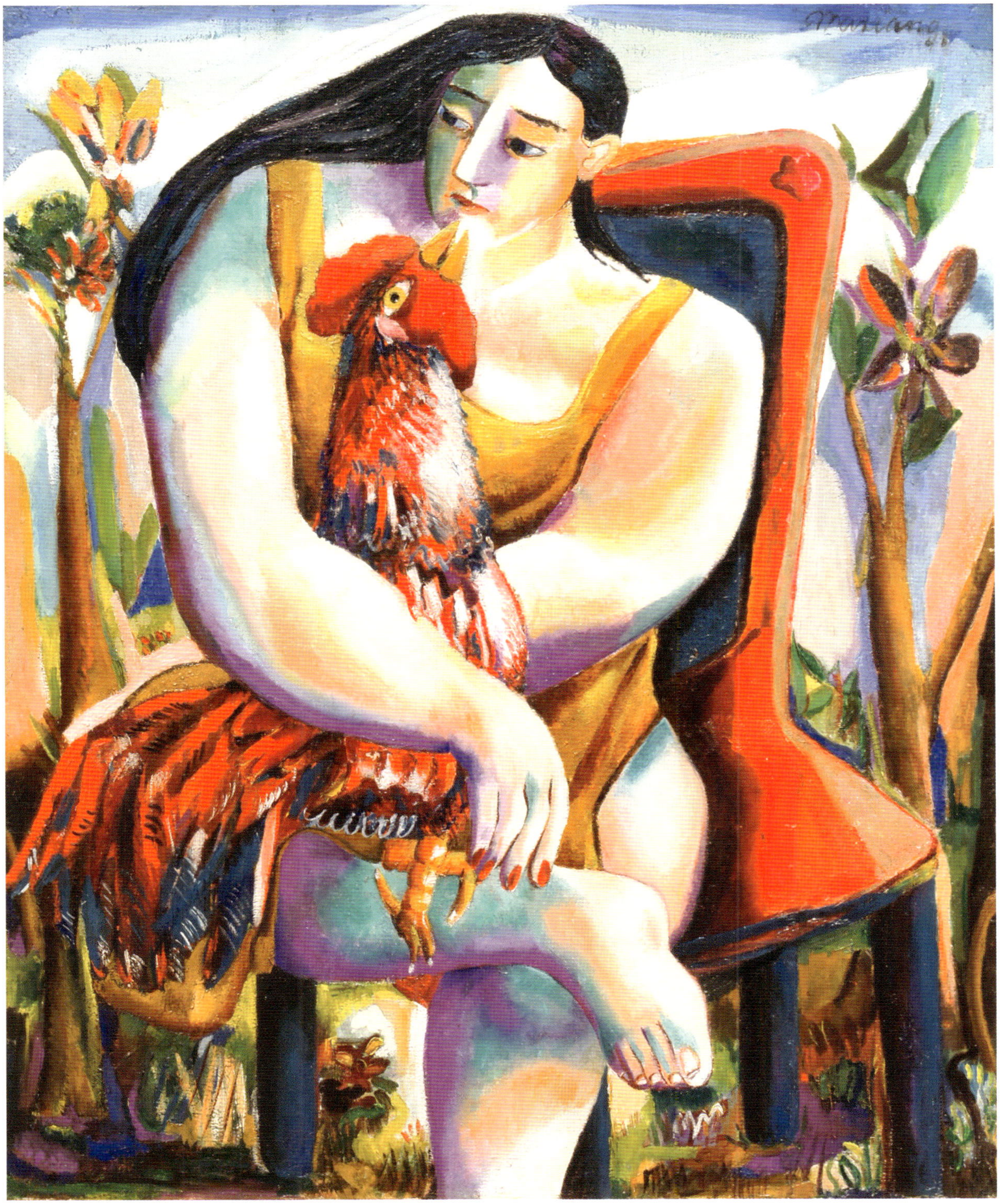

Mujer con gallo (Mujer y gallo) | *Woman with Rooster (Woman and Rooster)*, 1941
oil on canvas | óleo sobre lienzo, 32 × 26″
Col. Nercys & Ramón Cernuda

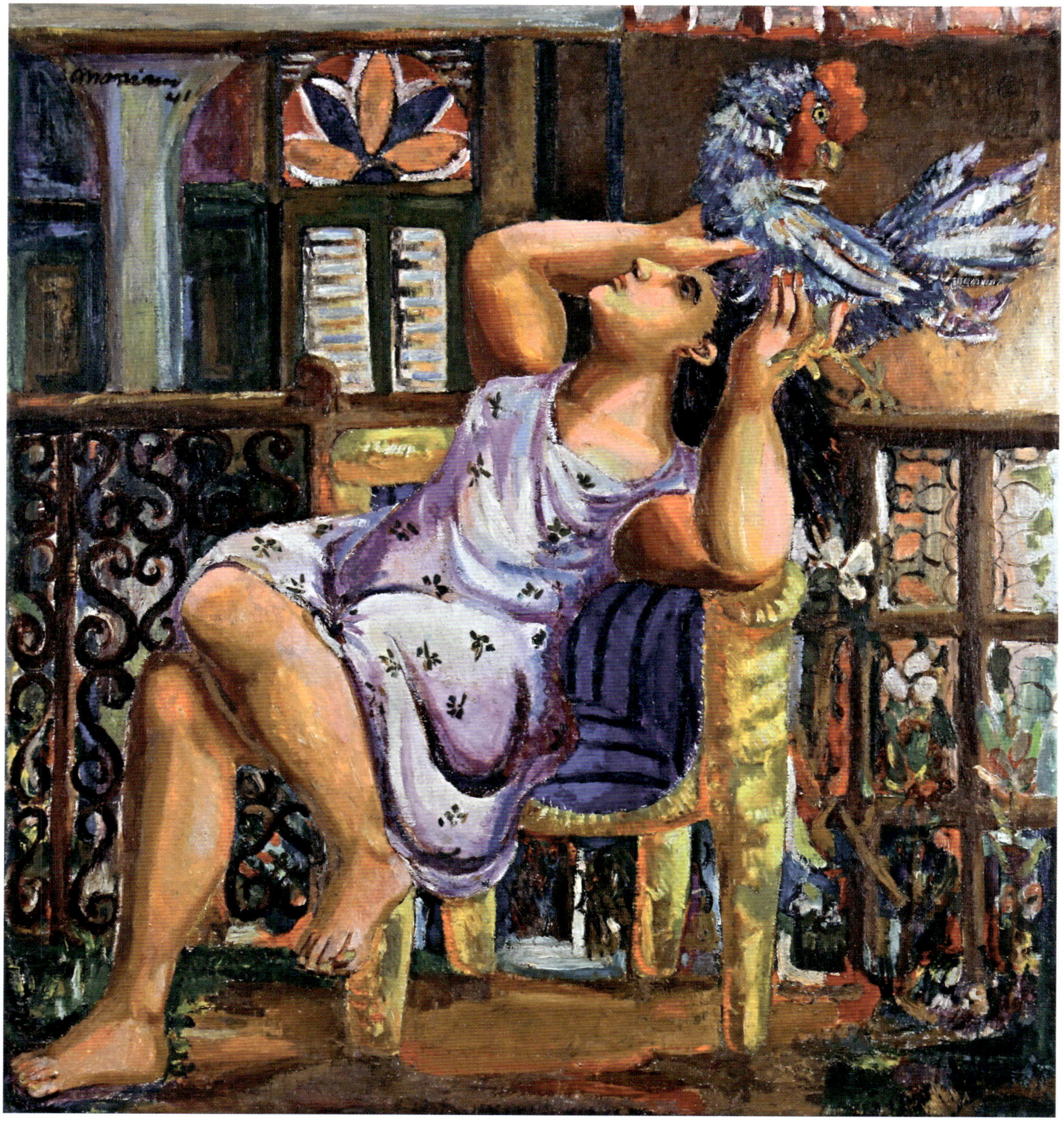

Mujer con gallo | *Woman with Rooster*, 1941
oil on canvas | óleo sobre lienzo, 27.3 × 25.1″
Col. Silvia & Emilio M. Ortiz

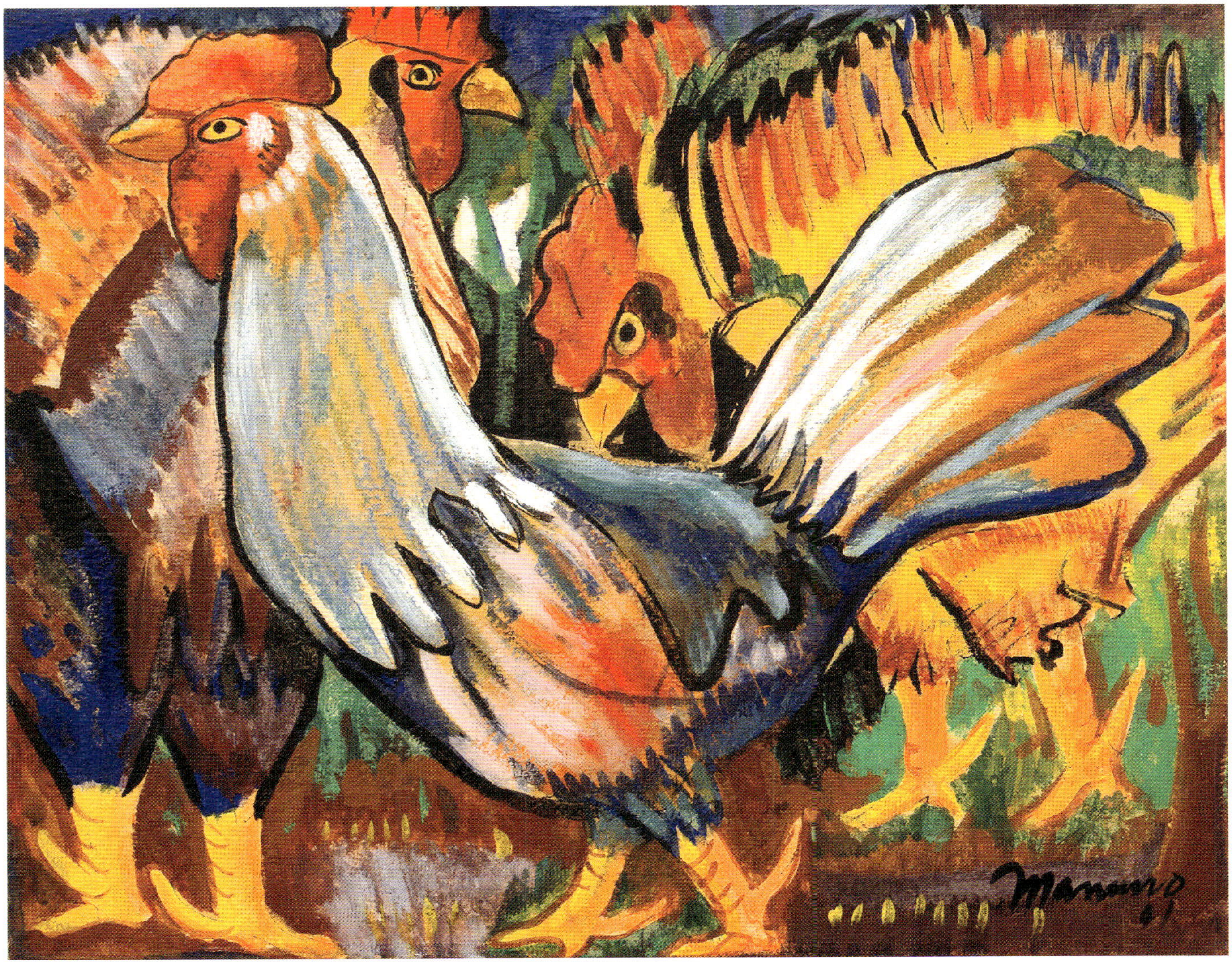

Gallos | *Roosters*, 1941
mixed media on paper on Masonite | técnica mixta sobre papel sobre Masonite, 17.8 × 22.2″
private collection | colección privada

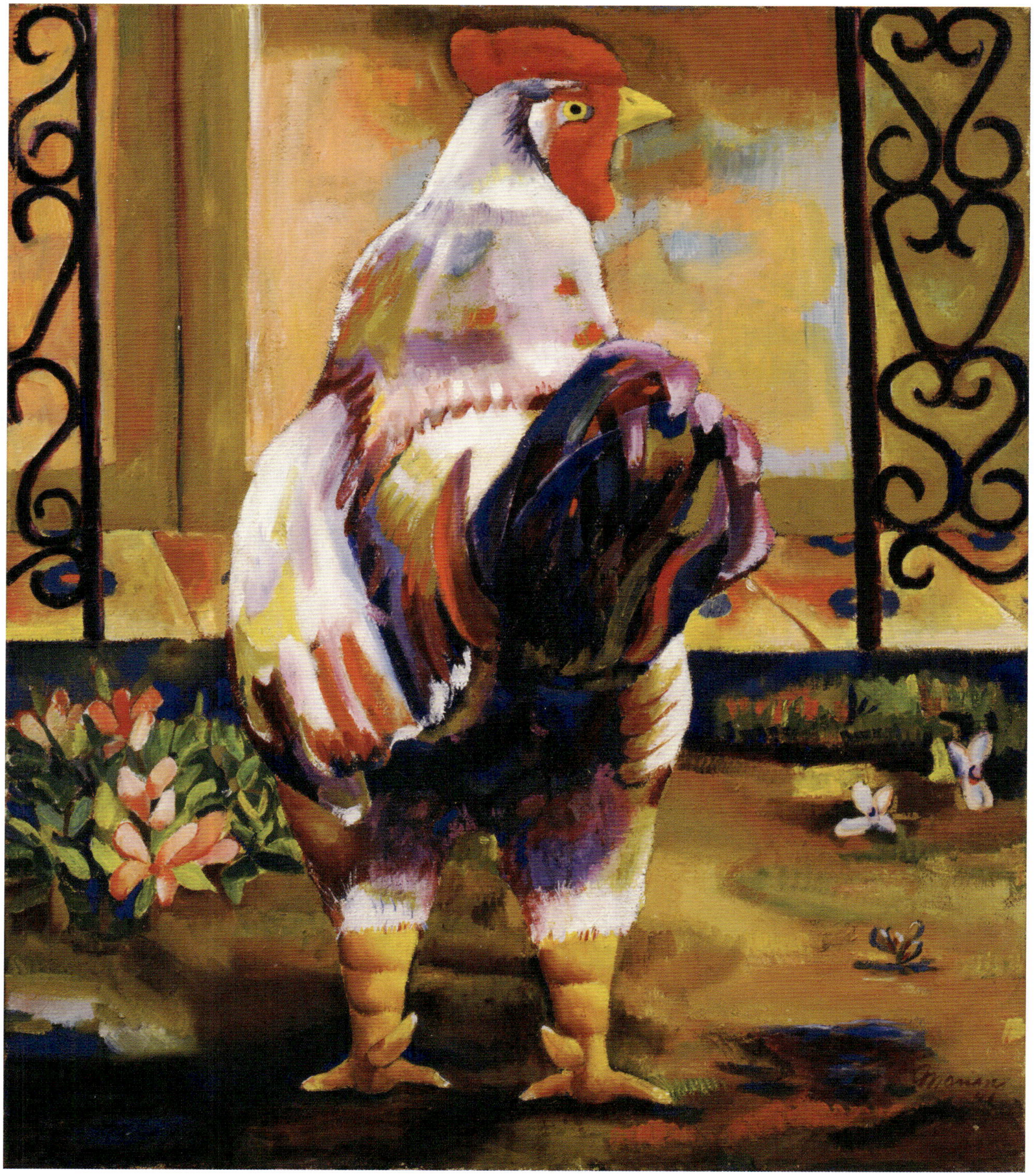

Gallo (El gallo) | *The Cock*, 1941
oil on canvas | óleo sobre lienzo, 29.3 × 25.1″
Museum of Modern Art, New York, Gift of | Regalo de la Comisión Cubana de Cooperación Intelectual, 30.1942

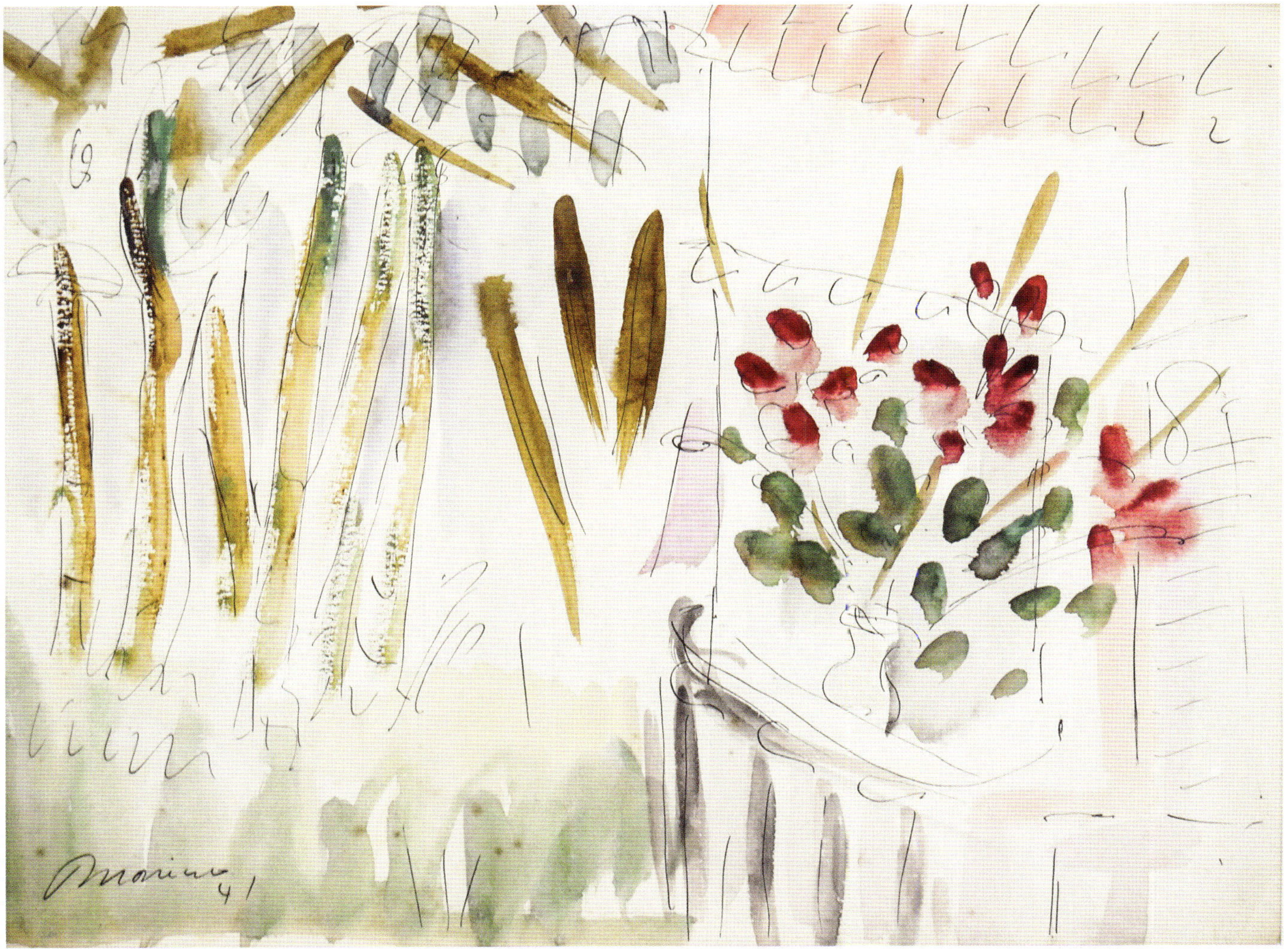

Patio, 1941
ink and watercolor on paper | tinta y acuarela sobre papel, 9 × 11.9″
Col. Jorge Virgili

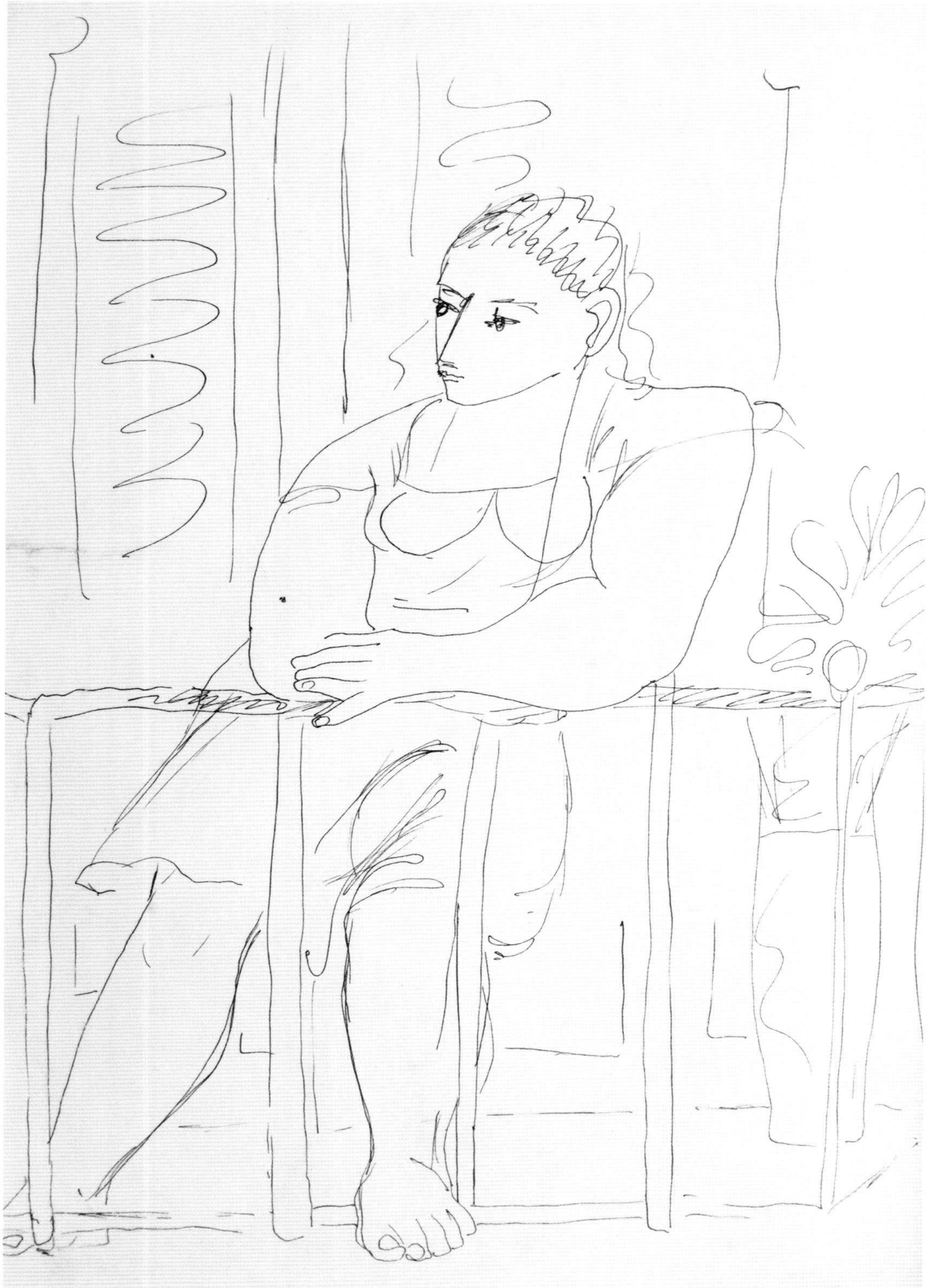

Mujer en el balcón | *Woman on the Balcony*, ca. 1941
ink on cardboard | tinta sobre cartulina, 12.6 × 10.9″
Col. Jorge Virgili

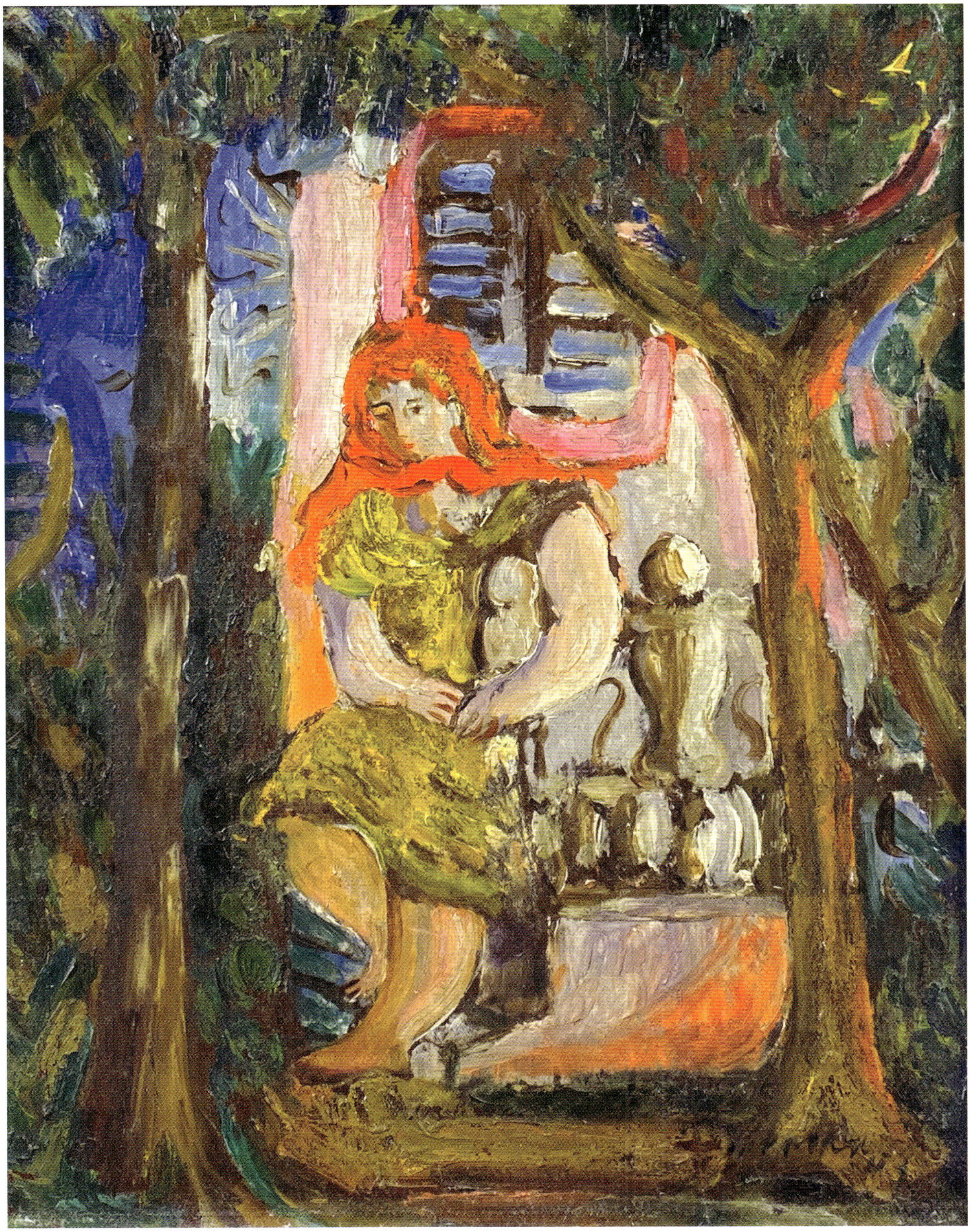

En el parque | *In the Park*, 1942
oil on wood | óleo sobre madera, 14 × 10″
Col. Malcolm L. Borlenghi

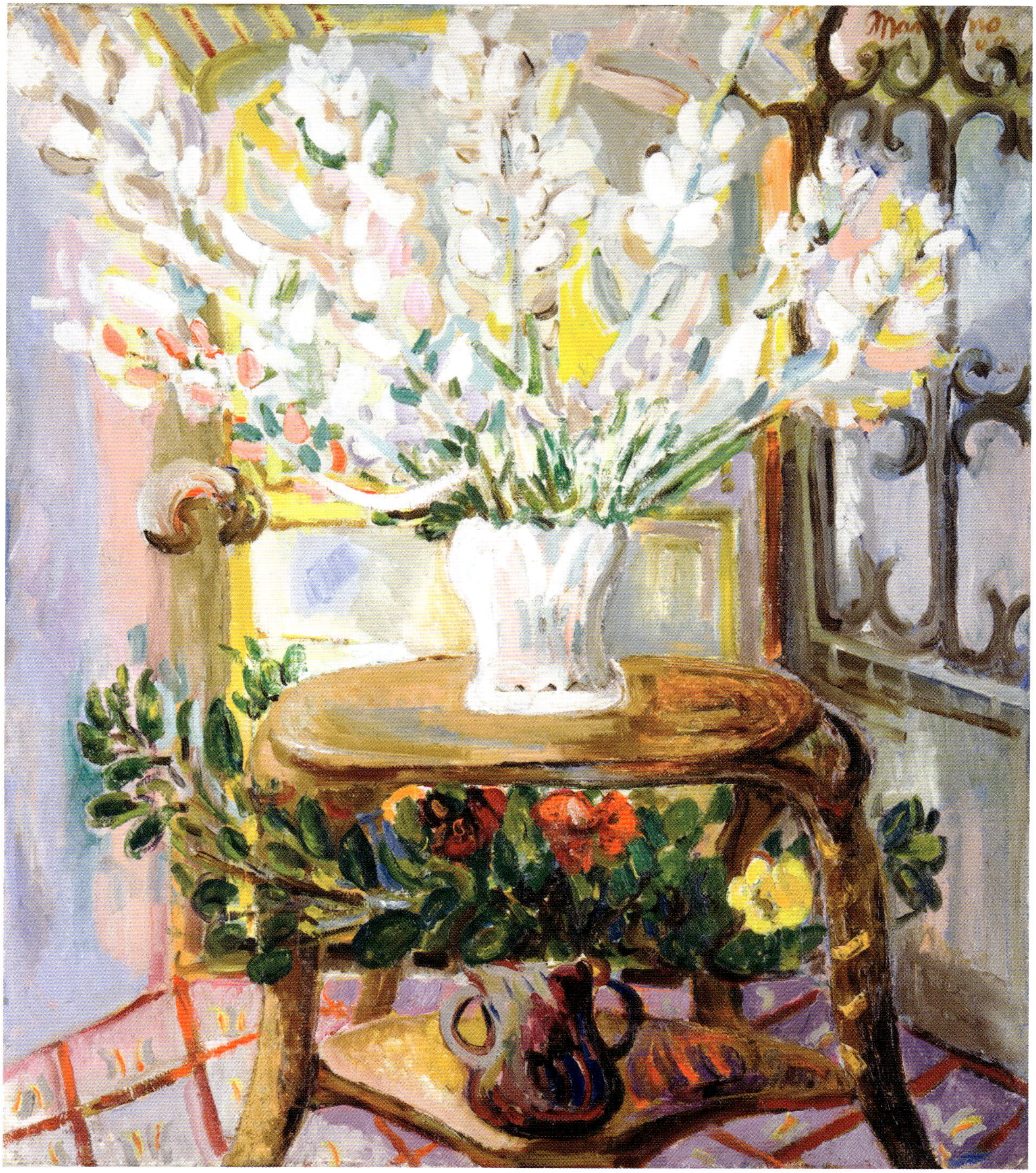

Gladiolos (Flores) | *Gladiolas (Flowers)*, 1942
oil on canvas | óleo sobre lienzo, 35 × 29″
Col. Silvia & Emilio M. Ortiz

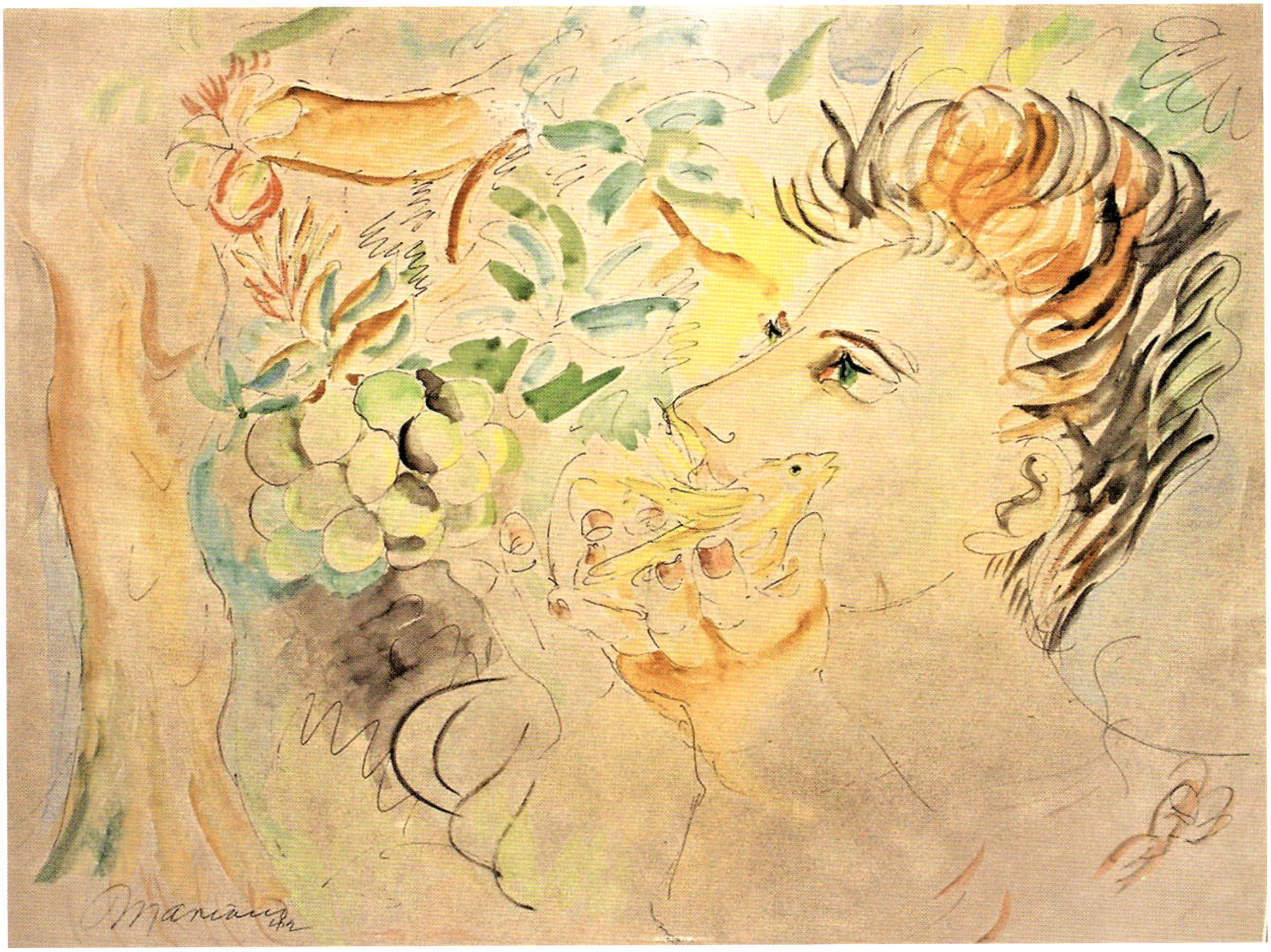

Mujer con pájaro en la mano | *Woman with Bird in Hand*, 1942
watercolor on cardboard | acuarela sobre cartulina, 23 × 28″
Col. Loumiet

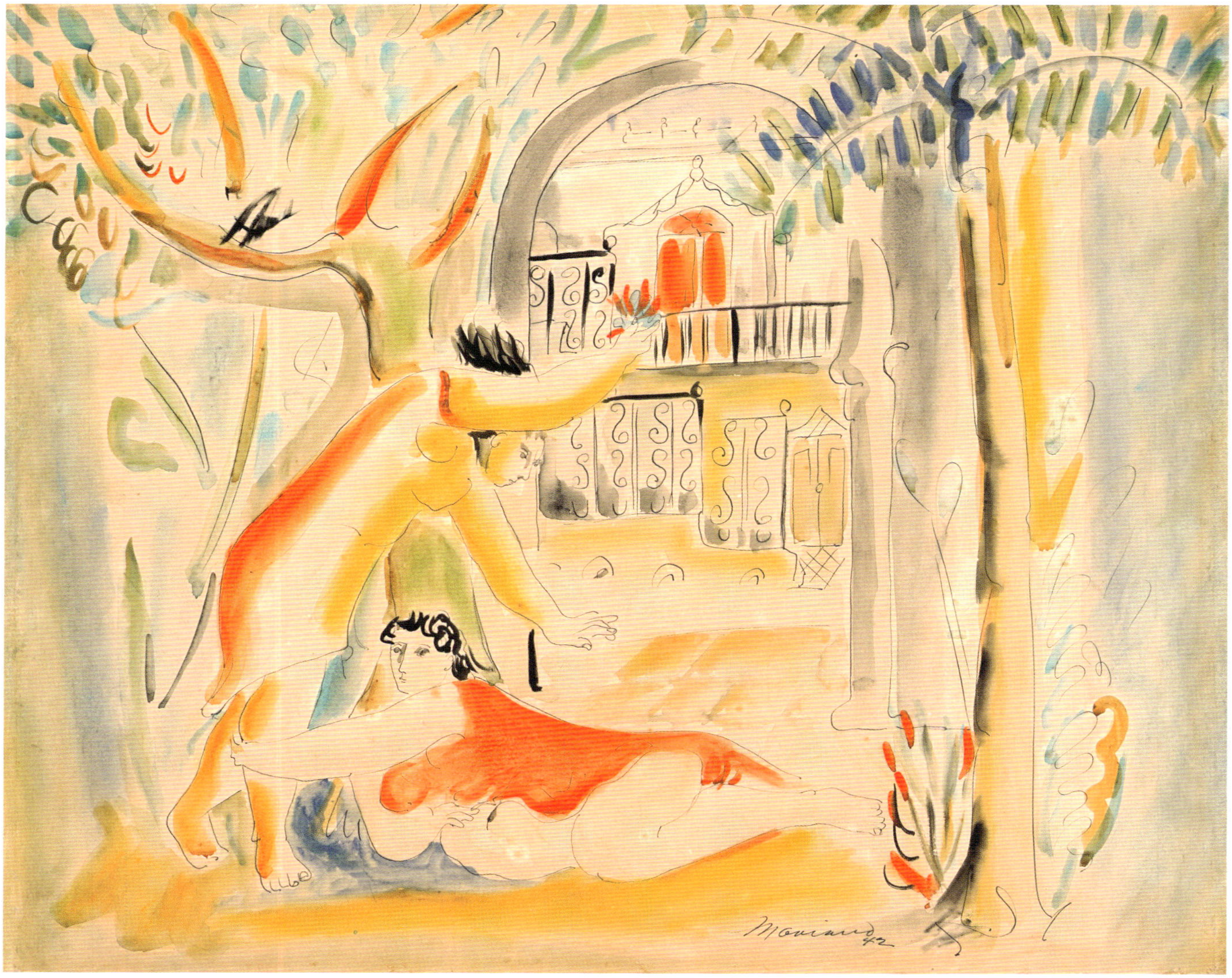

Mujeres en el jardín (Jóvenes frente al jardín) | *Women in the Garden (Young Women in front of the Garden)*, 1942
mixed media on paper on board | técnica mixta sobre papel sobre cartón, 20.4 × 25″
private collection | colección privada

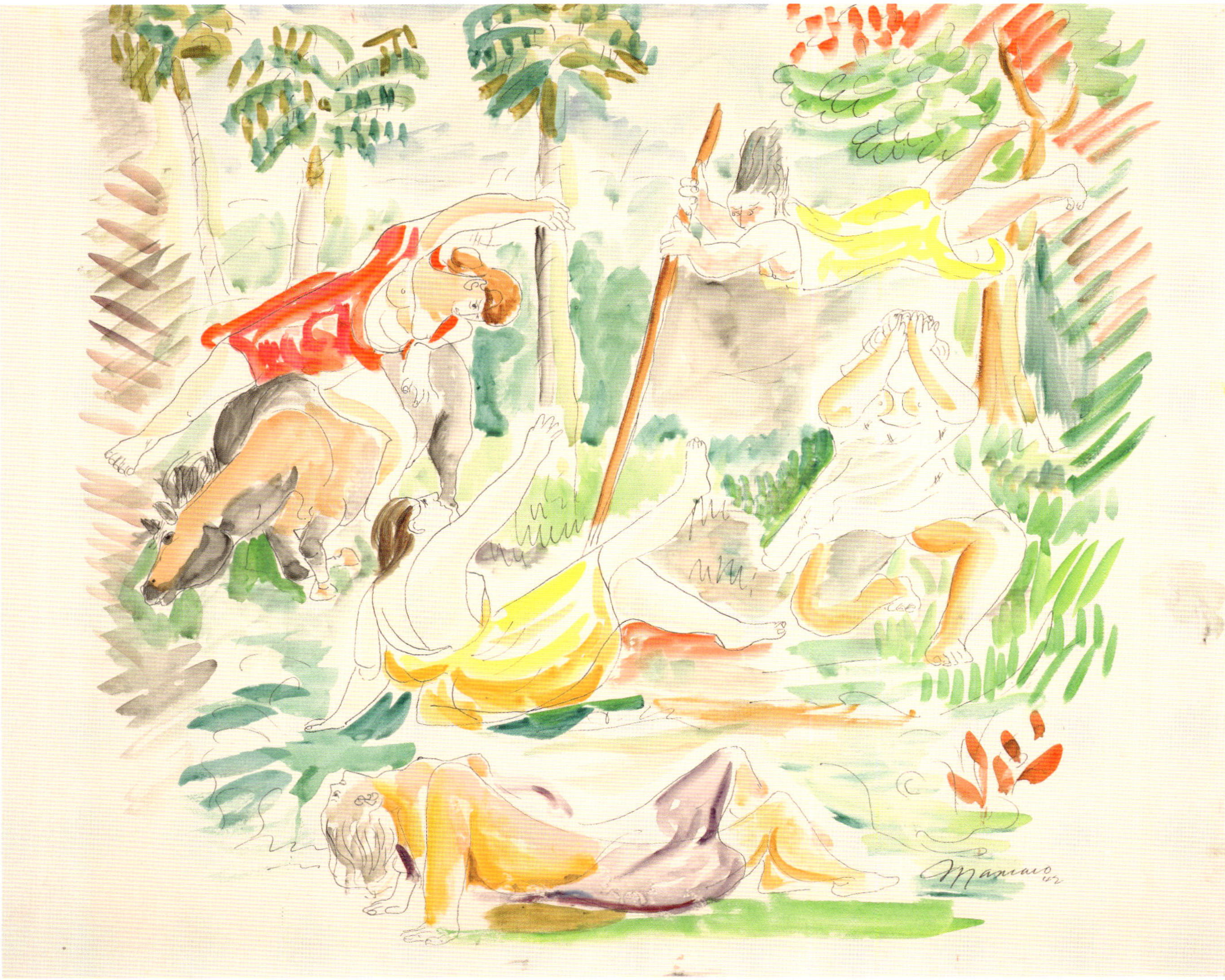

Figuras en el paisaje | *Figures in a Landscape*, 1942
watercolor on paper | acuarela sobre papel, 23 × 28″
Museum of Modern Art, New York, Inter-American Fund, 718.1942

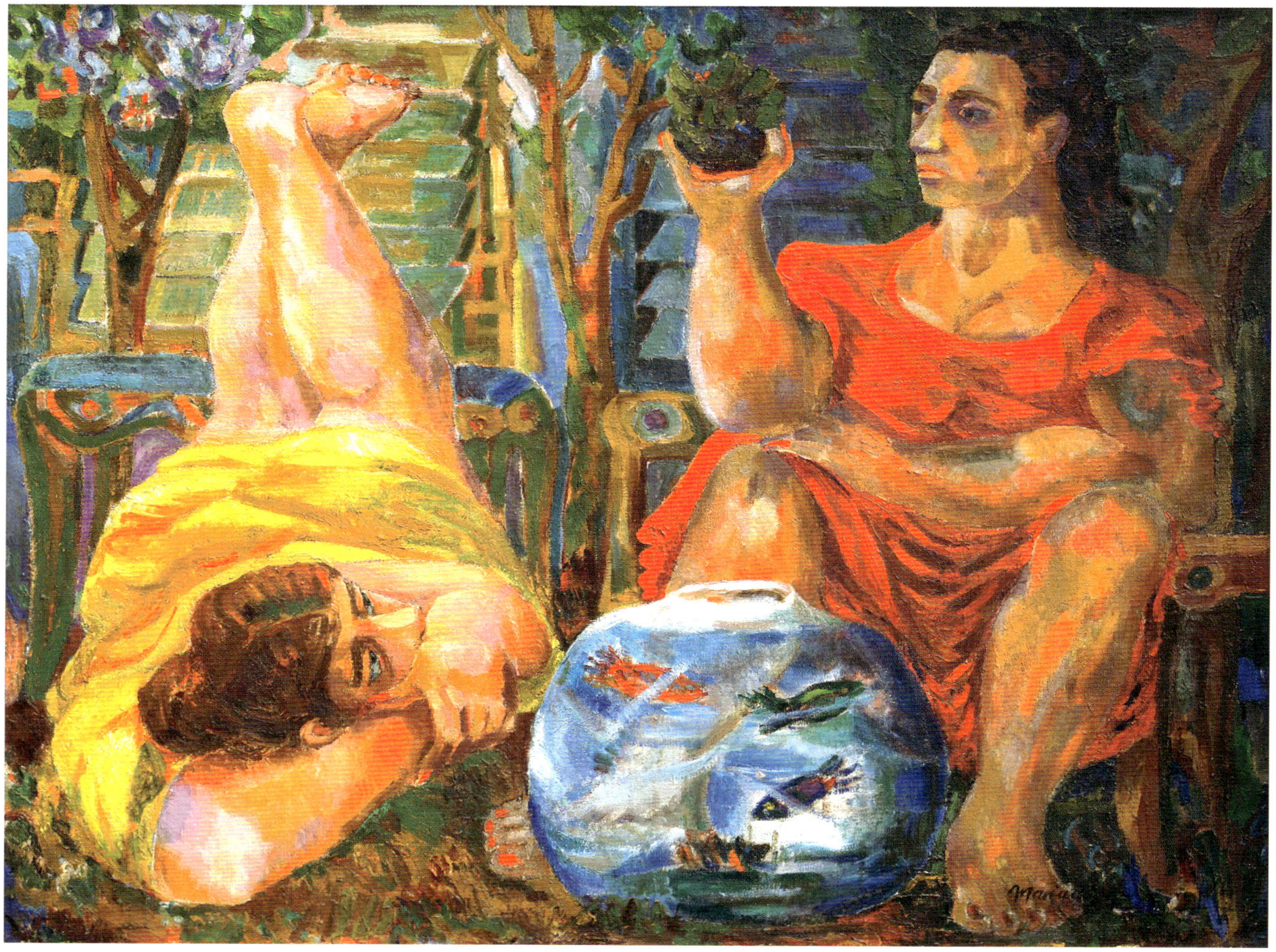

La pecera (Pecera) | *The Fishbowl (Fishbowl)*, ca. 1942
oil on canvas | óleo sobre lienzo, 28.5 × 36″
Col. Nercys & Ramón Cernuda

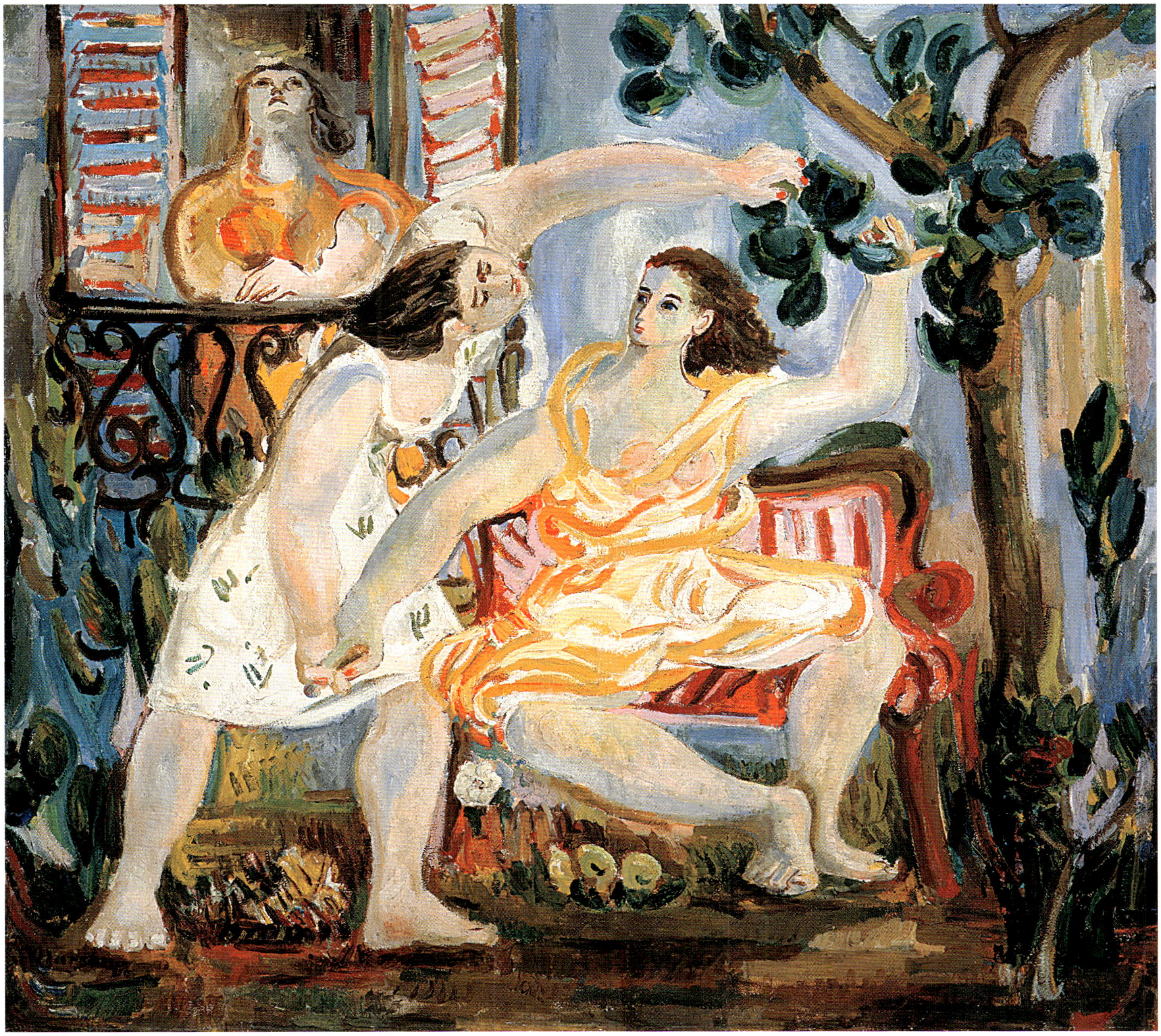

Patio del Cerro (Tres mujeres; Las comadres) | *Patio in Cerro (Three Women; The Friends)*, 1942
oil on canvas | óleo sobre lienzo, 32.5 × 35.6″
Col. Rudman, courtesy of | cortesía de Cernuda Arte

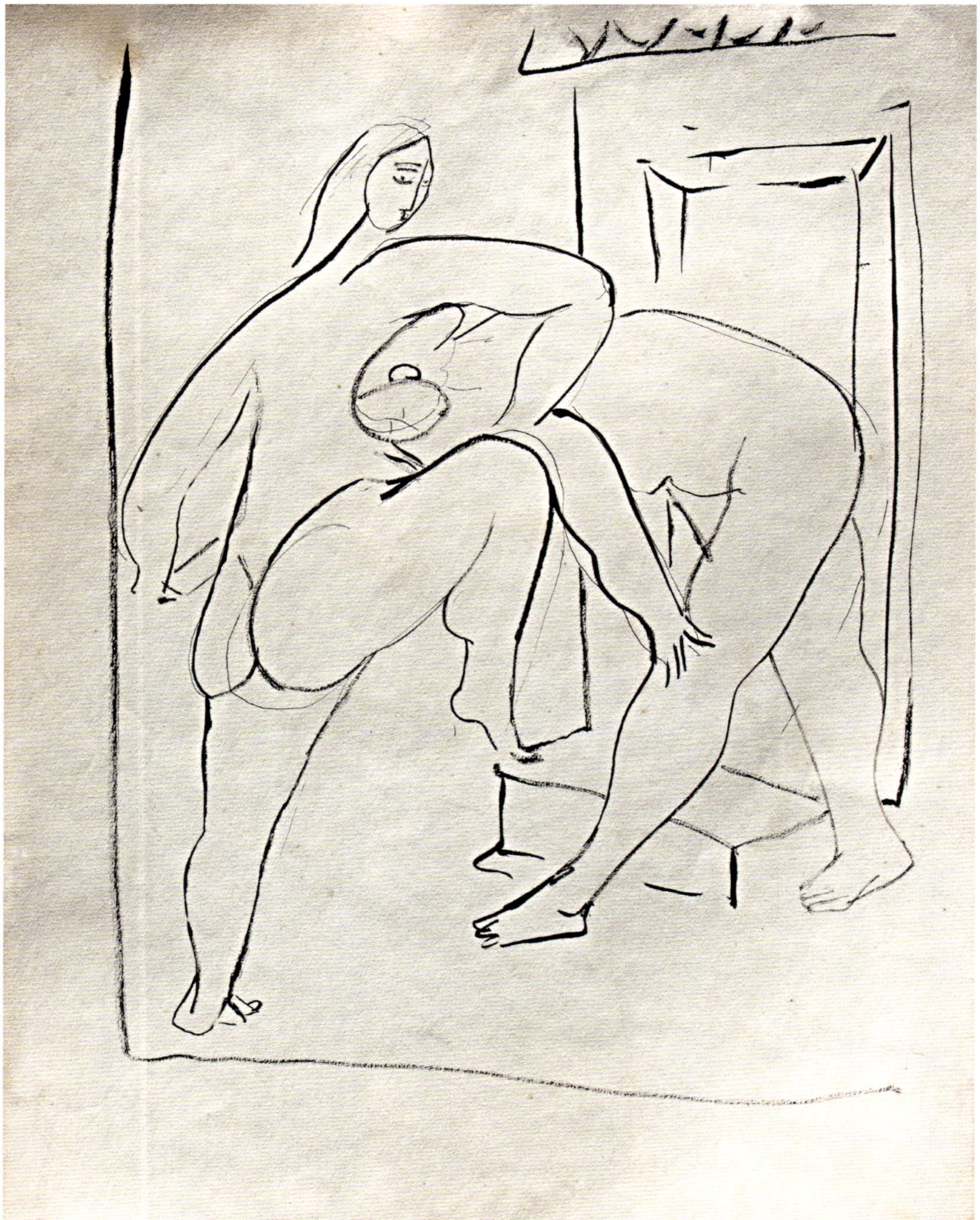

boceto para *Juego (Mujeres jugando)* | sketch for *Game (Women Playing)*, ca. 1943
ink on paper | tinta sobre papel, 17.9 × 12″
Col. Enrique Rodríguez

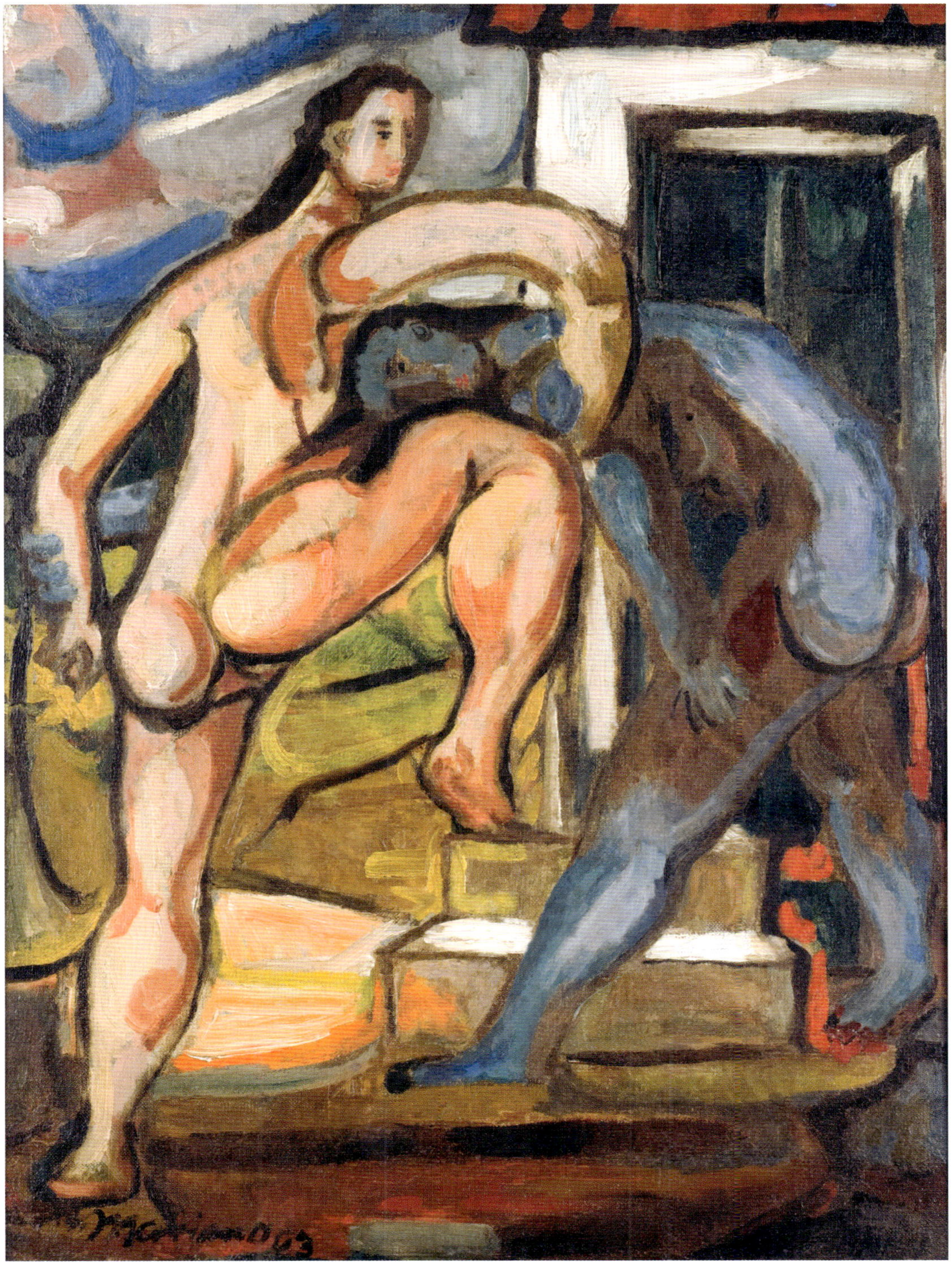

Juego (Mujeres jugando) | *Game (Women Playing)*, 1943
oil on canvas | óleo sobre lienzo, 24 × 18″
Col. Silvia & Emilio M. Ortiz

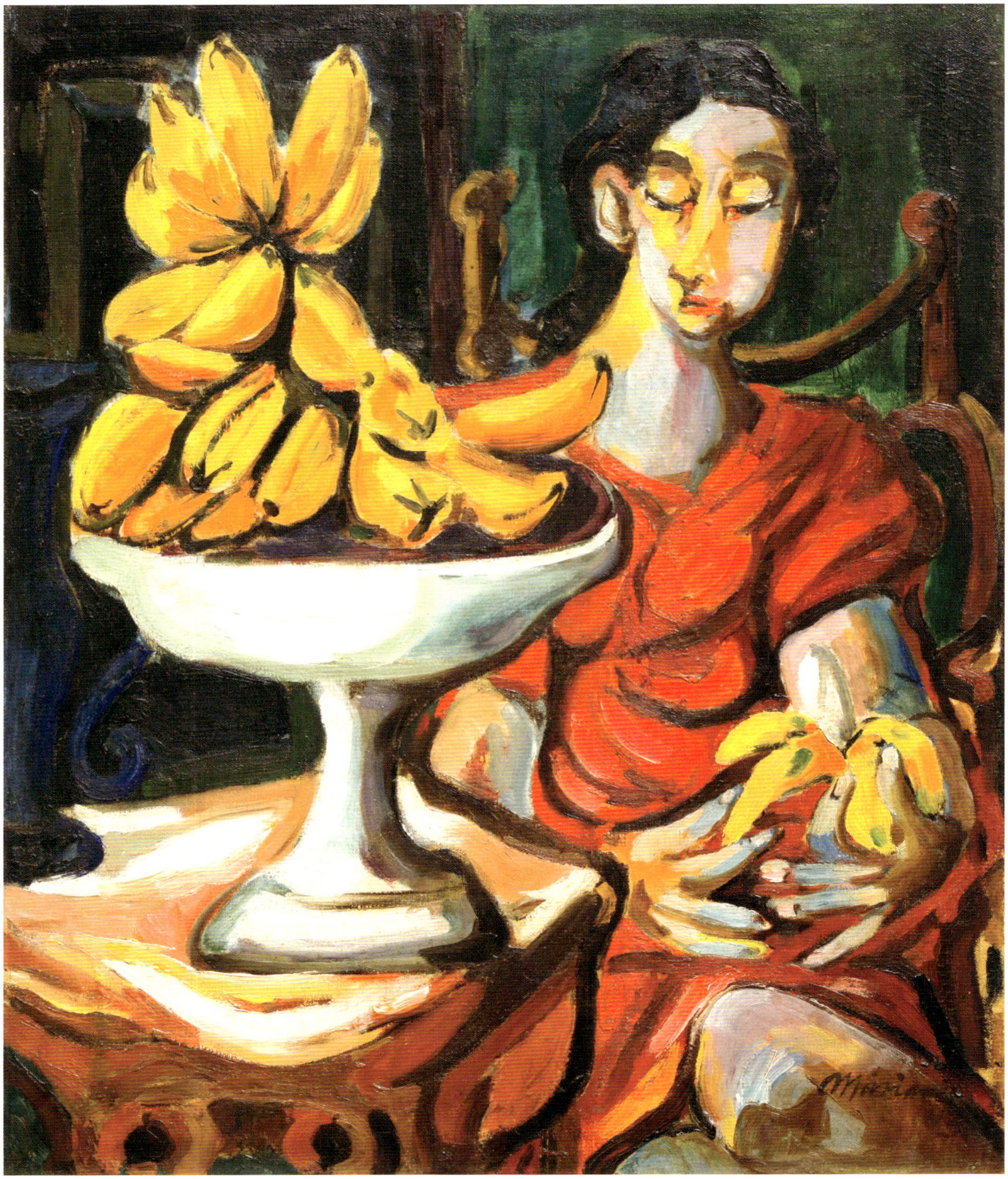

Mujer con frutas | *Woman with Fruits*, 1943
oil on canvas | óleo sobre lienzo, 24.5 × 20.1″
private collection | colección privada

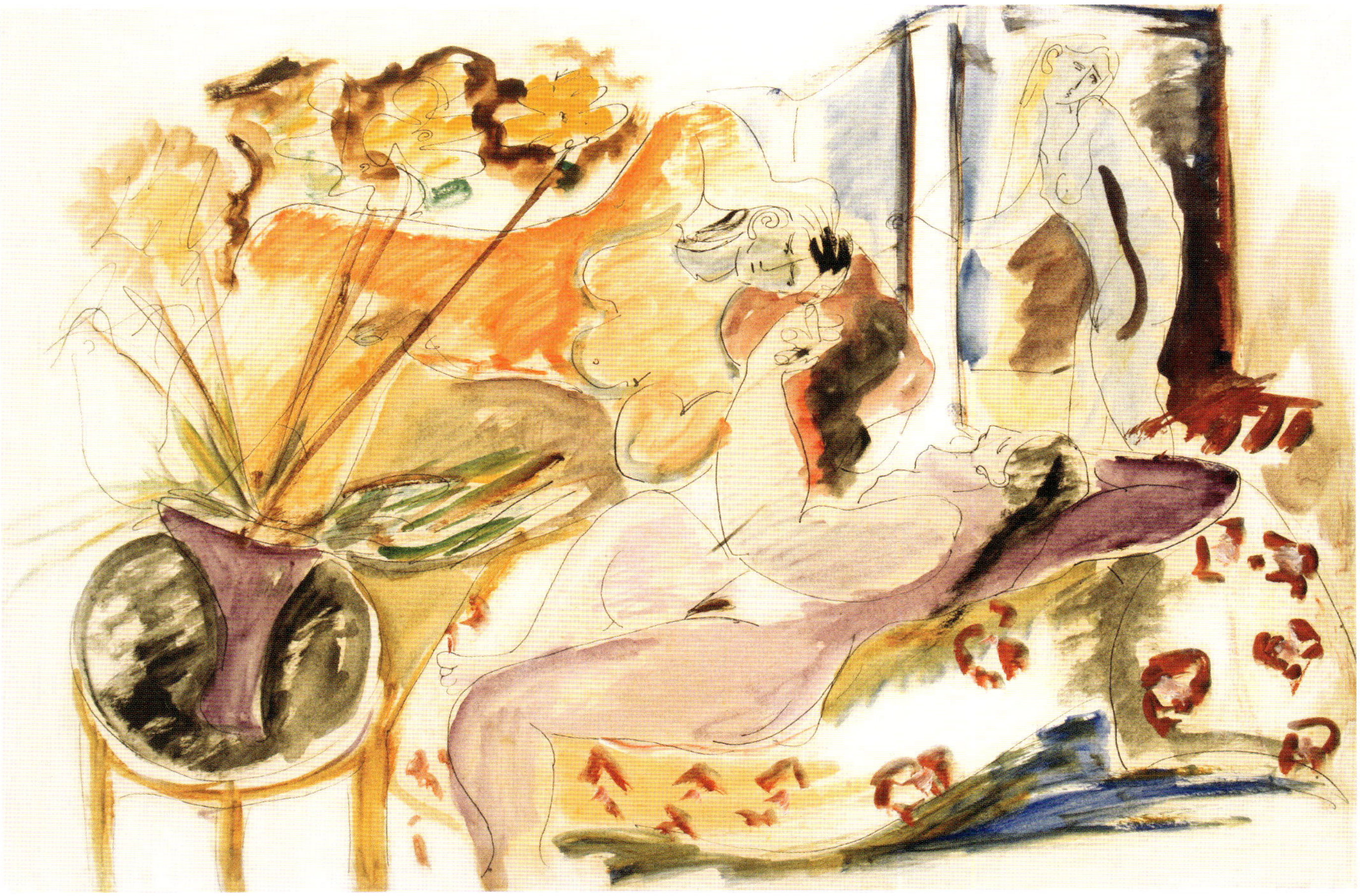

Tres mujeres en interior con florero | *Three Women in Interior with Vase,* 1943
mixed media on paper on board | técnica mixta sobre papel sobre cartón, 15 × 21.8″
Col. Nercys & Ramón Cernuda

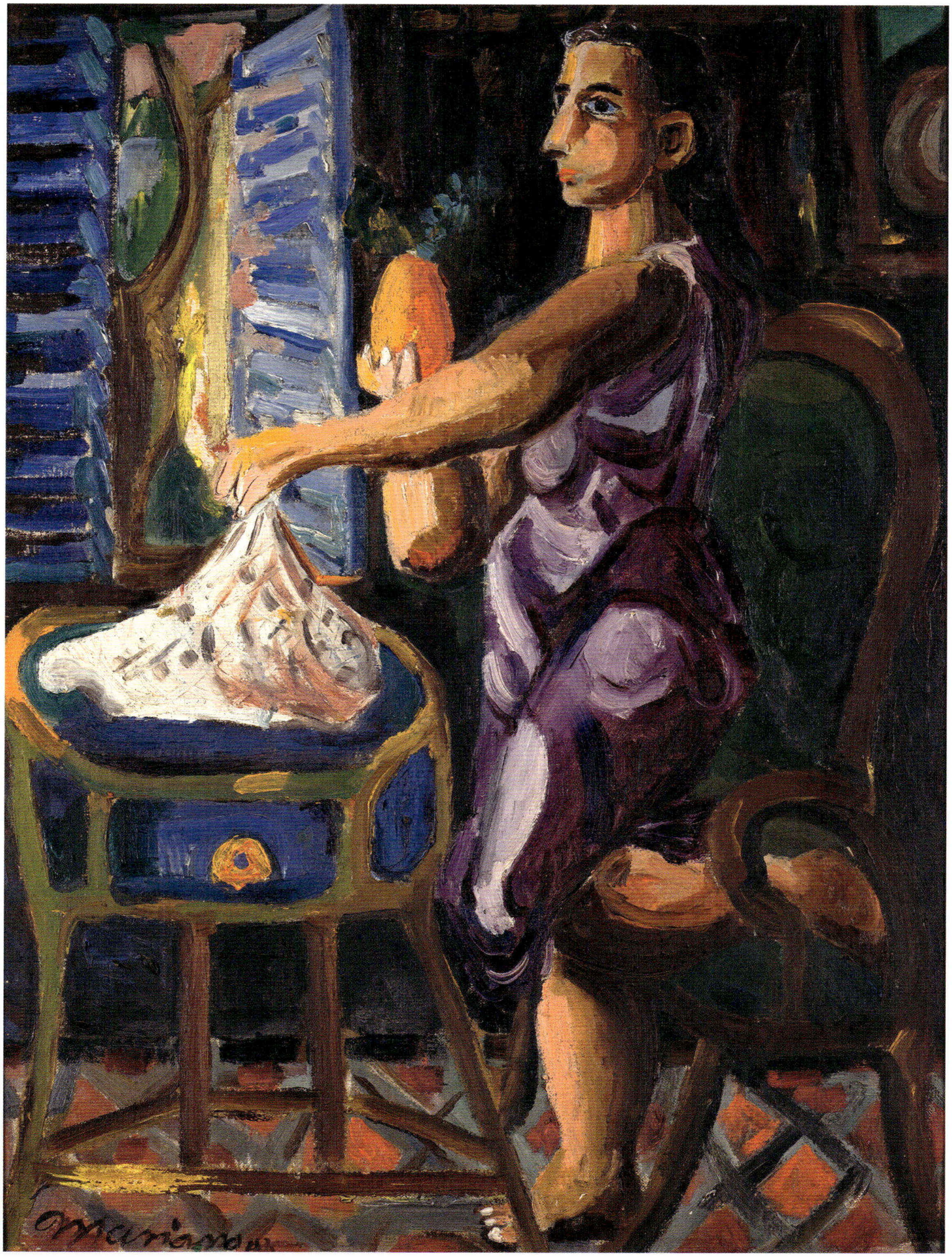

Mujer en interior con piña (Mujer con frutas) | *Woman in Interior with Pineapple (Woman with Fruits)*, 1943
oil on cardboard | óleo sobre cartulina, 23.8 × 17.9″
Col. Fundación Mariano Rodríguez

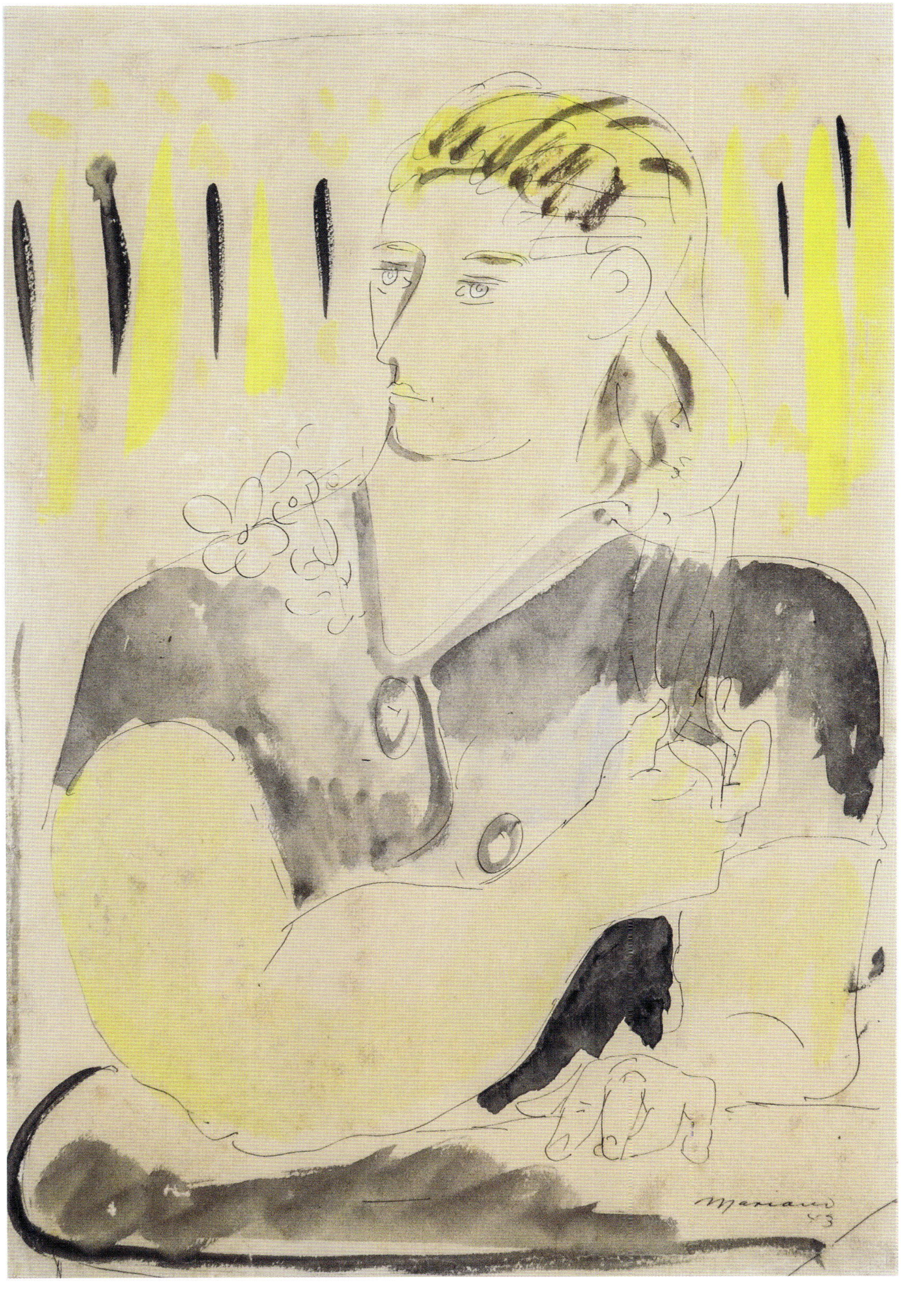

Retrato de Libi | *Portrait of Libi*, 1943
ink and watercolor on paper | tinta y acuarela sobre papel, 16.5 × 11″
Col. Jorge Virgili

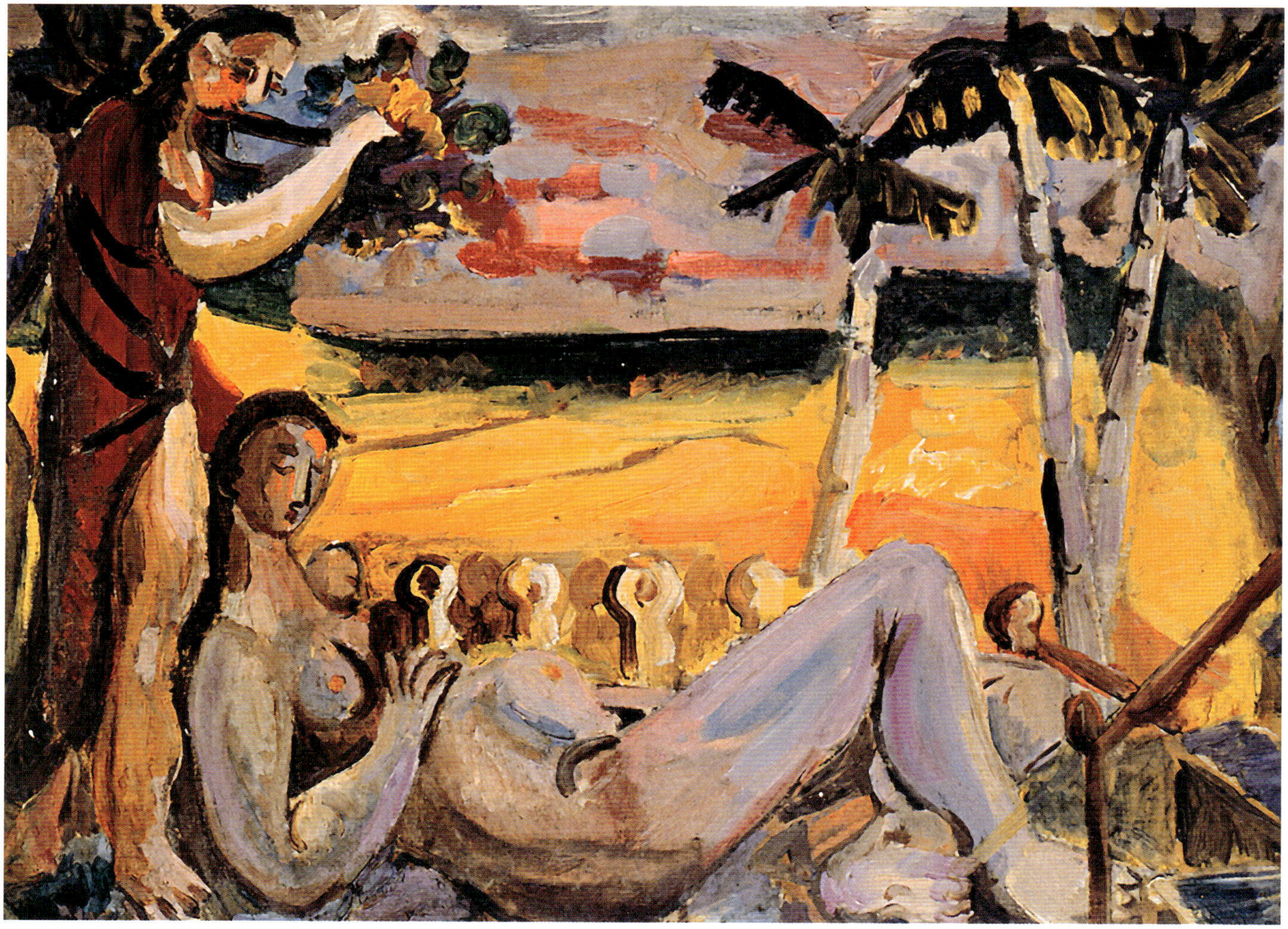

La anunciación (Mujeres) | *The Annunciation (Women)*, 1943
oil on Masonite | óleo sobre Masonite, 18.5 × 24.4″
private collection | colección privada, courtesy of | cortesía de Cernuda Arte

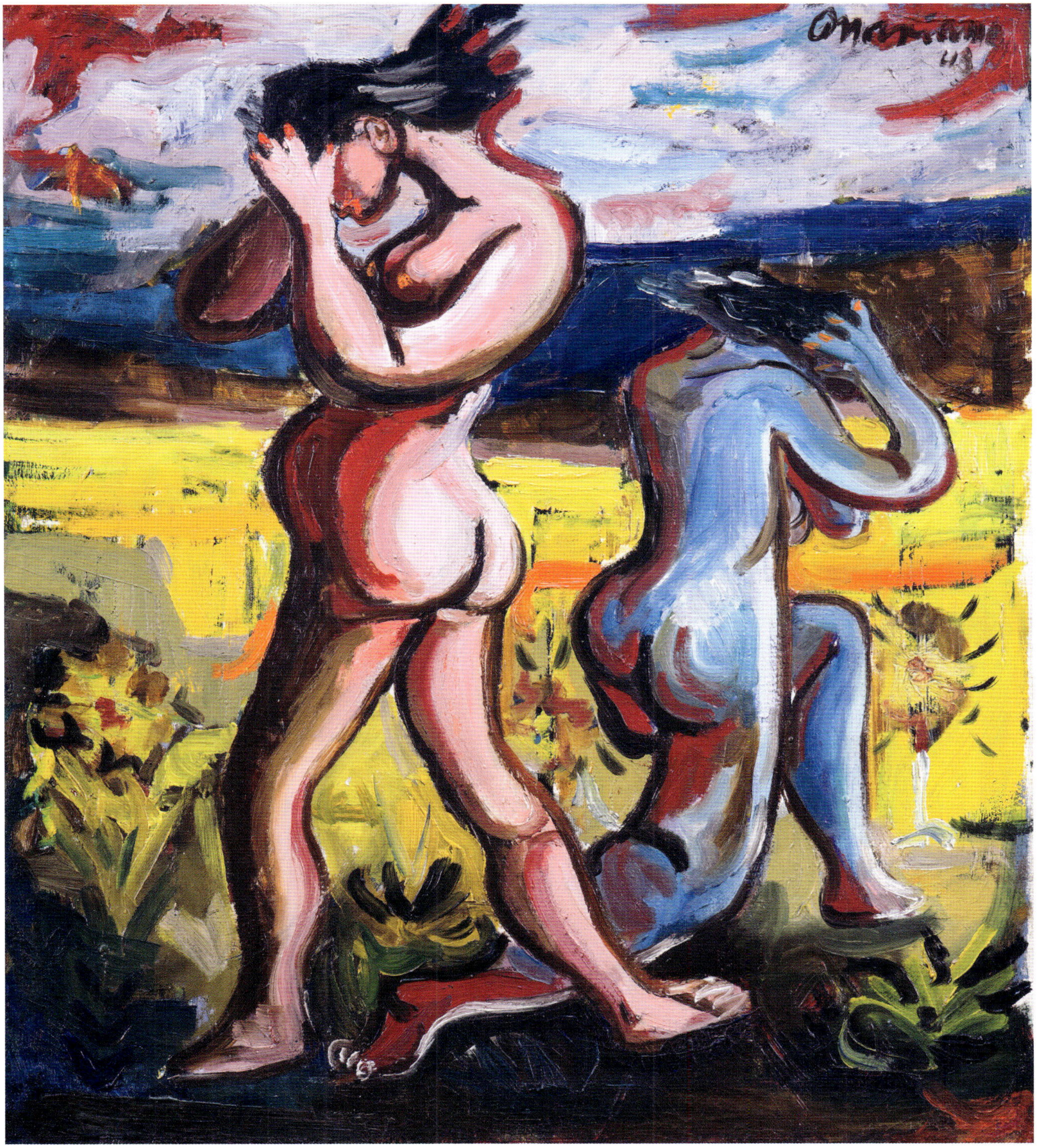

Mujeres llorando (Pareja frente al mar; Expulsión del paraíso) | *Women Weeping (Couple by the Sea; Expulsion from Paradise)*, 1943
oil on canvas | óleo sobre lienzo, 23.1 × 20.2″
private collection | colección privada

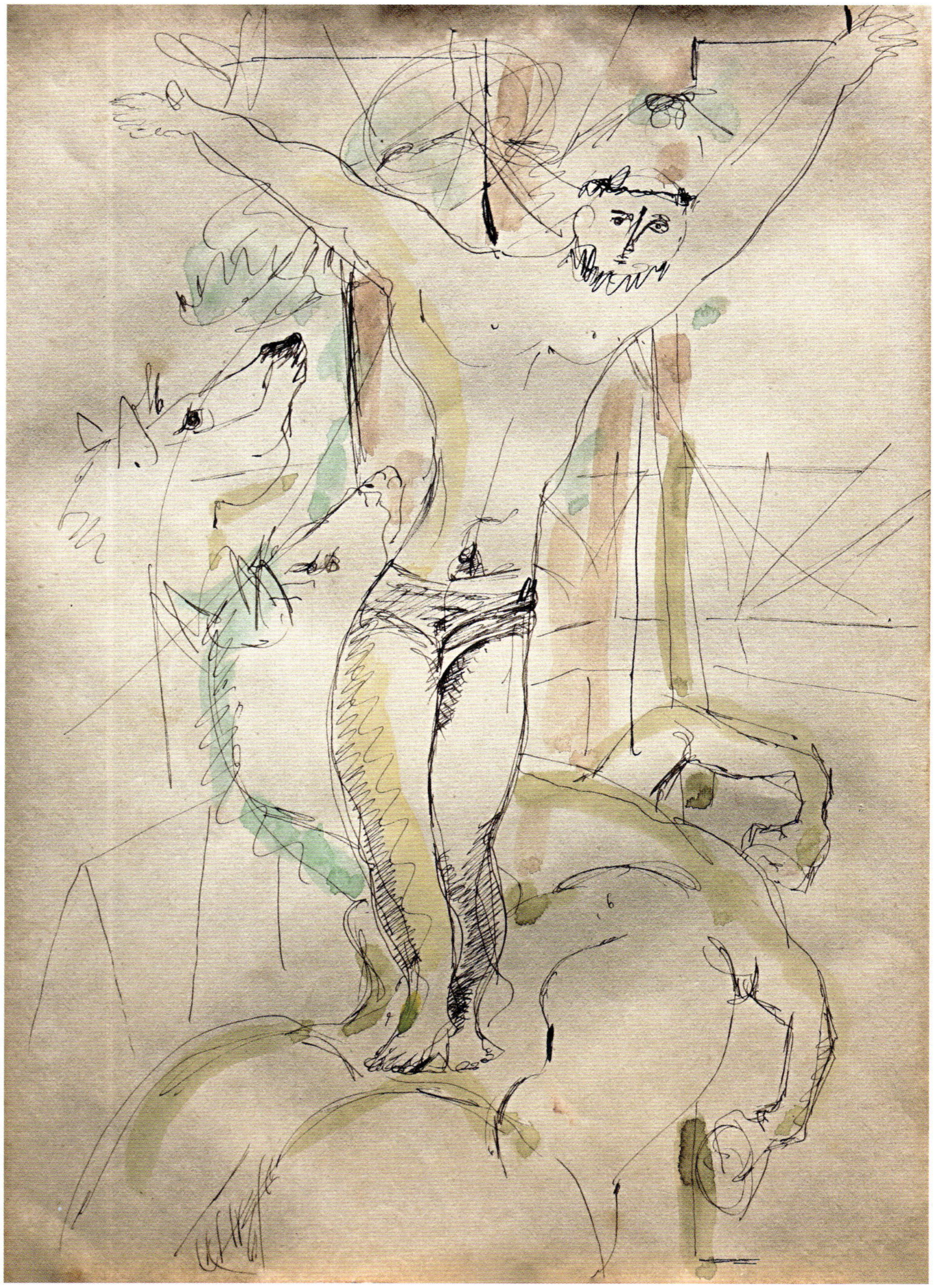

boceto para *Crucifixión* | sketch for *Crucifixion*, ca. 1943
watercolor and ink on paper | acuarela y tinta sobre papel, 17.7 × 11.8″
Col. Fundación Mariano Rodríguez

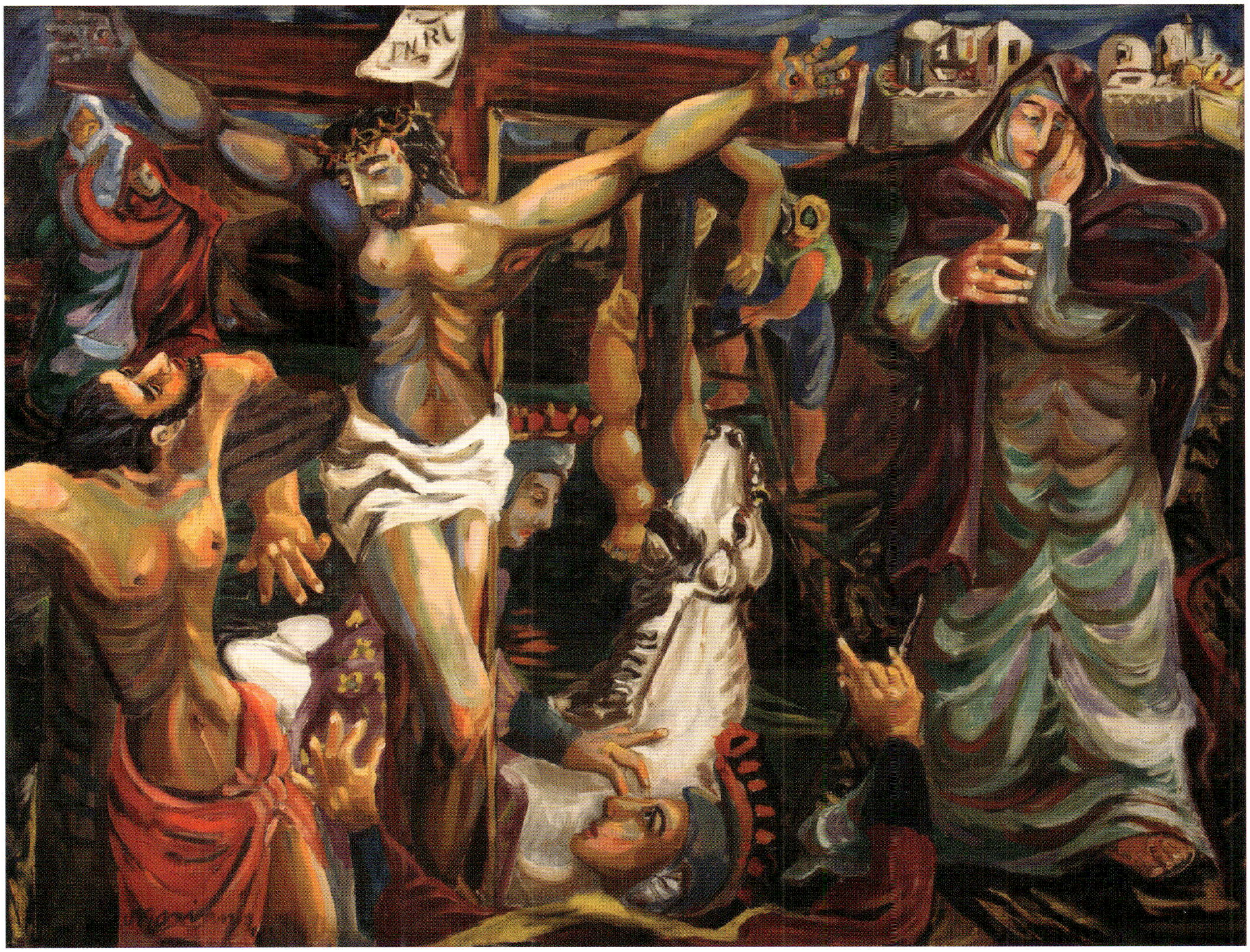

Cristo y los ladrones (Crucifixión; Cristo y el Buen Ladrón) | *Christ and the Thieves (Crucifixion; Christ and the Good Thief)*, ca. 1943
oil on Masonite | óleo sobre Masonite, 49.2 × 63″
private collection | colección privada

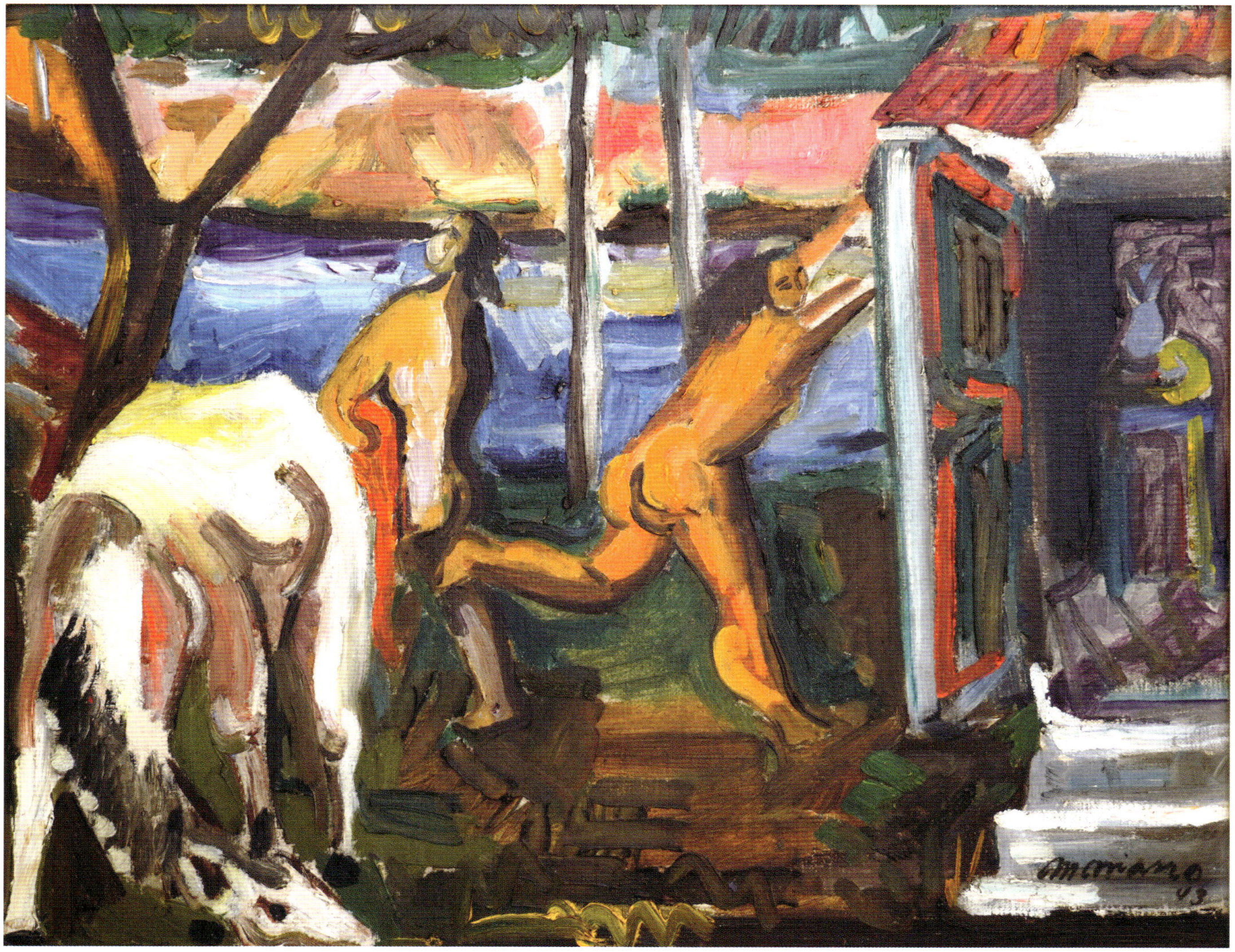

Mujeres y caballo (Bañistas y caballo) | *Women and Horse (Women Bathers and Horse)*, 1943
oil on canvas | óleo sobre lienzo, 14.3 × 18.9″
private collection | colección privada, courtesy of | cortesía de Cernuda Arte

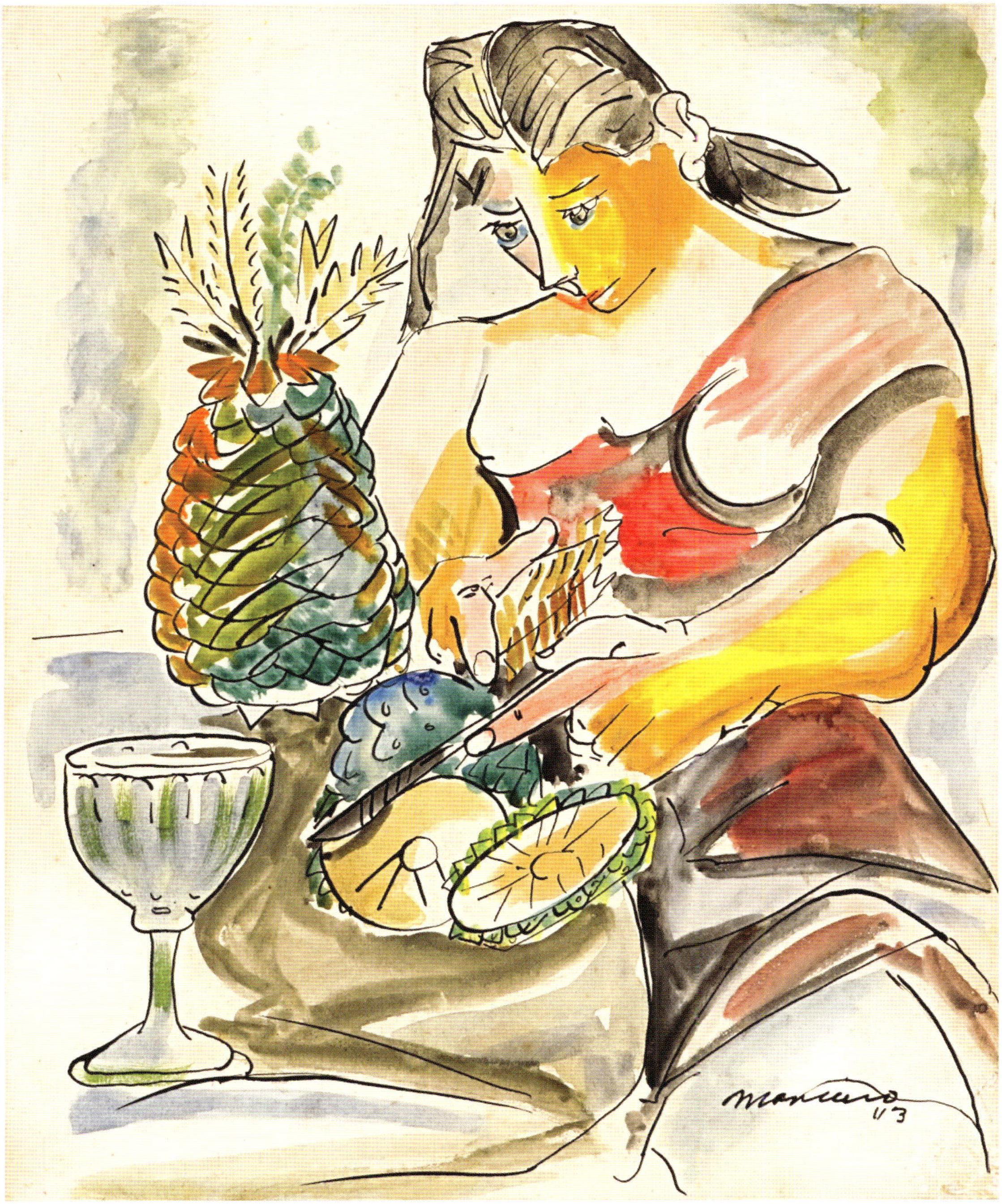

Mujer con piña | *Woman with Pineapple*, 1943
mixed media on cardboard on panel | técnica mixta sobre cartulina sobre panel, 13.5 × 11″
private collection | colección privada, courtesy of | cortesía de Cernuda Arte

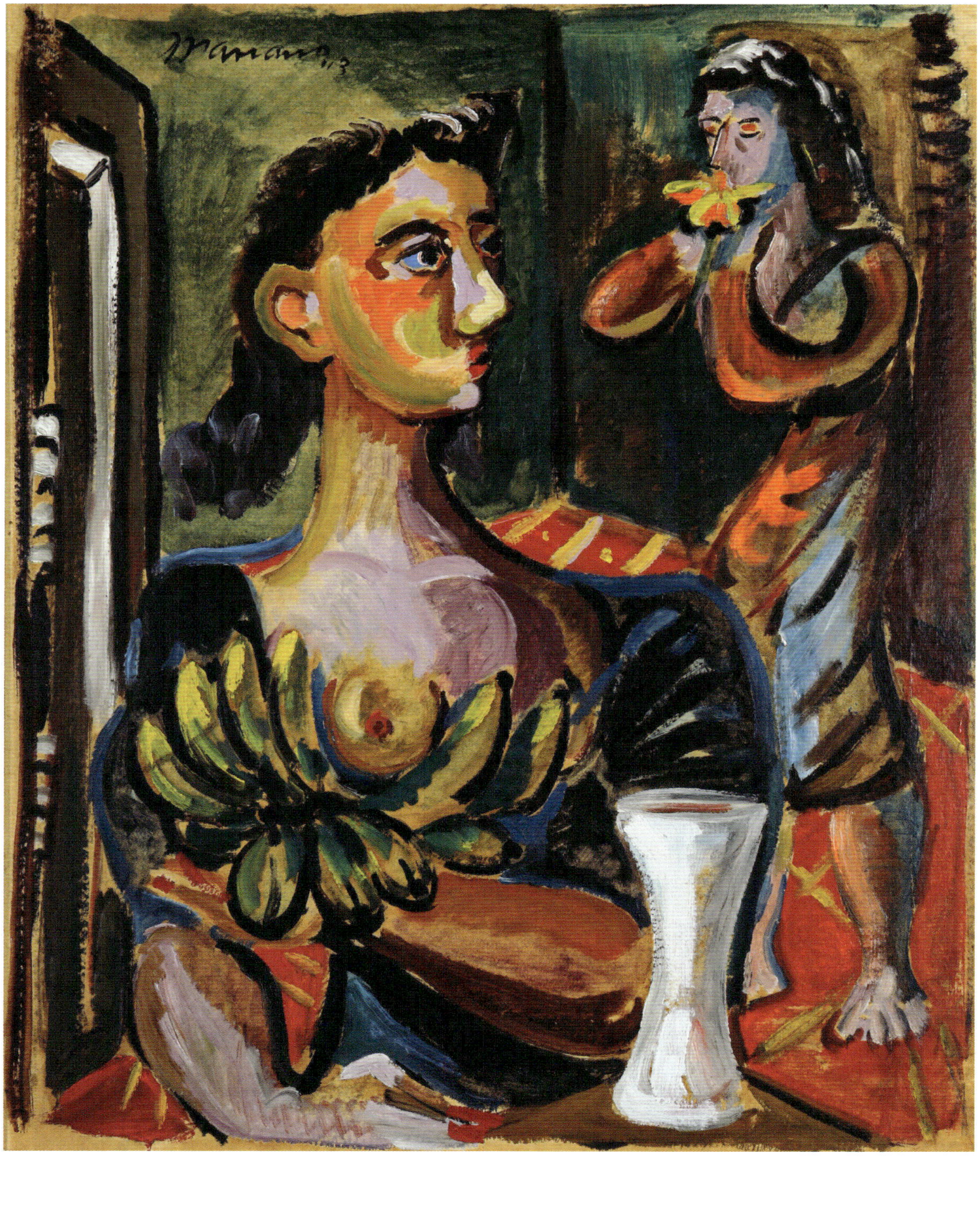

Mujeres en interior | *Women in Interior*, 1943
oil on board on canvas | óleo sobre cartón sobre lienzo, 24 × 20″
Latin Art Core Gallery

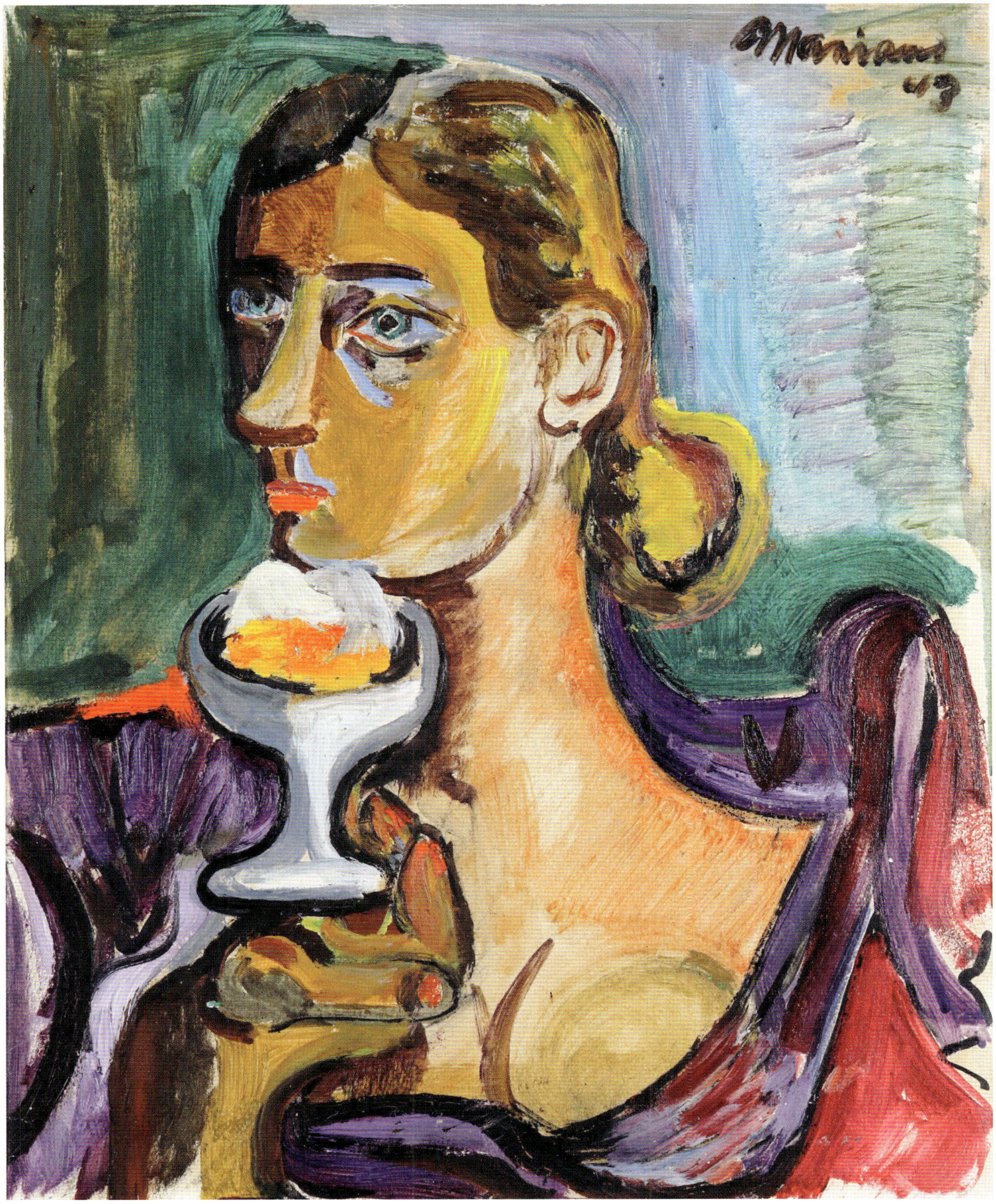

Mujer con copa | *Woman with Cup*, 1943
oil on canvas | óleo sobre lienzo, 14 × 11″
Col. Silverman Family | Familia Silverman

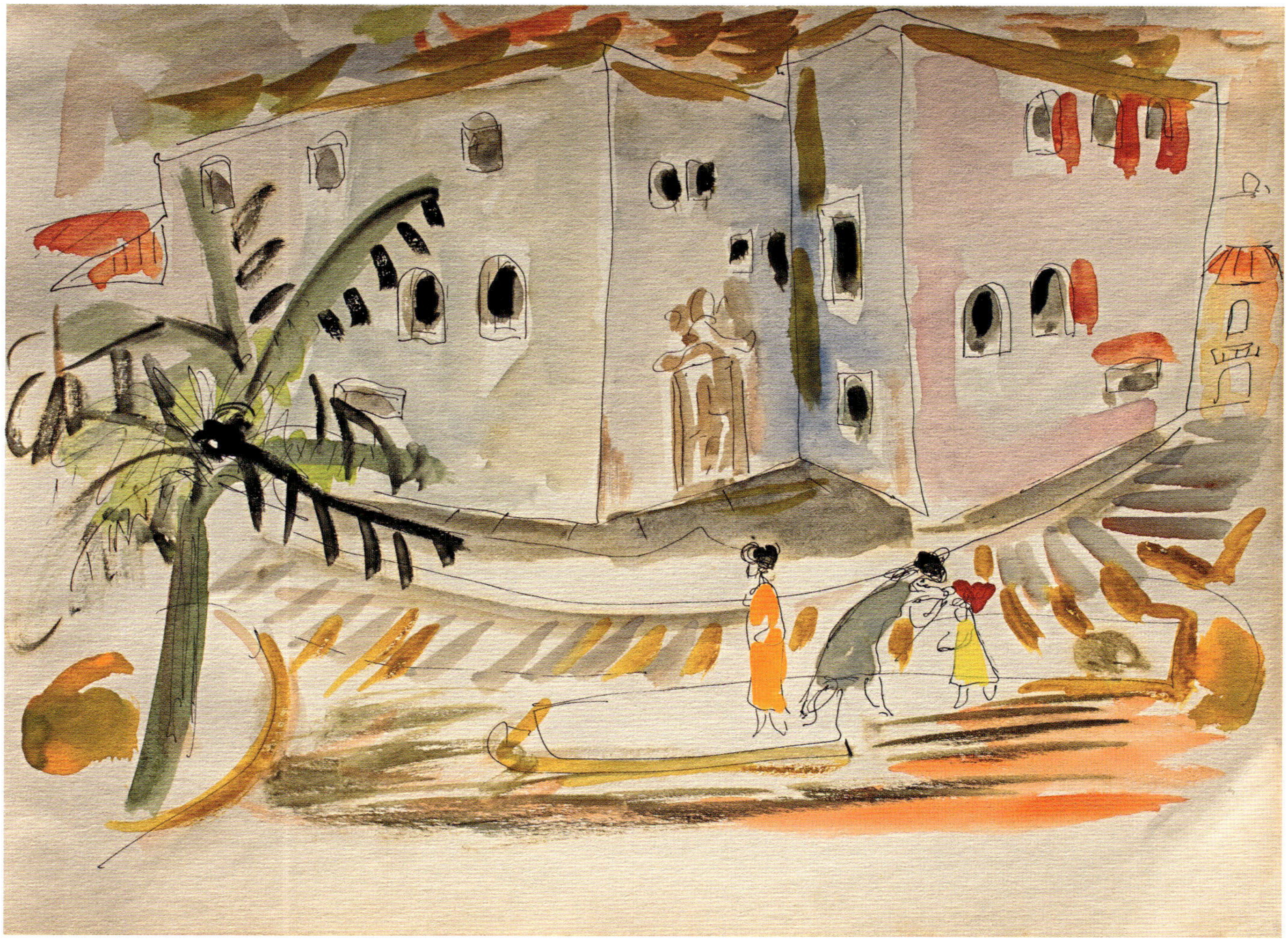

Paisaje con mujeres y niña | *Landscape with Women and Girl*, ca. 1943
ink and watercolor on cardboard | tinta y acuarela sobre cartulina, 10.3 × 13.8″
Col. Enrique Rodríguez

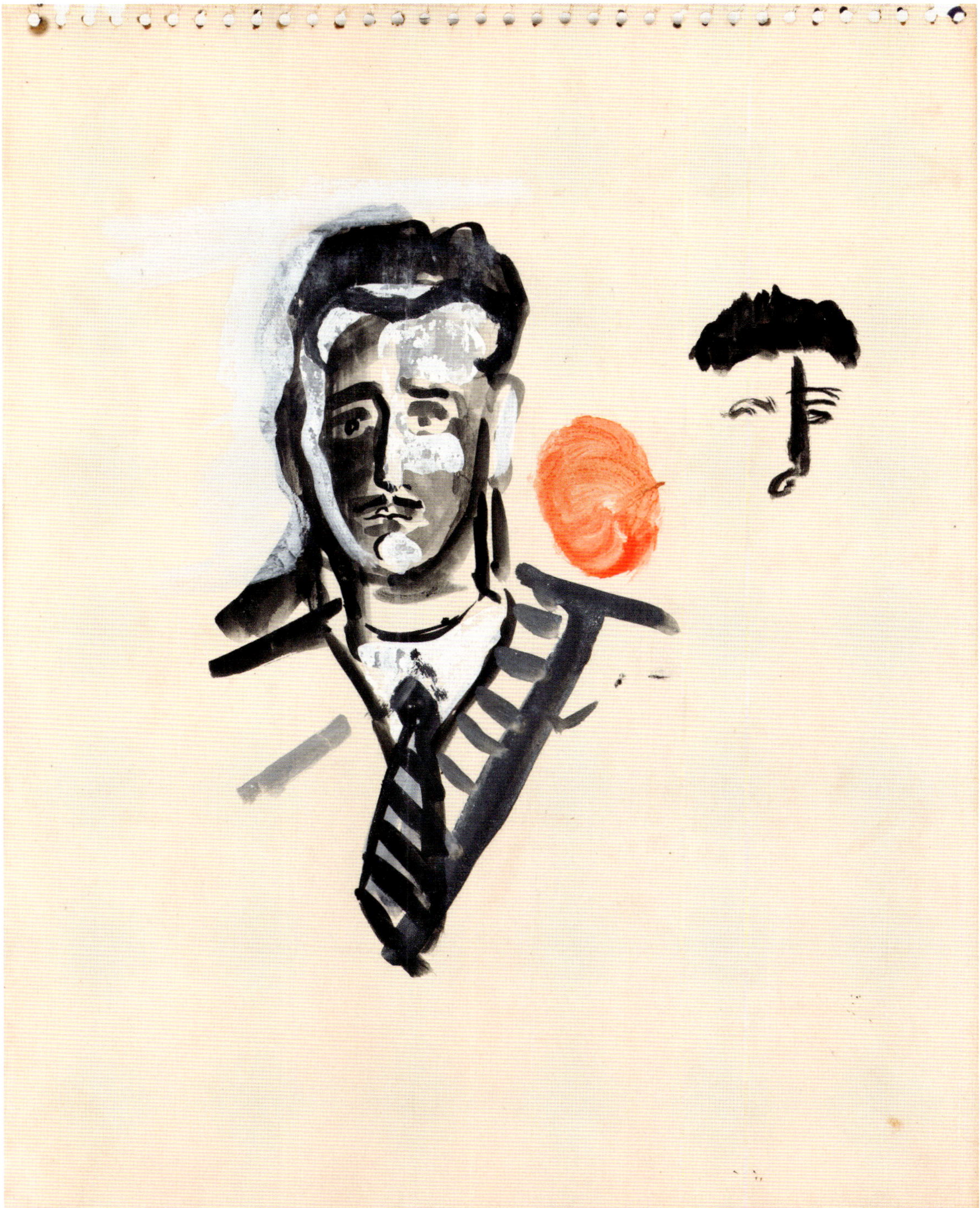

Retrato de Lezama | *Portrait of Lezama*, ca. 1943
tempera on cardboard | tempera sobre cartulina, 14 × 11″
Col. Fundación Mariano Rodríguez

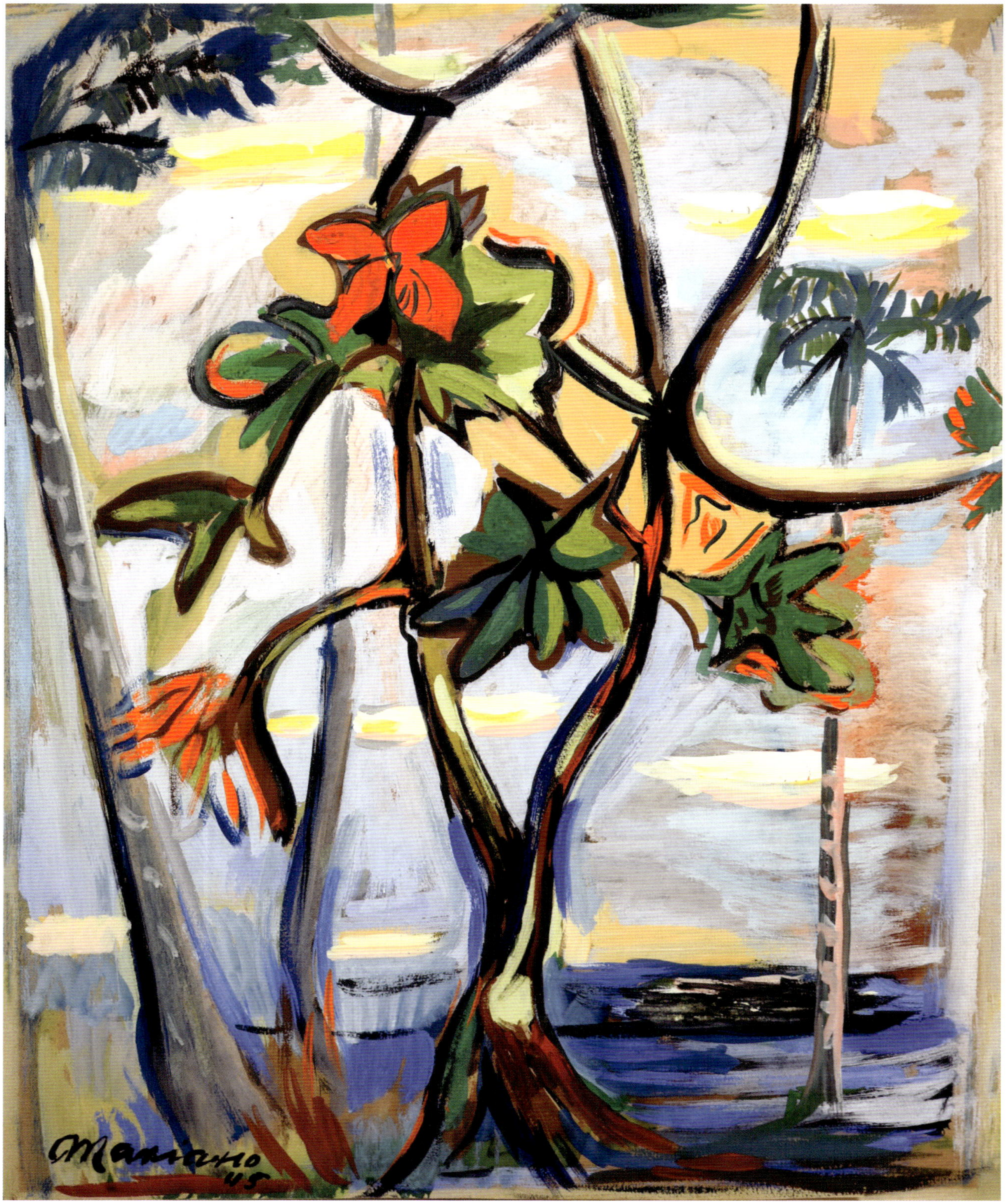

Sin título | *Untitled*, 1945
tempera on board | tempera sobre cartón, 24.4 × 20.9″
Col. Boti-Llanes

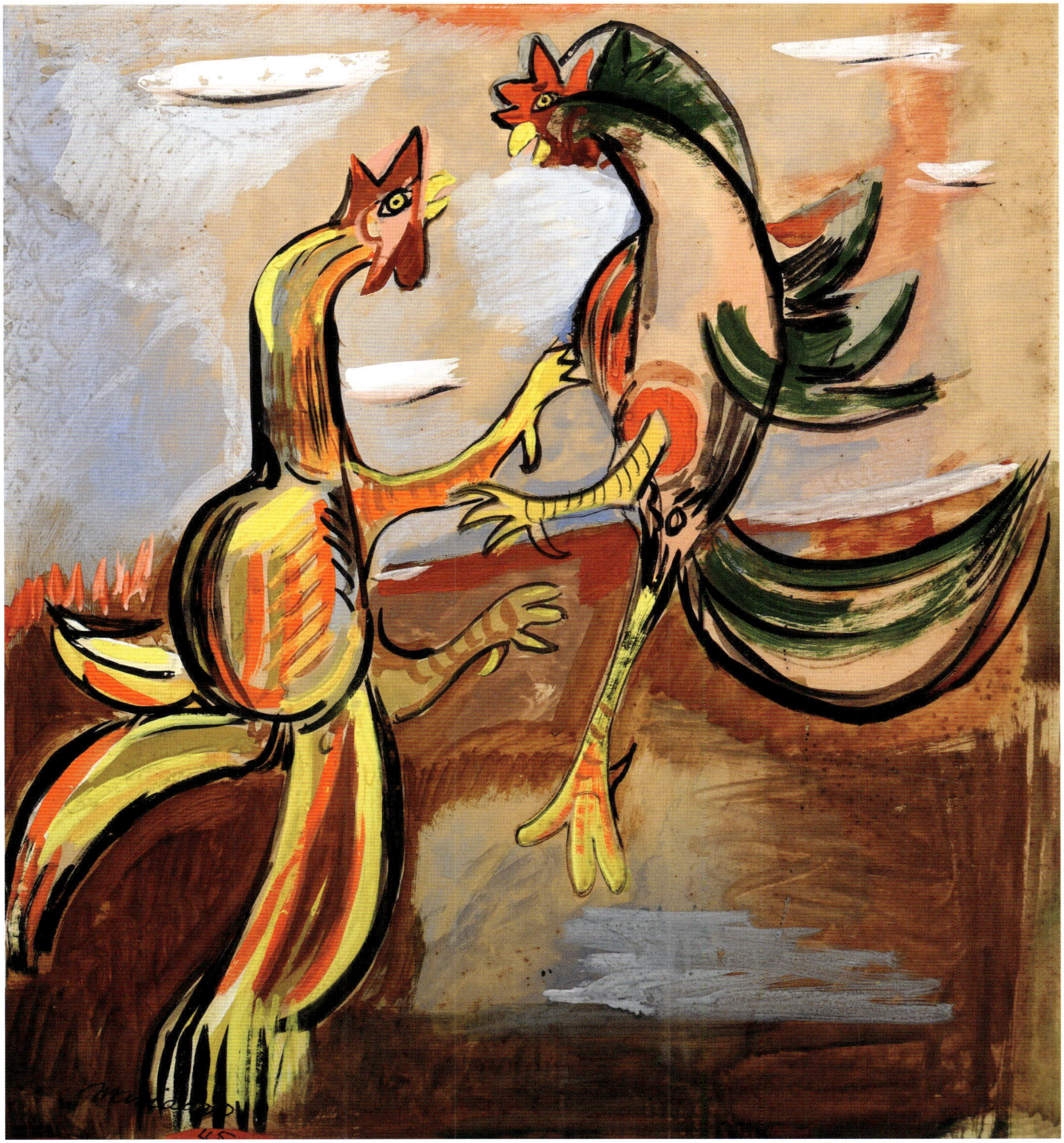

Sin título | *Untitled*, 1945
tempera on board | tempera sobre cartón, 22.4 × 20.9″
Col. Boti-Llanes

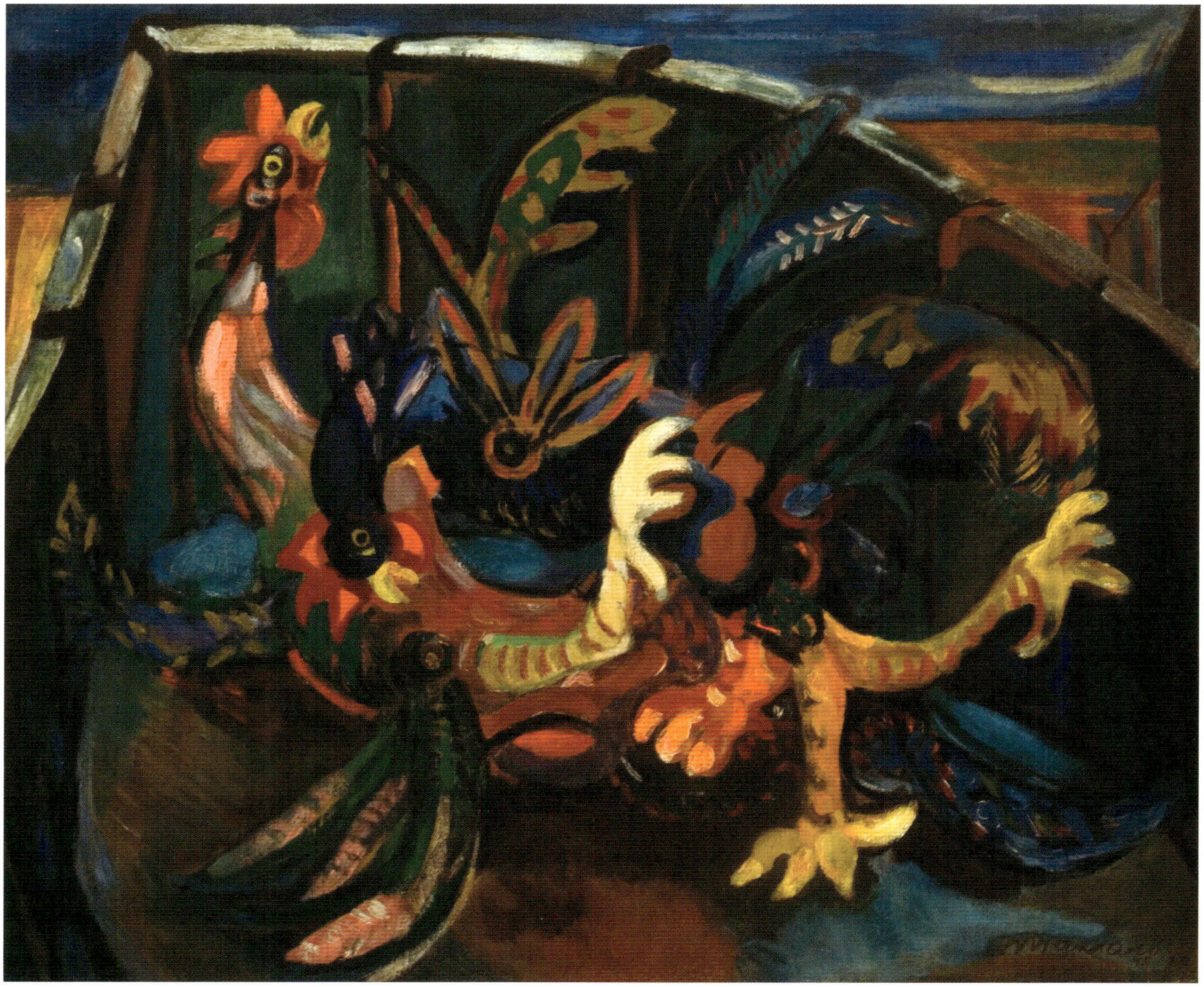

Pelea de gallos | *Cockfight*, 1945
oil on canvas | óleo sobre lienzo, 25.5 × 30.5″
Col. Silvia & Emilio M. Ortiz

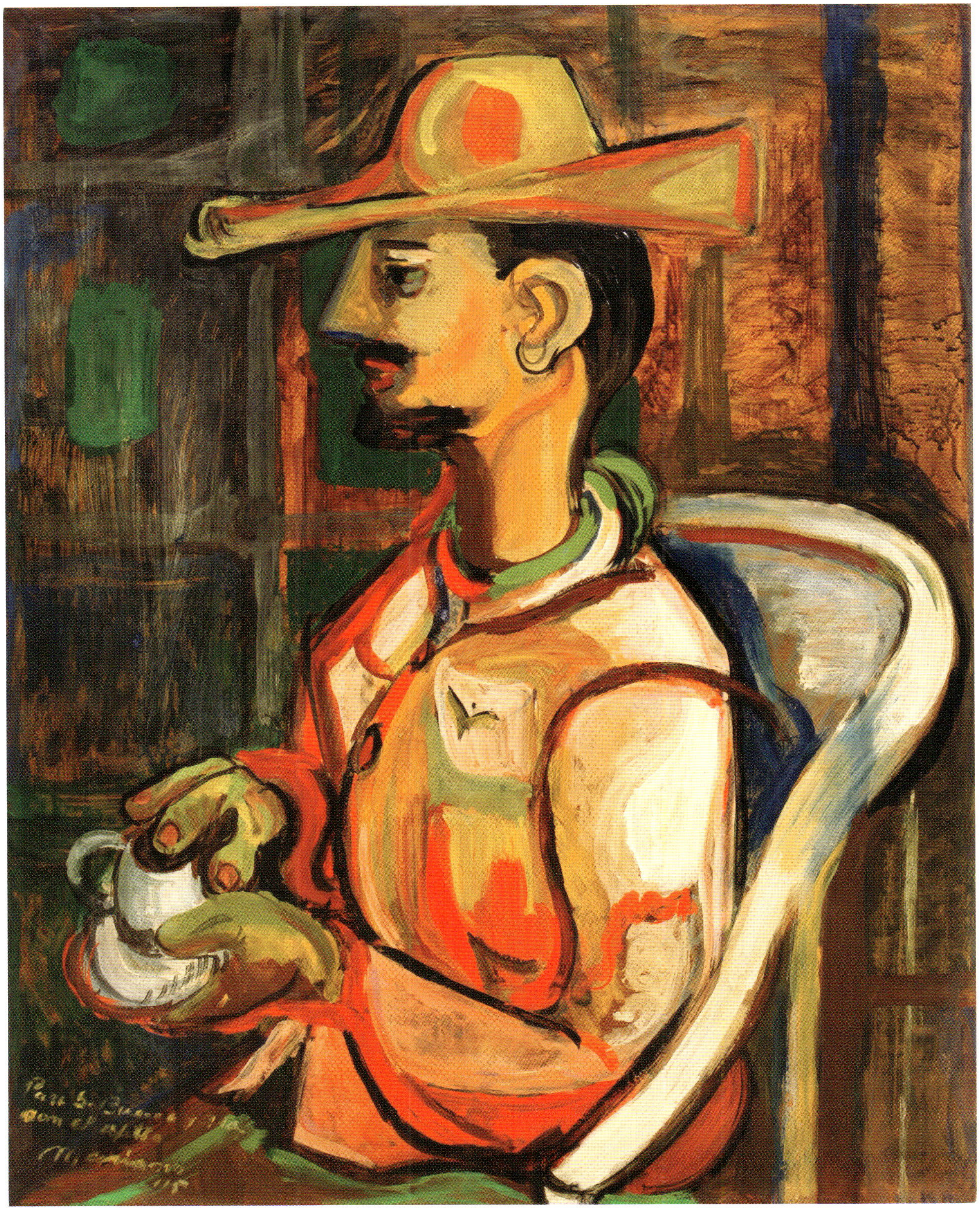

Guajiro tomando café | *Peasant Drinking Coffee*, 1945
oil on Masonite | óleo sobre Masonite, 28.7 × 21.9″
Col. Grier Family | Familia Grier

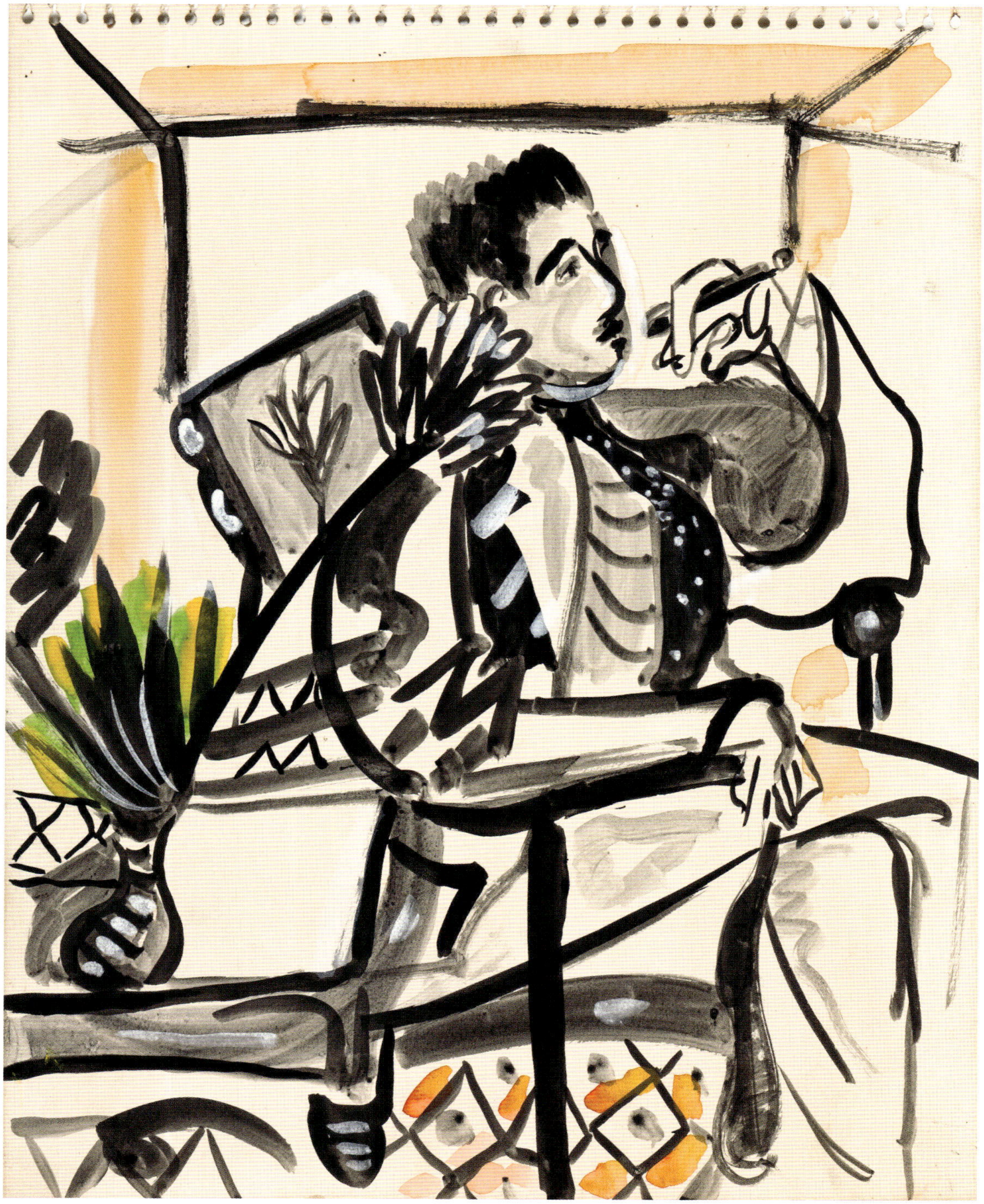

Retrato de Lezama fumando | *Portrait of Lezama Smoking*, ca. 1945
ink and watercolor on cardboard | tinta y acuarela sobre cartulina, 14.3 × 11.3″
Col. Fundación Mariano Rodríguez

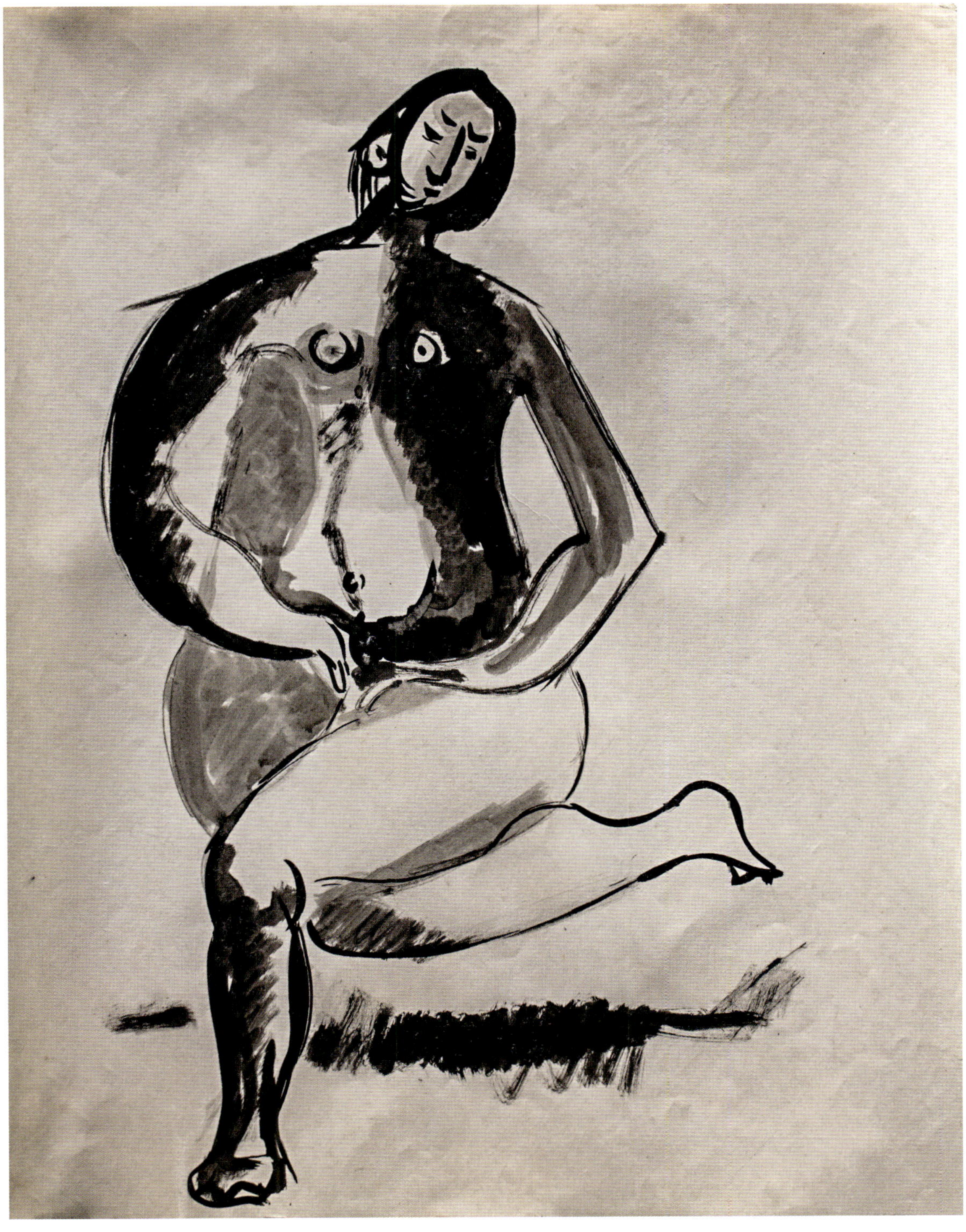

Mujer con pierna hacia atrás | *Woman with Bent Legs*, ca. 1945
ink and watercolor on paper | tinta y acuarela sobre papel, 16.9 × 11.9″
Col. Enrique Rodríguez

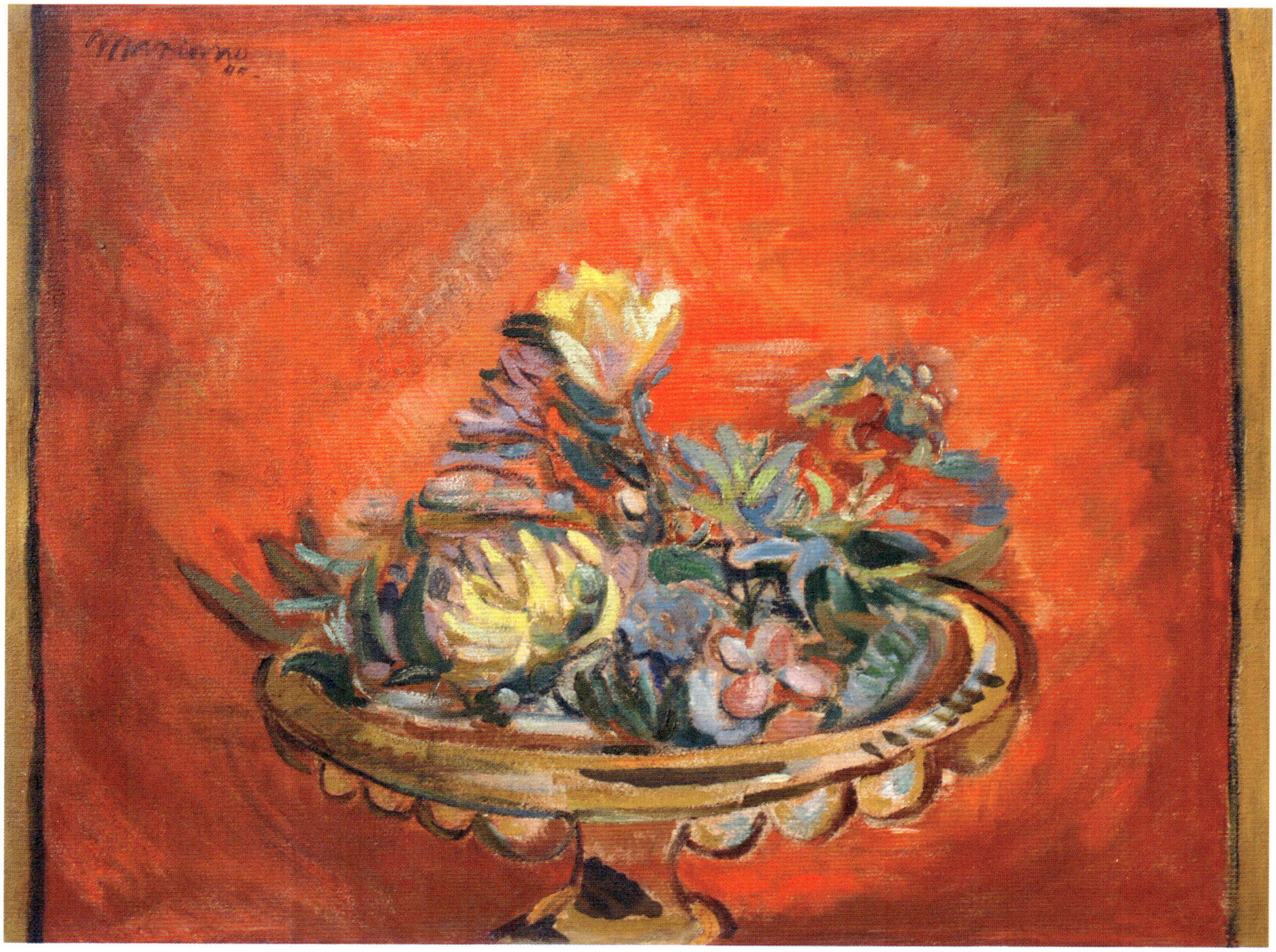

Flores | *Flowers*, 1945
oil on canvas | óleo sobre lienzo, 25 × 30.9″
Col. Rudman, courtesy of | cortesía de Cernuda Arte

Mariano Rodríguez: The Spiral of the Hurricane

Mariano Rodríguez: la espiral del huracán

Roberto Cobas Amate

To understand the evolution of Mariano Rodríguez's painting in the period from the late 1940s to the early 1960s one must be forewarned that he is not an artist with a linear trajectory, measureable by a successive progression of historical time (fig. 1). The prominent Cuban art historian Antonio Eligio Fernández (known as Tonel) accurately said of this painter's work: "Mariano's creations can be appreciated free from the tyranny of chronology and from the possible excesses of cumulative historicism."[1]

Despite Mariano's frequent visits to New York and the exhibitions held at the Feigl Gallery from 1945 onward, the artist's gaze was not blinded by the light of the radiant phenomenon of the abstract expressionism of the time, when the city became the most vibrant artistic and cultural center in the world. On the contrary, in the museums and galleries of New York, Mariano's avid eyes took in the work of artists that were already close to his own artistic inclinations as well as others that would be illuminating for him. Along those lines, while in New York he penned a letter to his dear friend José Lezama Lima[2] (**65, 70**), dated October 24, 1944, in which he stated:

> I need to take advantage of the surprises that happen here, which will always be good for my visual arts experience...In all this time I haven't changed anything about my concept of visual arts...the

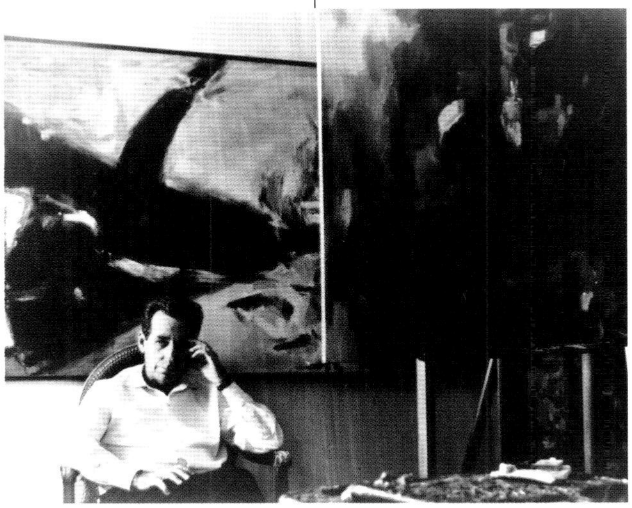

1. Mariano sitting in front of *Composition with Rooster* (fig. 16) in his studio, ca. 1959 | Mariano sentado frente a *Composic'ón con gallo* (fig. 16) en su estudio, ca. 1959.

Para comprender la evolución de la pintura de Mariano Rodríguez en el lapso temporal desde finales de los años cuarenta hasta principios de los sesenta debemos estar prevenidos de que no estamos ante un artista con un desarrollo lineal, que podamos medir por un progreso sucesivo de los tiempos históricos (fig. 1). El destacado historiador del arte cubano Antonio Eligio Fernández (Tonel) al referirse a la obra de este pintor ha señalado acertadamente: "las creaciones de Mariano podrán apreciarse liberadas de la tiranía de lo cronológico y de los posibles excesos del historicismo acumulativo"[1].

Es por ello que a pesar de sus frecuentes visitas a Nueva York y las exposiciones realizadas en la Feigl Gallery a partir de 1945, la mirada del artista no se deslumbra ante el irradiante fenómeno del expresionismo abstracto de la época, en que esta ciudad pasó a ser el centro cultural de más alto voltaje del arte mundial. Por el contrario, los ávidos ojos de Mariano contemplaron en los museos y galerías de Nueva York obras y artistas que ya estaban cercanos a sus intenciones artísticas, así como otros que serán una iluminación para él. En tal dirección le escribe a su entrañable amigo José Lezama Lima[2] (**65, 70**), una carta fechada en Nueva York, el 24 de octubre de 1944 en la que señala:

> Necesito aprovechar las sorpresas que aquí se suceden, y que siempre serán buenas para mi experiencia plástica... En todo este tiempo no he cambiado nada mi concepto de la plástica... los pintores que tanto me apasionaban en La Habana, se mantienen

painters that I was so passionate about in Havana are just as powerful in reality. When I entered the Metropolitan Museum, I went straight to the Spanish room, but to get there I crossed a place with all the Rembrandts in the world...you have no idea how wonderful this painter's room is...I also came face to face with my first Cézanne, magnificent...I very much want to paint.[3]

There are some interesting elements in this excerpt from his letter. The first thing to note is the need to "take advantage of the surprises that happen here." It is evident that during his stay in the city, he witnessed the unstoppable ascension of the New York School of painting that arose there with great intensity. These were the first "seeds sown" in Mariano's spirit. On the other hand, the artist's amazement at the masterpieces in the Metropolitan Museum of Art is not surprising—the astonishment is common among many artists and intellectuals. Mariano's sensitive spirit was seduced by the classic works, in particular by Rembrandt and Goya, each with his own room. Mariano's happy encounter with his "first Cézanne" is also noteworthy; Cézanne was a pillar of the Paris School—the primary influence on Cuban painting in the 1930s and 1940s—and the artist had already significantly inspired Mariano's work from 1942 and 1943.

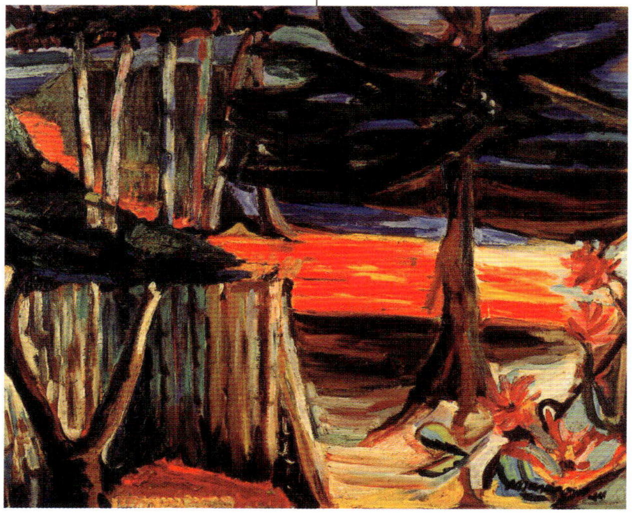

2. Mariano, *Paisaje marino* | *Seascape*, 1944. Oil on canvas | óleo sobre lienzo, 26 × 29.9", Museo Nacional de Bellas Artes (MNBA), La Habana, R.74.290.

Mariano made no explicit mention in any document or letter at the time of the abstract movement that was gaining momentum in the course of the 1940s and 1950s in New York. However, his painting underwent changes that can be seen in two relevant pieces from 1944: *Paisaje de Bauta (Bauta Landscape)* (Museo de la Ciudad, Havana) and *Paisaje marino (Seascape)* (fig. 2). In both, an agile brushstroke of color dominates and the subject is diluted by the rapid, intensely colored marks, which could be considered fauvian given their provocative nature, forging a determined path toward abstract expressionism. Both pieces are close to a gestural abstraction. However, Mariano remained faithful to the figurative orientation that tied him to a symbology of national identity, as if it were difficult for him to break loose from its grip.

Nonetheless, *Seascape* was conceived with such vehemence in the application of color and light that it

con la misma fuerza en la realidad. Cuando entré en el Museo Metropolitano, fui derecho a la sala española, pero para llegar allí crucé por un lugar donde están todos los Rembrandt del mundo... no puedes darte una idea de lo maravilloso que resulta una sala de este pintor... También me enfrenté con mi primer Cézanne, magnífico... Tengo grandes deseos de pintar[3].

En el anterior fragmento de la carta encontramos algunos aspectos interesantes. Lo primero a destacar es la necesidad de "aprovechar las sorpresas que aquí se suceden". Es evidente que durante su estancia en Nueva York está presenciando el ascenso indetenible de la Escuela de pintura que surge en esa ciudad con gran intensidad. Esta será una primera "siembra" en el espíritu de Mariano. Por otra parte, no es de extrañar el asombro del artista ante las obras maestras que atesora el Metropolitan Museum. Es un deslumbramiento que ha sido común en numerosos artistas e intelectuales. Un espíritu tan sensible como el de Mariano es seducido por las obras de los clásicos, en particular Rembrandt y Goya, presentes en sus salas. Y es de destacar su feliz encuentro con su "primer Cézanne", quien constituye uno de los pilares de la Escuela de París, principal ascendiente en la pintura cubana en los años treinta y cuarenta. Este artista ya había influido de manera notable en la obra de Mariano realizada entre 1942 y 1943.

Mariano no hace mención explícita en ningún documento o carta de la época del movimiento abstracto que cobra ímpetu en el transcurso de los años cuarenta y cincuenta en Nueva York. Sin embargo, su pintura sufre cambios que se hacen notar en dos obras relevantes realizadas en el propio año 1944: *Paisaje de Bauta* (Museo de la Ciudad, La Habana) y *Paisaje marino* (fig. 2). En ambas domina la ágil pincelada de color, el asunto se diluye por los trazos rápidos de un colorido intenso, que podríamos considerar fauvista por lo provocativo, abriéndose paso decidido hacia lo abstracto-expresionista. Ambas obras se encuentran próximas a una abstracción gestual; sin embargo, Mariano continúa fiel, como un asidero del cual le cuesta trabajo desprenderse, al referente figurativo que lo une a una simbología de identidad nacional.

No obstante, *Paisaje marino* fue concebida con tal vehemencia en la aplicación del color y la luz que es capaz de anular el asunto para conferirle toda la aten-

is capable of nullifying the subject to focus all attention on the artistic material. Prominent art critic Guy Pérez-Cisneros[4] said that "painting is above all color and not theme,"[5] and this rings true in these pieces by Mariano. For his part, Lezama Lima was conclusive in his statement that in Mariano's work, "his art of composition takes place over the color's identity itself."[6] These pieces are indicative of the artist's aesthetic concerns and, although figuration would again dominate in later paintings, they should not be forgotten; they constituted an antecedent to an evolutionary leap, the result of which would be appreciated in the 1950s. Here the words of Antonio Eligio (Tonel) are relevant:

> It is worth noting, in short, that many of the distinctive elements of Mariano's work from the 1950s onward part ways with a corpus that had already been forged, at least since the mid-1940s. I refer in this case not only to the verifiable coherence throughout his oeuvre, but also to the way in which certain thematic nuclei...are tested out until they become dominant, taking shape in a series of works that attain their fullest development during the 1950s and beyond.[7]

Mariano's curiosity for novelty increased on his second trip to New York, when he first exhibited at the Feigl Gallery. He was no longer so eager to discover the mastery of the classical painters. He became more involved in the artistic effervescence that the big city was undergoing with the generation of artists from the powerful abstract movement. His attitude toward the new artistic expression is revealed in a letter addressed to his friend José Lezama Lima (fig. 3), dated October 16, 1945:

> I have found New York more abstract when it comes to art...Kandinsky and Mondrian's non-objective art predominates, I think there is good reason for this, especially if you consider what the artist has achieved with color, there is no objective form that can respond to it. Naturally I know that you will say, and I have observed, that it can fall into the decorative arts, and I assure you that almost all the young painters have fallen under this style, but that is not an objection for abstractionism in itself because its possibilities are immense. You

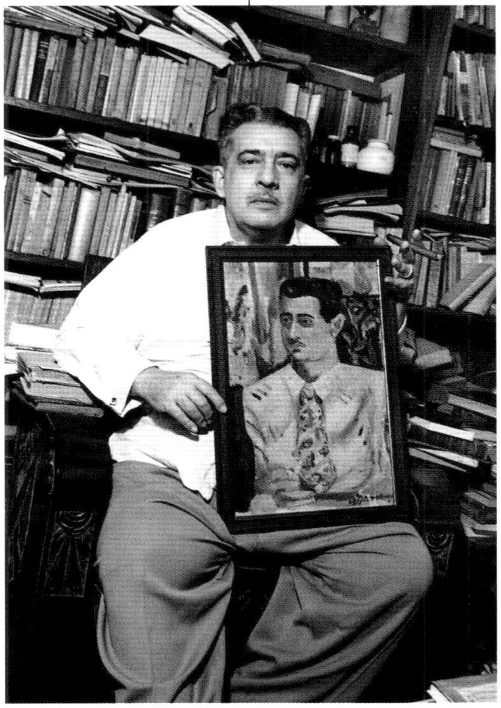

3. Poet José Lezama Lima with his 1941 portrait painted by Mariano, photographed ca. 1970 | El poeta José Lezama Lima con su retrato de 1941, pintado por Mariano, fotografiado ca. 1970.

ción a la materia plástica. En estas obras de Mariano se hacen realidad las palabras del destacado crítico de arte Guy Pérez-Cisneros[4] al señalar: "pintura es ante todo color y no tema"[5]. Por su parte, Lezama Lima es concluyente cuando afirma que en Mariano "su arte de la composición se ejercita sobre la propia identidad del color"[6]. Estas piezas indican las inquietudes estéticas del artista y, aunque en pinturas posteriores vuelve a dominar la figuración, no debemos olvidarlas. Constituyen un antecedente de un salto evolutivo cuyos resultados se apreciarán en la década del cincuenta. Es relevante recordar las palabras de Antonio Eligio (Tonel) cuando señala:

> Valga destacar, en suma, que muchos de los elementos distintivos de la obra hecha por Mariano a partir de la década del 50 se desprenden de un corpus ya perfilado, por lo menos, desde mediados de los años 40. Me refiero en este caso no sólo a la coherencia comprobable en toda su producción, sino al modo en que ciertos núcleos temáticos... son probados hasta convertirse en dominantes, para cuajar en series de obras que llegan a su desarrollo más completo durante los 50 y después[7].

En un segundo viaje a Nueva York, cuando expone por primera vez en la Feigl Gallery, aumenta su curiosidad por lo nuevo. Ya no está tan ansioso por descubrir la maestría de los pintores clásicos. Se involucra más en la efervescencia artística que vive la gran ciudad con el poderoso movimiento abstracto que se está generando. Su actitud mental hacia la nueva expresión artística se revela en una carta dirigida a su amigo José Lezama Lima (fig. 3), fechada el 16 de octubre de 1945:

> Me he encontrado a Nueva York, más abstracto en lo que a plástica se refiere... predominan el arte no objetivo de Kandinsky y Mondrian, creo que hay mucha razón en esto, sobre todo si piensas que lo que el artista ha logrado en color, no hay forma objetiva que responda a ello. Naturalmente sé que dirás, y lo he podido observar, que puede caerse en un arte decorativo, y te aseguro que casi todos los pintores jóvenes han caído en este estilo, pero eso no es objeción para el abstraccionismo en sí pues sus posibilidades son inmensas. Pensarás que yo

will think that I am doing this kind of painting but it's not like that, nowadays I only observe and I do nothing.[8]

Indeed Mariano was not doing this type of painting. But the nature of the new art began to permeate his spirit, especially in the predominance of color over objective forms. Mariano began to admire this new artistic orientation but was careful in his approach and as he pointed out: "I only observe and I do nothing."

In subsequent years, the artist realized that the figurative style that characterized the powerful Havana School—one of the four most important Schools in Latin America, along with Mexico, Brazil, and Argentina—was reaching a breaking point in the painting done by the Cuban artists of his generation.

For his part, Mariano began to evolve toward a neo-cubist style with a predominance of color. Two good examples of this are *Paisaje de Casablanca (Landscape of Casablanca)*, 1946 (**90**) and *Botes (Boats)*, 1947 (fig. 4), pieces from the second half of the 1940s, at which time the most attentive of the Cuban painters, such as Mariano and Mario Carreño (fig. 5), began to evolve on different paths toward abstraction. Both had a close relationship with the artistic scene in New York and in this sense they had an advantage over other artists of their generation. In Mariano's case, he frequently exhibited at the Feigl Gallery, in 1945, 1946, 1948, and 1951. How much did the artist-gallery relationship influence his painting in a context dominated by abstraction? To what extent would his last exhibition in New York determine the oscillation toward abstraction that became evident in his paintings done in the 1950s? We cannot know for sure, but several works

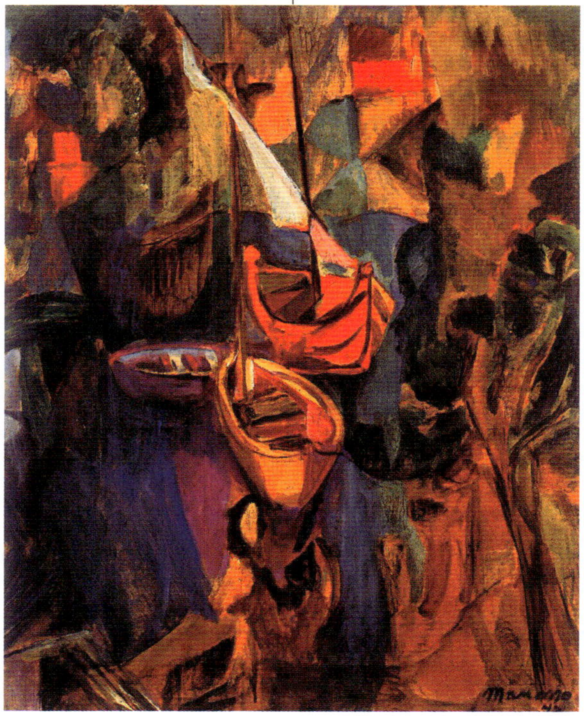

4. Mariano, *Botes* | *Boats*, 1947. Oil on paper on canvas | óleo sobre papel sobre lienzo, 28.5 × 22.6", MNBA, La Habana, R.72.1777.

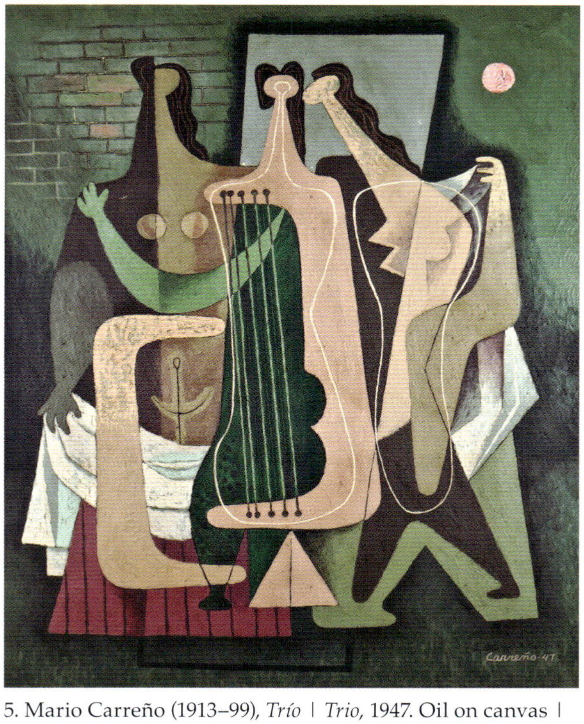

5. Mario Carreño (1913–99), *Trío* | *Trio*, 1947. Oil on canvas | óleo sobre lienzo, 35.6 × 29.5", MNBA, La Habana, 08.1002.

estoy haciendo esta clase de pintura pero no es así, ahora solo observo y no hago nada[8].

Efectivamente Mariano no está haciendo este tipo de pintura. Pero la naturaleza del nuevo arte comienza a impregnar su espíritu, sobre todo en el predominio del color sobre las formas objetivas. Mariano comienza a admirar esta nueva orientación artística pero es cuidadoso en abordarlo y tal como él señala "solo observo y no hago nada".

En los años siguientes el artista se hace consciente de que el estilo figurativo que caracterizó a la poderosa Escuela de La Habana—una de las cuatro más importantes de Latinoamérica junto a México, Brasil y Argentina—está llegando a un momento de agotamiento en la pintura realizada por los artistas cubanos de su generación.

Mariano, por su parte, comienza a evolucionar hacia un estilo neo-cubista con predominio del color. Dos buenos ejemplos en esta dirección son *Paisaje de Casablanca*, 1946 (**90**) y *Botes*, 1947 (fig. 4), obras que se inscriben en el segundo lustro de los años cuarenta, momento en el cual los más avisados de los pintores cubanos, como Mariano y Mario Carreño (fig. 5) inician una evolución que los conducirá por caminos diferentes hacia la abstracción. Ambos han tenido una relación estrecha con el acontecer artístico de Nueva York y en tal sentido llevan ventaja a otros artistas de su promoción. En el caso de Mariano, expuso frecuentemente en la Feigl Gallery, en 1945, 1946, 1948 y 1951. ¿Cuánto habrá influido en su pintura la relación artista-galería en un contexto dominado por la abstracción? ¿Hasta qué punto su última exposición en Nueva York determinará la oscilación que se hace evidente en la pintura de Mariano realizada en los años cincuenta hacia la abstracción? No lo sabemos a ciencia cierta pero

that mark a new direction in his creation were included in the catalogue from his last exhibition at the New York gallery.

The maritime theme was consolidated in his painting with pieces referring to fishermen and the universe surrounding them, while his formal language became stylized. Some titles are illustrative: the first piece in the catalogue is titled *Fishermen*, followed by *Boat*, *Boat and Fish*, *Fishing Fleet*, *Figure in a Boat*, and *Fishermen's Island*, among others. The catalogue in the archives of the Fundación Mariano Rodríguez has an affectionate dedication from the painter Mario Carreño: "Dear Mariano, a few lines to tell you that I really liked your exhibition, especially the paintings that I point out here. Congratulations!! A hug from Carreño."[9] The four indicated paintings are: *Boat*, *Boat and Fish*, *Fishermen*, and *Fishermen's Island*.

It is not surprising, then, how enthusiastically Mariano joined the spirit of revival that shook up Cuban art in the 1950s in a process of renewal in sync with the international art of the time—concrete art, whose hub was in Paris, and abstract expressionism, already recognized by that time as the New York School.

It is impossible to speak of the evolution of Mariano Rodríguez's painting without considering the context in which Cuban art of the 1950s was operating. Since the beginning of the decade there was an embrace and development of the concrete movement with such relevant figures as Sandu Darie (fig. 6) and Luis Martínez Pedro—joined early on by Mario Carreño—who, among other artists inclined toward this orientation, developed vigorous work in this direction. Theirs was a pioneering mission, as they had to forge their path in an environment that was hostile to abstraction. Curator Elsa Vega Dopico reflected on this conflict:

> The artists of the first generation avant-garde were still active and a second generation had joined them, charged with consolidating the achievements of those who initiated modernism on the island in the late twenties. Therefore, the mission of the abstract artists was very difficult if we consider

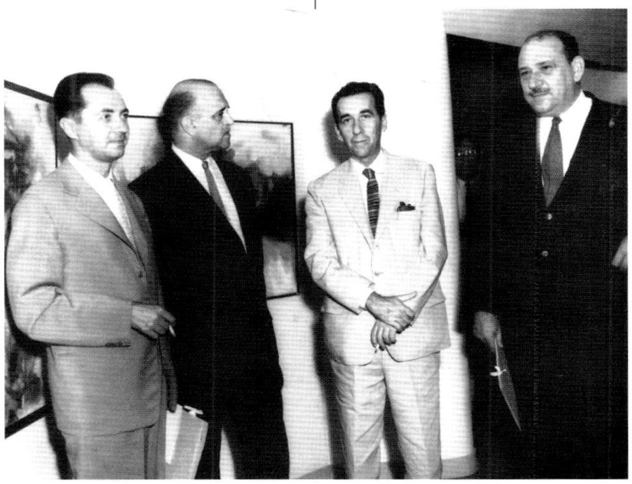

6. In the Galería de La Habana, from left to right, unknown person, artists Sandu Darie, Mariano, and Juan David, 1963 | En la Galería de La Habana, de izquierda a derecha, sin identificar, los artistas Sandu Darie, Mariano y Juan David, 1963.

en el catálogo de su última exposición en esta galería neoyorquina presenta varias obras que marcan un nuevo rumbo en su creación.

Con obras referentes a los pescadores y al universo que los rodea, se consolida en su pintura el tema marino, a la vez que se estiliza su lenguaje formal. Algunos títulos pueden servir de ejemplo: la primera obra del catálogo se titula *Fishermen (Pescadores)*, seguida por *Boat (Bote)*, *Boat and Fish (Bote y pescado)*, *Fishing Fleet (Flotilla de pescadores)*, *Figure in a Boat (Figura en un bote)* y *Fishermen's Island (Isla de pescadores)* entre otras. El catálogo en los archivos de la Fundación Mariano Rodríguez tiene una afectuosa dedicatoria del pintor Mario Carreño: "Querido Mariano, unas líneas para decirte que me gustó mucho tu exposición, especialmente los cuadros que te marco. Felicitaciones!! Te abraza Carreño"[9]. Los cuadros marcados son cuatro: *Bote*, *Bote y pescado*, *Pescadores* e *Isla de pescadores*.

No es de extrañar entonces la manera en que Mariano se incorpora con entusiasmo al espíritu de renovación que sacude la plástica cubana de los años cincuenta, en un proceso de actualización que entra en sintonía con el arte internacional del momento, la escuela de arte concreto, que tiene su principal foco de irradiación en París, y el expresionismo abstracto, reconocido ya por esta fecha como la Escuela de Nueva York.

Es imposible hablar del devenir de la pintura de Mariano Rodríguez sin intentar una aproximación al contexto en el que se desenvuelve la plástica cubana de los años cincuenta. Desde inicios de la década existe un despegue del movimiento concreto con figuras tan relevantes como Sandu Darie (fig. 6) y Luis Martínez Pedro—a los que se une tempranamente Mario Carreño—quienes, junto a otros artistas que se inclinan por esa orientación, desarrollan una obra vigorosa en esta sentido. Su misión fue precursora ya que tienen que abrirse paso en un ambiente hostil a la abstracción. La curadora Elsa Vega Dopico señala el conflicto cuando reflexiona:

> Aún se mantenían en activo los artistas de la primera vanguardia y a ellos se había unido una segunda promoción, encargada de consolidar los logros alcanzados por los iniciadores del modernismo en la isla a finales de la década del veinte. Por lo tanto, la misión de los abstractos fue muy difícil si tenemos en cuenta que desde la periferia

that they were fighting to reach the center from the periphery.[10]

In 1953, a momentous event occurred: the emergence of Los Once (fig. 7), a group that brought together young painters and sculptors who decided to practice informal abstraction.[11] These artists challenged the legacy of the two preceding generations of modernists, with the sole exception of Wifredo Lam, whose paintings they admired. Dr. María Elena Jubrías, an expert on that period, evokes that moment with admiration:

> [It is] impossible to forget when Lam became known in Havana with an exhibition at the University. The Social Sciences building hosted this spectacular exhibition in which large-format works, some displayed [hanging] in the air, caused such dissimilar concerns...It was a powerful proposition that connected us, live, with surrealist abstraction and with the other ancestral abstraction of the proponents of Afro-Cuban culture.[12]

The rise of this movement as a new vanguard displaced the historical masters of modernity, who attempted to adapt to the changing times. As Jubrías points out, "Los Once enjoyed the most attention with irreverent propositions that shook the well-established foundations of the first generations."[13] In reality, few members of the preceding modernist generations were successful in that endeavor. Mariano Rodríguez, Mario Carreño, and Luis Martínez Pedro emerged triumphant in this decisive step of renewing their language. However, other important masters of Cuban art made unsuccessful attempts, such as Víctor Manuel García with his nocturnal landscapes of Havana, while the great Amelia Peláez entrenched herself in her solid compositions of still lifes in interior spaces, a style that she chose in the forties. For his part, René Portocarrero tried to innovate with some abstract canvases titled *Tiros al blanco (Shooting Gallery)*, which turned into a purely formal exercise. Portocarrero withdrew from this experiment after several attempts and rediscovered the best of his painting in a figurative morphology linked to an innovative vision of the city and cathedrals (see fig. 3 in Elizabeth Thompson Goizueta's essay in this volume).

But Mariano, well-versed in both artistic orienta-

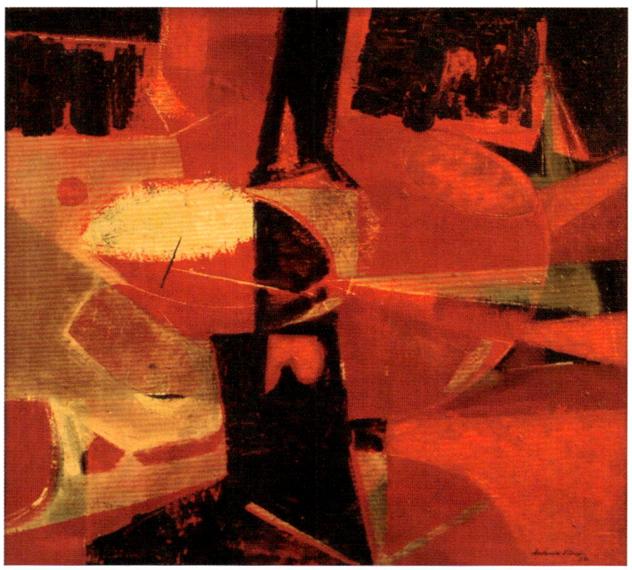

7. Antonio Vidal (1928–2013), *Pintura* | *Painting*, 1956. Oil on canvas | óleo sobre lienzo, 26 × 28.1", MNBA, La Habana, 07.462.

luchaban por alcanzar el centro[10].

En 1953 ocurre un hecho trascendental: el surgimiento de Los Once (fig. 7), grupo que reúne a jóvenes pintores y escultores que se deciden por la práctica de la vertiente informalista de la abstracción[11]. Estos artistas desafiaban el legado de las dos generaciones de modernistas que los precedieron con la única excepción de Wifredo Lam, cuya pintura admiraban. La doctora María Elena Jubrías, testigo excepcional de la época, evoca ese momento con admiración cuando precisa:

> Imposible olvidar cuando Lam se hacía presente en La Habana con una exposición en la Universidad. El edificio de Ciencias Sociales acogía esa muestra espectacular en que obras de gran formato, algunas desplegadas en el aire, provocaban las inquietudes más disímiles... Era una proposición poderosa que nos conectaba, en vivo, con la abstracción surrealista y la otra abstracción ancestral de los exponentes de la cultura afrocubana[12].

El auge de este movimiento como nueva vanguardia desplaza a los maestros históricos de la modernidad, los cuales intentan adaptarse a los nuevos tiempos. Tal como señala Jubrías, "Los Once acaparaban la mayor atención con irreverentes proposiciones que sacudían las bien cimentadas bases de la primeras vanguardias"[13]. En realidad, pocos miembros de las generaciones modernistas precedentes lo consiguen. Mariano Rodríguez, Mario Carreño y Luis Martínez Pedro salen triunfantes en ese paso decisivo de renovación de sus lenguajes. Sin embargo, otros importantes maestros de la plástica cubana realizan intentos fallidos como Víctor Manuel García, con sus paisajes nocturnos de La Habana, mientras que la inmensa Amelia Peláez se atrinchera en sus sólidas composiciones de naturalezas muertas en espacios interiores, en un estilo ya decantado en los años cuarenta. Por su parte, René Portocarrero intenta innovar su lenguaje realizando algunos lienzos abstractos titulados *Tiros al blanco*, que devienen en puro ejercicio formal. Portocarrero desiste de esta experiencia después de varios intentos y vuelve a encontrar lo mejor de su pintura en una morfología figurativa vinculada con una visión innovadora de la ciudad y las catedrales (véase fig. 3 en el ensayo de Elizabeth Thompson Goizueta en este volumen).

Pero Mariano, conocedor de ambas orientaciones

tions, did not venture into a blind quest for innovation; rather, he remained faithful to his usual themes—roosters, women, still lifes, and peasants—and incorporated fishermen into a cycle of great importance, which would constitute the fundamental nucleus of his artistic creation from 1950 to 1951.

Thus emerged a style of painting that was closely related to the presence of biomorphic forms, suggesting the presence of figures, through which he developed a type of semi-figurative and semi-abstract painting as evidenced by some pieces from 1950. *Pescador (Fisherman)* (fig. 8) and another *Pescador (Fisherman)* (**101**) from the same year moved prudently but unwaveringly toward abstraction. He continued treating figurative elements in the style of cubism, while the representations became lighter, toward an evident immaterial levity, with drawing becoming increasingly important; this can be seen, for example, in *Pescadores (Fishermen)* (**108**).

Mariano's work from 1950 to 1955 features an increasing predominance of geometric shapes, bolstered by his drawing technique that creates a spatial dynamic of tensions, hitherto unseen in his work. Lines prevail over color, and the chromatic richness of the backgrounds are evident. These characteristics are particularly apparent in the set of paintings with themes of fishermen and roosters. The figures are stylized in their essential features and break into a geometric morphology. Each piece is exceptional for its constructive rigor and the artist's striking capacity to transform his language using his own unique system of signs, which is absolutely original in the context of Cuban and Latin American painting at the time.

And it is precisely in his admirable roosters from 1956 that the figuration-abstraction relationship reached its maximum stress point. The MNBA in Havana holds

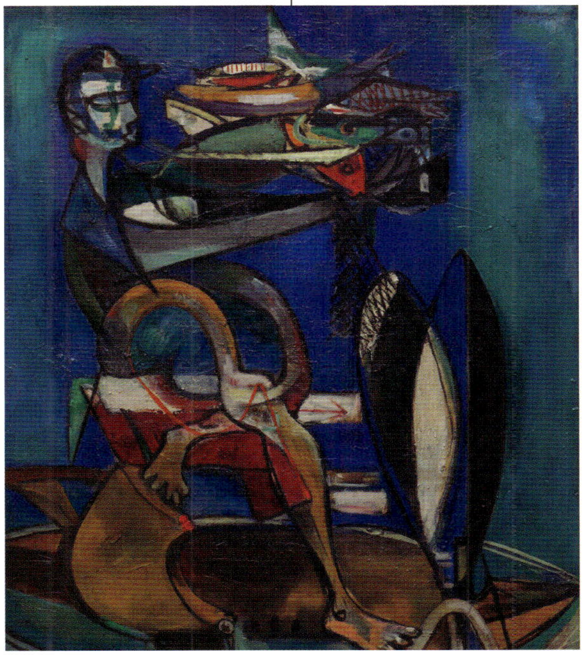

8. Mariano, *Pescador* | *Fisherman*, 1950. Oil on canvas | óleo sobre lienzo, 38 × 32.1", MNBA, La Habana, 07.298.

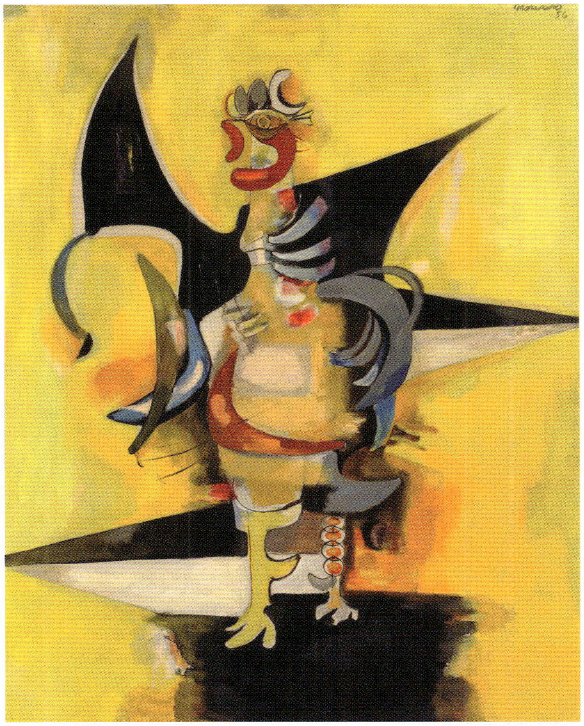

9. Mariano, *Gallo amarillo* | *Yellow Rooster*, 1956. Oil on canvas | óleo sobre lienzo, 50 × 40", MNBA, La Habana, 07.313.

artísticas, no incursiona en una búsqueda deslumbrada de la innovación, sino que se mantiene fiel a sus temas de siempre: gallos, mujeres, naturalezas muertas, campesinos, a los que ahora incorpora, en un ciclo de gran importancia, los pescadores, que constituirán el núcleo fundamental de su creación artística entre 1950 y 1951.

Así, aparece una pintura que va a estar estrechamente relacionada con la presencia de formas biomórficas, que sugieren la presencia de figuras, mediante las cuales desarrolla un tipo de pintura semi-figurativa y semi-abstracta como evidencian algunas obras realizadas en el propio año 1950. El *Pescador* (fig. 8) y otro *Pescador*, del propio año (**101**) abren el camino con paso mesurado pero indetenible hacia la abstracción. Sigue manejando elementos figurativos con un tratamiento cubista mientras que la representación se aligera hacia una levedad inmaterial evidente, cobrando importancia el dibujo, como se aprecia, por ejemplo, en *Pescadores* (**108**).

En este primer lustro de los años cincuenta se observa un predominio en ascenso de las formas geométricas, apoyado en un dibujo que crea una dinámica espacial de tensiones, hasta ese momento, inéditas en su obra; prevalece la línea sobre el color y se hará evidente la riqueza cromática de sus fondos. Estas características son apreciables en el conjunto que tiene como temas los pescadores y gallos. Las figuras se estilizan en sus rasgos esenciales y se descomponen en una morfología geométrica. Cada obra sobresale por el rigor constructivo y la notable capacidad del artista de transformar su lenguaje al utilizar un sistema de signos propio y absolutamente original en el contexto de la pintura cubana y latinoamericana de su época.

Y es precisamente en sus admirables gallos de 1956 donde llega a su máximo punto de tensión la relación figuración-abstracción. El MNBA de La Habana posee

three pieces with this theme that are fundamental in his artistic evolution. There is another piece in this exhibition that is also of great visual impact (**128**). In these pieces the form of the boomerang is a dynamic element in the composition, suggesting a circular movement with a spatial dynamism very much in tune with the vitality and energy typical of his roosters. *Gallo amarillo (Yellow Rooster)* (fig. 9) stands out for its conception as a vertical composition, erect and vigorous at the same time, like a modern-day totem with a powerful ascending movement, in which the boomerang shape prevails once more.

Mariano also sought new ways of representing the island landscape and still lifes, in accordance with a language that increasingly distanced itself from figuration. Thus in 1951 he painted *Vista del río Almendares (View of the Almendares River)* (MNBA, Havana), the composition and dynamism of which is very close to abstraction. Only the title hints at the figurative perspective. This piece is intimately tied to some of the visual solutions present in the *Pescadores (Fishermen)* series (**99–108**), one of the artist's essential themes in the early 1950s that inevitably led him to develop a unique abstraction with its own characteristics.

View of the Almendares River has undisputable merit for its rigorous composition, laying the foundation for later works and in particular for one of his most beautiful creations: *Paisaje del río Almendares (Landscape of the Almendares River)*, 1956 (fig. 10), for which one of his most beautiful studies dated 1955 is included in this exhibition (**122**). Indeed, *Landscape of the Almendares River* represents a step toward his full foray into abstraction. The piece's daring structure of spatial tensions is both seductive and unsettling, and the strokes create surprising curves that quickly break and reorient in another direction to provide an unusual perspective of one of the most picturesque places in the city.

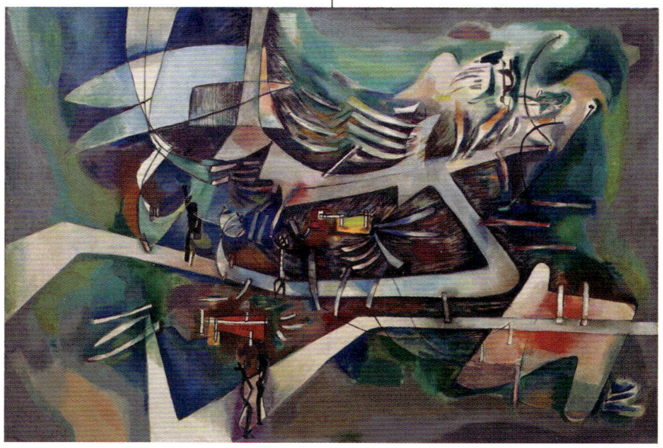

10. Mariano, *Paisaje del río Almendares* | *Landscape of the Almendares River*, 1956. Oil on canvas | óleo sobre lienzo, 50.3 × 72", MNBA, La Habana, 07.312.

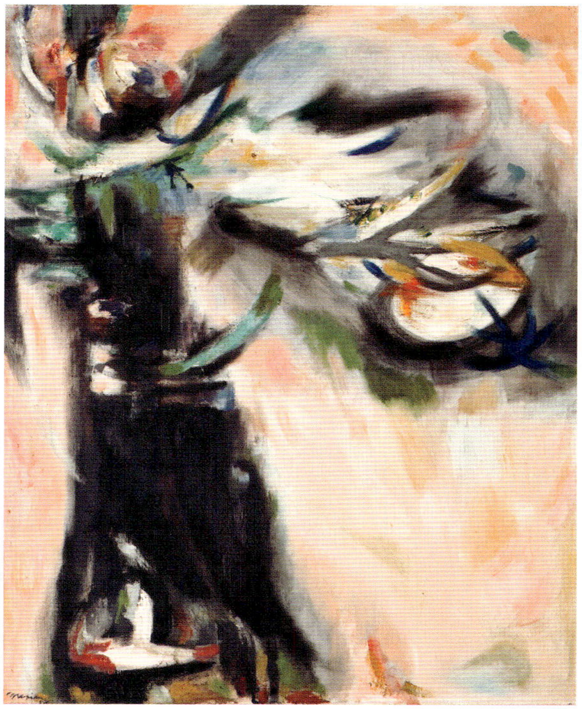

11. Mariano, *Libélula* | *Dragonfly*, 1958. Oil on canvas | óleo sobre lienzo, 40 × 32", MNBA, La Habana, 08.1189.

tres obras con este tema que son fundamentales en su evolución plástica; y otra, también de gran impacto visual, aparece en esta exposición (**128**). En estas obras el artista asume como elemento dinámico en la composición la figura del bumerán, que sugiere un movimiento circular con un dinamismo espacial muy a tono con la vitalidad y la energía usuales en sus gallos. De todos ellos sobresale el *Gallo amarillo* (fig. 9), el cual Mariano concibe como una composición vertical, erguida y vigorosa a la vez, como un tótem moderno, de un poderoso movimiento ascensional, en el que prevalece una vez más la figura del bumerán.

Mariano también investiga una nueva manera de representar el paisaje insular y la naturaleza muerta, acorde con un lenguaje que se aleja cada vez más de la figuración. Así en 1951 aparece su *Vista del río Almendares* (MNBA, La Habana) el cual posee una composición y dinamismo muy cercanos a la abstracción. Apenas el título constituye un pretexto a la perspectiva figurativa. Esta obra está íntimamente vinculada con algunas de las soluciones plásticas presentes en la serie de los *Pescadores* (**99–108**), uno de los temas esenciales del artista en los inicios de los años cincuenta que lo conducen inevitablemente al desarrollo de una abstracción con características propias.

Vista del río Almendares posee como mérito indudable su rigurosa composición, que sienta las bases para obras posteriores y en particular para la aparición de una de sus más bellas creaciones: *Paisaje del río Almendares*, 1956 (fig. 10), de la cual se exhibe en la exposición uno de sus más bellos estudios, fechado en 1955 (**122**). En efecto, *Paisaje del río Almendares* es un paso adelante en la plena incursión en la abstracción. La obra seduce y desconcierta por su atrevida estructura de tensiones espaciales, donde el trazo crea sorprendentes recodos que se quiebran y reorientan rápidamente en otra dirección, para aportar una visión inusitada de uno de los lugares más pintorescos de la ciudad.

In the second half of the 1950s, Mariano decidedly joined abstract expressionism. Lines are eclipsed by gestural stains, which became the main protagonists of his paintings. The dramatic intensity of his work from this period is very clear, beginning with *Pintura (Painting)*, 1956 (MNBA, Havana), an imposing oil painting in which the colors still maintain a certain consistency around a central axis, until *Libélula (Dragonfly)*, 1958 (fig. 11), *Girasoles (Sunflowers)* (**133**), and *Jardines (Gardens)* (**164**). In these pieces his contact with fundamental figures of North American abstract expressionism such as Franz Kline (fig. 12) and Robert Motherwell is apparent. Both Kline and Motherwell were masters of the color black,[14] the dramatic use of which stands out in Mariano's work toward the end of the 1950s. Mariano kept up a dialogue of equals with his contemporaries throughout that decade, and the New York School artists were exemplary vis-à-vis the expressivity of the color stain. Mariano affirms this in an interview:

> I was friends with some abstract expressionists and I would get together with them in the cafés of New York...I also saw Kline paint, he would take gobs of pure black [he mimics the painter's gesture] then he poured water on the paint so that it wouldn't get ruined and he'd leave the painting.[15]

This broad movement, guided by Kline, that Mariano highlights above is also visible in some of his canvases from the late 1950s, such as *Sunflowers*, and, in a very special way, in *El jardín (The Garden)*, 1957 (Museo de Bellas Artes, Caracas), *Dragonfly*, and *Gardens*.

Works such as Motherwell's *Elegy to the Spanish Republic XXXIV* (1953–54, fig. 13), as well as Motherwell's eloquent essays on informalism, must have influenced the new direction of Mariano Rodríguez's painting. On the other hand, the affinity between David

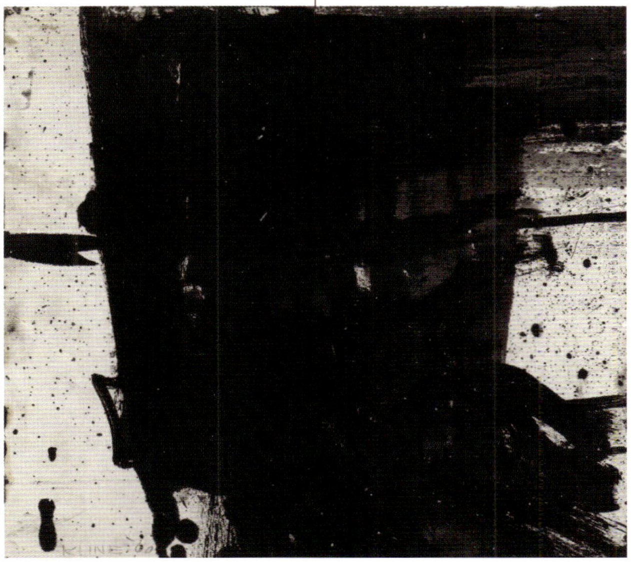

12. Franz Kline (1910–62), *Untitled* (study for *Mahoning II*) | *Sin título* (estudio para *Mahoning II*), 1960. Ink on paper on board | tinta sobre papel sobre cartón, 14.5 × 15.8", Museum of Modern Art, New York, 133.1999.

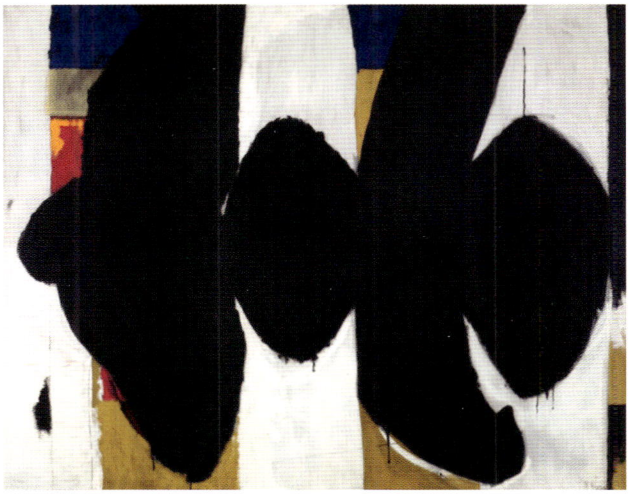

13. Robert Motherwell (1915–91), *Elegy to the Spanish Republic XXXIV* | *Elegía para la República Española no. 34*, 1953–54. Oil on canvas | óleo sobre lienzo, 80 × 100", Albright-Knox Art Gallery, Buffalo, K1957:6.

En el segundo lustro de los años cincuenta Mariano se incorpora decididamente al expresionismo abstracto. La línea se eclipsa ante la mancha gestual, convertida en la principal protagonista de su pintura. La intensidad dramática que alcanzan sus obras de esta época puede seguirse muy bien desde *Pintura*, 1956 (MNBA, La Habana), imponente óleo en el que los colores aún mantienen cierta consistencia alrededor de un eje central, hasta *Libélula*, 1958 (fig. 11), *Girasoles* (**133**) y *Jardines* (**164**). En estas obras se puede apreciar los puntos de contactos con figuras fundamentales del expresionismo abstracto norteamericano tales como Franz Kline (fig. 12) y Robert Motherwell, sobre todo en el uso dramático del negro, que se destaca en la obra de Mariano en los años finales de la década del cincuenta y en cuyo manejo tanto Kline como Motherwell son unos maestros[14]. El Mariano de los cincuenta mantuvo un discurso de igual a igual con sus contemporáneos y no existen personalidades mejor dotadas que los artistas de la Escuela de Nueva York en cuanto a la expresividad de la mancha del color. En tal dirección Mariano afirma:

> Fui amigo de algunos expresionistas abstractos y me reunía con ellos en los cafés de Nueva York... También vi pintar a Kline, cogía masas de negro puro [reproduce el gesto del pintor] luego le echaba agua a la pintura para que no se le echara a perder y dejaba el cuadro[15].

Ese movimiento amplio de la mano de Kline que destaca Mariano en la entrevista también se observa en algunos de sus lienzos realizados a finales de los cincuenta como *Girasoles*, y de manera muy especial en *El jardín*, 1957 (Museo de Bellas Artes, Caracas), *Libélula* y *Jardines*.

Obras como *Elegía para la República Española no. 34* (1953–54, fig. 13) de Motherwell, así como sus elocuentes ensayos sobre el informalismo deben haber incidido en

Smith's abstract sculpture and Mariano's work in the early 1950s is surprising. It is worth highlighting once again the thoughts of critic and art historian Antonio Eligio (Tonel) about this time period:

> The familiarity with developments in the New York artistic environment, demonstrable in the Cuban painter's work, should not be simplified as a case of "influences" passively assumed by Mariano. The most significant thing, in this case, is the possibility of detecting parallels and convergences that allow us to identify a very fertile common terrain, where he participates in accessing aesthetic innovations along with dissimilar North American artists, among whom we could mention Byron Browne, Vaclav Vytlacil, and David Smith, all very active in the New York scene during the time that Mariano regularly visited that city.[16]

In 1957, Mariano had an important solo exhibition at the Lyceum in Havana (fig. 14) and the following year at the Museo de Bellas Artes in Caracas and at the Centro de Bellas Artes in Maracaibo. At the time, Caracas was booming thanks to the petroleum industry, and it was one of the most important cultural cities in South America, where abstraction in its different variations developed with greater force and dynamism. In those exhibitions, Mariano once again addressed the subject of Afro-Cuban beliefs in several pieces, with particular originality and a welcome burst of color in oils such as *Babalú Ayé* (Claudio Ferioli, Modena), *Osaín* (fig. 15), and *Elegguá* (location

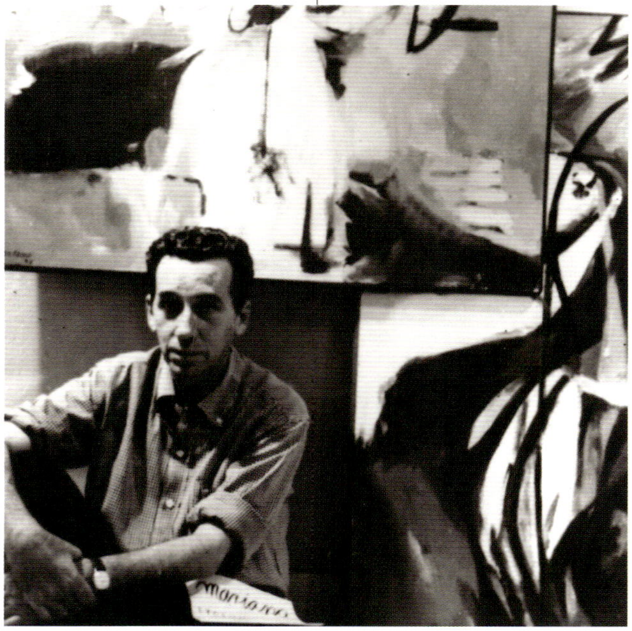

14. Mariano at his exhibition at the Lyceum in Havana, 1957 | Mariano en su exposición en el Lyceum, La Habana, 1957.

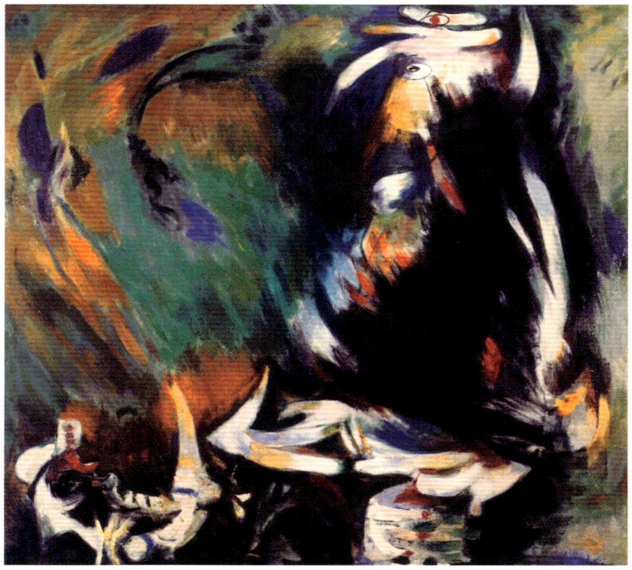

15. Mariano, *Osaín*, 1958. Oil on canvas | óleo sobre lienzo, 45.3 × 50.3", Unión de Arquitectos e Ingenieros de la Construcción de Cuba, La Habana.

la nueva orientación de la pintura de Mariano Rodríguez. Por otra parte, sorprende la afinidad entre la escultura abstracta de David Smith y la obra de Mariano en los tempranos años cincuenta. Vale destacar de nuevo el punto de vista del crítico e historiador del arte Antonio Eligio (Tonel) sobre esta época cuando señala:

> La familiaridad, comprobable en la obra del pintor cubano con los desarrollos en el ambiente artístico neoyorkino, no deberá simplificarse como un caso de "influencias" asumidas pasivamente por Mariano. Lo más significativo, en este caso, es la posibilidad de detectar paralelismos y convergencias que permiten identificar un terreno común, muy fértil, donde él participa del acceso a novedades estéticas junto con artistas norteamericanos de suerte disímil, entre los que podríamos mencionar a Byron Browne, Vaclav Vytlacil y David Smith, todos muy activos en la escena de Nueva York durante la época en que Mariano visitó regularmente esa ciudad[16].

En 1957, Mariano exhibió una importante muestra personal en el Lyceum (fig. 14) y el año siguiente en el Museo de Bellas Artes de Caracas y en el Centro de Bellas Artes de Maracaibo. En aquel entonces la pujante Caracas petrolera era una de las ciudades culturales más importantes de Sudamérica, donde se desarrollaba con mayor fuerza y dinamismo la abstracción en sus diferentes variantes. En el conjunto presentado resaltan obras donde Mariano aborda nuevamente el tema de las creencias afrocubanas, y lo hace con particular originalidad en óleos como *Babalú Ayé* (Claudio Ferioli, Módena), *Osaín* (fig. 15) y *Elegguá* (paradero desconocido), realizadas todas en 1958, en los cuales apreciamos un estallido de color. Mariano se

unknown), all from 1958. Mariano was in sync with the best abstract painting of the time. Argentine critic Damián Carlos Bayón enthusiastically contextualized the scope of this exhibition, stating:

> The best attribute of Mariano's painting lies, for me, in a certain monumentality with which his forms prevail, his ability to come up with original tensions, the surprising and effective struggle between light and shadow, of bright and neutral colors that translate into a well-established pathos.
>
> In our very rich American production...Mariano has occupied, for a few years now, an important place that will only increase with time.[17]

Despite the close ties between Mariano and the artists of the New York School, the Cuban painter refused to dismiss the fundamental themes of his painting from the 1940s, instead updating their aesthetic and renewing them. And as early as 1959, he returned to his original source of inspiration to portray everyday subjects in a new way, incorporating all the elements of abstract expressionism. Thus, *guajiros* (peasants) and roosters reappear in vibrantly colored pieces from the end of the decade. The gestural brushstroke is controlled by a compositional discipline, the subject apparent behind every color scheme. The year 1959 was decisive in this vein, with pieces such as (**162–63**), *Galleros (Cockfighters)* (Ministerio de Economía y Planificación, Havana), *Guajiro con gallo (Peasant with Rooster)* (MNBA, Havana), and *Composición con gallo (Composition with Rooster)* (fig. 16).

The 1959 triumph of the Cuban Revolution caught the artist by surprise at a moment of maximum creative tension. He managed to incorporate elements of abstract expressionism into his traditional themes, thus carrying out an important cycle of paintings with both peasants and roosters together. A magnificent example of this is *Mujer con gallo (Woman with Rooster)* (**163**), in which the forms are diluted by the vigorous strokes of

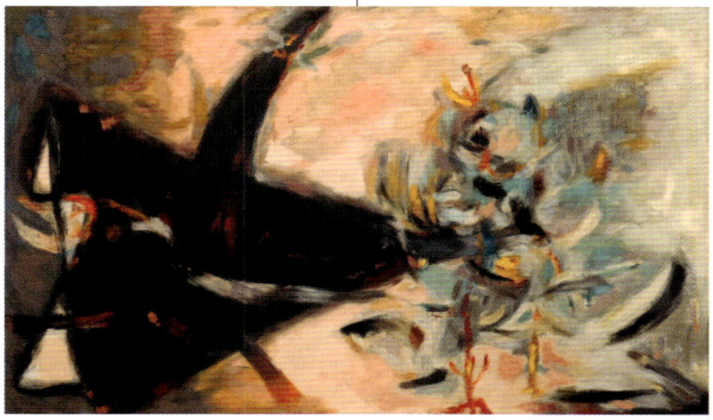

16. Mariano, *Composición con gallo* | *Composition with Rooster*, 1959. Oil on canvas | óleo sobre lienzo, 45.1 × 75″, MNBA, La Habana, 08.1195.

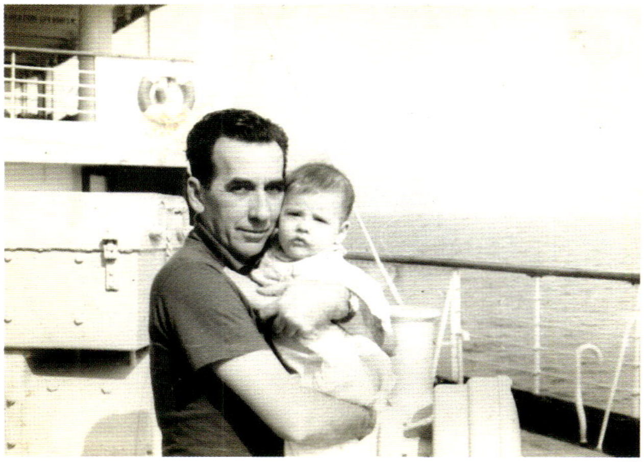

17. Mariano and his son, Alejandro, during the crossing from New York to Naples en route to New Delhi, May 1960 | Mariano y su hijo, Alejandro, durante la travesía de Nueva York a Nápoles en ruta a Nueva Delhi, mayo 1960.

encuentra en sintonía con lo mejor de la pintura abstracta del momento. El crítico argentino Damián Carlos Bayón sitúa con entusiasmo el alcance de esta muestra cuando afirma:

> La mejor condición de la pintura de Mariano estriba, para mí, en una cierta monumentalidad con la que se imponen sus formas, su capacidad de invención de tensiones inéditas, la sorprendente y efectiva lucha de luces y sombras, de colores brillantes y neutros que se traducen en un patetismo de buena ley
>
> En esta riquísima producción americana... Mariano ocupa, desde hace unos años un lugar importante que el tiempo no hará sino acrecer[17].

No obstante los vasos comunicantes que existen entre Mariano y los artistas de la Escuela de Nueva York, el pintor cubano se resiste a desestimar los temas fundamentales de su pintura de los años cuarenta y ahora decide emplearlos nuevamente con un ropaje visual renovado. Y ya en 1959, utilizando todos los aportes del expresionismo abstracto, retoma su fuente originaria de inspiración para tratar los asuntos cotidianos de una manera novedosa. Así reaparecen al final de la década, guajiros y gallos en obras de vibrante colorido. La pincelada gestual es controlada por una disciplina compositiva, donde el referente asoma detrás de cada tonalidad. Es decisivo el año 1959 al emprender esta dirección en la que se encuentran obras tales como (**162–63**), *Galleros* (Ministerio de Economía y Planificación, La Habana), *Guajiro con gallo* (MNBA, La Habana) y *Composición con gallo* (fig. 16).

El triunfo de la Revolución cubana sorprende al artista en un momento de máxima tensión creativa. Ha logrado poner en función de sus temas tradicionales los hallazgos del expresionismo abstracto, y de este modo realiza un ciclo importante de pinturas en las que reúne guajiros y gallos. Un ejemplo magnífico en esta dirección es *Mujer con gallo* (**163**), en la cual las formas están diluidas por los trazos vigorosos de las manchas de

blotches of color.

In May 1960, the artist traveled to India as the Cuban embassy's chargé d'affaires (see **167** and fig. 17). This contact with an ages-old civilization so different from the Western one imbued Mariano's painting with a spirituality that saturated his palette with surprisingly intense color. And so, while using different shades to create the dreamy atmosphere surrounding the impressive *Mezquita de Jama Masjid (Jama Masjid Mosque)*, 1960 (MNBA, Havana), in *El sari blanco (The White Sari)*, 1961 (fig. 18) the color is accentuated by its greatest contrast, above all between the splendid white of the dress and the intense black of the woman's skin and hair. Behind the female figure, strokes of various shades of blue appear to have been applied to the canvas with great ease, impressive in their energy and depth. It is noteworthy that Mariano did not detach himself at all from the teachings of expressionist informalism, but rather he used it according to the geographic, historical, social, and cultural contexts in which he developed his work.

When Mariano returned to Cuba, he faced a new reality generated by the Revolution. Impressed by the dizzying dynamics of political, social, and cultural happenings that were transforming the entire life of the nation (fig. 19), Mariano took the opportunity to transfer these epic early years to the canvas, although maintaining his reservations about the painting being done in the socialist countries of Eastern Europe. For him, the ethical sense of painting prevailed as a value in itself.[18]

In the early 1960s he very skillfully employed the abstract informalism that he had already incorporated into his paintings in the latter half of the 1950s. Thus, large populist gatherings appear through an authentic explosion of color. Informal expressionism acquires a new dimension in works such as *II Declaración de La Habana (Second Declaration of Havana)*, 1962, *Asamblea popular (Popular Assembly)*, 1963

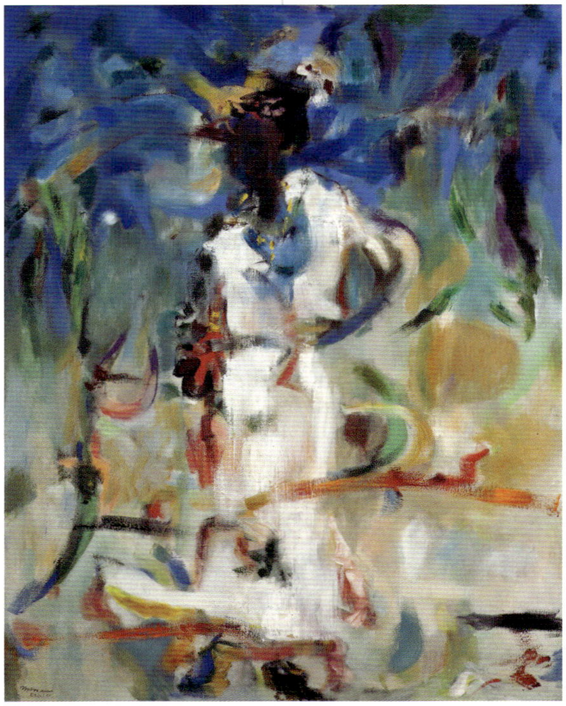

18. Mariano, *El sari blanco* | *The White Sari*, 1961. Oil on canvas | óleo sobre lienzo, 49.3 × 38.3", MNBA, La Habana, 087.310.

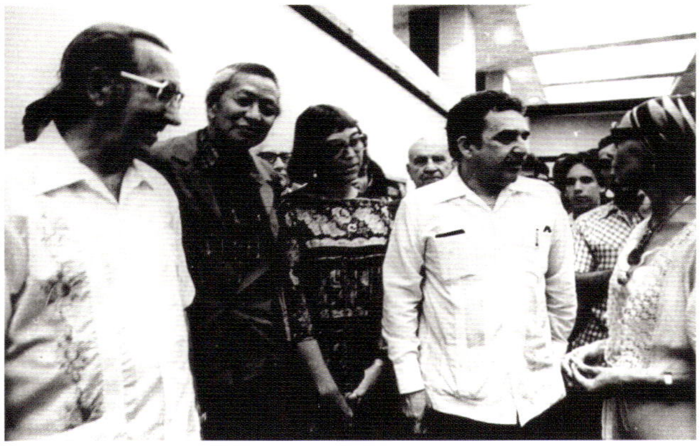

19. From left to right: Mariano, Wifredo Lam, Lou Laurin-Lam, writer Gabriel García Márquez, and ballerina Alicia Alonso, 1977 | De izquierda a derecha: Mariano, Wifredo Lam, Lou Laurin-Lam, escritor Gabriel García Márquez y bailadora Alicia Alonso, 1977.

color.

En mayo de 1960, el artista viaja a la India como encargado de negocios de la embajada de Cuba a ese milenario país (véase **167** y fig. 17). El contacto con una civilización tan diferente a la occidental impregna a la pintura de Mariano una espiritualidad que satura su paleta de un color sorprendente por su intensidad. Y así, mientras usa distintas gradaciones de tonalidad para crear la atmósfera de ensueño que envuelve la impresionante *Mezquita de Jama Masjid*, 1960 (MNBA, La Habana); en *El sari blanco*, 1961 (fig. 18) el color se acentúa a su más alto contraste, que se aprecia, sobre todo, entre el espléndido blanco del vestido y el negro intenso de la piel y pelo de la mujer. Detrás de la figura femenina, brochazos de azules, de diferentes matices, aplicados sobre la tela con gran soltura, impresionan por su energía y profundidad. Es de destacar que Mariano no se ha desprendido en absoluto de las enseñanzas del informalismo expresionista, sino que las utiliza según sea el contexto geográfico, histórico, social o cultural sobre el cual desarrolla su obra.

Al regresar a Cuba, se encuentra frente a una nueva realidad generada por la triunfante Revolución. Mariano se siente impresionado por la dinámica vertiginosa de los acontecimientos políticos, sociales y culturales que están transformando la vida entera de la nación (fig. 19). Mariano aprovecha la ocasión para trasladar al lienzo la épica de estos primeros años, aunque mantiene sus reservas sobre la pintura que se realiza en los países socialistas de la Europa del este. En él prevalece el sentido ético por la pintura como un valor en sí misma[18].

En estos años iniciales de los sesenta emplea con gran pericia el informalismo abstracto que ya había utilizado en sus cuadros en el segundo lustro de los cincuenta. Así, aparecen las grandes concentraciones populares a través de una auténtica explosión de color. El

(fig. 20 and **169**), *De la sierra al llano (From the Highlands to the Plains)*, 1963, and *Barco pirata (Pirate Ship)*, 1963, all belonging to the MNBA in Havana, a powerful set of paintings that bears witness to the best of an era of Mariano's oeuvre. The ubiquitous representative rooster was not to be left out, and it appeared then in *Gallo blanco (White Rooster)* (**171**), discernable among the blotches of white, blue, and red. Assembled in the exhibition *Mariano: óleos y dibujos del 63 (Mariano: Oils and Drawings from 1963)*, these pieces were well-received by the public and critics. In this regard, according to prestigious intellectual José Rodríguez Feo: "The paintings done between 1959 and 1963 have achieved that maturation of color that Mariano considers one of the characteristics of his previous period."[19] And professor and art critic Salvador Bueno affirmed: "Mariano does not forget reality, he does not turn his back on it, rather he tries to 'reveal' it visually through shapes, spaces, and colors."[20] And who better than the artist himself to express his feelings at the time?

> As time passed, I understood that color had to move within itself; a red is more than just a red, it is several reds. I affirmed that my painting had "matured in color" precisely because I realized the existence of intermediate colors, so that color does not express itself as sharply as it used to at the beginning, rather it matures and at the same time creates new color schemes.[21]

Henceforth, Mariano's painting changed and would evolve from expressionist informalism to the new figuration. Works such as *Playa Girón (Bay of Pigs)*, 1963 (MNBA, Havana) constituted the start of a new era in his painting, in which he connected with other relevant Cuban artists of the time. There would be admirable paintings from this brief period, such as *Homenaje a Ingres (Homage to Ingres)*, 1964 (Museo Provincial Ignacio Agramonte, Camagüey), *Susana y los muchachos (Susana and the Young Men)* (**178–79**), and *La cena (The Supper)* (**183**), among others. Mariano's work would continue forward, undeterred for the next three decades, during which he would forge new pathways for Cuban art.

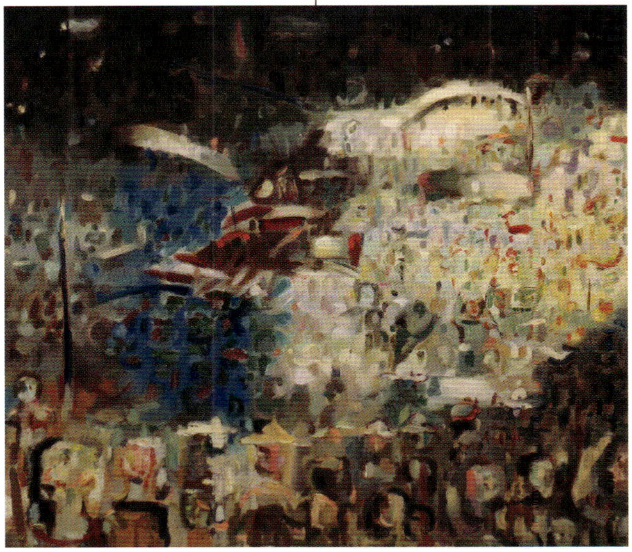

20. Mariano, *Asamblea popular* | *Popular Assembly*, 1963. Oil on canvas | óleo sobre lienzo, 44.8 × 50", MNBA, La Habana, 08.1200.

expresionismo informalista adquiere una nueva dimensión en obras tales como *II Declaración de La Habana*, 1962, *Asamblea popular*, 1963 (fig. 20 y **169**), *De la sierra al llano*, 1963 y *Barco pirata*, 1963, todas pertenecientes al patrimonio del MNBA de La Habana, poderoso conjunto que testimonia lo mejor de una época de Mariano. No podía faltar la presencia del gallo representativo de este momento como es el caso de *Gallo blanco* (**171**), que ya aparece sugerido entre las rápidas manchas de color blanco, azul y rojo. Reunidas en la exposición *Mariano: óleos y dibujos del 63*, estas obras reciben el respaldo mayoritario del público y la crítica. El prestigioso intelectual José Rodríguez Feo apunta al respecto: "Los cuadros pintados entre 1959 y 1963 han logrado esa maduración del color que Mariano considera una de las características de su última etapa"[19]. Por su parte, el profesor y crítico de arte Salvador Bueno precisa: "Mariano no olvida la realidad, no se coloca de espaldas a ella, sino que intenta 'revelarla' plásticamente a través de formas, espacios y colores"[20]. Nadie mejor que el artista para expresar los sentimientos que lo embargaban en esos momentos:

> Al pasar el tiempo, comprendí que el color tenía que moverse dentro de él; un rojo es algo más que un rojo, son varios rojos. Yo afirmé que mi pintura había "madurado el color" precisamente porque me di cuenta de la existencia de las gamas intermedias, de manera que el color no se expresa de forma agria como hacía al principio, sino que va madurando y a la vez creando nuevas tonalidades[21].

En lo adelante, la pintura de Mariano sufre cambios y evolucionará del informalismo expresionista hacia la nueva figuración. Obras como *Playa Girón*, 1963 (MNBA, La Habana) constituyen la avanzada de una nueva época de su pintura, en la que conecta con otros artistas cubanos relevantes de la época. De ese breve período aparecerán cuadros estimables como *Homenaje a Ingres*, 1964 (Museo Provincial Ignacio Agramonte, Camagüey), *Susana y los muchachos* (**178–79**) y *La cena* (**183**), entre otros. Su obra continuará avanzando indetenible por tres décadas más, en las cuales descubrirá nuevos caminos para el arte cubano.

1 Antonio Eligio Fernández (Tonel), "Pensamiento clásico del pintor moderno: continuidad, retorno y diálogos en la obra de Mariano Rodríguez," in *Mariano: catálogo razonado; pintura, dibujo y cerámica 1950–1966, volumen II*, ed. José Veigas (Madrid: Ediciones Vanguardia Cubana, 2017), 10.

2 José Lezama Lima (Havana, 1910–76) was one of the most notable Cuban intellectuals of the twentieth century. The poet, novelist, short story writer, and essayist is considered one of the most important authors in Cuban and Latin American literature. Quintessentially Latin American neo-baroque, his work is characterized by lyricism and the use of metaphors, allusions, and allegories, based on poetics. He was the spiritual soul of the magazine *Orígenes*, one of the most significant publications in Cuba in the first half of the twentieth century. He was at the center of a group of artists and intellectuals including the painters Mariano Rodríguez and René Portocarrero. In 1966 he published *Paradiso*, his first novel and the only one published during his lifetime, conceived as the synthesis and culmination of his poetics.

3 Mariano Rodríguez, letter to José Lezama Lima, New York, Oct. 24, 1944 in *Lápiz a su nube: Mariano y Lezama*, ed. Betty Gago and José Veigas (Seville: Fundación Arte Cubano, 2014), 70–71.

4 Guy Pérez-Cisneros (Paris, 1915–Havana, 1953) was one of the most brilliant art critics in Cuba in the first half of the twentieth century. With a doctorate in philosophy and letters from the University of Havana, he was also part of several cultural endeavors. He collaborated in the most important journals of his time: *Verbum*, *Espuela de plata*, and *Orígenes*, among others. His most important work was *Características de la evolución de la pintura en Cuba*, first published in 1959, an analysis of the beginnings of Cuban art from the mid-sixteenth century to the nineteenth century.

5 Guy Pérez-Cisneros, *Las estrategias de un crítico: antología de arte de Guy Pérez-Cisneros* (Havana: Editorial Letras Cubanas, 2000), 73.

6 José Lezama Lima, "Lozano y Mariano," *Orígenes* 6, no. 23 (Fall 1949): 43–46.

7 Tonel in *Orígenes* (Fall 1949): 18.

8 Tonel, 95.

9 Feigl Gallery, *Mariano: Recent Works; February 27–March 13, 1951* (New York: Feigl Gallery, 1951). I thank Betty Gago and the Fundación Mariano Rodríguez for granting access to its wonderful archive.

10 Elsa Vega Dopico, "Notas sobre la pintura concreta en Cuba," in *La razón de la poesía: diez pintores concretos cubanos* (Havana: MNBA, 2002), 16.

11 The group initially was comprised of painters René Ávila, José Ignacio Bermúdez, Hugo Consuegra, Fayad Jamís, Guido Llinás, Antonio Vidal, and Viredo Espinosa, and sculptors Francisco Antigua, Agustín Cárdenas, José Antonio Díaz Peláez, and Tomás Oliva. Painter Raúl Martínez was incorporated later.

12 María Elena Jubrías, "Presentación," in *Uno, dos, tres... ¡Once! Exposición homenaje al cincuenta aniversario de la*

1 Antonio Eligio Fernández (Tonel), "Pensamiento clásico del pintor moderno: continuidad, retorno y diálogos en la obra de Mariano Rodríguez", en *Mariano: catálogo razonado; pintura, dibujo y cerámica 1950–1966, volumen II*, ed. José Veigas (Madrid: Ediciones Vanguardia Cubana, 2017), 10.

2 José Lezama Lima (La Habana, 1910–76) es uno de los intelectuales cubanos más notables del siglo XX. Poeta, novelista, cuentista y ensayista es considerado uno de los autores más importantes de Cuba y de la literatura hispanoamericana. Es el principal referente de lo que se llamó neo-barroco americano, su obra se caracteriza por su lirismo y el uso de metáforas, alusiones y alegorías, asentada sobre un sistema poético. Fue el alma espiritual de la revista *Orígenes*, una de las publicaciones más significativas de la Isla en la primera mitad del siglo XX. Nucleó a un grupo de artistas e intelectuales entre los que se encontraban los pintores Mariano Rodríguez y René Portocarrero. En 1966 publicó su primera y única novela aparecida en vida, *Paradiso*, concebida como la síntesis y culminación de su sistema poético.

3 Mariano Rodríguez, carta a José Lezama Lima, Nueva York, 24 oct. 1944 en *Lápiz a su nube: Mariano y Lezama*, ed. Betty Gago y José Veigas (Sevilla: Fundación Arte Cubano, 2014), 70–71.

4 Guy Pérez-Cisneros (París, 1915–La Habana, 1953) es uno de los más brillantes críticos de arte de la primera mitad del siglo XX en Cuba. Doctor en filosofía y letras en la Universidad de La Habana, también fue animador de empresas culturales relevantes. Colaboró en las más significativas revistas de su época: *Verbum*, *Espuela de plata* y *Orígenes*, entre otras. Su obra más importante es *Características de la evolución de la pintura en Cuba*, publicada por primera vez en 1959, donde analiza los inicios de la plástica cubana desde mediados del siglo XVI hasta el siglo XIX.

5 Guy Pérez-Cisneros, *Las estrategias de un crítico: antología de arte de Guy Pérez-Cisneros* (La Habana: Editorial Letras Cubanas, 2000), 73.

6 José Lezama Lima, "Lozano y Mariano", *Orígenes* 6, no. 23 (otoño 1949): 43–46.

7 Tonel en *Orígenes* (otoño 1949): 18.

8 Tonel, 95.

9 Feigl Gallery, *Mariano: Recent Works; February 27–March 13, 1951* (Nueva York: Feigl Gallery, 1951). Doy gracias a Betty Gago y a la Fundación Mariano Rodríguez por la consulta de su magnífico archivo.

10 Elsa Vega Dopico, "Notas sobre la pintura concreta en Cuba", en *La razón de la poesía: diez pintores concretos cubanos* (La Habana: MNBA, 2002), 16.

11 El grupo estuvo inicialmente integrado por los pintores René Ávila, José Ignacio Bermúdez, Hugo Consuegra, Fayad Jamís, Guido Llinás, Antonio Vidal y Viredo Espinosa; así como los escultores Francisco Antigua, Agustín Cárdenas, José Antonio Díaz Peláez y Tomás Oliva. Posteriormente se incorporó el pintor Raúl Martínez.

12 María Elena Jubrías, "Presentación", en *Uno, dos, tres... ¡Once! Exposición homenaje al cincuenta aniversario de la*

fundación del grupo Los Once (Havana: MNBA, 2003), 7.

13 Jubrías, 8.

14 Some critics have harked the artists' preference for the color black back to the expressionist paintings of Francisco de Goya, but I do not believe this to be the case.

15 José Veigas, "Pero no es el final: entrevista a Mariano Rodríguez," *Revolución y cultura* 64 (Dec. 1977): 47.

16 Tonel in *Orígenes* (Fall 1949): 22.

17 Damián Carlos Bayón, "La pintura de Mariano," in *Mariano* (Caracas: Museo de Bellas Artes, 1958), n.p.

18 In a letter to his second wife, Celeste Alomá, the artist commented: "I have my ideas about art and the Revolution, especially when I also see the experience of some socialist countries, such as Poland, that have tried to incorporate the world's conquests prior to the new socialist world. In this sense, you have to be strong and not let yourself be dragged in, even if it is a revolution as pure and magnificent as the Cuban one." "Carta inédita de Mariano Rodríguez," *La Gaceta de Cuba*, no. 2 (Mar.–Apr. 1995): 57.

19 José Rodríguez Feo, "Los tiempos de Mariano," *La Gaceta de Cuba* 3, no. 37 (May 20, 1964): 16–17.

20 Salvador Bueno, "El pintor Mariano," *Cuba* 3, no. 23 (Mar. 1964): 30–35.

21 Veigas, "Pero no es el final," 45.

fundación del grupo Los Once (La Habana: MNBA, 2003), 7.

13 Jubrías, 8.

14 Algunos críticos han remitido la preferencia del artista por el negro hasta las pinturas expresionistas de Francisco de Goya, pero no creo que sea así.

15 José Veigas, "Pero no es el final: entrevista a Mariano Rodríguez", *Revolución y cultura* 64 (dic. 1977): 47.

16 Tonel en *Orígenes* (otoño 1949): 22.

17 Damián Carlos Bayón, "La pintura de Mariano", en *Mariano* (Caracas: Museo de Bellas Artes, 1958), s.p.

18 En una carta a su segunda esposa Celeste Alomá el artista comenta: "Sobre el arte y la Revolución tengo mis ideas, sobre todo cuando también veo la experiencia de los países socialistas y algunos que, como Polonia, han tratado de incorporar las conquistas del mundo anterior al nuevo mundo socialista. En este sentido hay que ser fuerte y no dejarse arrastrar, aunque sea una revolución tan pura y magnífica como la cubana". "Carta inédita de Mariano Rodríguez", *La Gaceta de Cuba*, no. 2 (marzo–abr. 1995): 57.

19 José Rodríguez Feo, "Los tiempos de Mariano", *La Gaceta de Cuba* 3, no. 37 (20 mayo 1964): 16–17.

20 Salvador Bueno, "El pintor Mariano", *Cuba* 3, no. 23 (marzo 1964): 30–35.

21 Veigas, "Pero no es el final", 45.

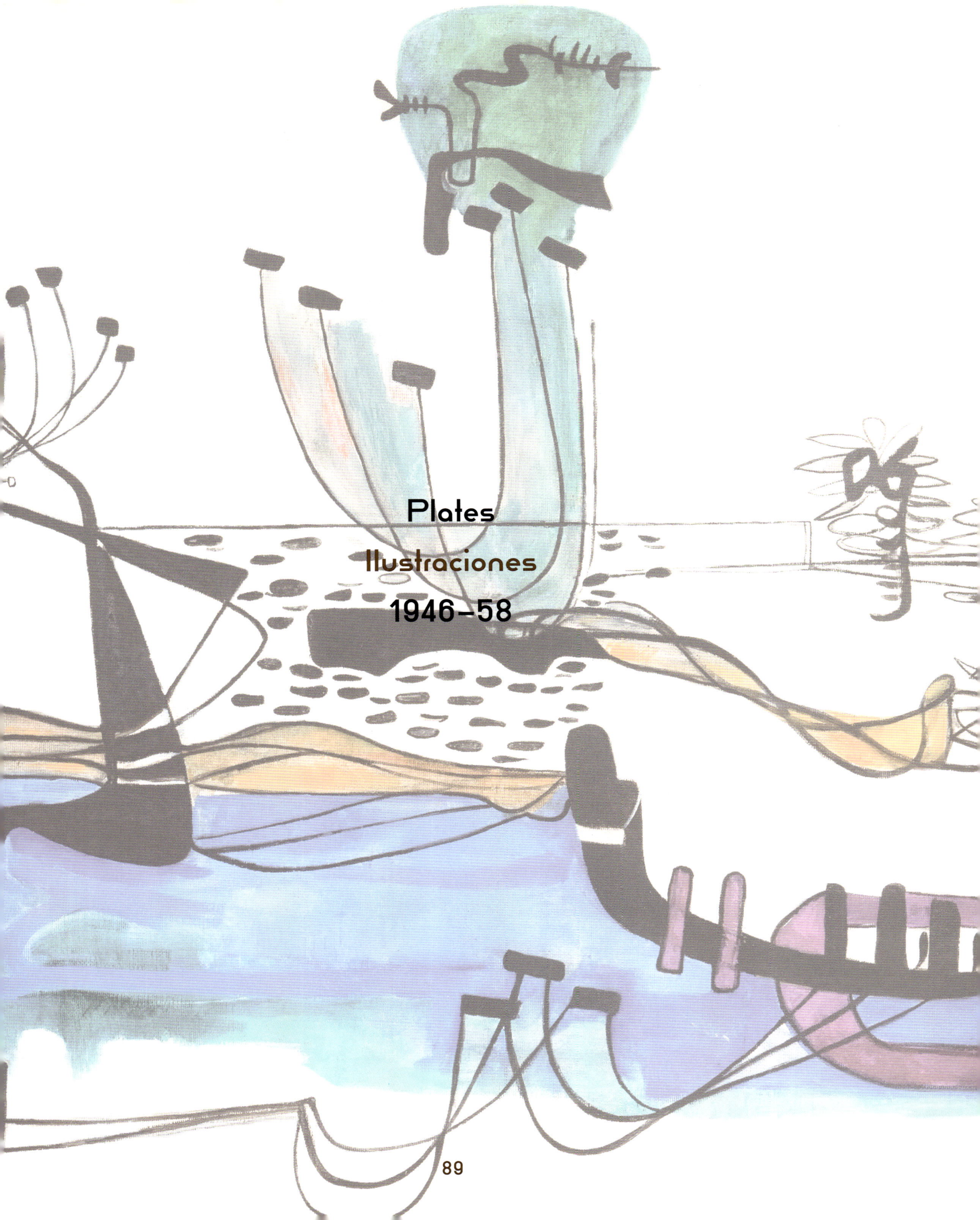

Plates
Ilustraciones
1946–58

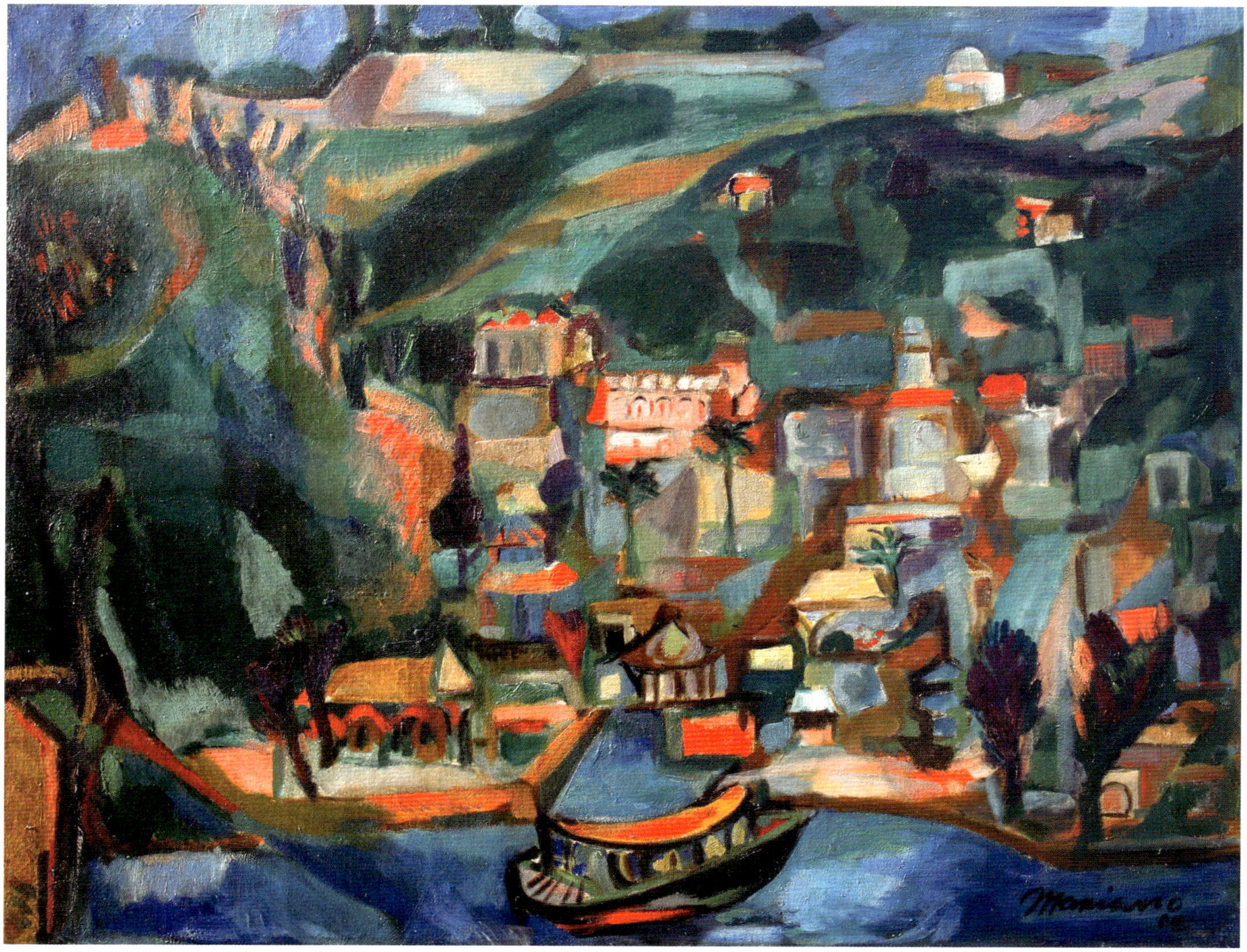

Paisaje de Casablanca | *Landscape of Casablanca,* 1946
oil on canvas | óleo sobre lienzo, 27.3 × 36″
private collection | colección privada

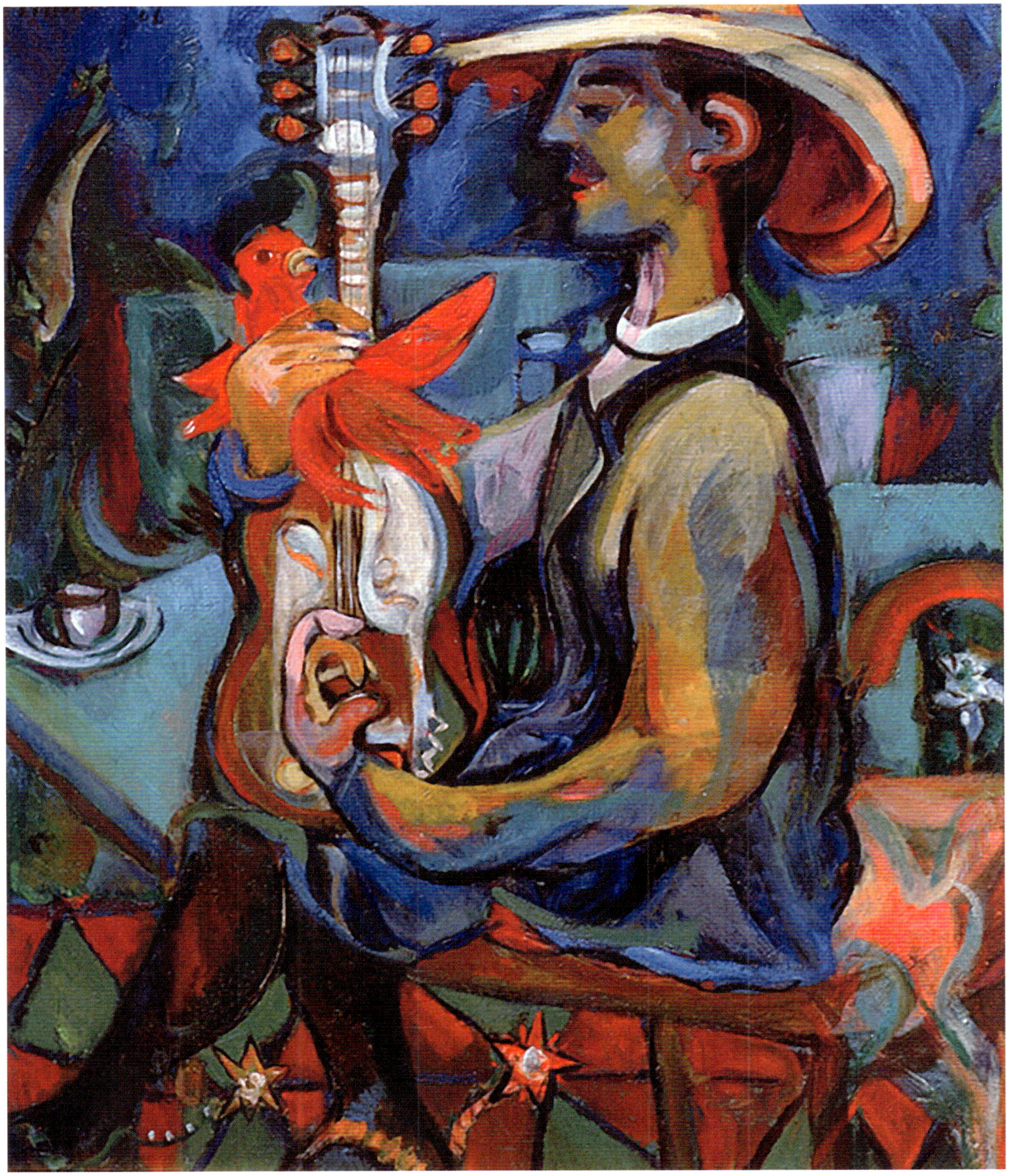

Guajiro con pájaro y guitarra | *Peasant with Bird and Guitar*, 1946
oil on canvas | óleo sobre lienzo, 32.7 × 26.8″
Col. Rudman, courtesy of | cortesía de Cernuda Arte

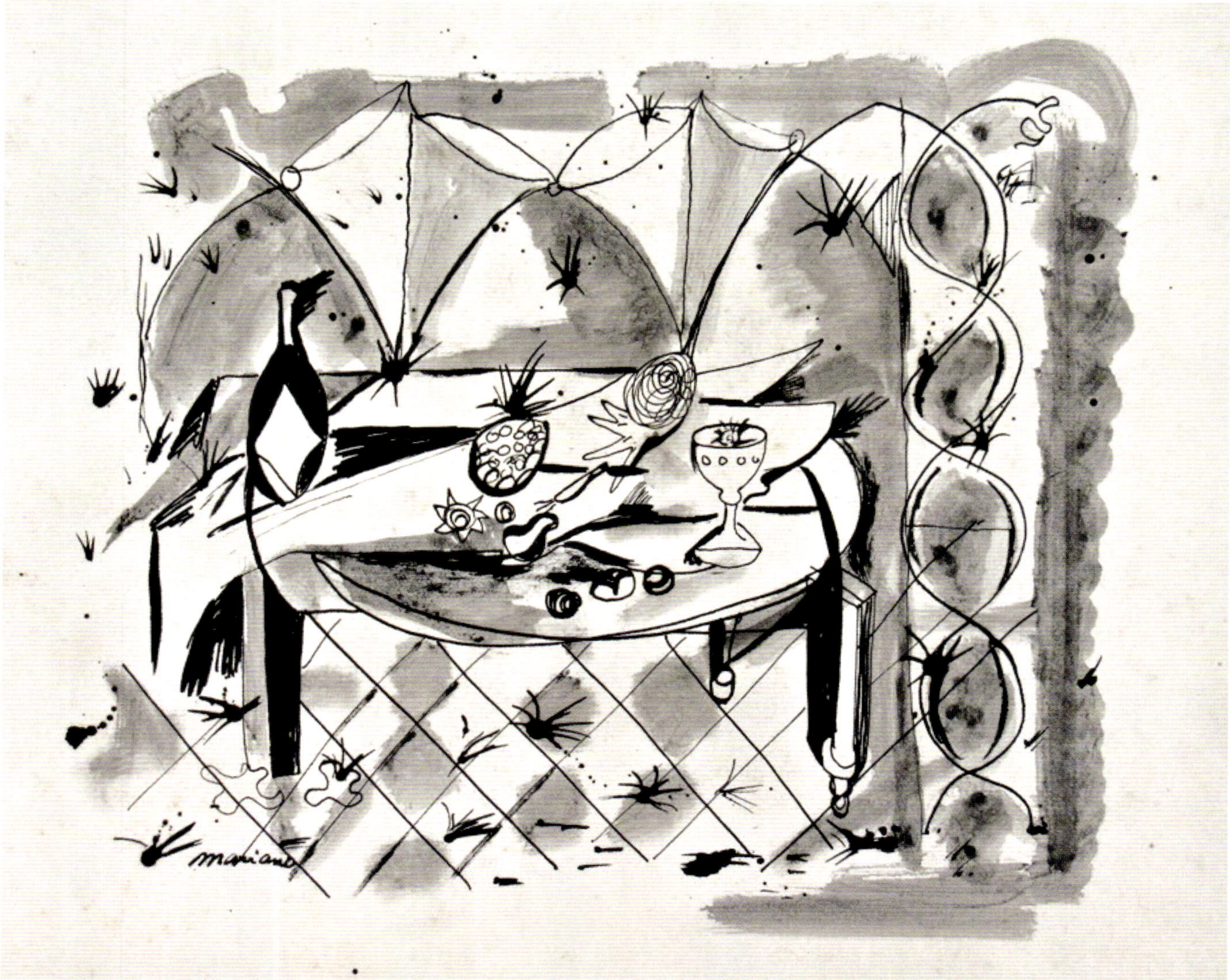

Interior con naturaleza muerta | *Interior with Still Life*, ca. 1947
ink and gouache on cardboard | tinta y aguada sobre cartulina, 13.8 × 16.8″
Col. Fundación Mariano Rodríguez

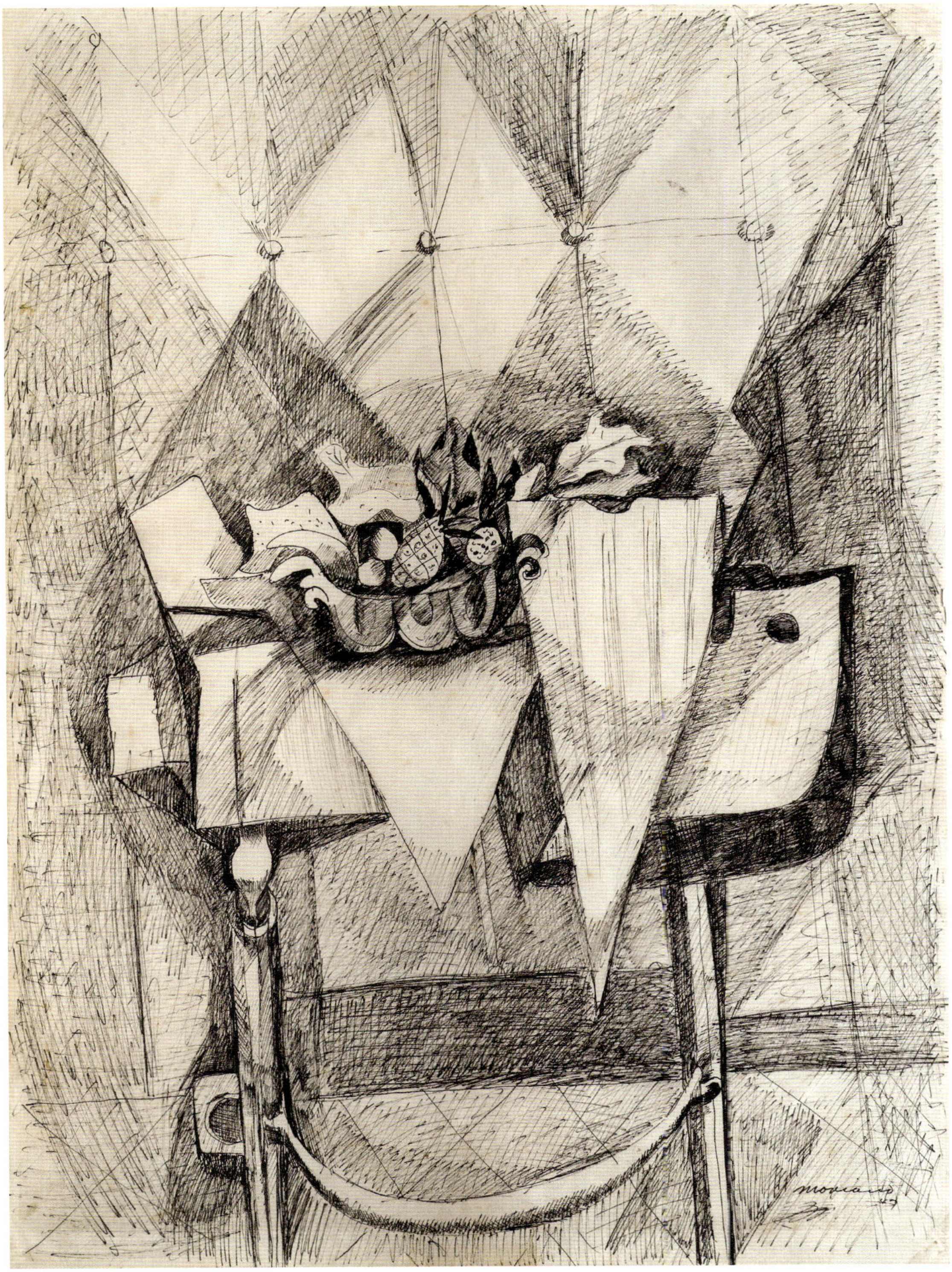

Naturaleza muerta no. 3 | *Still Life #3*, 1947
ink on paper | tinta sobre papel, 25.2 × 18.9″
Col. Fundación Mariano Rodríguez

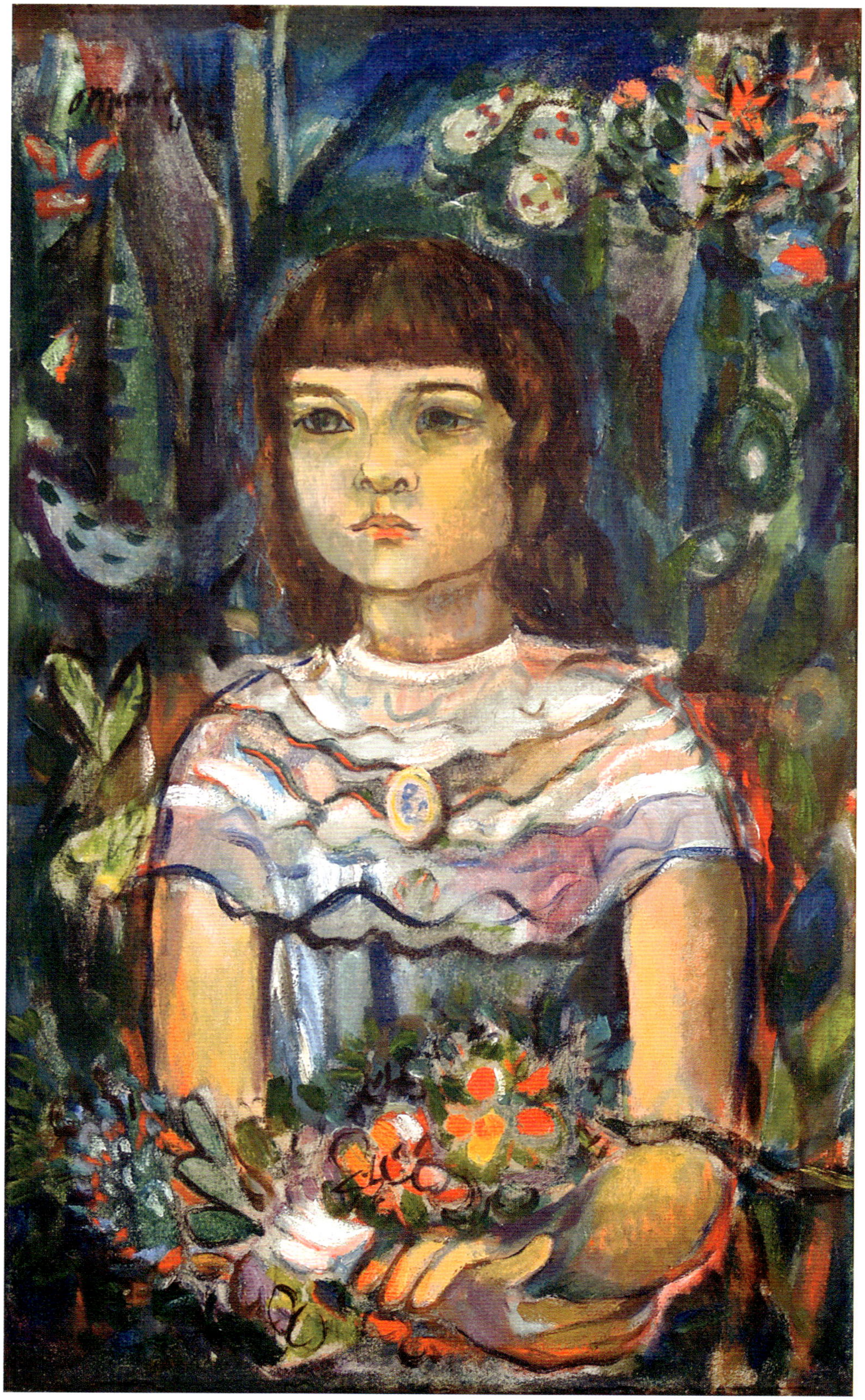

Retrato de Lolita | *Portrait of Lolita*, 1947
oil on canvas | óleo sobre lienzo, 28.7 × 17.1″
private collection | colección privada, courtesy of | cortesía de Cernuda Arte

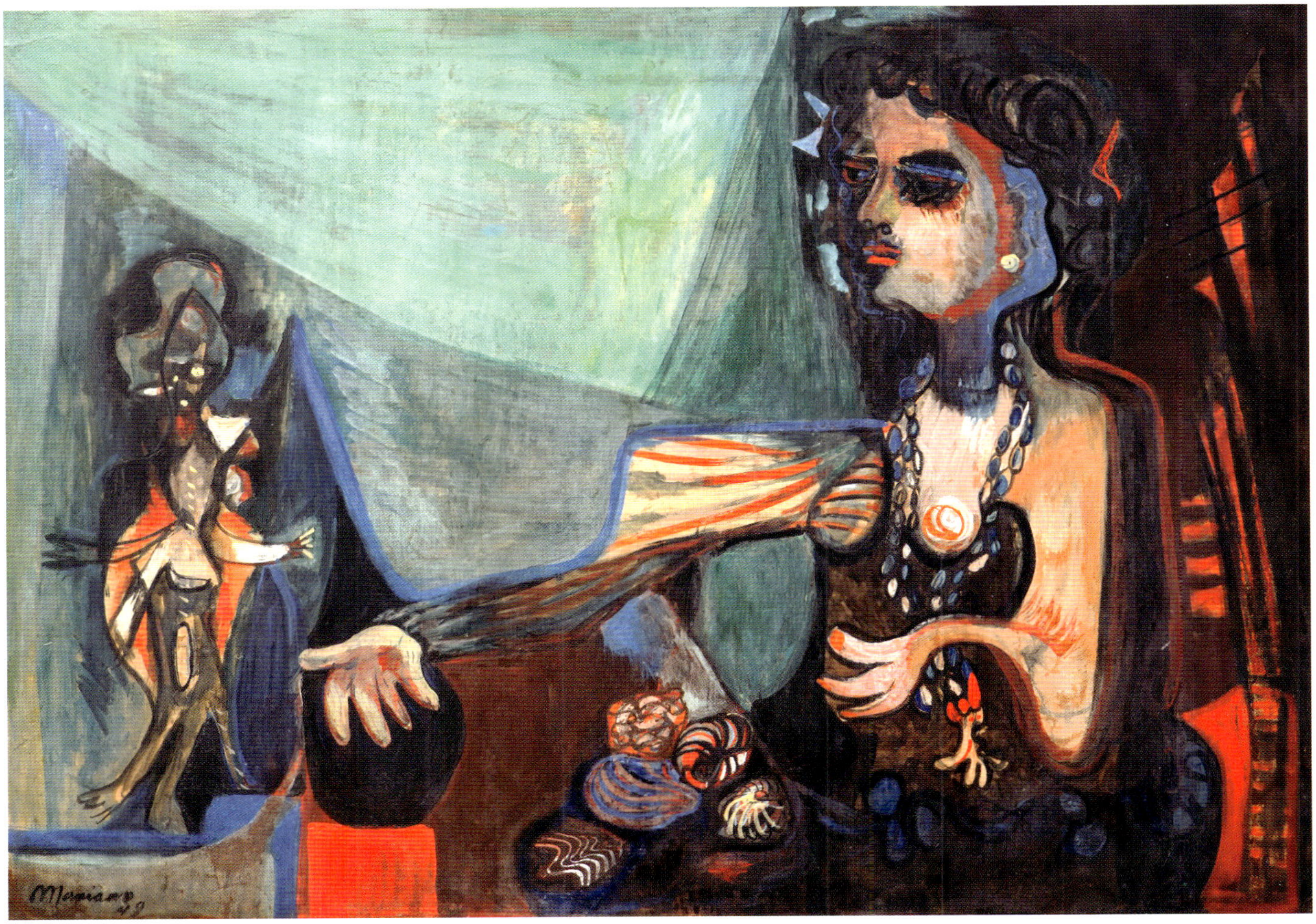

Mujer en interior (Mujer con conchas) | *Woman in Interior (Woman with Shells)*, 1948
oil on Masonite on canvas | óleo sobre Masonite sobre lienzo, 31.5 × 41.7″
private collection | coleccion privada, courtesy of | cortesía de Cernuda Arte

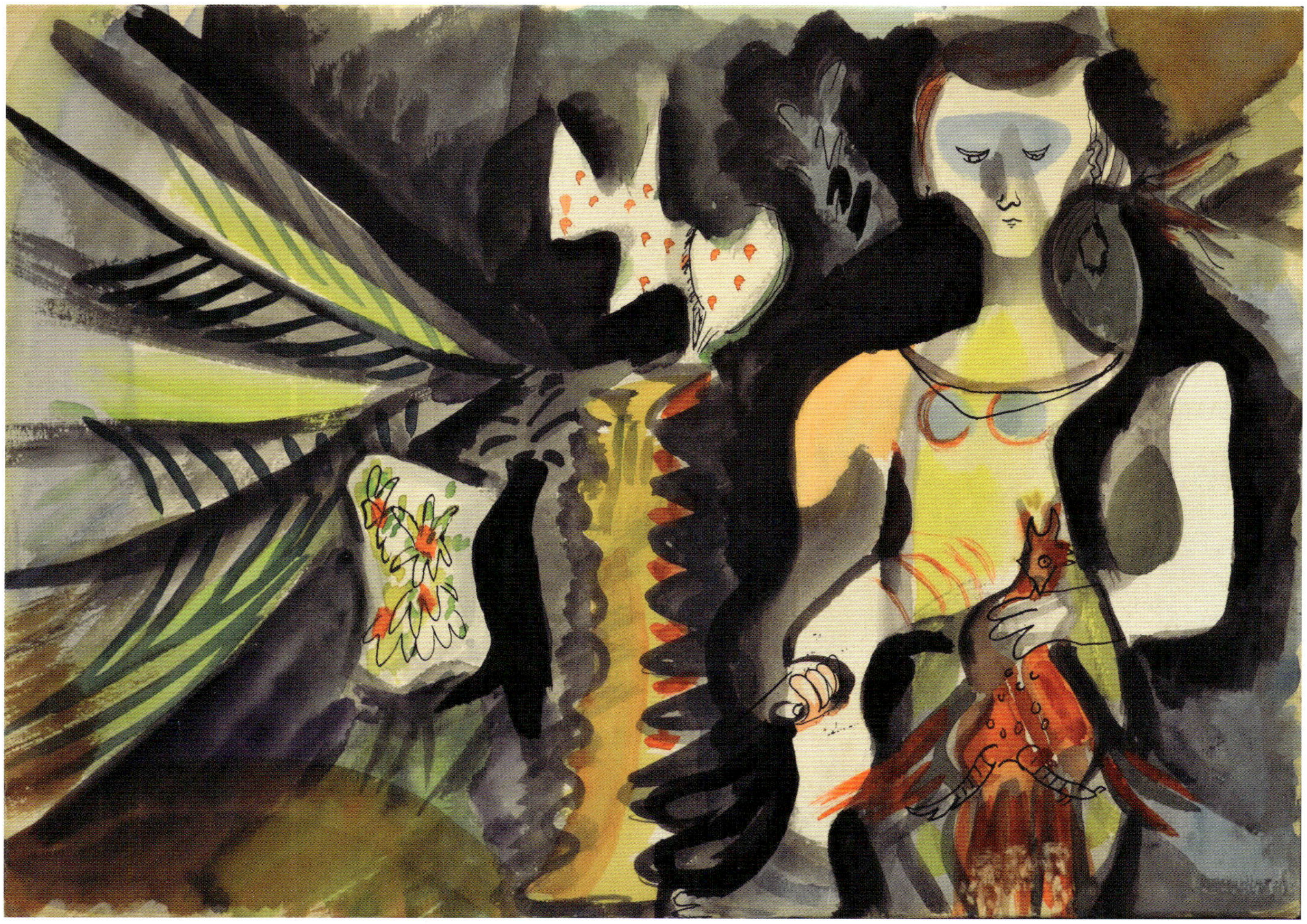

Mujer degollando gallo | *Woman Beheading Chicken*, ca. 1949
mixed media on cardboard | técnica mixta sobre cartulina, 10 × 14″
private collection | colección privada, courtesy of | cortesía de Latin Art Core Gallery

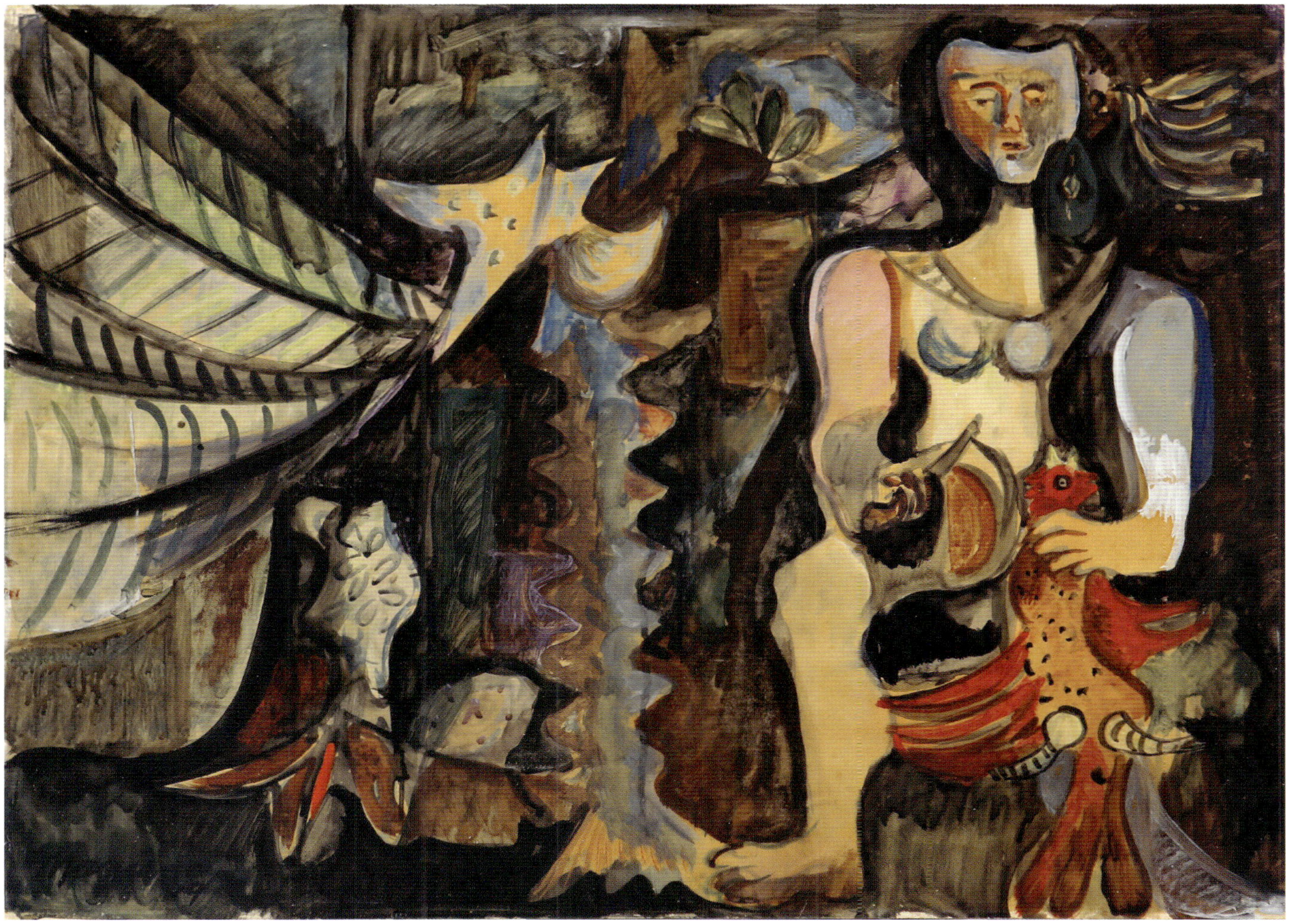

Mujer degollando gallo | *Woman Beheading Chicken*, 1949
tempera on paper | tempera sobre papel, 21.8 × 29.5″
private collection | colección privada, courtesy of | cortesía de Latin Art Core Gallery

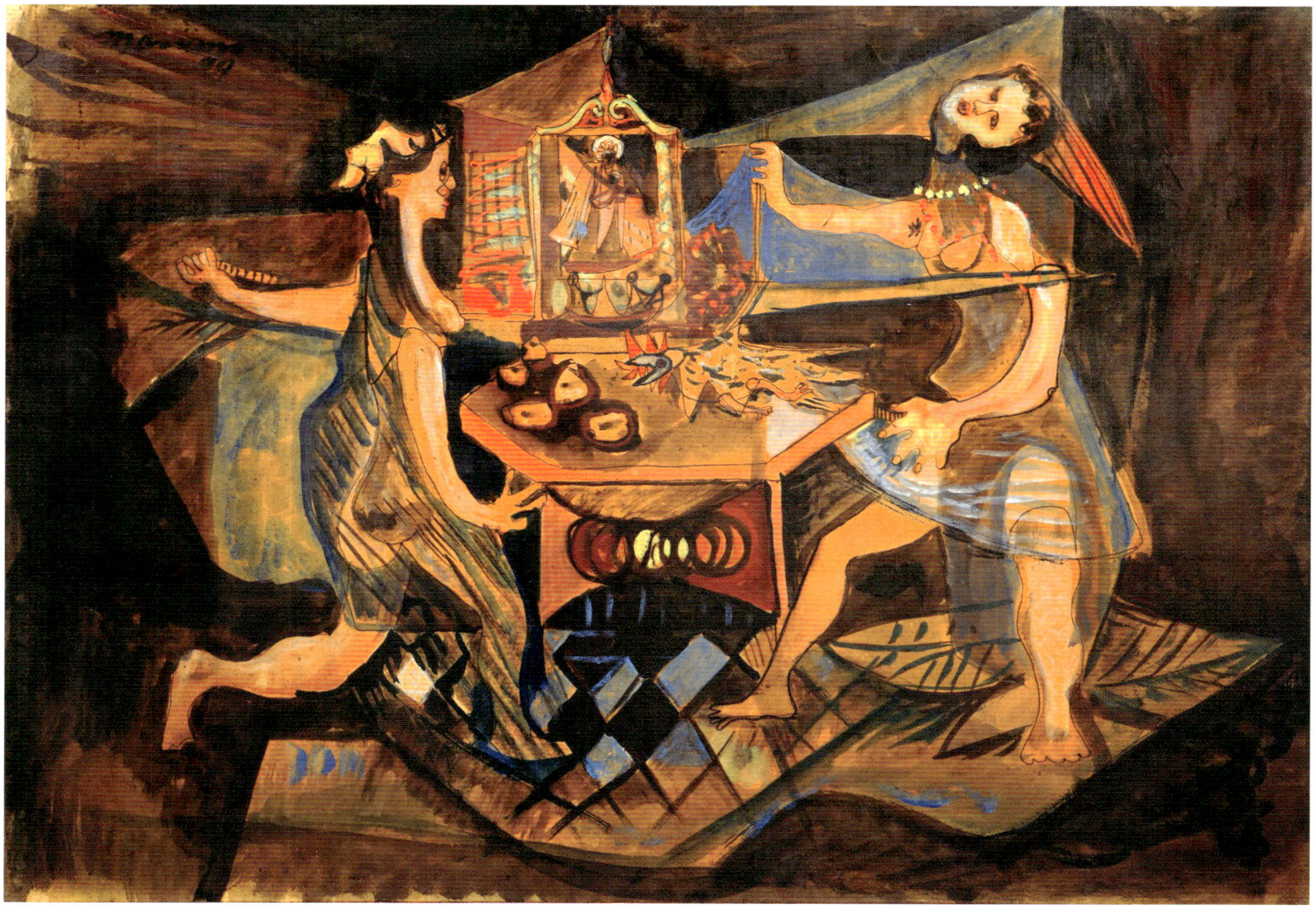

Bailarinas (Bembé; La ofrenda) | *Dancers (Bembé; The Offering)*, 1949
ink and tempera on cardboard on Masonite | tinta y tempera
sobre cartulina sobre Masonite, 22.4 × 30.7″
Col. Andrés Rivero

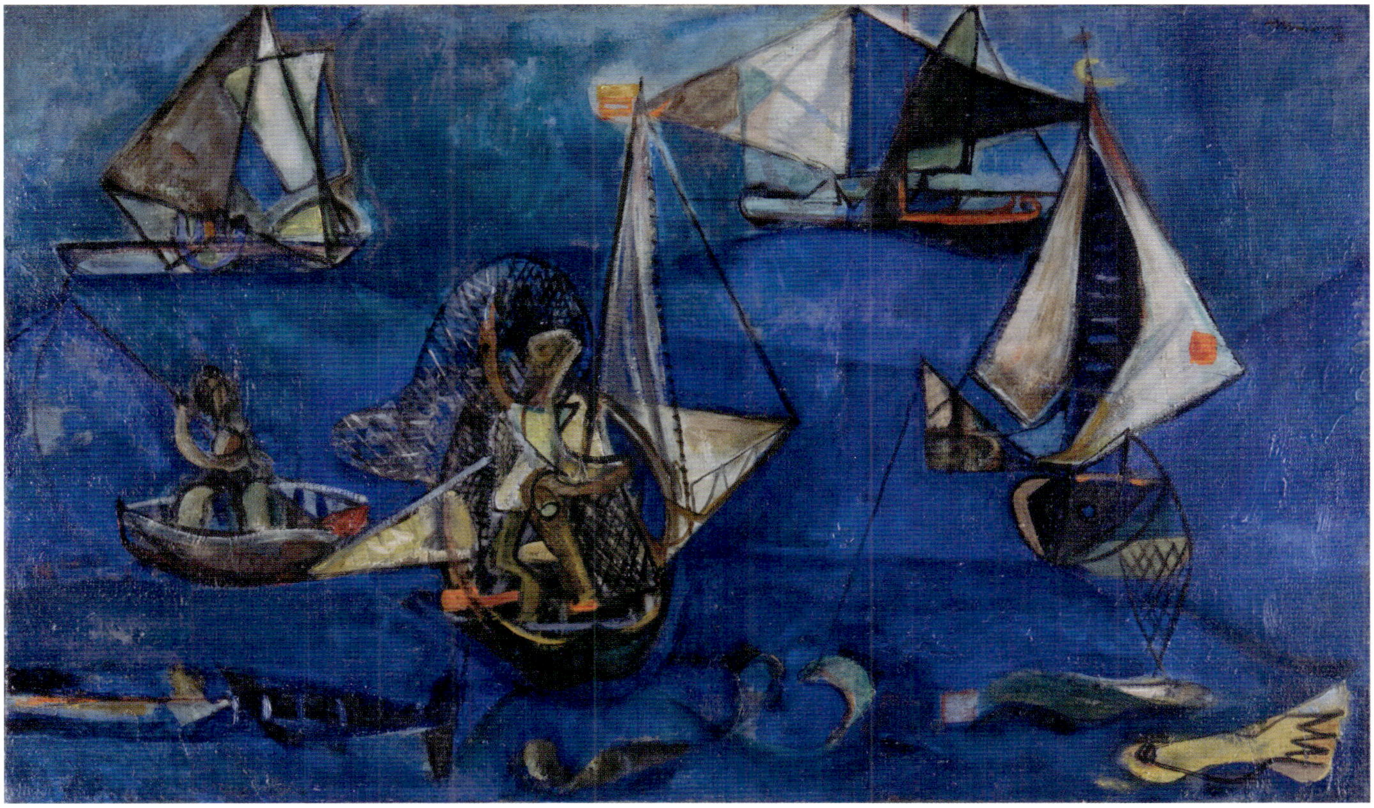

Pescadores | *Fishermen*, 1950
oil on canvas | óleo sobre lienzo, 24.3 × 30″
Col. Silvia & Emilio M. Ortiz

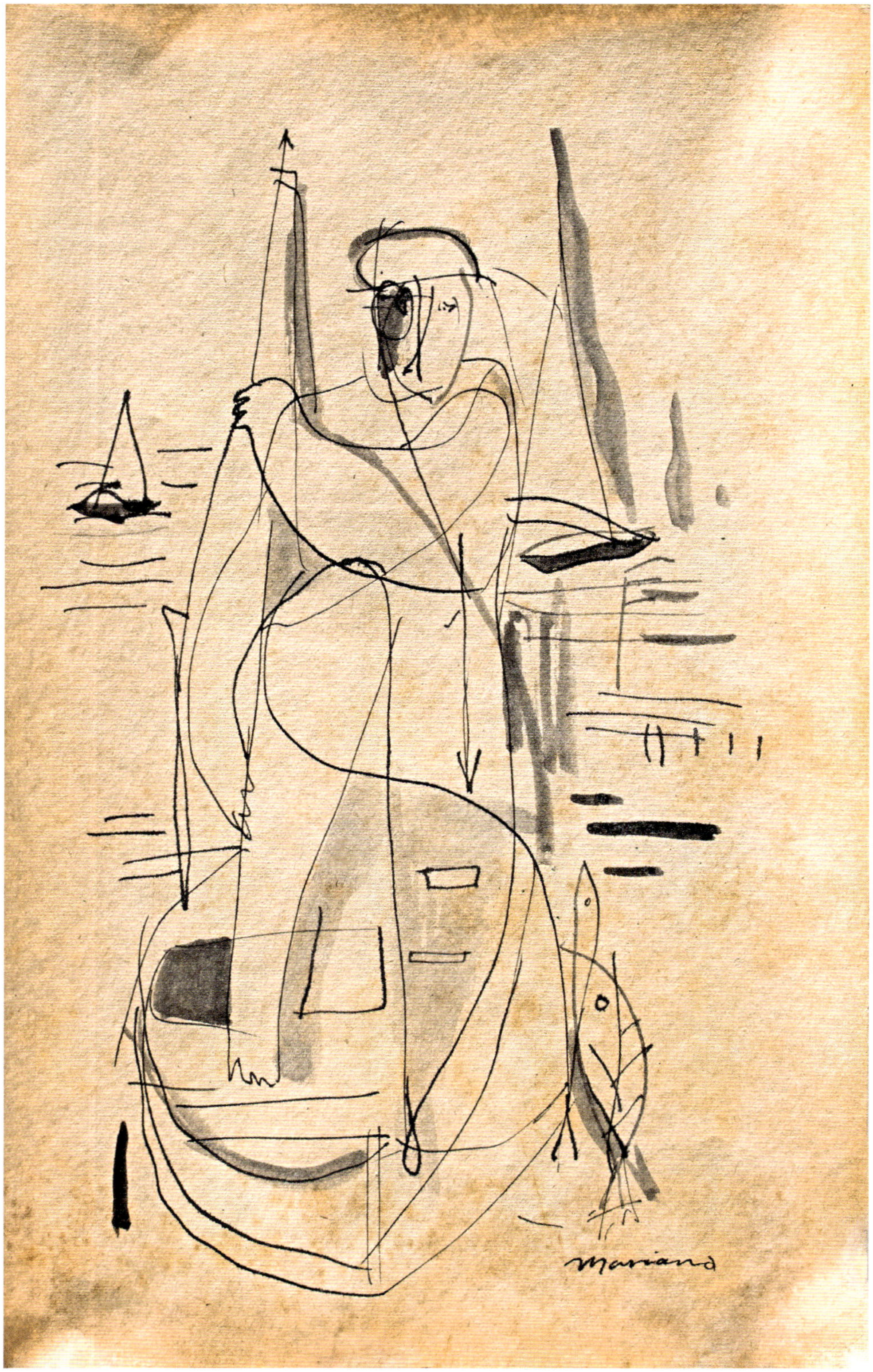

boceto para *Pescador* | sketch for *Fisherman*, ca. 1950
ink on cardboard | tinta sobre cartulina, 13 × 8″
Col. Enrique Rodríguez

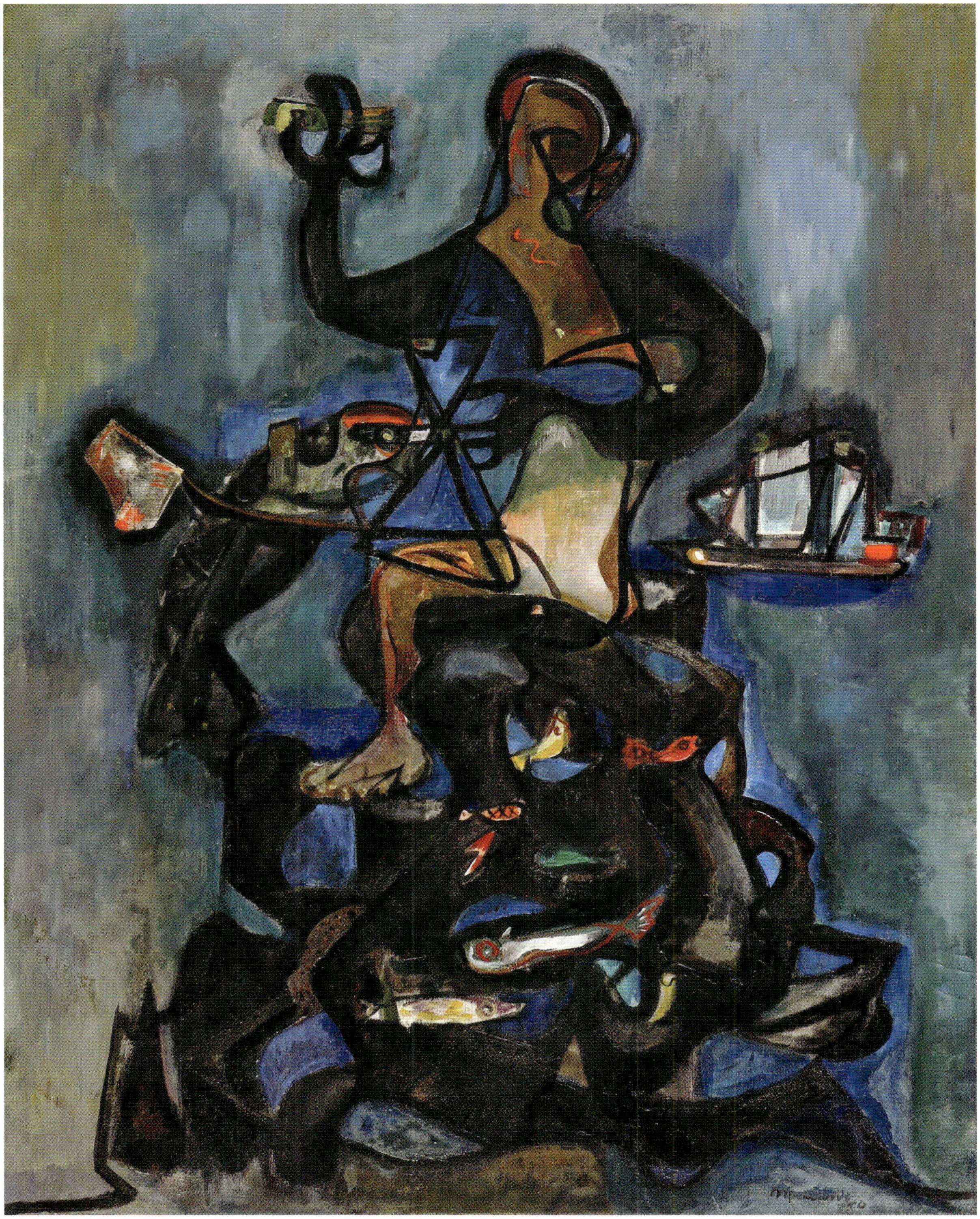

Pescador | *Fisherman*, 1950
oil on canvas | óleo sobre lienzo, 39 × 31″
private collection | colección privada, courtesy of | cortesía de Latin Art Core Gallery

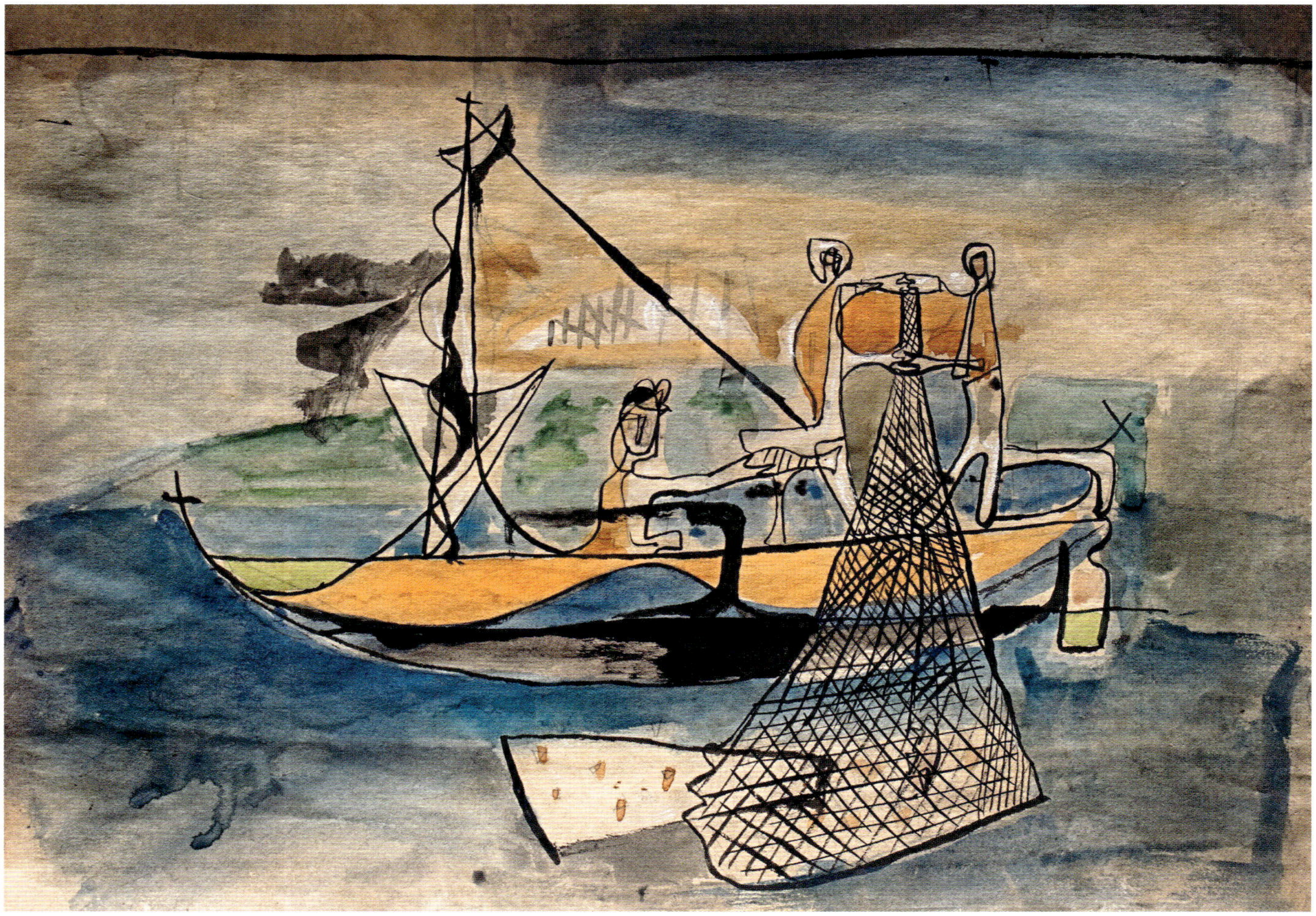

Pescadores con redes | *Fishermen with Nets,* ca. 1950
watercolor and ink on cardboard | acuarela y tinta sobre cartulina, 10 × 13.8″
Col. Enrique Rodríguez

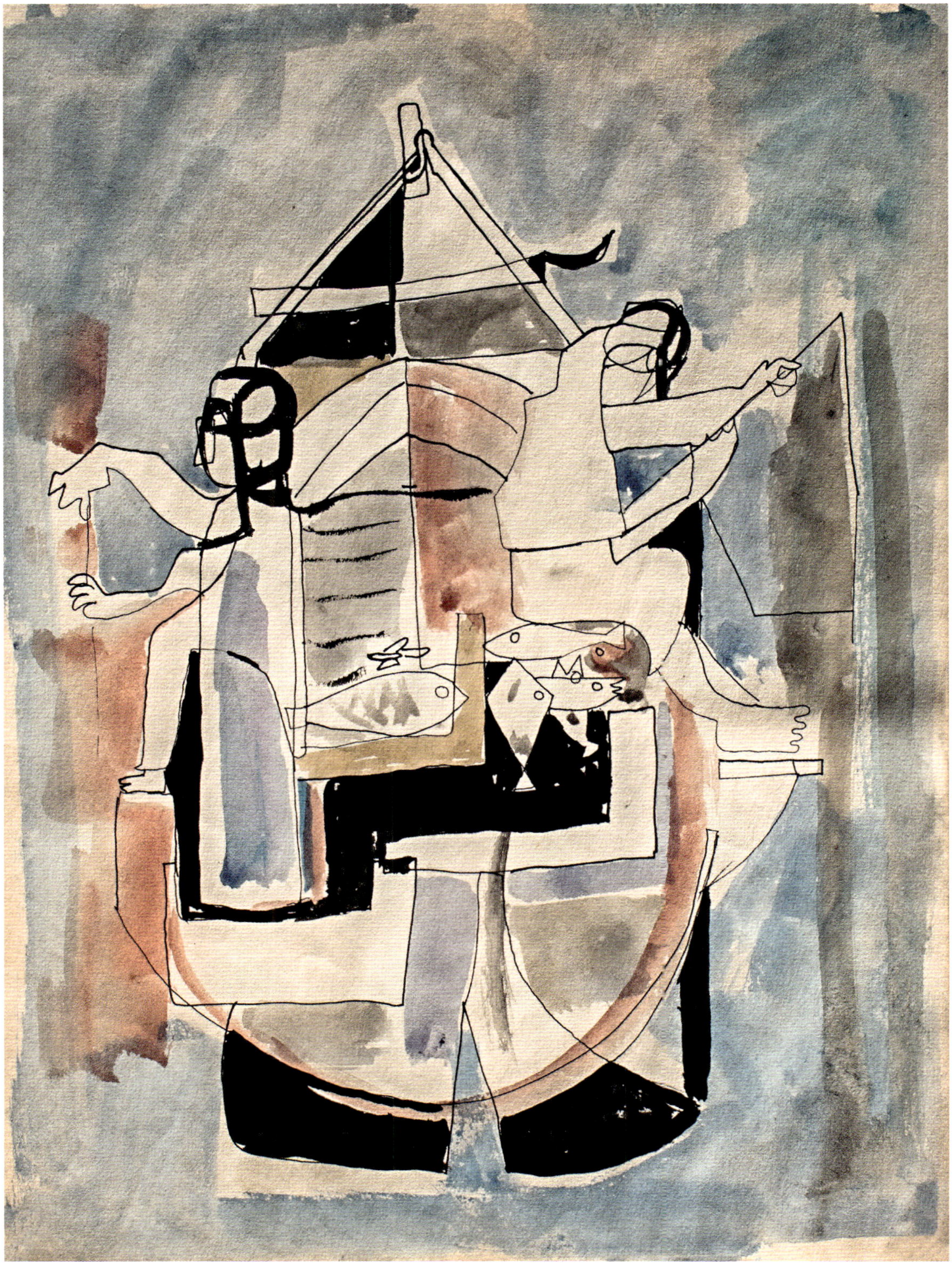

Barco pesquero | *Fishing Boat*, ca. 1950
watercolor and ink on cardboard | acuarela y tinta sobre cartulina, 13.8 × 10″
Col. Enrique Rodríguez

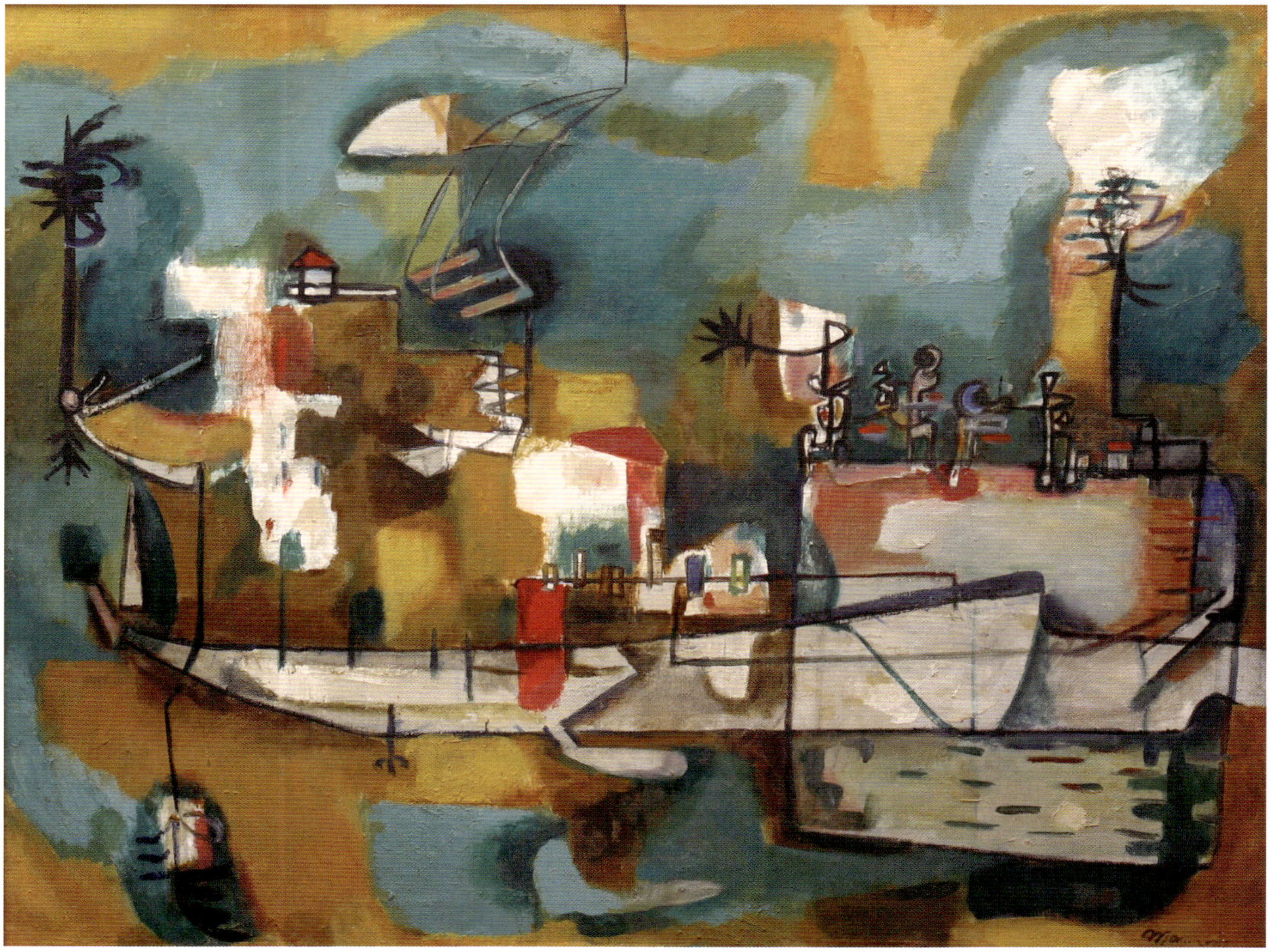

Puerto Pesquero (Pescadores) | *Puerto Pesquero (Fishermen)*, 1950
oil on canvas | óleo sobre lienzo, 29.7 × 38.2″
Col. Juan Rodríguez

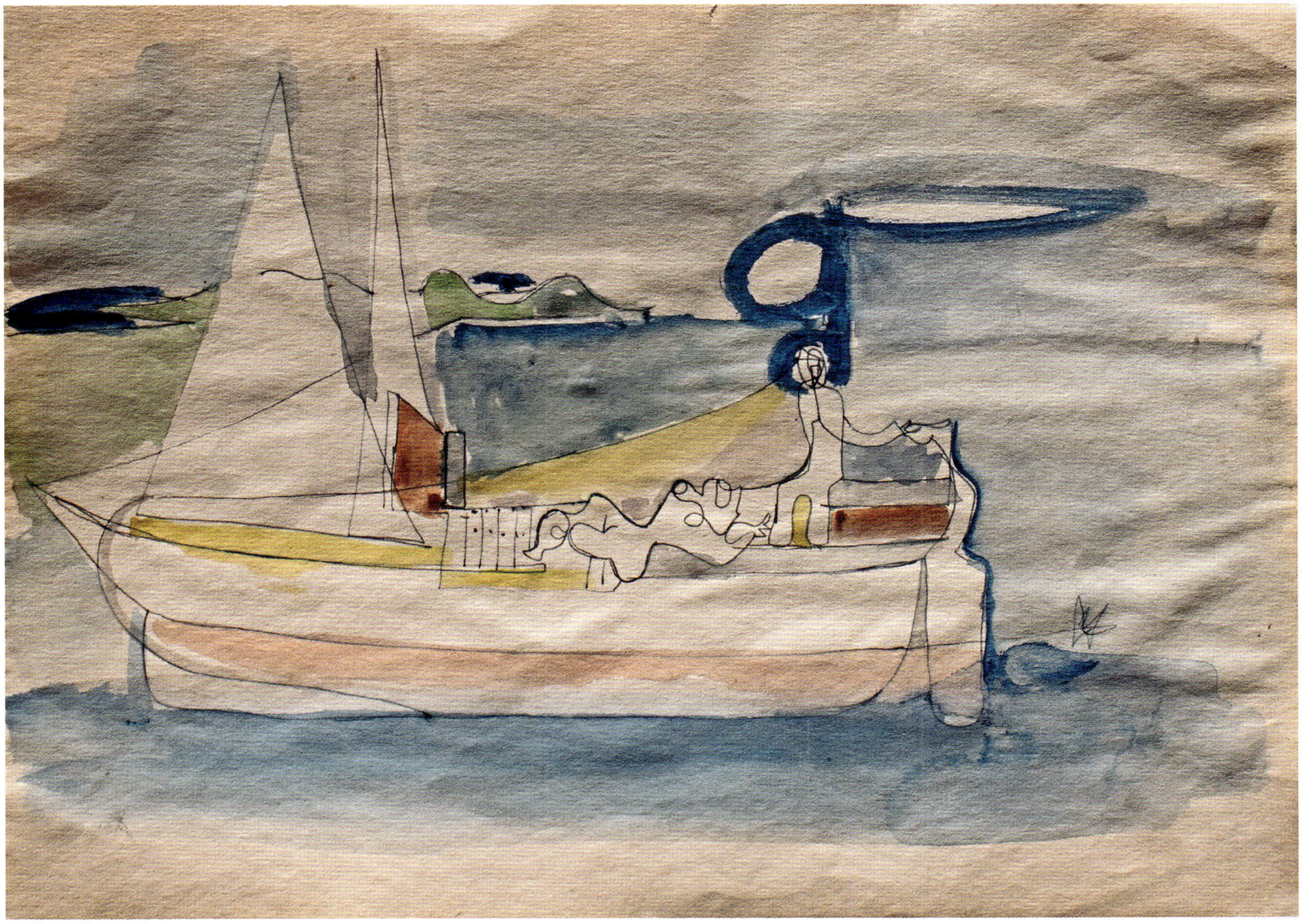

Pescadores y mujer | *Fishermen with Women*, ca. 1950
watercolor on cardboard | acuarela sobre cartulina, 10 × 13.8″
Col. Enrique Rodríguez

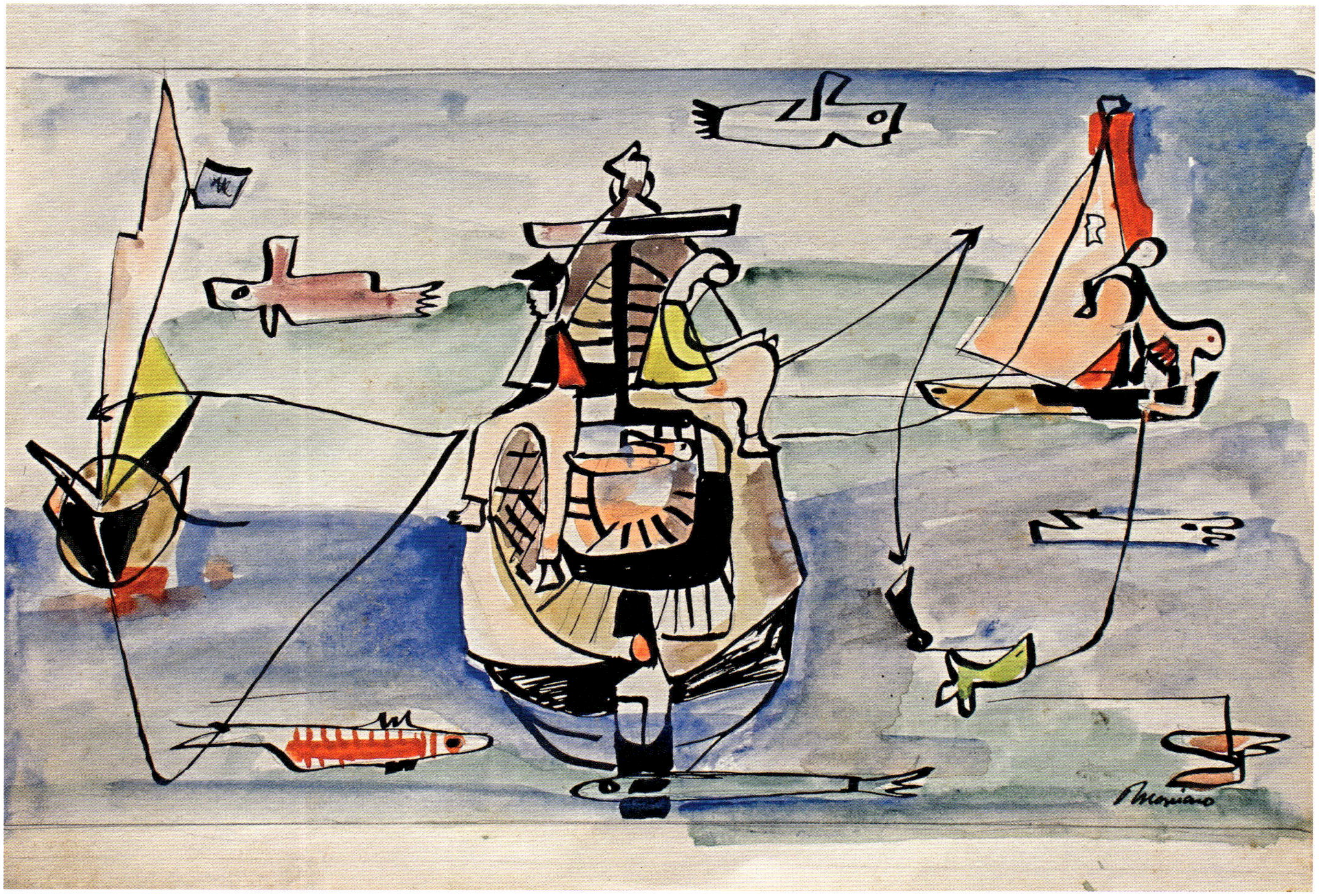

Puerto pesquero | *Fishing Port*, 1951
ink and watercolor on cardboard | tinta y acuarela sobre cartulina, 14 × 15″
Col. Enrique Rodríguez

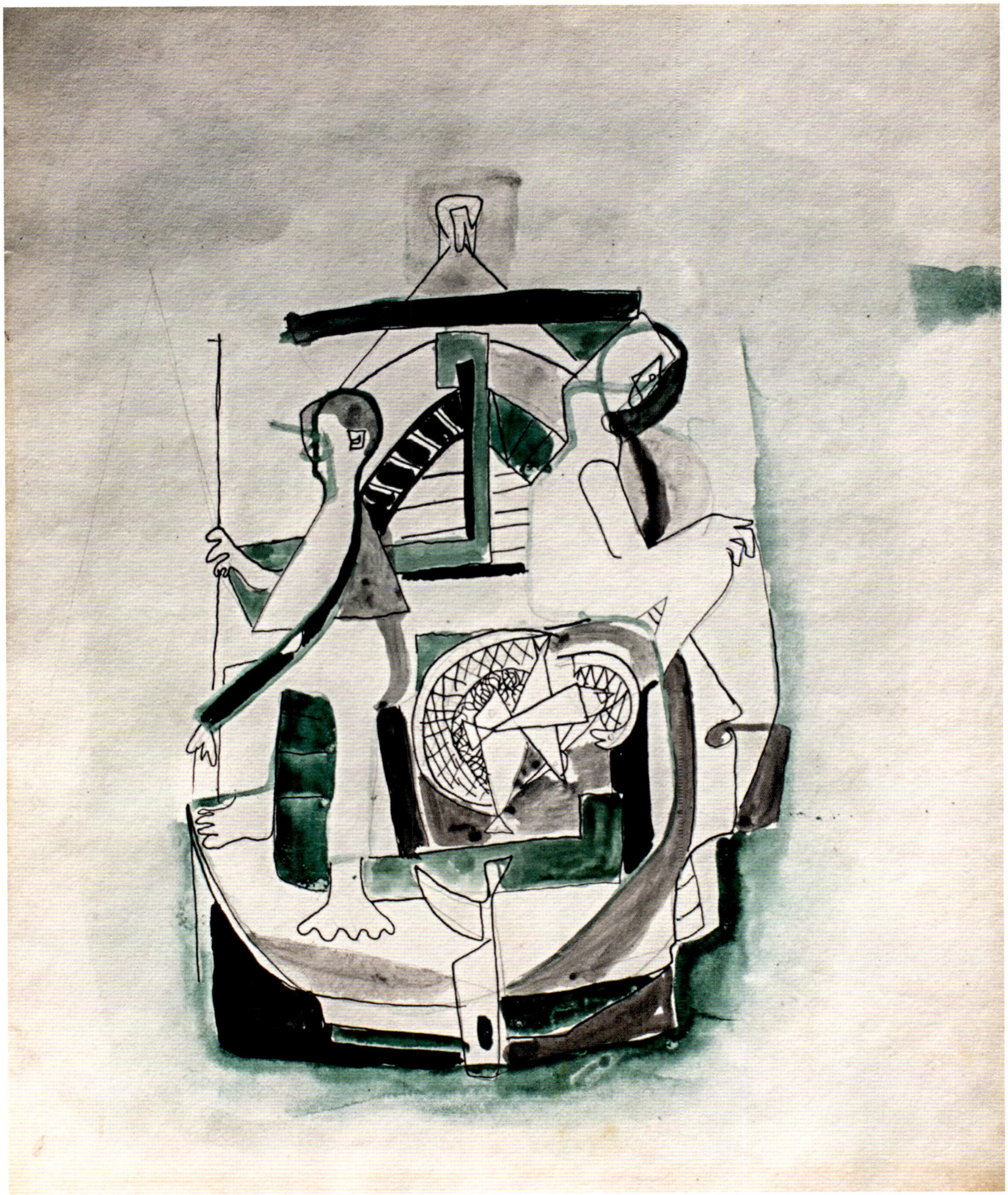

Pescador | *Fisherman*, 1951
ink and watercolor on cardboard | tinta y acuarela sobre cartulina, 14 × 11″
Col. Enrique Rodríguez

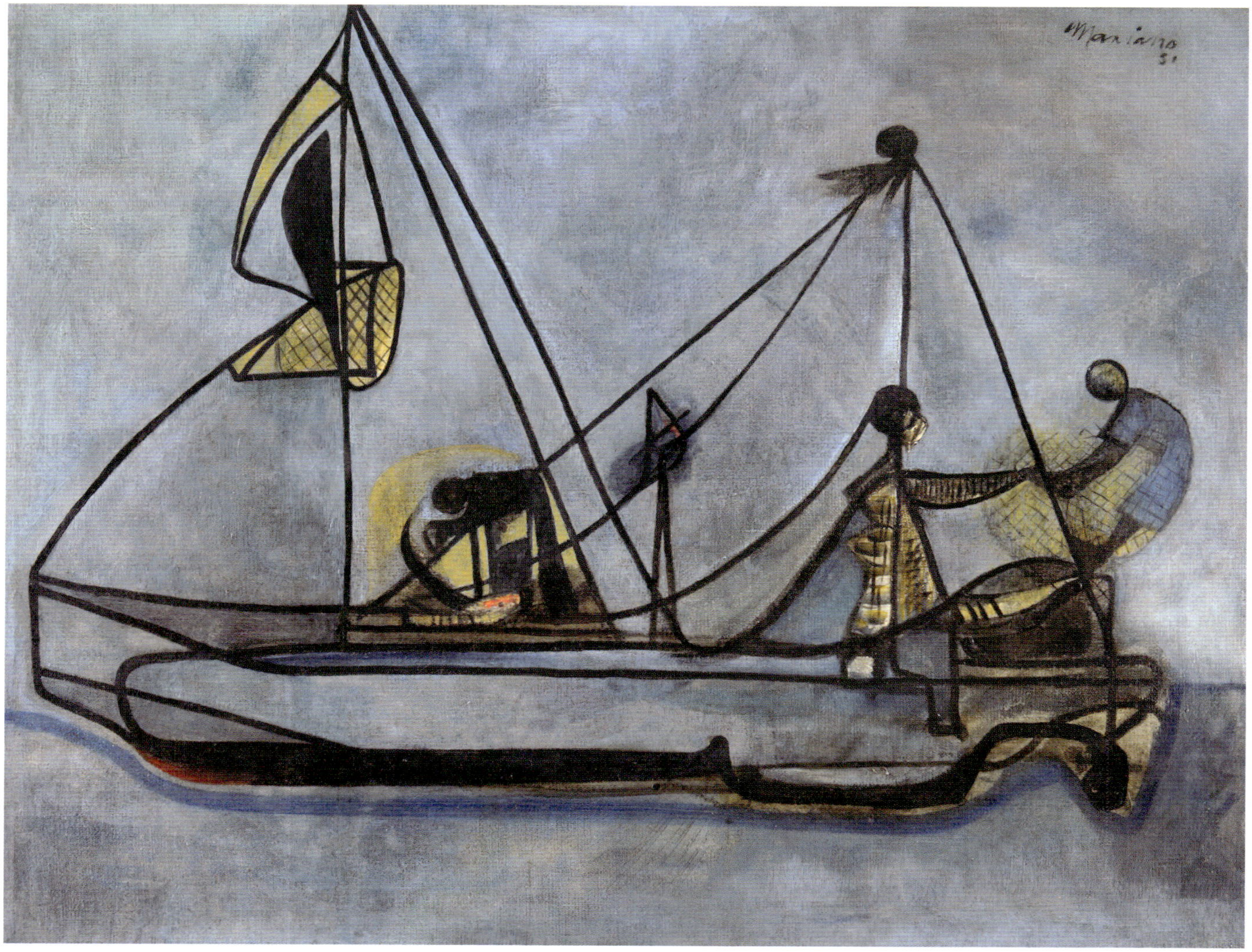

Pescadores | *Fishermen*, 1951
oil on canvas | óleo sobre lienzo, 25 × 32″
Latin Art Core Gallery

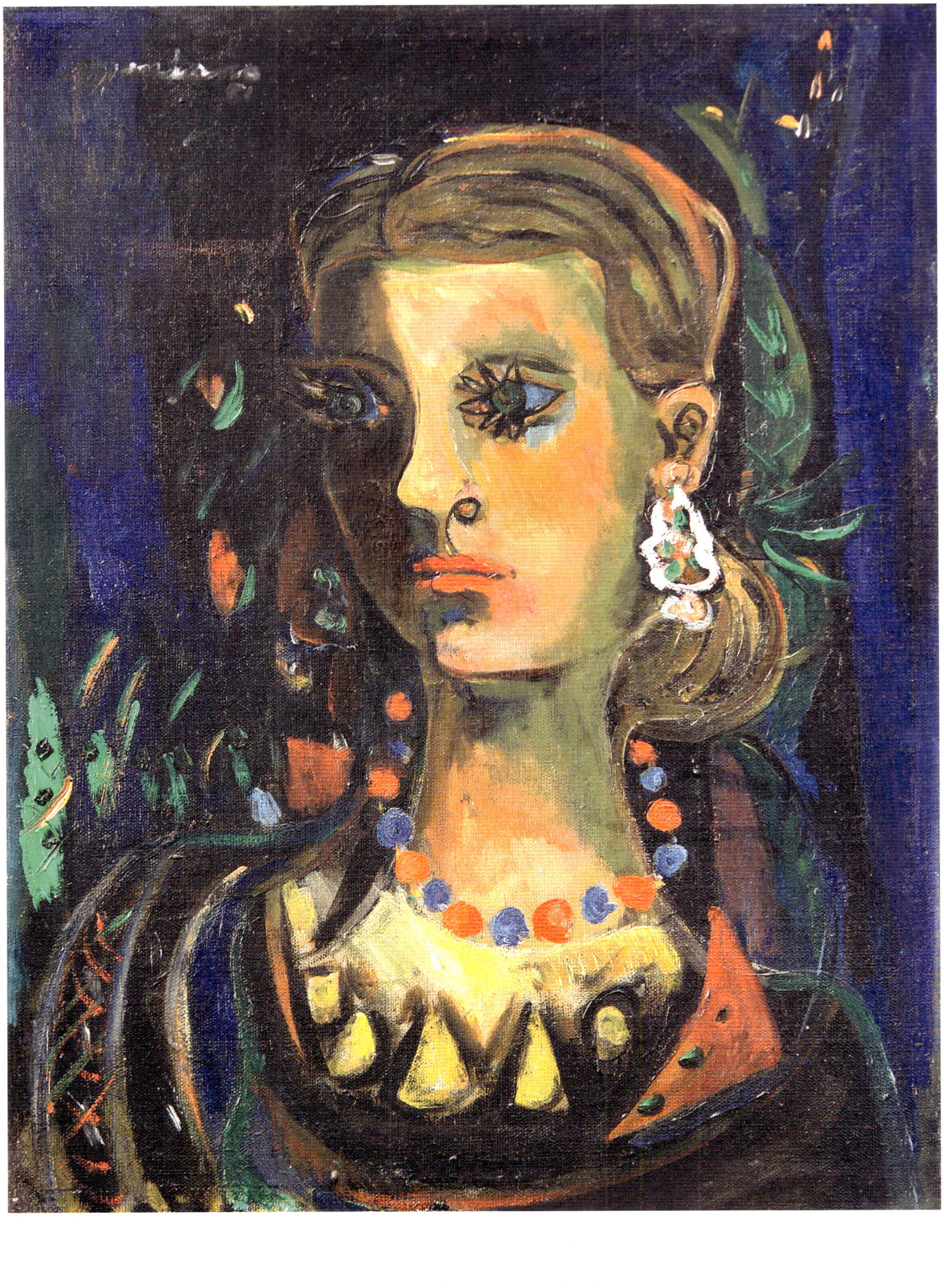

Retrato de Libi | *Portrait of Libi*, 1951
oil on canvas | óleo sobre lienzo, 18.8 × 14.3″
private collection | colección privada, courtesy of | cortesía de Cernuda Arte

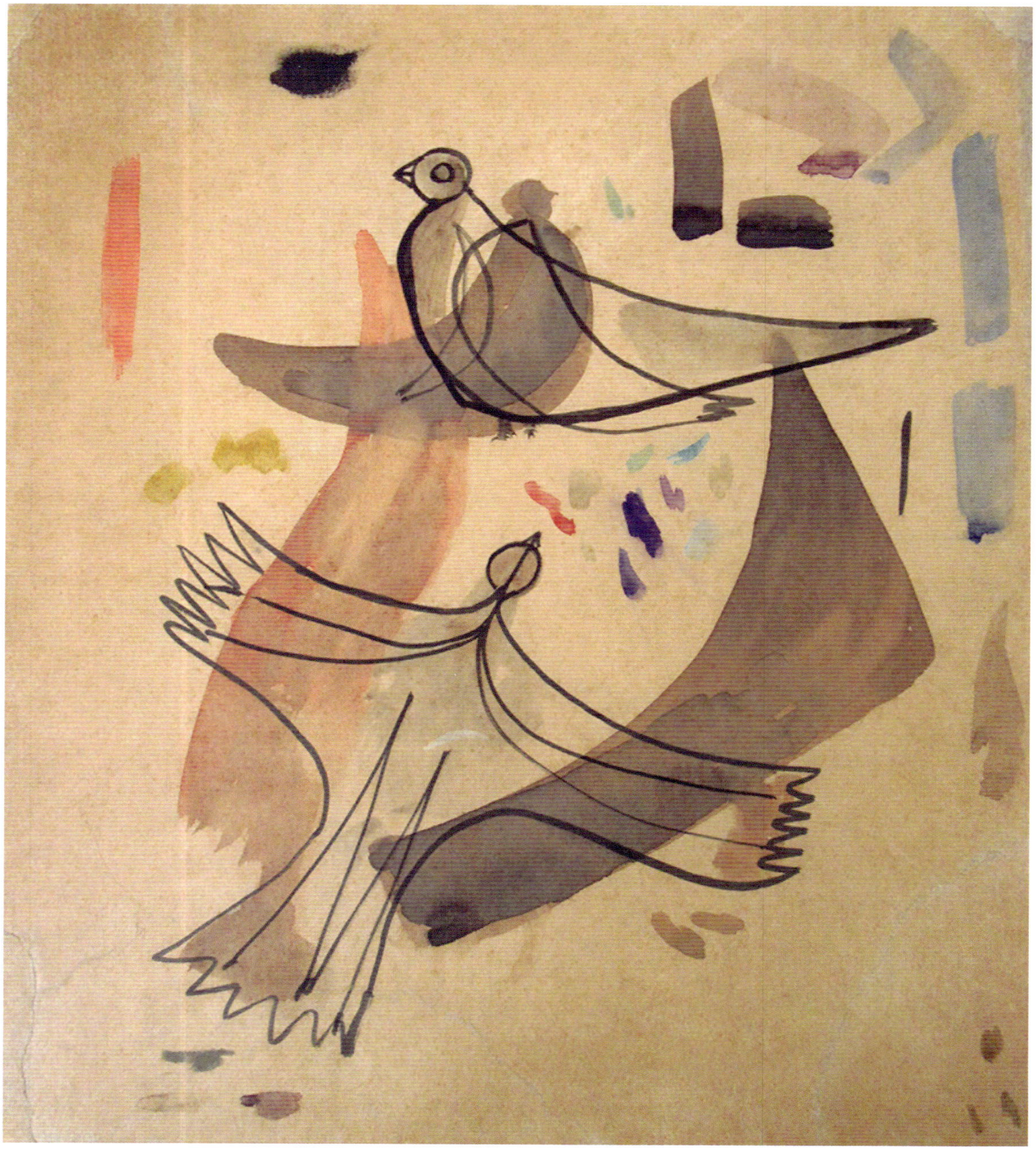

Original del proyecto para el conjunto de losas de la Facultad de Economía | *Original Design for a Set of Tiles at the Facultad de Economía*, ca. 1952
ink and watercolor on board | tinta y acuarela sobre cartón, 16.5 × 15.8″
Col. Fundación Mariano Rodríguez

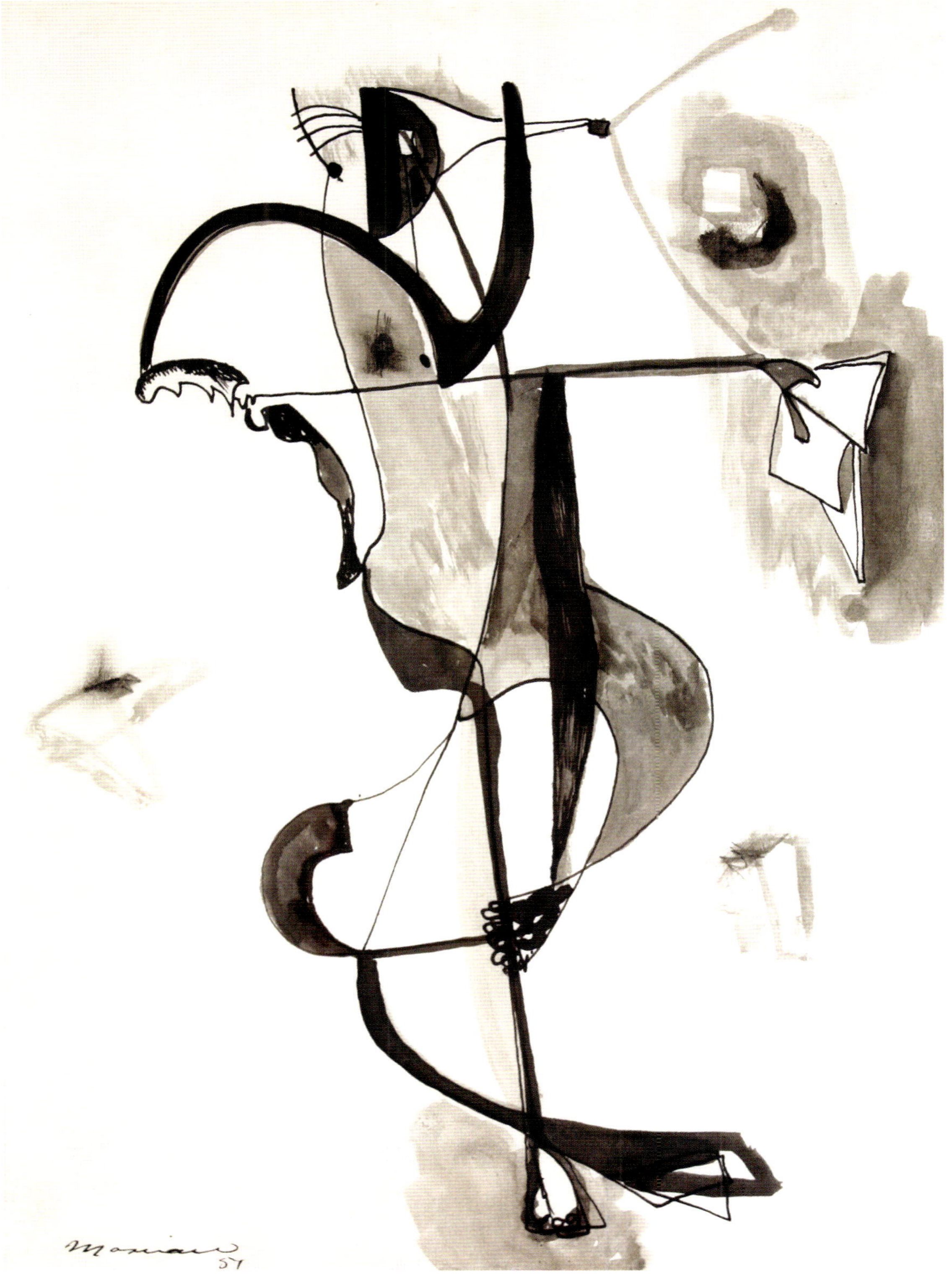

boceto para *Figura abstracta* | sketch for *Abstract Figure*, 1954
ink and watercolor on paper | tinta y acuarela sobre papel, 18 × 12″
Pan American Art Projects

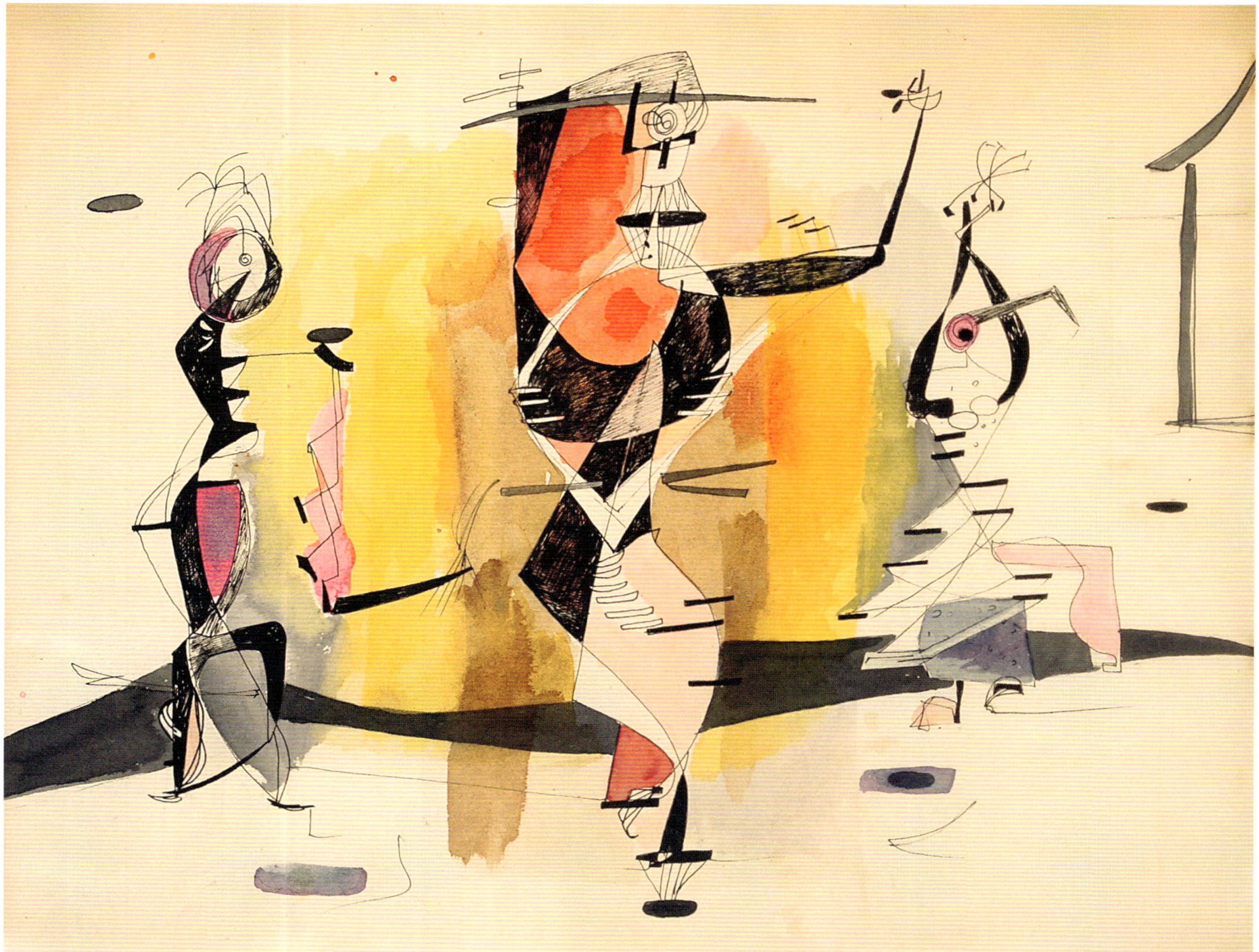

Las damas del son | *The Ladies of Son*, 1954
mixed media on paper on board | técnica mixta sobre papel sobre cartón, 18.5 × 23.8″
private collection | colección privada

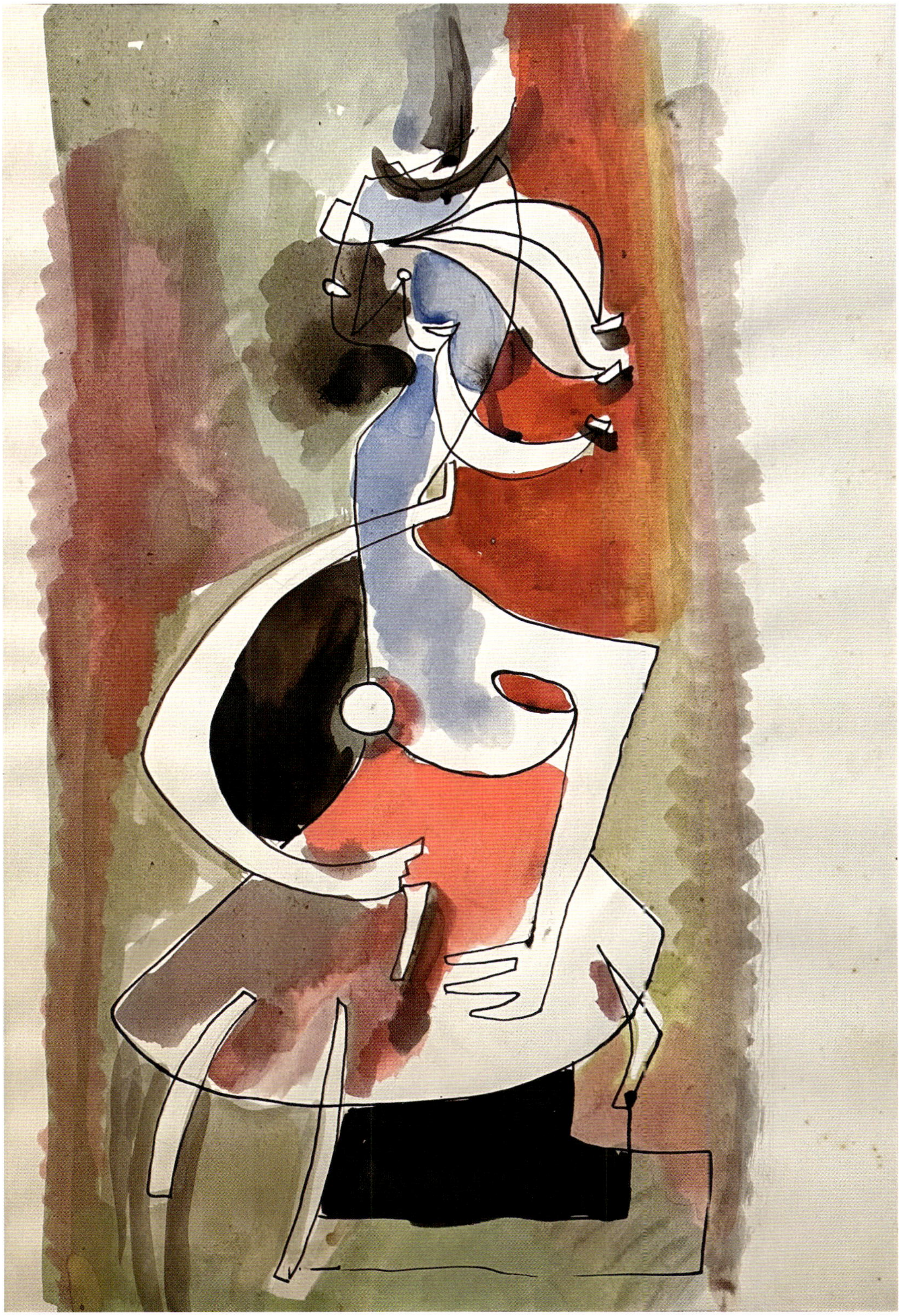

Mujer | *Woman*, 1954
ink and watercolor on paper | tinta y acuarela sobre papel, 18 × 12″
Pan American Art Projects

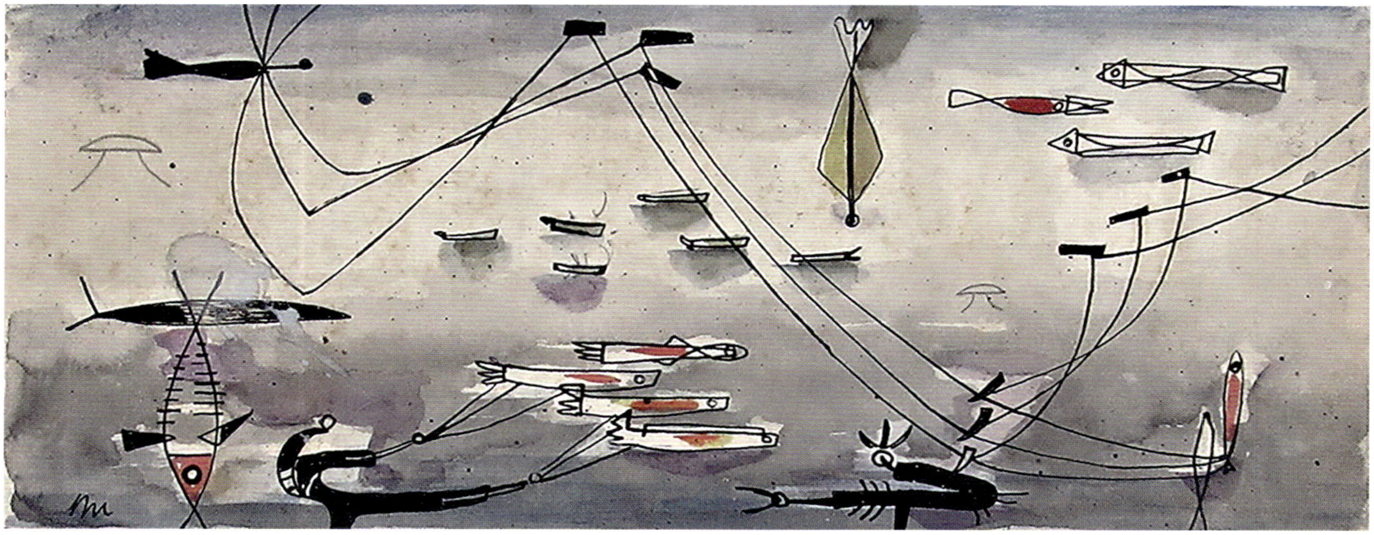

Figuras y peces (Proyecto de mural) | *Figures and Fish (Mural Project)*, ca. 1954
ink and watercolor on paper | tinta y acuarela sobre papel, 10.9 × 13.8″
Col. Fundación Mariano Rodríguez

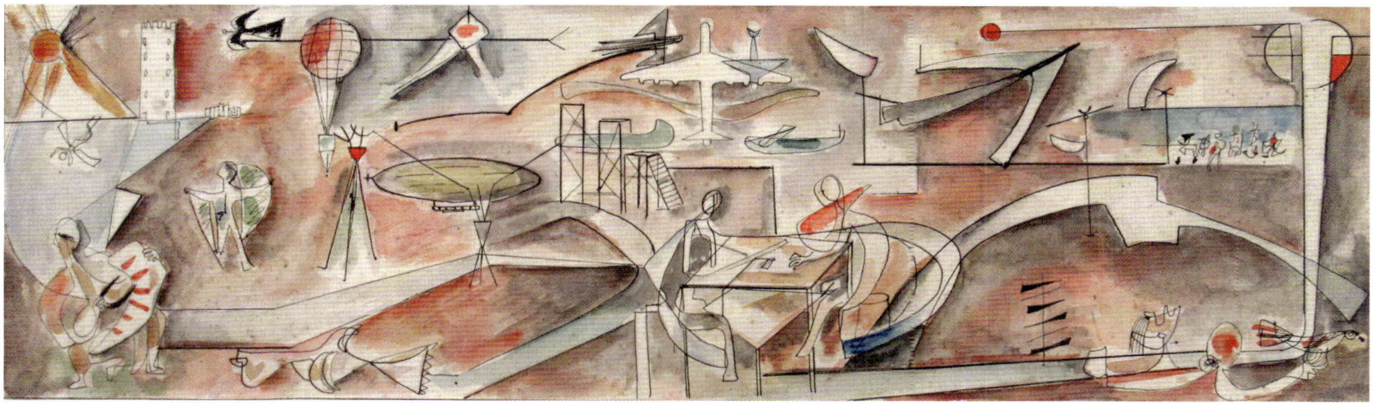

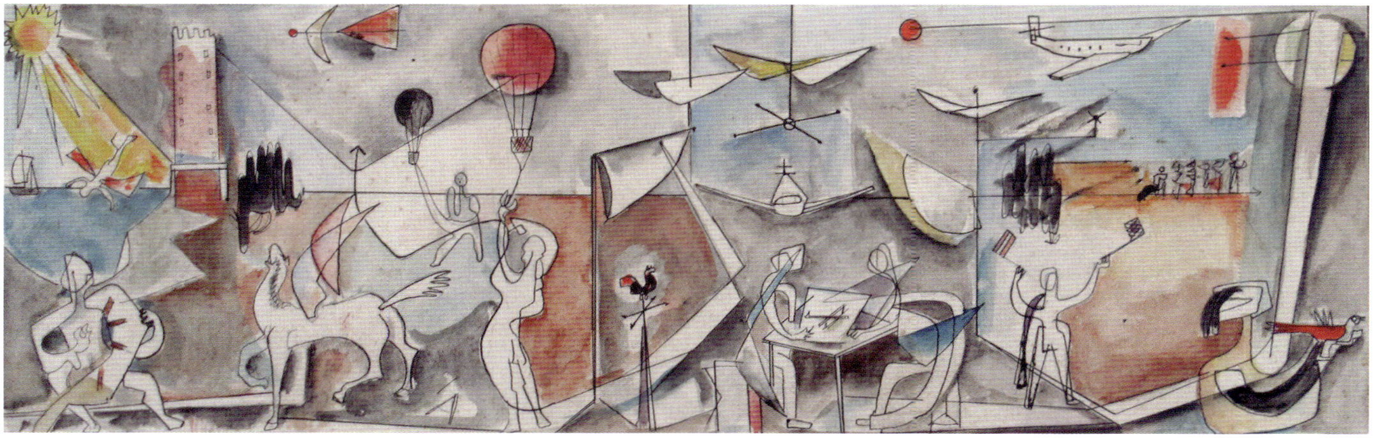

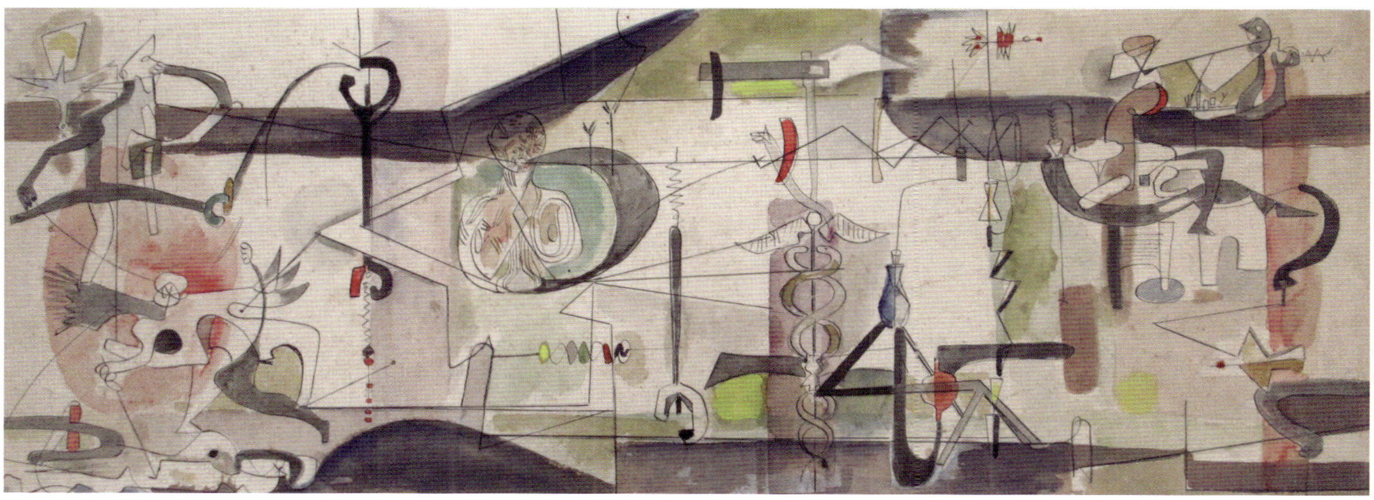

bocetos para mural *Historia de la Aviación* | sketches for mural *History of Aviation*, ca. 1954
ink and watercolor on board | tinta y acuarela sobre cartón,
1: 12.1 × 30.3″, 2: 11 × 30.3″, 3: 14.3 × 30″
Col. Fundación Mariano Rodríguez

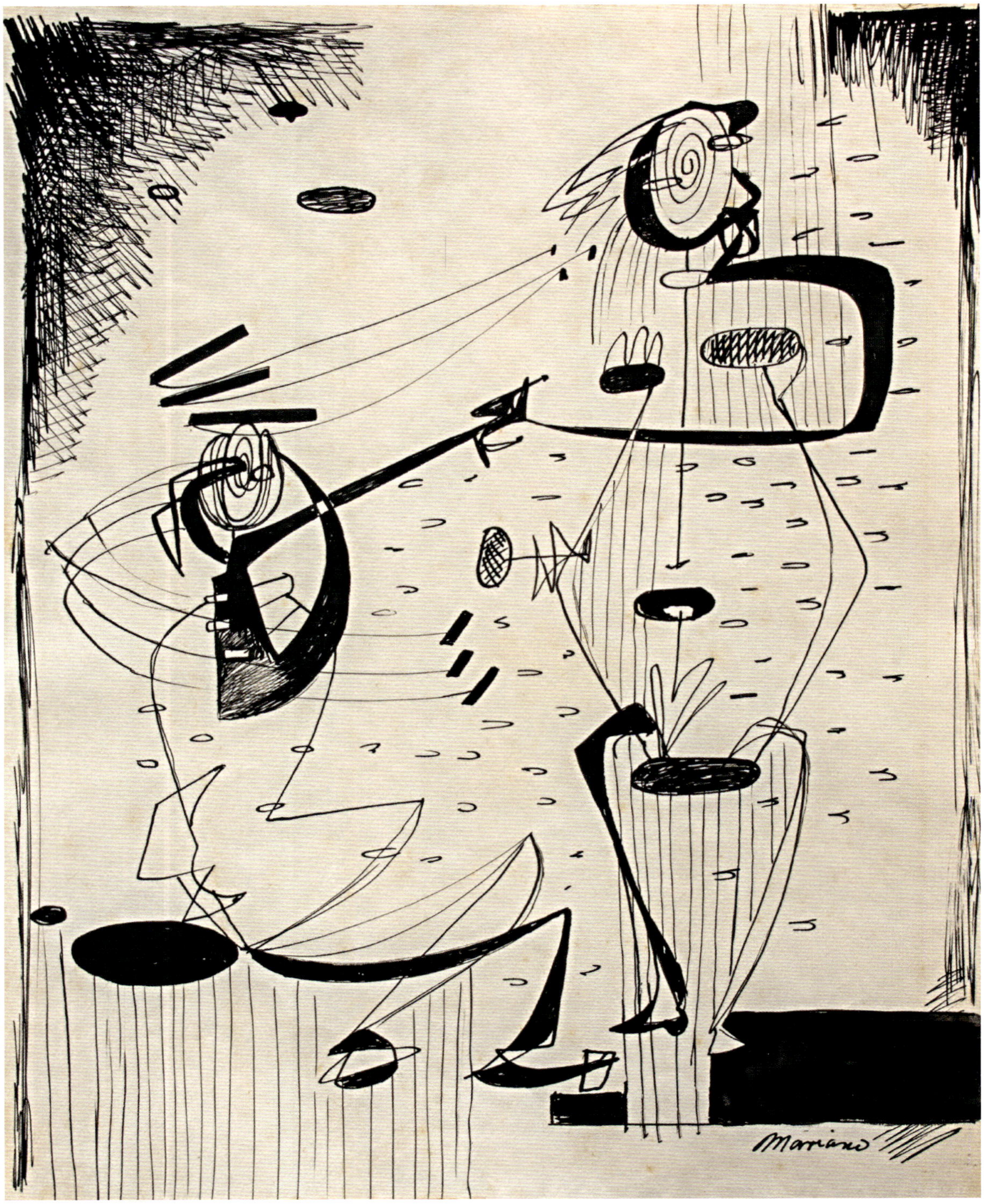

Dos figuras | *Two Figures*, 1955
ink on cardboard | tinta sobre cartulina, 13.3 × 10.5″
Col. Enrique Rodríguez

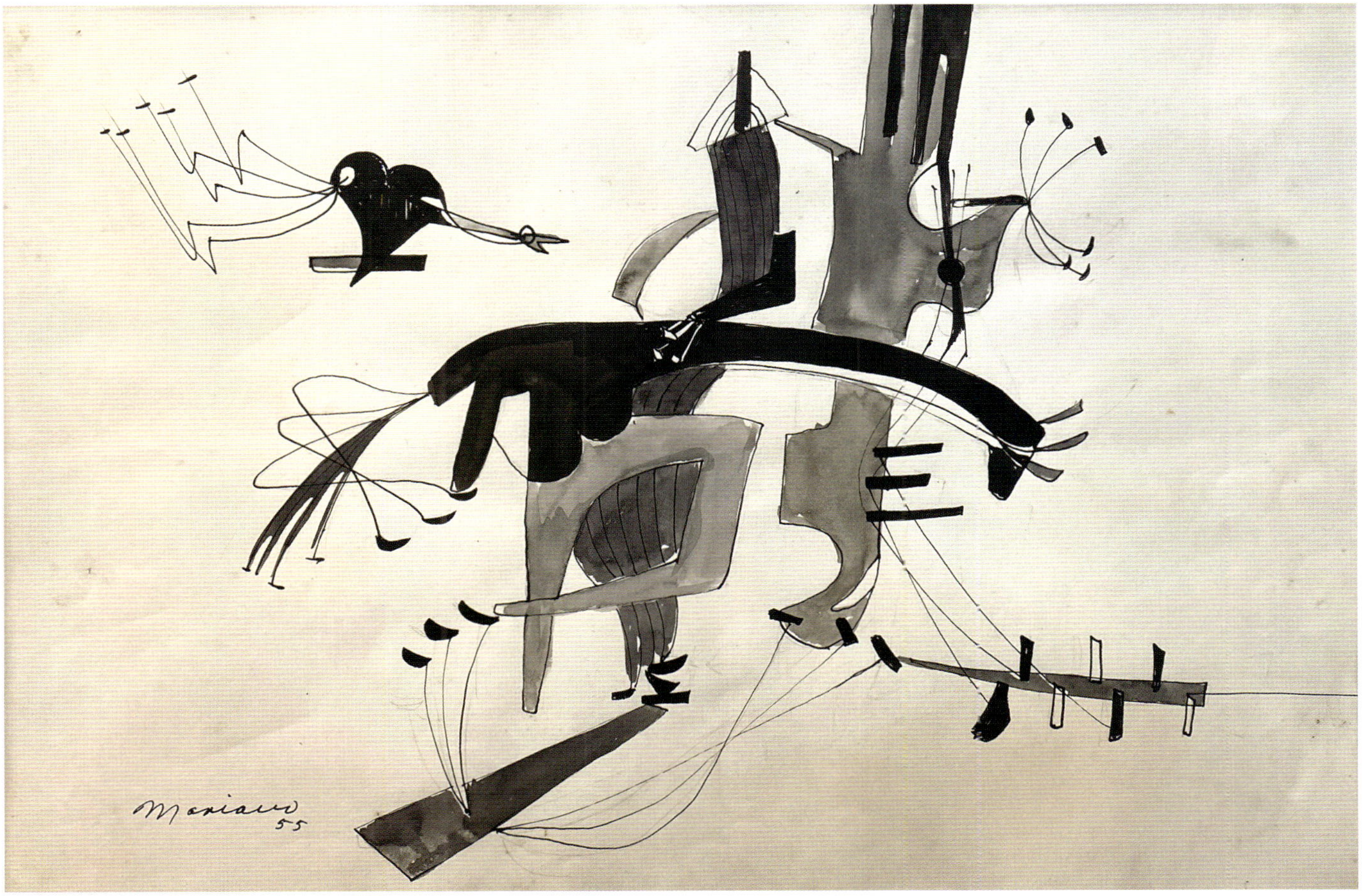

Paisaje con figura | *Landscape with Figure*, 1955
ink and watercolor on paper | tinta y acuarela sobre papel, 12 × 18″
Pan American Art Projects

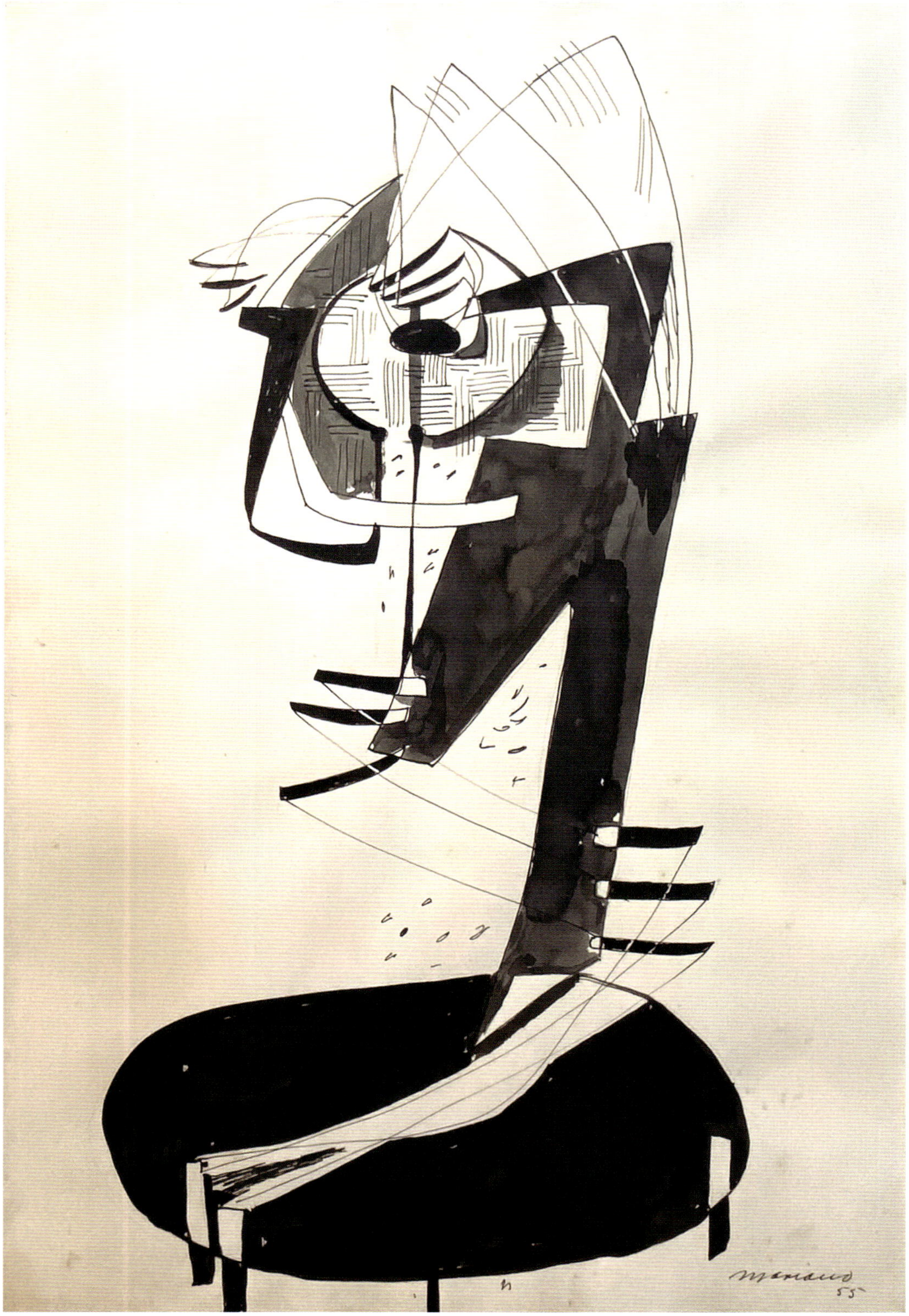

Figura | *Figure*, 1955
ink and watercolor on paper | tinta y acuarela sobre papel, 18 × 12″
Pan American Art Projects

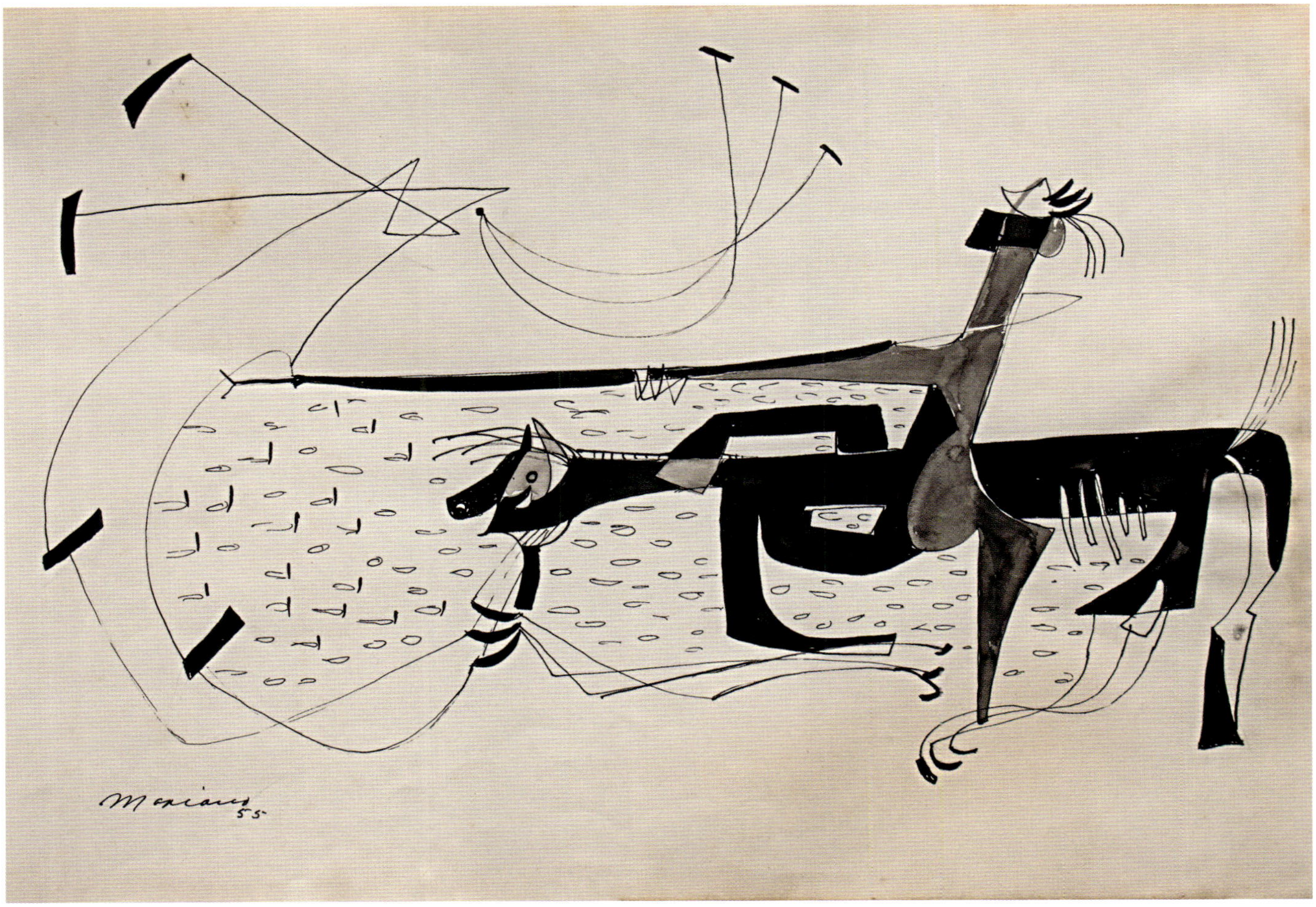

Quijote, 1955
ink and gouache on cardboard | tinta y aguada sobre cartulina, 11.8 × 17.8″
Col. Enrique Rodríguez

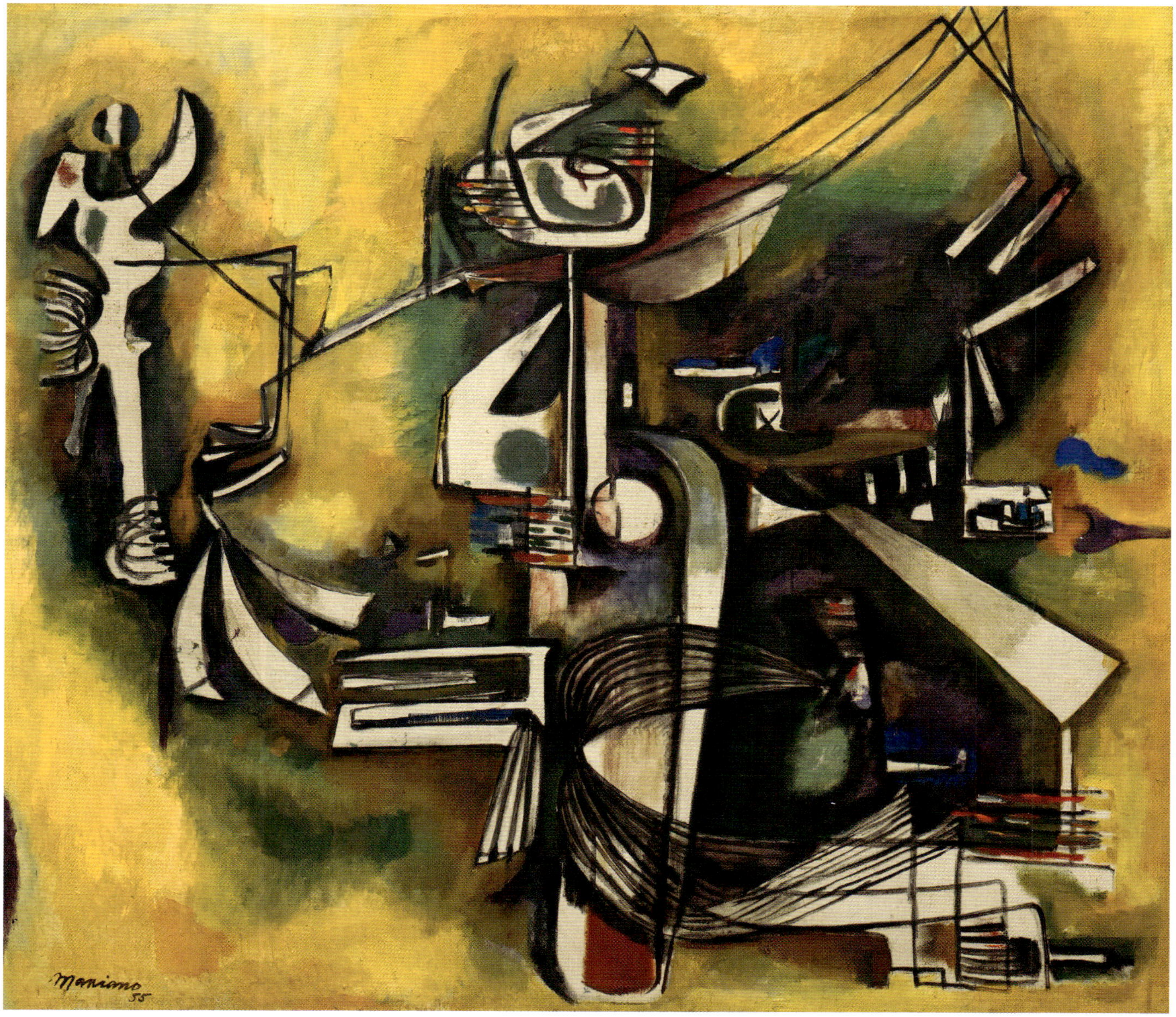

Pescador | *Fisherman*, 1955
oil on canvas | óleo sobre lienzo, 35.1 × 40″
Col. Fundación Mariano Rodríguez

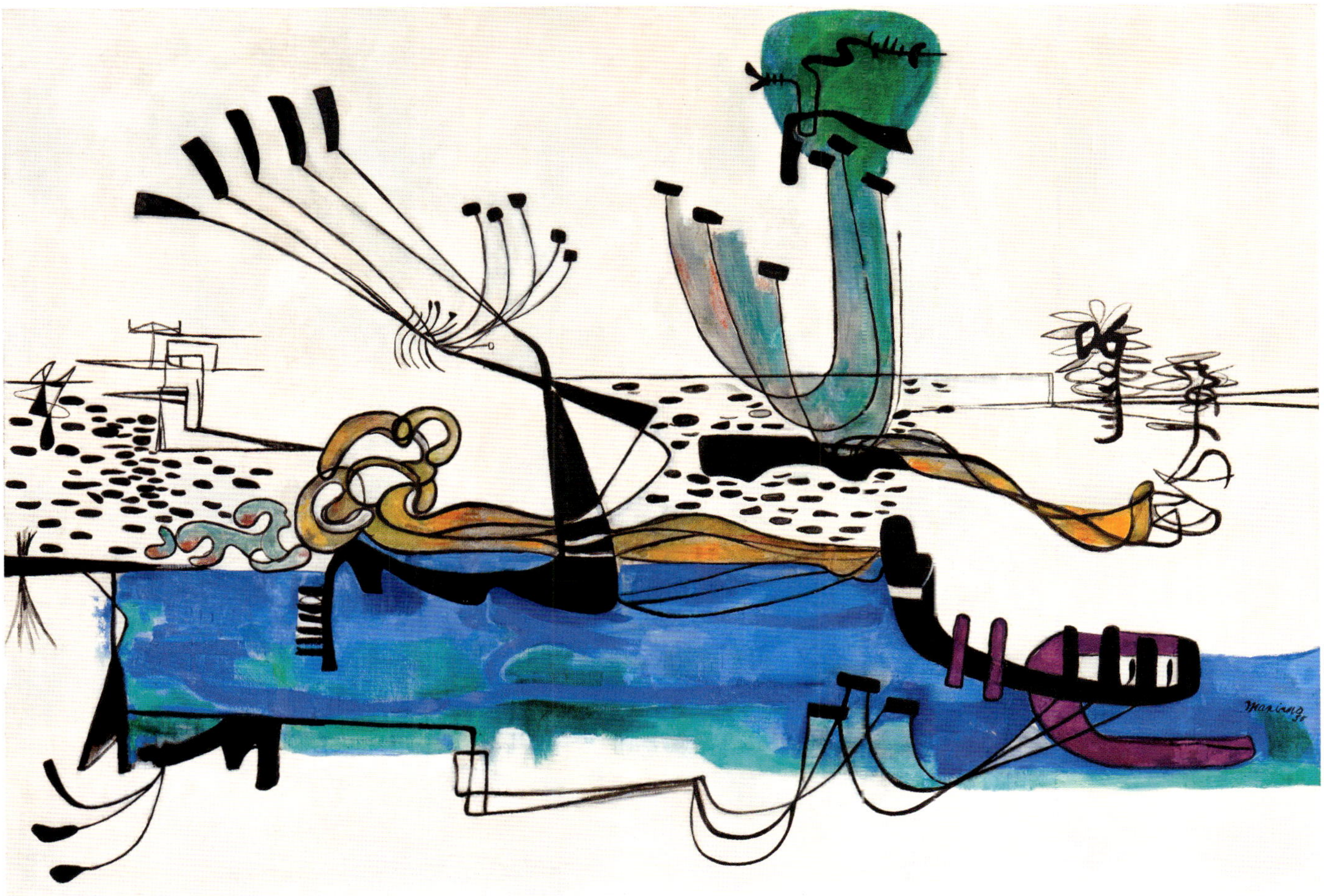

La playa (Día de playa) | *The Beach (Beach Day)*, 1955
oil on canvas | óleo sobre lienzo, 34.2 × 49.6″
Col. Fundación Mariano Rodríguez

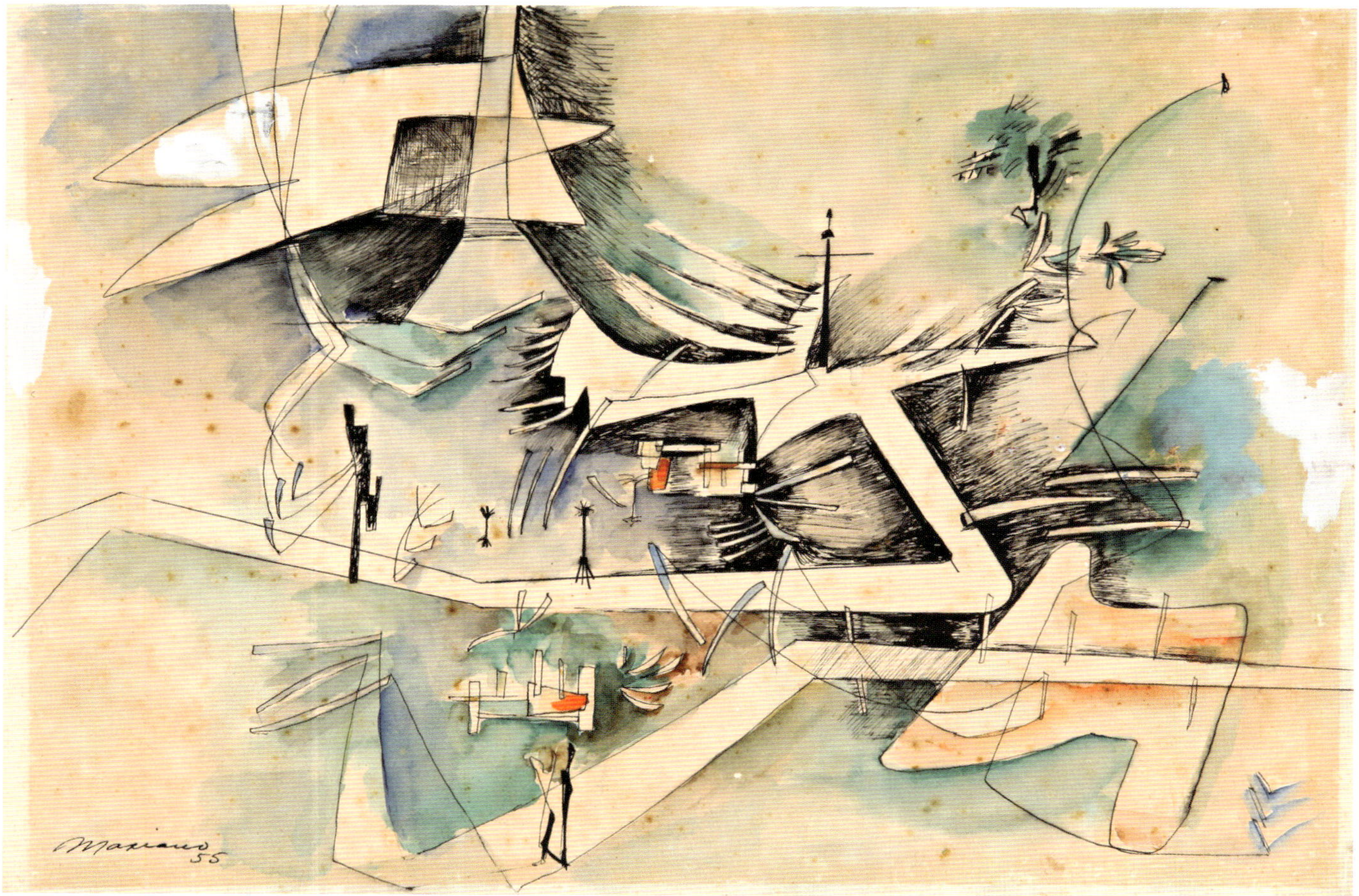

boceto para *Paisaje del río Almendares* | sketch for *Landscape of the Almendares River*, 1955
watercolor and ink on paper | acuarela y tinta sobre papel, 11.4 × 17″
Latin Art Core Gallery

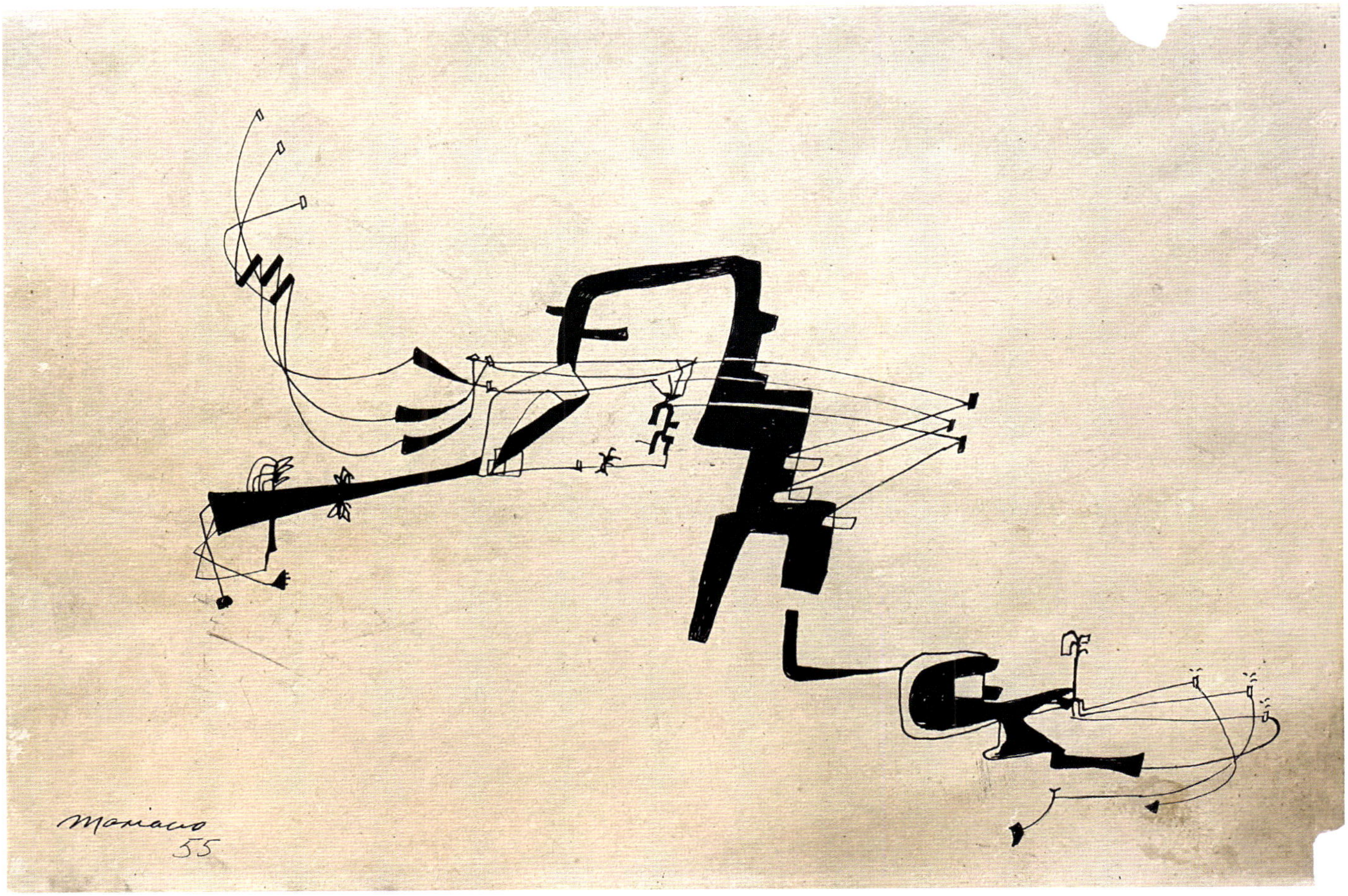

Sin título | *Untitled*, 1955
ink on paper | tinta sobre papel, 12 × 18″
private collection | colección privada

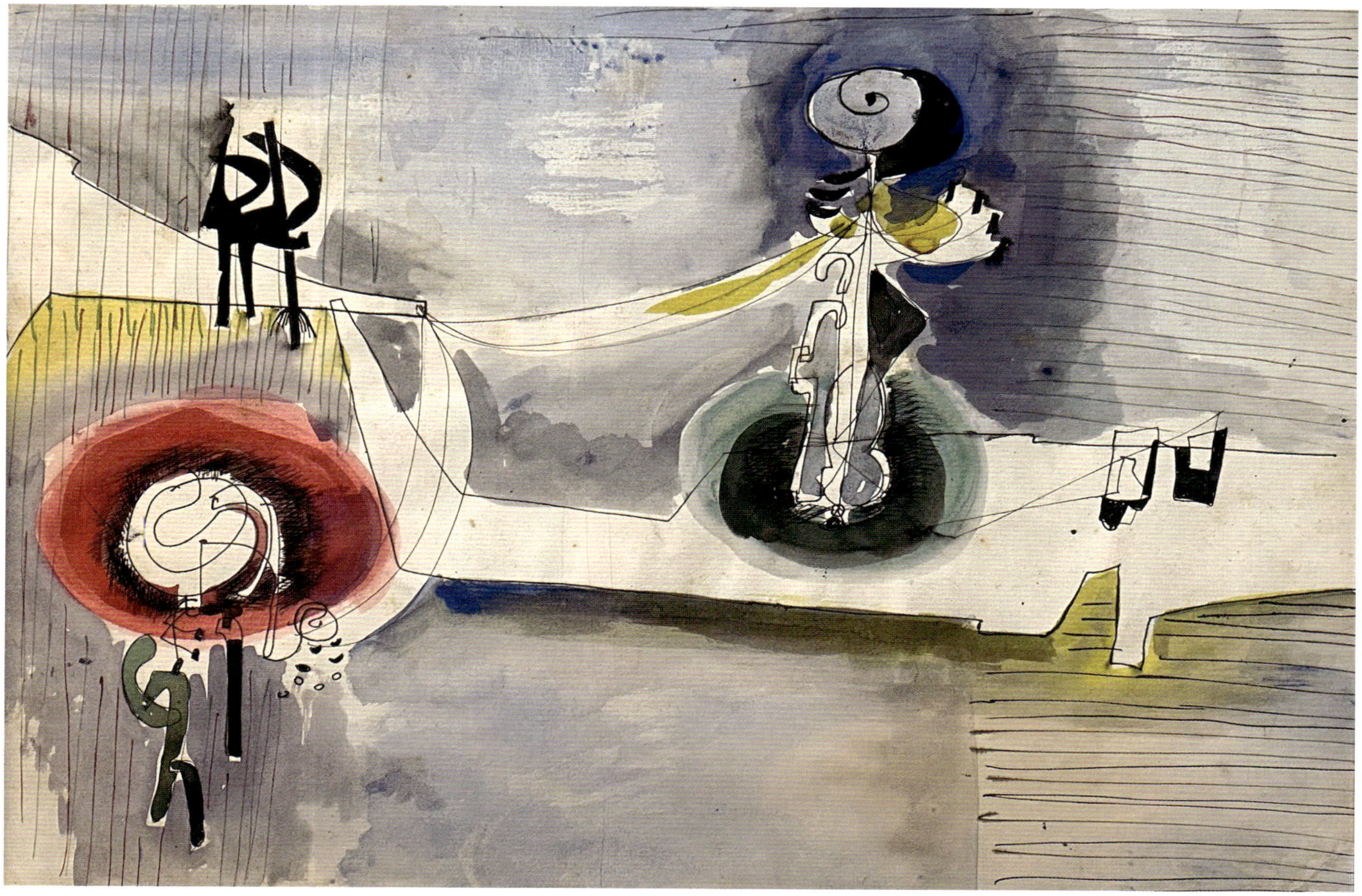

Paisaje con figura | *Landscape with Figure*, 1955
ink and watercolor on paper | tinta y acuarela sobre papel, 12 × 18″
Col. David & Laurie Pauker

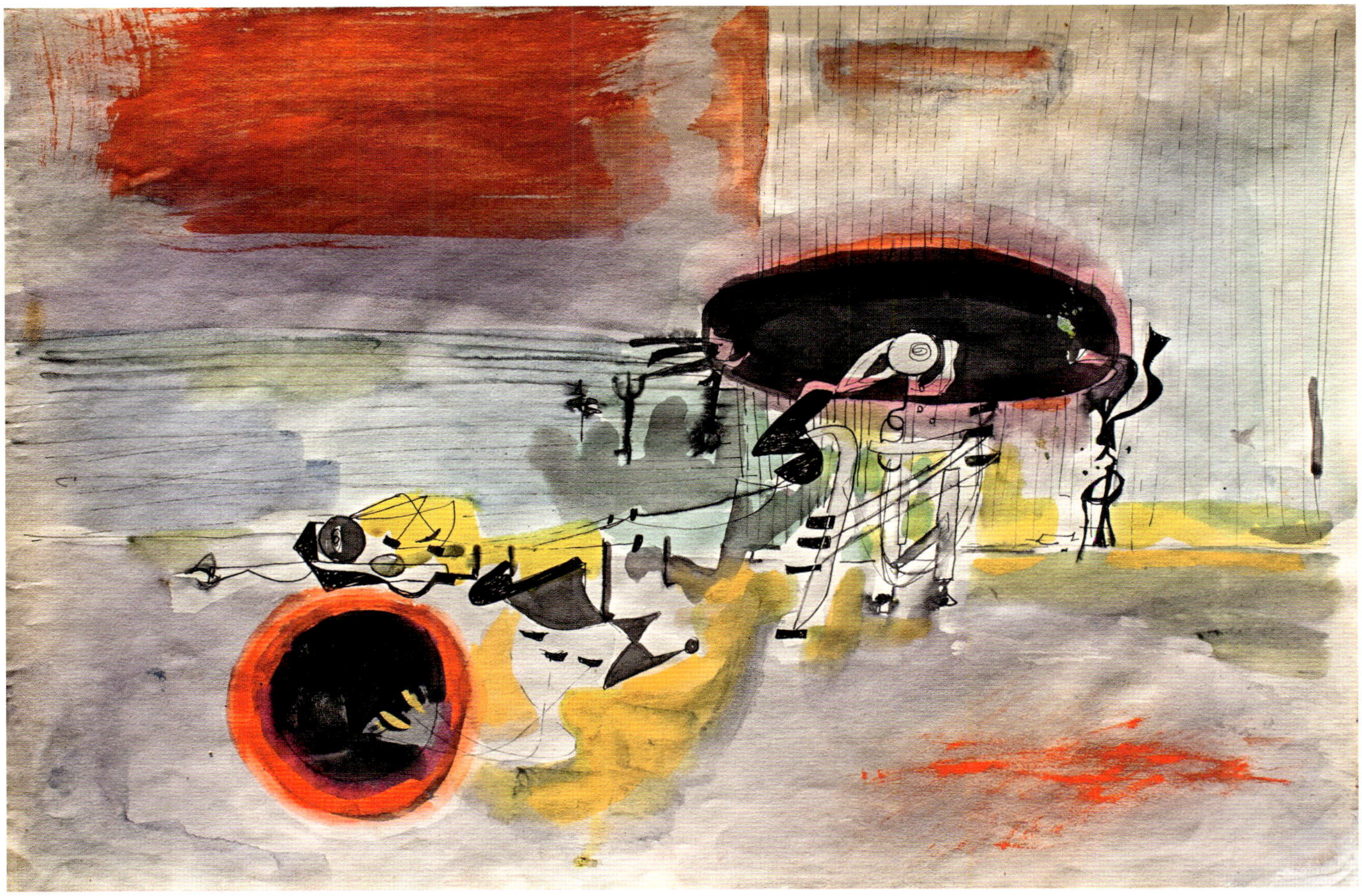

boceto para *Carnavales* | sketch for *Carnivals*, ca. 1956
watercolor and ink on cardboard | acuarela y tinta sobre cartulina, 11.8 × 17.7″
Col. Enrique Rodríguez

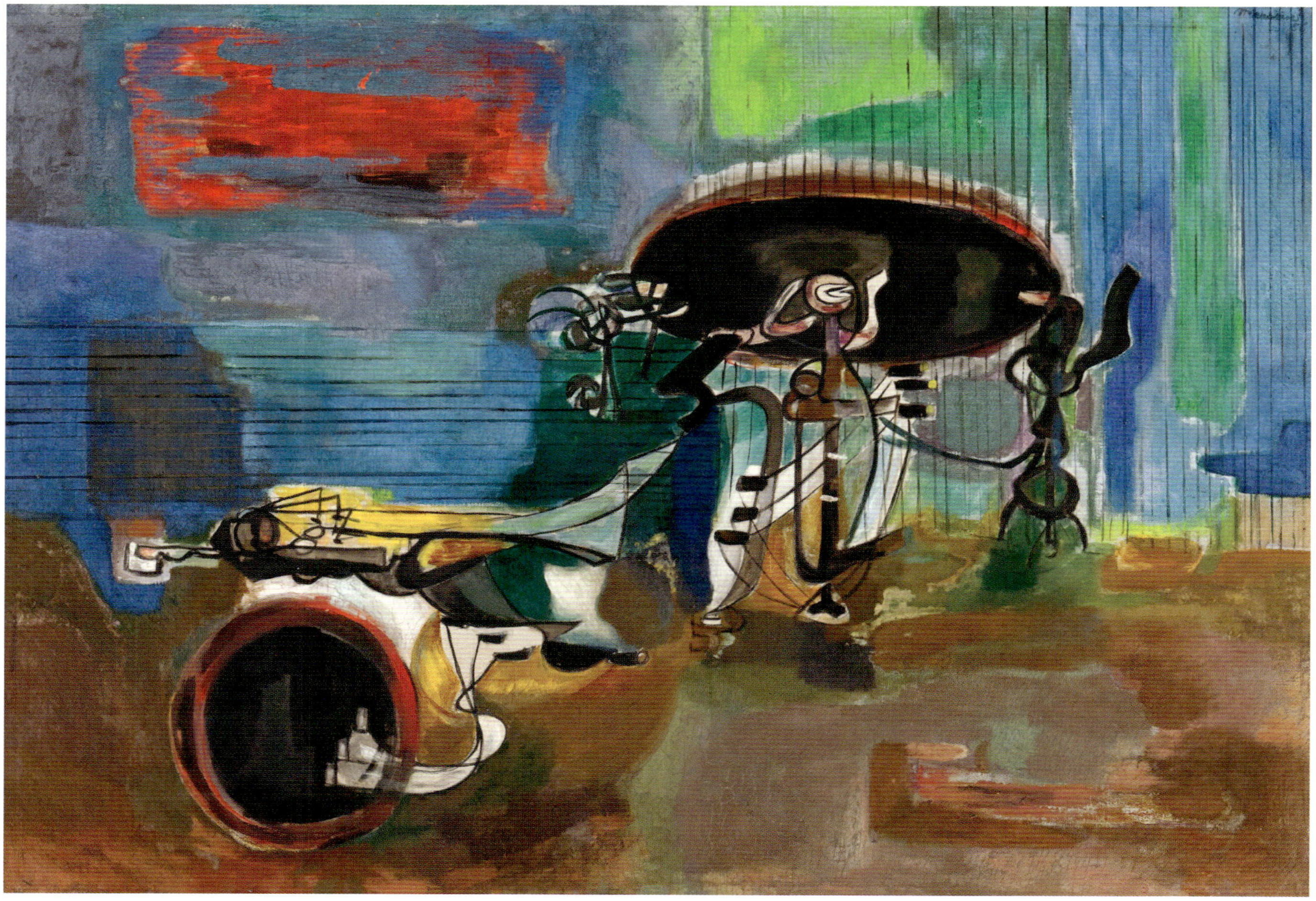

Carnavales | *Carnivals*, 1956
oil on canvas | óleo sobre lienzo, 35 × 50″
Col. Fundación Mariano Rodríguez

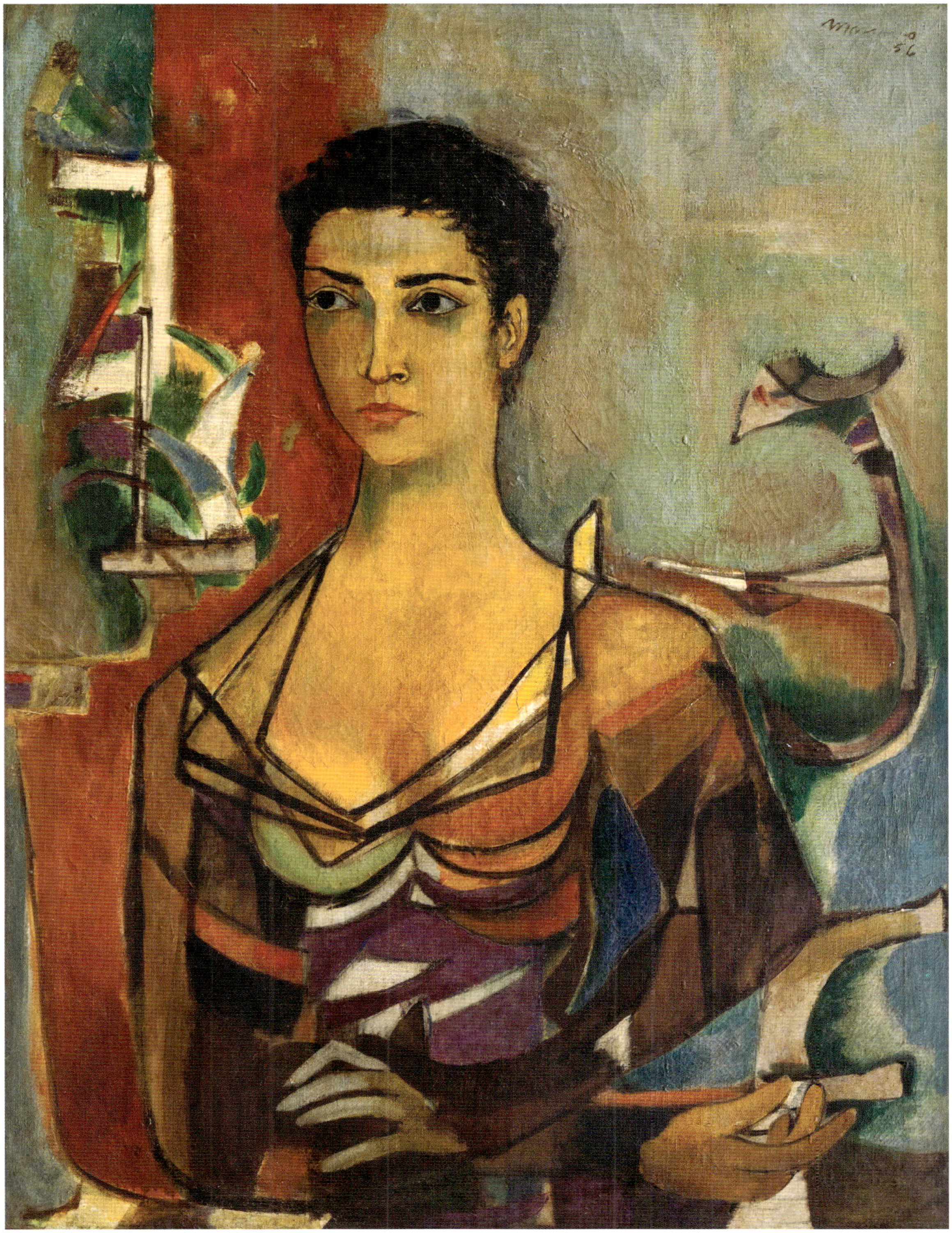

Retrato de Celeste | *Portrait of Celeste,* 1956
oil on canvas | óleo sobre lienzo, 35.8 × 27.2″
Col. Fundación Mariano Rodríguez

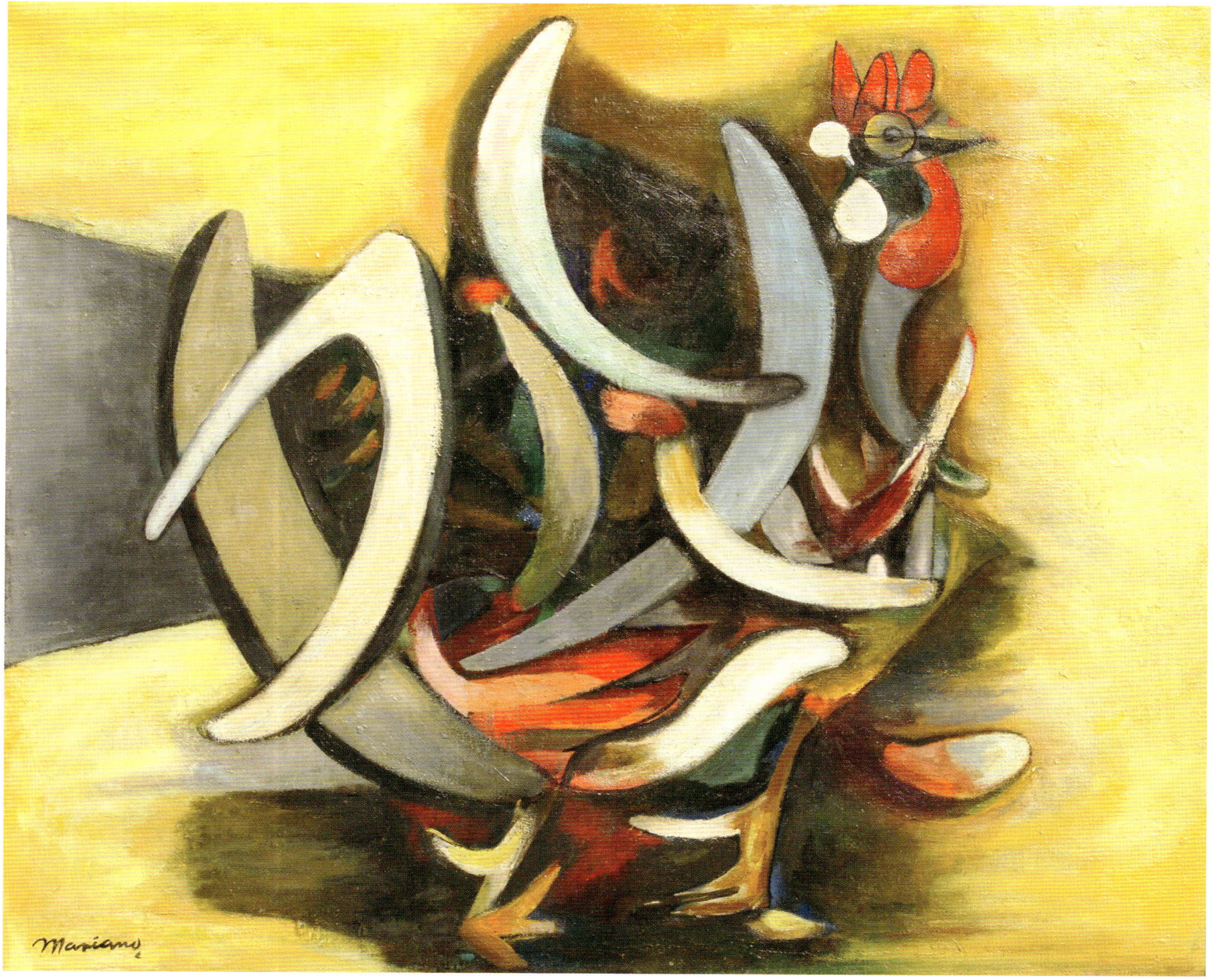

Gallo | *Rooster*, 1956
oil on canvas | óleo sobre lienzo, 25.3 × 34.5″
Col. Nercys & Ramón Cernuda

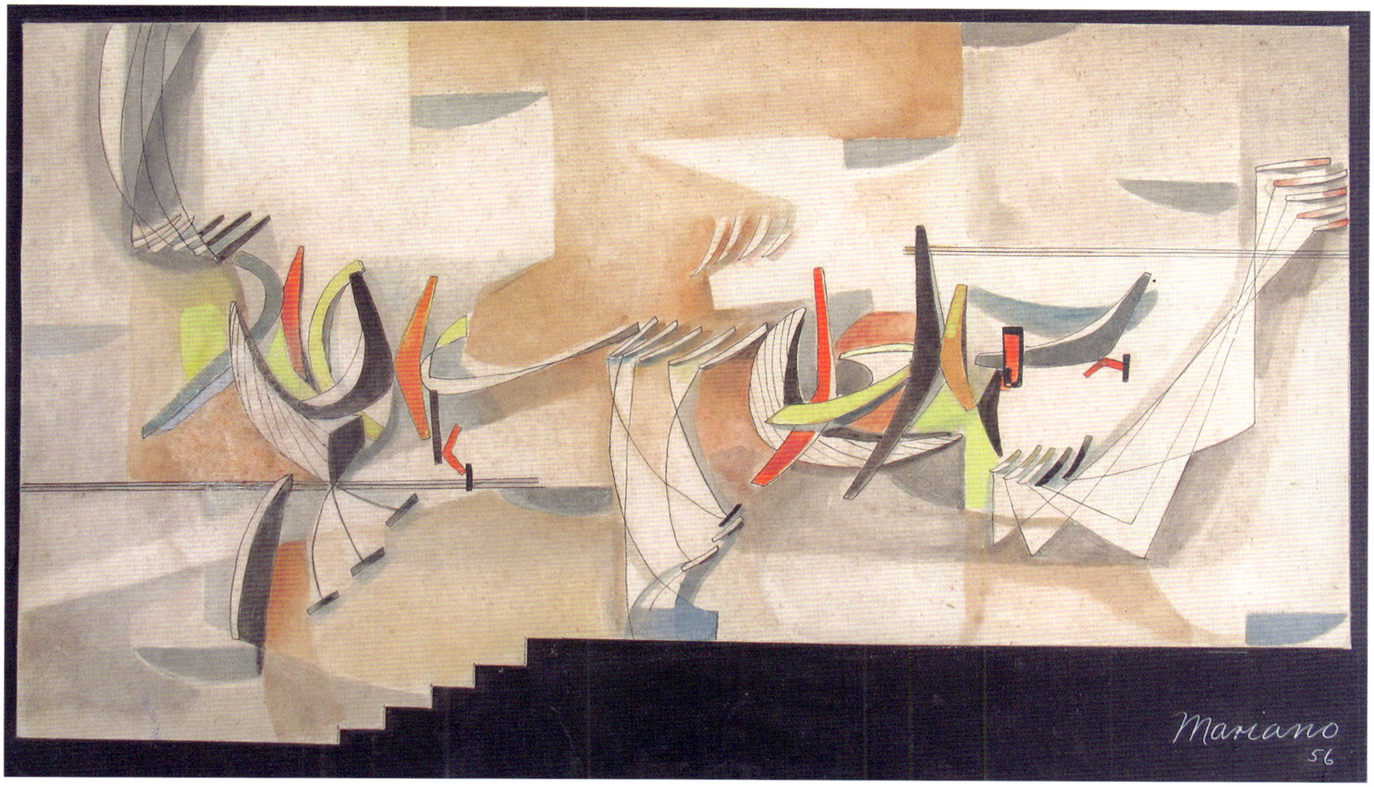

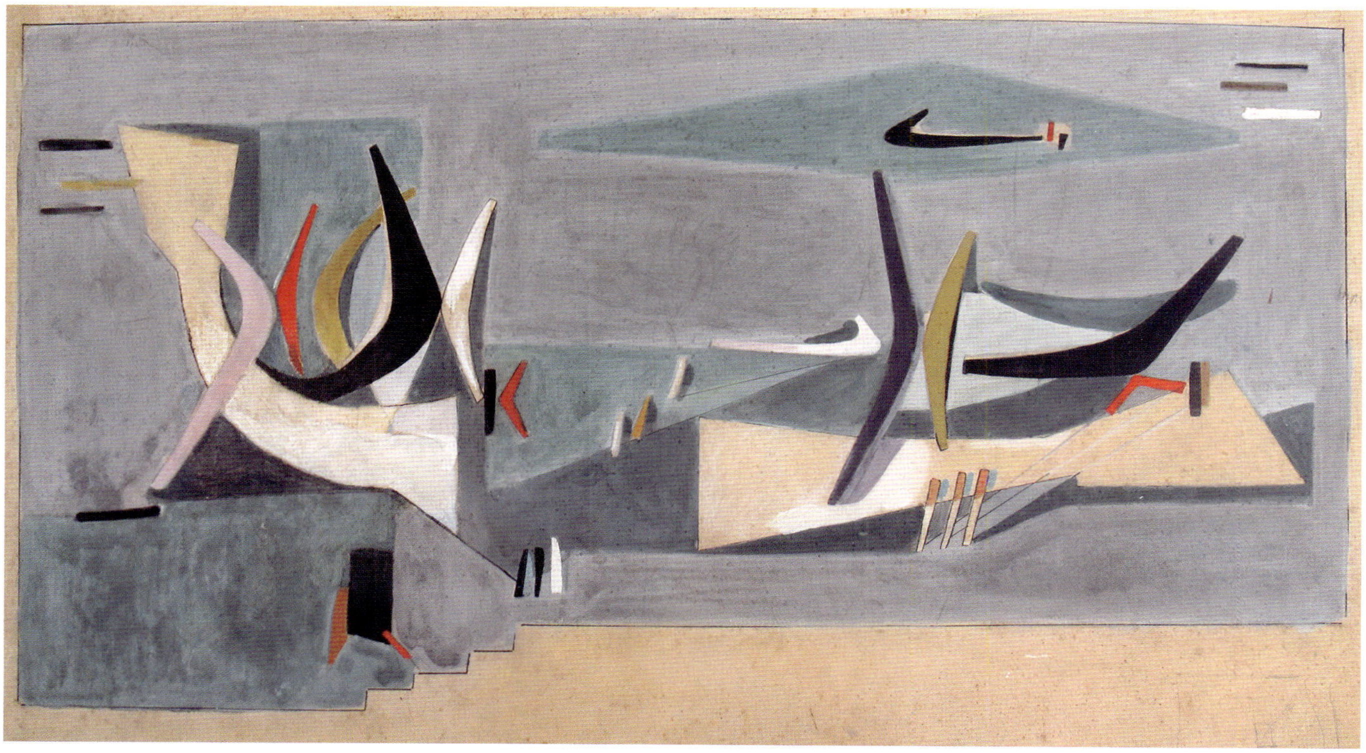

bocetos para *Bumerán* | sketches for *Boomerang*, 1956
ink and watercolor on board | tinta y acuarela sobre cartón, 1: 24.3 × 30″, 2: 20.1 × 30.9″
Col. Fundación Mariano Rodríguez

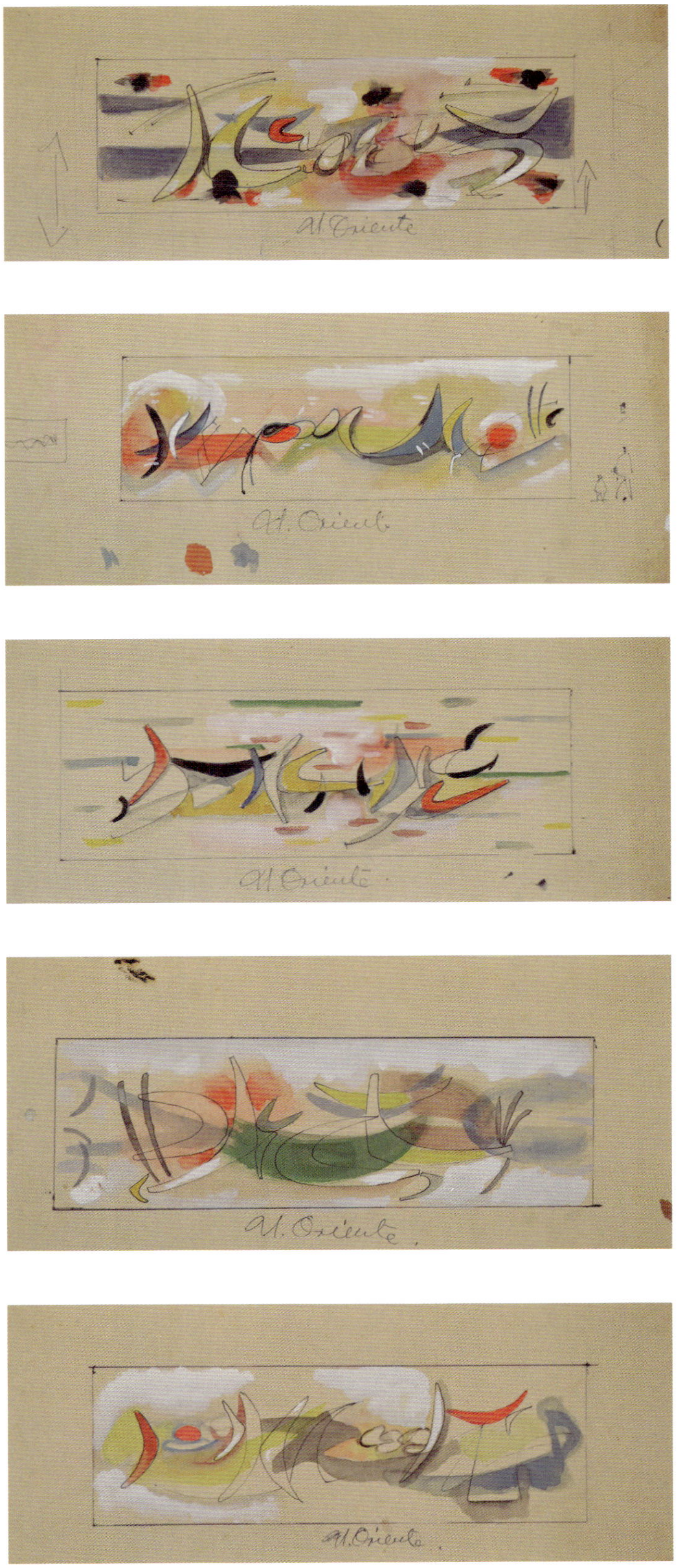

bocetos para *Mural en la Universidad de Oriente nos. 1–5* | sketches for *Mural at the Universidad de Oriente #1–5*, 1956
tempera and ink on paper | tempera y tinta sobre papel, 1–2: 7.4 × 18″, 3: 6.5 × 17.7″, 4: 6.6 × 15.4″, 5: 6.5 × 18.1″
Col. Fundación Mariano Rodríguez

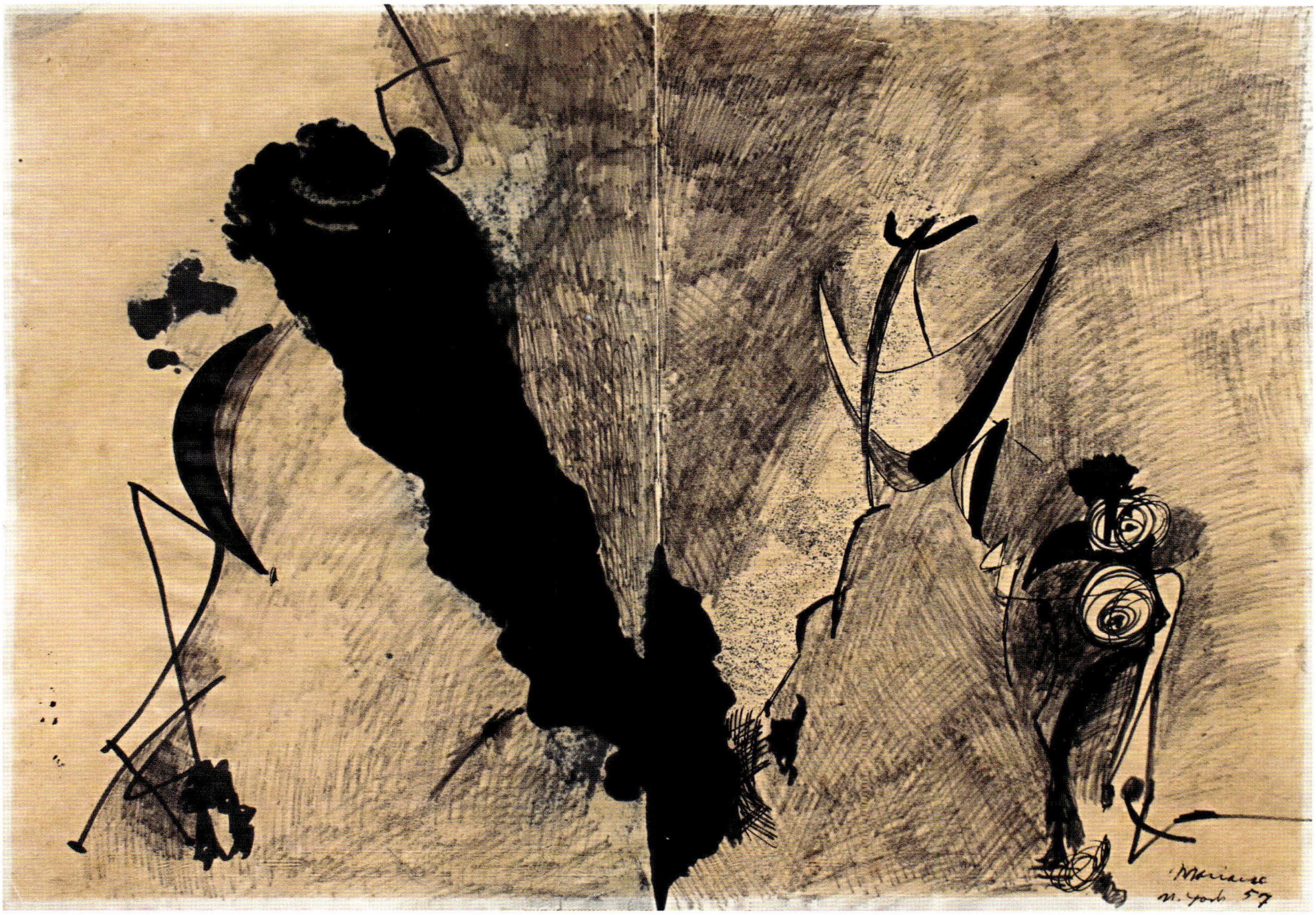

Figuras | *Figures*, 1957
ink and graphite on paper | tinta y grafito sobre papel, 14.5 × 20.3″
Col. Enrique Rodríguez

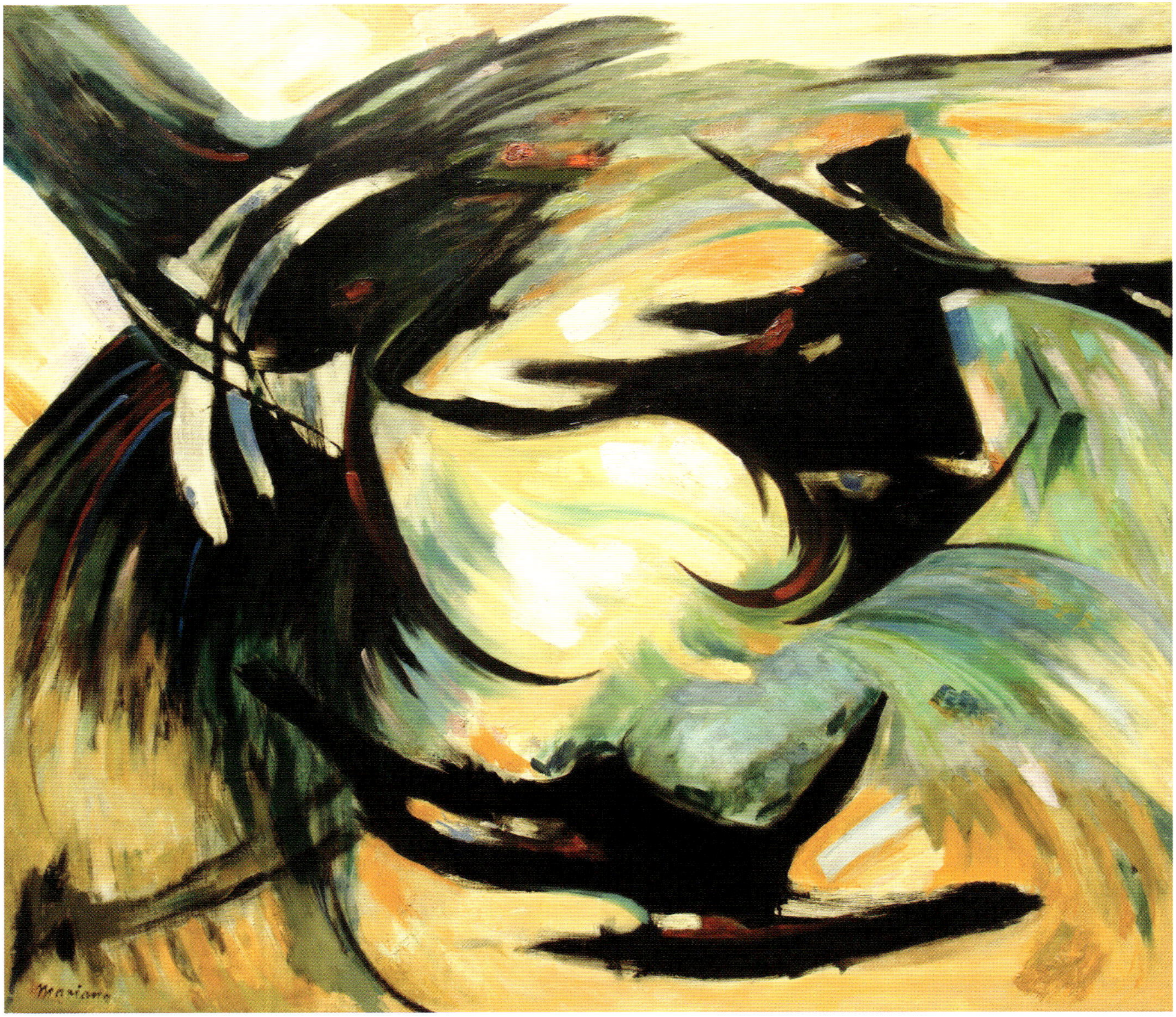

Pájaros | *Birds*, 1958
oil on canvas | óleo sobre lienzo, 44.5 × 49.8″
Col. De la Vega

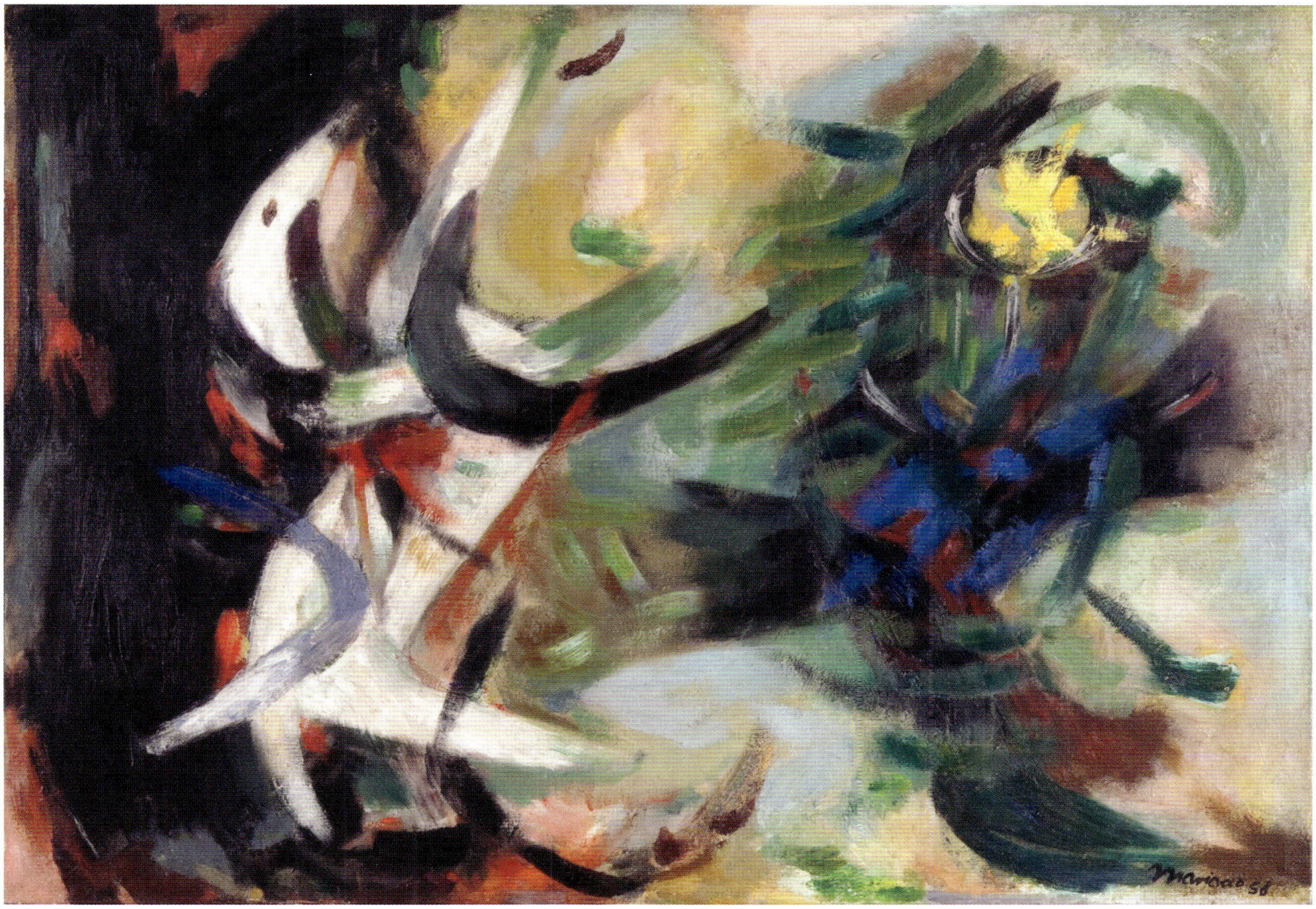

Girasoles | *Sunflowers*, 1958
oil on canvas | óleo sobre lienzo, 25 × 35″
Col. Silvia & Emilio M. Ortiz

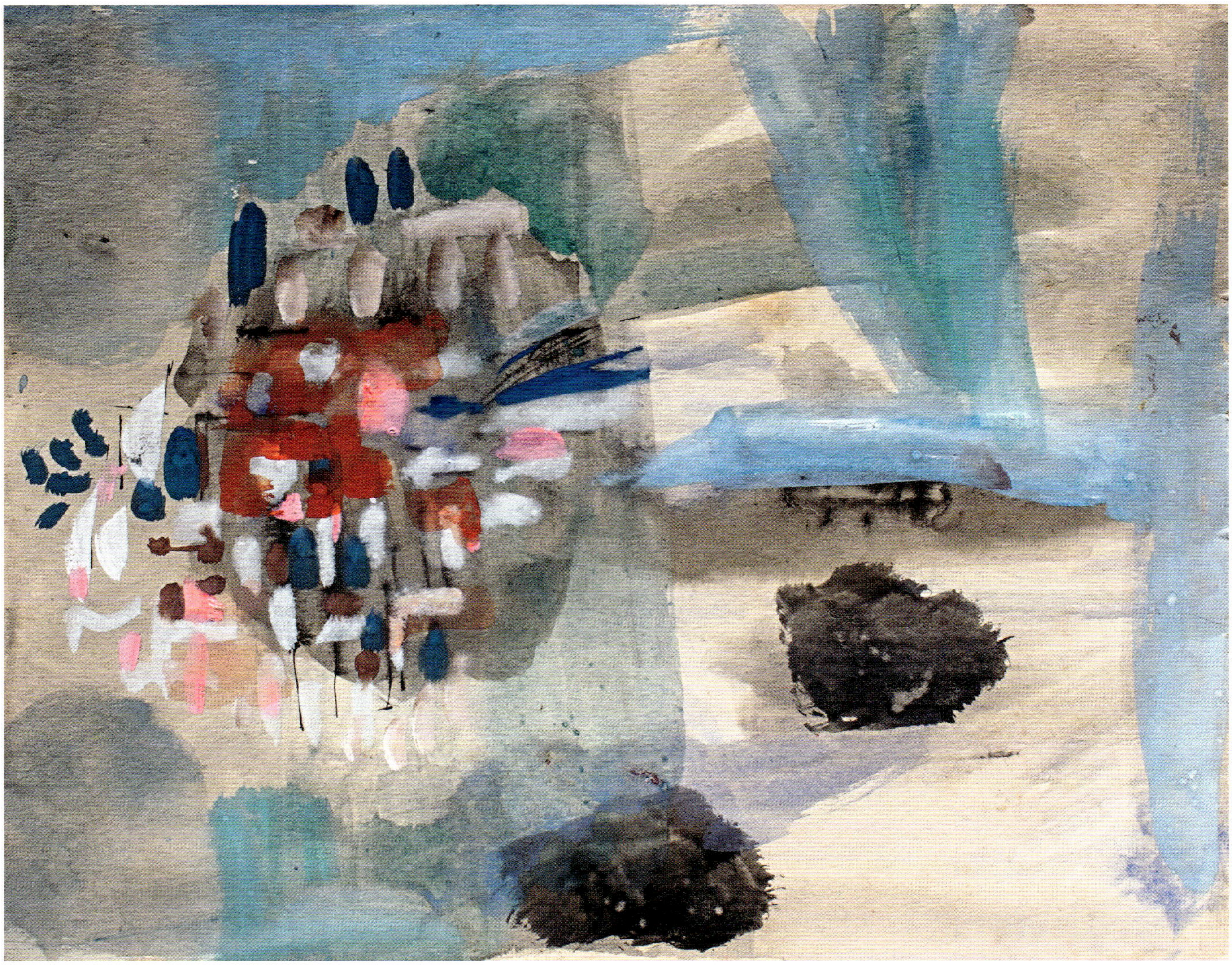

Abstracción | *Abstraction*, ca. 1958
tempera on cardboard | tempera sobre cartulina, 11 × 14″
Col. Enrique Rodríguez

Retrieving the Baroque and the Grotesque: The Black Paintings of Mariano from 1965

Recuperando lo barroco y lo grotesco: las pinturas negras de Mariano de 1965

Elizabeth Thompson Goizueta

> The baroque is the only concept that deserves the respect of being left undefined and with paths leading to all places. So, the intent of the baroque is to break down forms and open up styles? Well, nothing better! This porosity is ideal.
> —Ramón Gómez de la Serna[1]

Cuban artist Mariano Rodríguez (1912–90),[2] a key figure in the second-generation Cuban avant-garde, is often identified with the rooster, which appears as a ubiquitous theme in his works (fig. 1). Mariano's identification with the rooster, and its overtones of male virility,[3] has had the unfortunate consequence of limiting a fuller comprehension and assessment of the entire scope of his work. This essay will explore his artistic evolution beyond this iconography and its aesthetic confines, arguing that Mariano eventually develops a radically original vision integrating the baroque and the grotesque. Specifically, the works of 1965 display what the German philosopher Immanuel Kant (1724–1804) would consider to be essential to an analysis of aesthetics: the concept of genius or "spirit." In order to understand those later works within this context, this essay will first examine Mariano's role within the second-generation Cuban avant-garde (1938–50) and second, will discuss how Mariano was willing to combine numerous historical influences throughout his trajectory up until 1965. By 1965, Mariano's work embraced a dramatically unique direction.

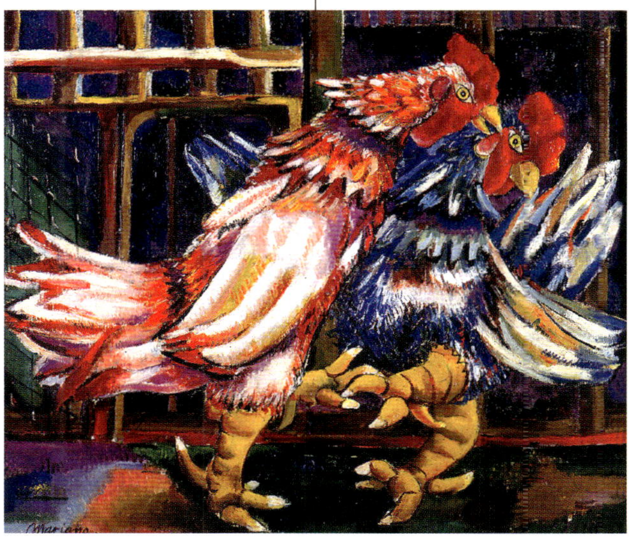

1. Mariano, *Pelea de gallos* | *Cockfight*, 1942. Oil on canvas | óleo sobre lienzo, 25.1 × 29.1", private collection | colección privada.

> Lo barroco es el único concepto que merece el respeto de dejarlo indefinido y con salidas por todos lados. ¿Que el intento de barroquismo deshace las formas y entreabre los estilos? Pues nada mejor. Esa porosidad es ideal.
> —Ramón Gómez de la Serna[1]

El artista cubano Mariano Rodríguez (1912–90)[2], una figura clave de la segunda generación de la vanguardia cubana, es identificado a menudo con el gallo, que aparece como tema ubicuo en sus obras (fig. 1). La identificación de Mariano con el gallo y sus connotaciones de virilidad masculina[3] ha tenido la desafortunada consecuencia de limitar una comprensión y evaluación más completas del rango de toda su obra. Este ensayo explorará su evolución artística más allá de esta iconografía y sus límites estéticos, argumentando que Mariano eventualmente desarrolla una visión radicalmente original que integra lo barroco y lo grotesco. Específicamente, las obras de 1965 muestran lo que el filósofo alemán Immanuel Kant (1724–1804) consideraría esencial para la comprensión de la estética: el concepto de genio o "espíritu". Para entender esas obras dentro de este contexto, este ensayo examinará primero el papel de Mariano dentro de la segunda generación de la vanguardia cubana (1938–50) y, en segundo lugar, abordará cómo Mariano acertó a combinar numerosas influencias históricas a lo largo de su trayectoria hasta 1965. En 1965, el trabajo de Mariano tomó un rumbo dramáticamente único.

Fue en ese año que Mariano abandonó su rica

In that year, Mariano abandoned his rich palette in favor of a dominant "claroscuro." Signaling a return to the baroque with a stark predilection toward black and white,[4] Mariano introduced a startling new element, the grotesque (fig. 2). A concept difficult to define precisely, the grotesque denotes the strange, hideous, fantastical, mysterious, or alien. Further, that which is strange or alien may vary from one historical context to another.[5] With respect to Mariano's paintings from 1965, scholars have referred in a cursory fashion to these works as displaying a "grotesque expression" or of "a grotesque figuration."[6] Yet, scholarship has not addressed this term in a fuller sense by attempting to demarcate any parameters for these impressions. What seem to be consistent are allusions to Mariano's works from this year in terms of a simultaneous attraction and repulsion. Mariano reexamines his own understanding of beauty as provoking contradictory responses, as *both/and* rather than *either/or*. These works display a depth of expression heretofore unseen in Mariano's oeuvre and resonate with the discordance induced by Francisco José de Goya y Lucientes's Black Paintings, or the distortions found in Kara Walker's figures, or the voyeurism exhibited in Robert Mapplethorpe's photographs. As Pulitzer Prize-winning art critic Sebastian Smee attests, "in the modern era artists developed a whole different conception of greatness. It was a notion based not on the old, established conventions of mastering and extending a pictorial tradition, but on the urge to be radically, disruptively original."[7] These works of 1965 reveal Mariano for the great modernist that he was, capable of successfully combining influences to create an entirely original, modern style that already points to a postmodern aesthetic.[8]

Color, Line, Form, Theme

In 1942, Cuban avant-garde philosopher and art critic Guy Pérez-Cisneros wrote a critique of Mariano's work, lauding his passion for color.[9] Borrowing a poetic phrase from the Spanish medieval writer Juan Ruiz,[10] Pérez-Cisneros entitled his essay on Mariano as "...traía las manos tintas de la mucha cereza" (bearing hands stained red from many cherries).[11] As if foreshadowing Mariano's association with color, Pérez-Cisneros's analogy presaged what critics would deem to be one of the most important elements to characterize his

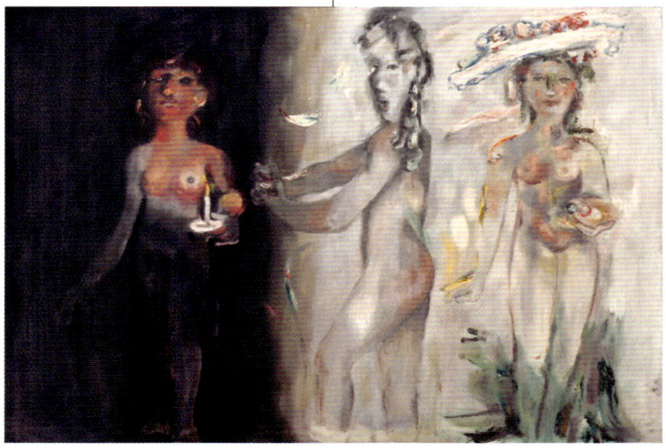

2. Mariano, *Las tres gracias* | *The Three Graces*, ca. 1965. Oil on canvas | óleo sobre lienzo, 41.3 × 60.3", Museo Nacional de Bellas Artes (MNBA), La Habana, D-0720.

paleta y adoptó un dominante claroscuro. Señalando un regreso al barroco con una severa predilección hacia el blanco y negro[4], Mariano introdujo un llamativo elemento nuevo: lo grotesco (fig. 2). Concepto difícil de definir con precisión, lo grotesco denota lo extraño, horrible, fantástico, misterioso o ajeno, con el añadido de que lo extraño o ajeno puede variar de un contexto histórico a otro[5]. Con respecto a las pinturas de Mariano de 1965, los estudiosos se han referido someramente a estas obras señalando que exhiben una "expresión grotesca" o "una figuración grotesca"[6]. Sin embargo, la crítica no ha abordado este término más sistemáticamente intentando demarcar algún tipo de parámetro para estas impresiones. Lo que parece ser consistente son las alusiones a las obras de Mariano de ese año en términos de una simultánea atracción y repulsión. Mariano reexamina en ellas su propia comprensión de la belleza como algo que provoca respuestas contradictorias, como *esto-y-aquello* en lugar de *esto-o-aquello*. Estas obras muestran una profundidad de expresión hasta ahora desconocida en la obra de Mariano y resuenan con la discordancia inducida por las pinturas negras de Francisco José de Goya y Lucientes, las distorsiones que se encuentran en las figuras de Kara Walker, o el voyeurismo que exhiben las fotografías de Robert Mapplethorpe. Como atestigua Sebastian Smee, crítico de arte ganador del Premio Pulitzer, "en la era moderna, los artistas desarrollaron una concepción completamente diferente de la grandeza. Era una noción basada no en las viejas y establecidas convenciones de dominar y extender una tradición pictórica, sino en la necesidad de ser radical y subversivamente original"[7]. Estas obras de 1965 revelan a Mariano como el gran artista moderno que fue, capaz de combinar efectivamente ciertas influencias para crear un estilo totalmente original y contemporáneo que ya apunta a una estética posmoderna[8].

Color, línea, forma, tema

En 1942, el filósofo y crítico de arte de vanguardia cubano Guy Pérez-Cisneros escribió una crítica de la obra de Mariano, elogiando su pasión por el color[9]. Tomando prestada una frase poética del escritor medieval español Juan Ruiz[10], Pérez-Cisneros tituló su ensayo sobre Mariano "...traía las manos tintas de la mucha cereza"[11]. Como presagiando la asociación de Mariano con el color, la analogía de Pérez-Cisneros auguraba lo que los críticos considerarían uno de los elementos más característicos de su obra. Por esa misma época, el Museum of Modern Art (MoMA) adquirió la

work. Around that same time, the Museum of Modern Art (MoMA) acquired Mariano's iconic *Gallo (El gallo) (The Cock)*, 1941 (**40**),[12] launching Mariano on a modern trajectory of transposing the commonplace, but doing so through a particular emphasis on "vivid colour harmonies with dramatic effect."[13] Royal Cortissoz, then art critic of the *New York Herald*, described the 1941 work as "a proud rooster, brilliant in colour as in execution,"[14] while his contemporary *New York Times* critic Edward Allen Jewell commented upon the "brute force" of Mariano's well-known painting.[15] Leading Cuban critic of the time, José Gómez Sicre, in his seminal publication *Pintura cubana de hoy (Cuban Painting of Today)* published in conjunction with the 1944 MoMA exhibition *Modern Cuban Painting*,[16] commented that Mariano had "decided to experiment in chromatic valuations" in the future direction of his painting.[17] Affirming this characterization, Pérez-Cisneros observed that Mariano's "painting is above all color *and not theme*"[18] [my emphasis].

Yet one cannot altogether ignore the importance of thematic content in Mariano's works. Spanning six decades, Mariano's corpus leaves us with a strong testimony to his creative abilities. That these should include color, line, and form attest to his technique, however his enduring thematic leitmotifs also lay claim to a portion of his legacy. Gómez Sicre, sounding a cautionary note on the rooster theme in Mariano's work, averred, "it would nevertheless be incorrect to assume that Mariano's reputation was built solely upon his masterful rendering of this one subject for he continually displays his versatility in the portrayal of a wide range of artistic themes."[19] Indeed, art critic Dannys Montes de Oca, in her recent book *Mariano: tema, discurso y humanidad* maps out a thematic approach to Mariano's work.[20]

These descriptive labels of color / line / form / theme compete in Mariano's work because of their respective strengths. As a master of all these artistic components, Mariano set out to reconstruct emerging modernist movements (Mexican muralism, cubism, geometric abstraction, and abstract expressionism) through the lens of his own lexicon.

Recognized as a second-generation Cuban modernist, Mariano was heralded as a new modernist

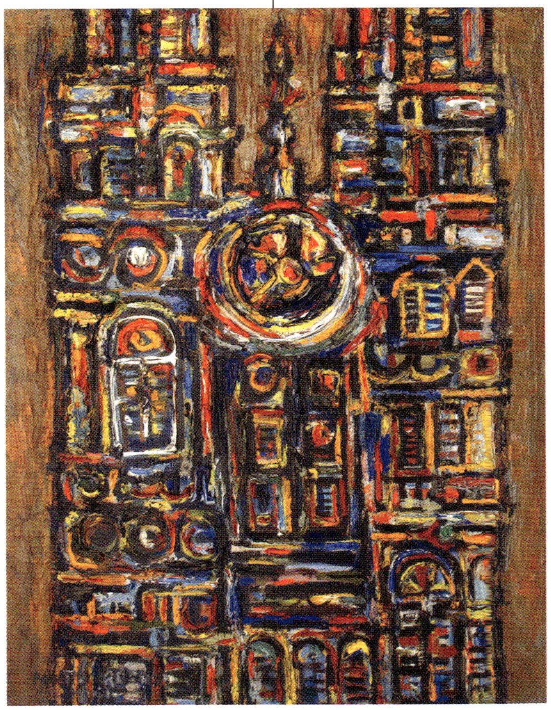

3. René Portocarrero (1912–85), *Catedral en Siena* | *Cathedral in Siena*, 1961. Oil on canvas | óleo sobre lienzo, 31.1 × 23", Cernuda Arte.

icónica pintura de Mariano *Gallo (El gallo)*, 1941 (**40**)[12], lanzándolo a una trayectoria moderna de trasponer lo cotidiano, pero haciéndolo con un énfasis particular en "vívidas armonías de colores con un efecto dramático"[13]. Royal Cortissoz, entonces crítico de arte del *New York Herald*, describió la obra de 1941 como "un gallo orgulloso, brillante tanto en color como en ejecución"[14], mientras que su crítico contemporáneo del *New York Times* Edward Allen Jewell comentó sobre la "fuerza bruta" de esta conocida pintura de Mariano[15]. El destacado crítico cubano de la época, José Gómez Sicre, en su seminal publicación *Pintura cubana de hoy*—publicada en conjunto con la exposición del MoMA de 1944, *Modern Cuban Painting*[16]—comentó que Mariano había "decidido experimentar con variaciones cromáticas" como la futura dirección de su obra[17]. Coincidiendo con esta caracterización, Pérez-Cisneros observó que la "pintura [de Mariano] es ante todo color *y no tema*"[18] [énfasis mío].

Sin embargo, no se puede ignorar totalmente la importancia del contenido temático en las obras de Mariano. Extendido a lo largo de seis décadas, el corpus de Mariano nos deja un fuerte testimonio de sus habilidades creativas. Que éstas incluyan el dominio del color, la línea y la forma atestigua su técnica; pero sus motivos temáticos perdurables también constituyen una parte de su legado. Gómez Sicre nos advirtió sobre esto al comentar sobre el tema del gallo en la obra de Mariano: "Sin embargo, sería incorrecto suponer que la reputación de Mariano se basó únicamente en su interpretación magistral de este tema, ya que continuamente muestra su versatilidad en la representación de un amplia gama de temas artísticos"[19]. Y en efecto, en su reciente libro *Mariano: tema, discurso y humanidad*, la crítica de arte Dannys Montes de Oca delimita un enfoque temático al trabajo de Mariano[20].

Estas etiquetas descriptivas (color/línea/forma/tema) compiten en la obra de Mariano precisamente debido a su fuerza respectiva. Como maestro de todos estos componentes artísticos, Mariano se propuso reconstruir los movimientos modernos emergentes (el muralismo mexicano, el cubismo, la abstracción geométrica y el expresionismo abstracto) a través del lente de su propio lenguaje pictórico.

Reconocido como miembro de la segunda generación de la vanguardia cubana, Mariano fue promocionado como un nuevo intérprete del movimiento

interpreter. Working within the parameters of classical themes found in the quotidian Cuban experience (female and male figures, roosters, landscapes, peasants, and the sea, among others), Mariano reconceived the universal to explore the essential in the Cuban reality.[21] In addition, the baroque expression, with its contrast between dark and light as well as its accumulation of forms and movement, emerged as another reflection point of the Cuban experience. The emphasis on the baroque was a common leitmotif for second-generation Cuban modernists, like René Portocarrero (fig. 3).[22] Mariano heralds this artistic expression as his particular locus, confessing in a letter while in New York (fig. 4), "I don't love New York...it is Cuba that attracts me, the Cuba of Light, baroque form and color that I desire."[23] Pérez-Cisneros reflected on this aspect in Mariano's work when stating: "The first time I wrote about Mariano I signaled his power to construct a tropical landscape, exuberant and sensual, beyond the impoverished panoramas of Havana's surroundings, dry and dusty, and beyond what the previous artistic generation had bequeathed him, with the contours and the chaotic blues in the Gauguin style. This tropical rhetoric, so new and nonetheless so desired amongst us, made me trust immediately in Mariano; he felt the baroque and, in the baroque, what is ours is revealed more each day."[24]

Beauty

Beauty and its ever-expanding definitions have been addressed with various degrees of success in modernity; perhaps the most elusive question for modernist art is *how* to define beauty. Art critic Arthur C. Danto takes a philosophical approach to the question in his book *What Art Is*, citing the Enlightenment as the decisive turning point for modernist art (considered from a European historical perspective as opposed to a North American one). Turning from God to man as the point of reference in the universe, the Enlightenment relied on science, logic, and facts to illuminate humankind's path forward. To that end, Danto claims Immanuel Kant's 1790 *Critique of Judgment* as the definitive Enlightenment text on the aesthetic values of that era, dealing with the concept of taste and the judgment of beauty.[25] Likewise, preeminent modern art critic Clement Greenberg considered Kant's book "the

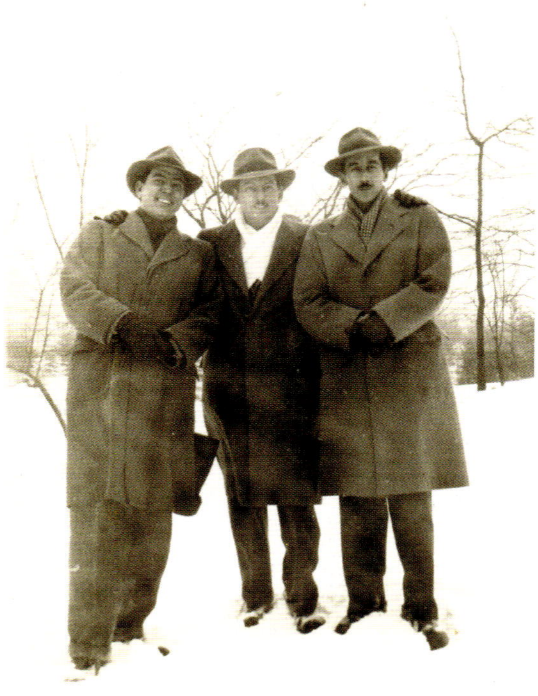

4. Sculptor Alfredo Lozano, journalist Francisco V. Portela (Mariano's brother-in-law), and Mariano in New York, ca. 1945 | Escultor Alfredo Lozano, periodista Francisco V. Portela (cuñado del pintor) y Mariano en Nueva York, ca. 1945.

modernista. Trabajando dentro de los parámetros de los temas clásicos que se encuentran en la experiencia cubana cotidiana (figuras femeninas y masculinas, gallos, paisajes, campesinos y el mar, entre otros), Mariano reconfiguró lo universal para explorar lo esencial en la realidad cubana[21]. Además, la expresión barroca, con su contraste entre la oscuridad y la luz y su acumulación de formas y movimiento, surgió como otro punto de reflexión de la experiencia cubana. El énfasis en lo barroco fue un leitmotiv común en los artistas de esta generación, como René Portocarrero (fig. 3)[22]. Mariano augura esta expresión artística como su *locus* particular, confesando en una carta desde Nueva York (fig. 4), "No quiero a N. York... es Cuba quien me atrae, es la Cuba de Luz, forma barroca y color la que deseo"[23]. Pérez-Cisneros reflexionó sobre este aspecto de la obra de Mariano al afirmar: "La primera vez que escribí sobre Mariano señalé su poder de construir un paisaje tropical, exuberante y sensual, por encima de los depauperados panoramas de los alrededores de La Habana, resecos y polvorientos, y más allá de lo que le legaba la generación pictórica precedente, con contornos y azules caóticos a lo Gauguin. Ese tropicalismo tan nuevo y sin embargo tan deseado entre nosotros me hizo confiar inmediatamente en Mariano; él sentía lo barroco, y en lo barroco se revela, cada día más, lo nuestro"[24].

La belleza

La belleza y sus siempre cambiantes definiciones han sido abordadas con diversos grados de éxito en la modernidad; quizás la pregunta más elusiva para el arte modernista sea *cómo* definir la belleza. El crítico de arte Arthur C. Danto adopta un enfoque filosófico a la pregunta en su libro *What Art Is*, citando la Ilustración como el punto de inflexión decisivo para el arte modernista (considerado desde una perspectiva histórica europea, no norteamericana). Al pasar de Dios al hombre como punto de referencia en el universo, la Ilustración se basó en la ciencia, la lógica, y los hechos para iluminar el rumbo de la humanidad futura. En esa línea, Danto afirma que el texto de Immanuel Kant de 1790, *Crítica del juicio*, es el texto definitivo de la Ilustración sobre los valores estéticos de esa época, definiendo el concepto del gusto y cómo juzgar la belleza[25]. Del mismo modo, el prominente crítico de arte moderno Clement Greenberg consideró el libro de Kant como "la base más satisfacto-

most satisfactory basis for aesthetics we yet have."[26]

Kant posits two concepts of beauty and it is his second theory, which, I would assert, most closely describes the artwork of Mariano from 1965. These works display a unique combination of elements, a creative force, or "spirit" that we will explore in this essay. Antithetical to his first concept of "good taste," Kant introduces a new concept late in *Critique of Judgment*, that is the concept of "spirit." The former concept bases its judgment of beauty on objective standards. A universal acceptance, then, strengthens beauty's claim, allowing it to function as a symbol of morality.[27] The latter concept, that of "spirit," however, has little to do with taste nor does it touch in any way on the aesthetic of nature.[28] In comparing the two, Kant asserts, taste "is merely a judging and not a productive faculty."[29] "When we speak of spirit, on the other hand, we are speaking of the *creative power* of the artist."[30] Kant's concepts produce a duality between what is artistically considered to be in good taste, to render perfect all technical aspects, over and against a work of art that contains spirit. A technically perfect painting could be considered deficient for lack of spirit. Presumably, the spirited work could even allow for the possibility that a less academically trained artist[31] might produce a more appealing work of art.[32]

Nineteenth-century romanticism heralded a new emphasis on emotions and nature; perhaps this shift explains the dichotomy between Kant's two concepts. To understand the second concept is to recognize that Kant's own views were evolving and foreshadowed an aesthetic more in line with the burgeoning romanticist movement. Much like Kant, his contemporary, the Spanish Goya (1746–1828), had a worldview reflecting this evolution. While clearly associating himself with Enlightenment thought—he was a self-declared "Lustrado"—Goya was progressing beyond that. Goya presaged the advent of romanticism when he declared "There are no rules in painting."[33] That explains why, according to Goya, we may be less happy with a highly finished work than one in which less care is taken. It is the *spirit* in art—the presence of genius—that is really important.[34] Or as nineteenth-century writer Théophile Gautier observed, "[Goya] is a strange painter, a singular genius. Never has originality been so marked; never was there a Spanish artist more local than Goya."[35]

The similarity of thought between the philosopher and the painter demonstrates an awareness of something recognizable but as yet undefined that would fertilize the seedbed of modernist thought. In modernity there was an absence of rules and rules existed to be broken. The nascent art movements of the twentieth century, cubism, futurism, dadaism, and surrealism, lay claim to that anarchical bent. The genius, the "spirit," if

ria para la estética que tenemos hasta ahora"[26].

Kant plantea dos conceptos de la belleza, y es su segunda teoría, afirmaría yo, la que describe más de cerca la obra de Mariano de 1965. Estas obras muestran una combinación única de elementos, una fuerza creativa o "espíritu" que exploraremos en este ensayo. Antitético a su primer concepto de "buen gusto", Kant introduce un nuevo concepto al final de *Crítica del juicio*—el concepto de "espíritu". El primer concepto basa su juicio de belleza en estándares objetivos. Una aceptación universal fortalece el estatus de la belleza, permitiéndole funcionar como símbolo de moralidad[27]. Sin embargo, el otro concepto, el de "espíritu", tiene poco que ver con el gusto ni refiere en modo alguno a una estética de la naturaleza[28]. Al comparar los dos, afirma Kant que el gusto "es simplemente una facultad crítica, no productiva"[29]. "Cuando hablamos de espíritu, por otro lado, estamos hablando del *poder creativo* del artista"[30]. Los conceptos de Kant producen una dualidad entre lo que artísticamente se considera de buen gusto, de aproximar una perfección de todos los aspectos técnicos, por sobre y en contraste con una obra de arte que contiene espíritu. Una pintura técnicamente perfecta podría considerarse deficiente por falta de espíritu. Esta idea de la obra insuflada de espíritu permitiría incluso imaginar la posibilidad de que un artista con menos entrenamiento académico[31] pudiese producir una obra de arte más atractiva[32].

El romanticismo del siglo XIX trajo un nuevo énfasis en las emociones y la naturaleza; quizás este cambio explica la dicotomía entre los dos conceptos de Kant. Comprender el segundo concepto es reconocer que los propios puntos de vista de Kant estaban evolucionando y presagiaban una estética más acorde con el naciente movimiento romántico. Al igual que Kant, su contemporáneo el pintor español Goya (1746–1828) tenía una visión del mundo que reflejaba esta evolución. Aunque se asociaba claramente con el pensamiento de la Ilustración—se autodeclaraba "Lustrado"—Goya progresó más allá de eso. Goya presagió el advenimiento del romanticismo cuando declaró "No hay reglas en pintura"[33]. Eso explica por qué, según Goya, podemos estar menos satisfechos con un trabajo altamente terminado que con uno menos cuidado. Es el *espíritu* en el arte, la presencia del genio, lo que es realmente importante[34]. O como observó el escritor del siglo XIX Théophile Gautier, "[Goya] es un pintor extraño, un genio singular. Nunca la originalidad ha sido tan marcada; nunca hubo un artista español más local que Goya"[35].

Las similitudes conceptuales entre el filósofo y el pintor demuestran una conciencia de algo reconocible pero aún indefinido que fertilizaría el semillero del pensamiento modernista. La modernidad se caracteriza por la ausencia de reglas y por la ruptura de las reglas existentes. Los movimientos de arte nacientes del siglo XX, como el cubismo, el futurismo, el dadaísmo y el surrealismo, reclaman esa inclinación anárquica. Goya fue el genio, el "espíritu", por así decirlo, de este nuevo

you will, of this new approach in visual arts was Goya. Indeed, the late critic Robert Hughes regarded Goya as "the last Old Master and the first Modernist."[36] Goya scholar Fred Licht deems Goya to be "the éminence grise of modern painting."[37]

Modernism and Its Repercussion in Cuba

The space between the nineteenth and the twentieth centuries, the space between the old aesthetics, much defined by judgment, and the burgeoning aesthetics *sans* judgment, necessitated a renegotiation of definitions and philosophies. Kant's concept of judging based on the criterion of good taste, now obsolete, led modern artists to wrestle instead with Kant's second concept of "spirit." Cuban scholar Dannys Montes de Oca, while examining modernism's effects on Cuban art, explores this twentieth-century aesthetic crisis by examining the inherent philosophical tensions as a transformative element between the nineteenth century's reliance on nature as the sublimation of humanity and the twentieth century's reliance on humankind. She describes this tension thus:

> From this friction arose the old problems of beauty, the canon or the aesthetic paradigms; they began to be understood as spaces of transaction and/or radical disagreements between language, individual, and epoch.[38]

These debates were not limited to Europe but soon crossed the Atlantic. Translations appeared in journals in the Americas.[39] World wars, displacements, exile, and migration catalyzed this process of intellectual and artistic interaction. While the first half of the twentieth century undoubtedly witnessed the underside of modernism and the horrors of war, it also contributed to revolutionary aesthetic ideas and manifestoes and their worldwide dissemination.

Cuba was not excluded from this global dynamic. With its historical footprint in Europe, Cuba repatriated its nineteenth-century artists to the motherlands of Spain and Italy for advanced academic training in the arts.[40] After forming a new Cuban republic in 1902, its people (*el pueblo*) sought to articulate a growing sense of Cubanness (*cubanía*), as opposed to an iden-

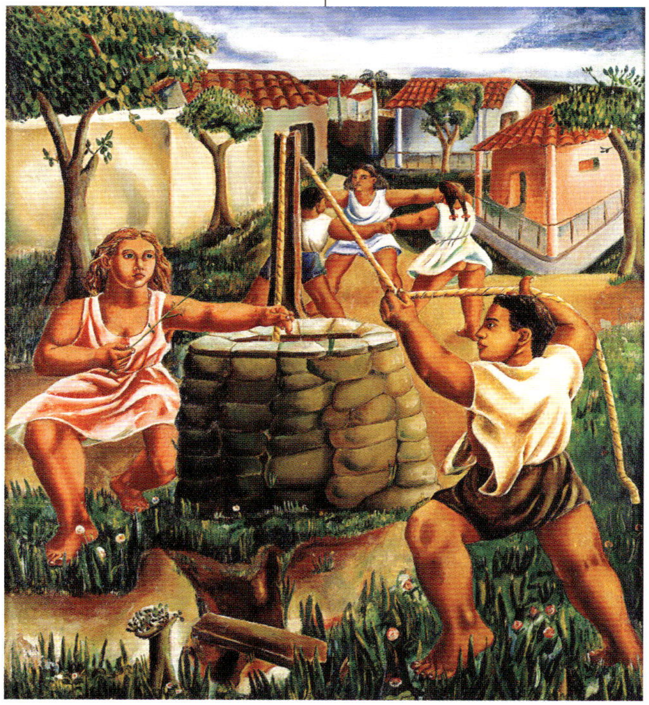

5. Mariano, *Los niños del pozo* | *The Children of the Well*, 1938. Oil on canvas | óleo sobre lienzo, 29.1 × 26″, private collection | colección privada.

enfoque en las artes visuales. De hecho, el fallecido crítico Robert Hughes consideraba a Goya como "el último de los viejos maestros y el primero de los modernistas"[36]. Fred Licht, especialista en la obra de Goya, lo considera "la *éminence grise* de la pintura moderna"[37].

El modernismo y su repercusión en Cuba

El espacio entre los siglos XIX y XX, el espacio entre la estética antigua, muy definida por el juicio, y la estética floreciente *sans* juicio, requería una renegociación de definiciones y filosofías. El concepto de juicio estético de Kant, basado en el ahora obsoleto criterio del buen gusto, llevó a los artistas modernos a luchar en su lugar con el segundo concepto kantiano de "espíritu". La investigadora cubana Dannys Montes de Oca, al examinar los efectos del modernismo en el arte cubano, explora esta crisis estética del siglo XX examinando las tensiones filosóficas inherentes como un elemento transformador entre el énfasis en la naturaleza del siglo XIX, vista como la sublimación de lo humano y el siglo XX, con su énfasis en la idea de humanidad. Así describe Montes de Oca esta tensión:

> De esta fricción se derivaba que los viejos problemas de la belleza, del canon o del paradigma estético comenzaron a ser entendidos como espacio de transacciones y/o desencuentros radicales entre lenguaje, individuo y época[38].

Estos debates no se limitaron a Europa sino que pronto cruzaron el Atlántico. Las traducciones de los textos donde se discutían estos temas aparecieron en revistas en las Américas[39]. Las guerras mundiales, los desplazamientos, el exilio y las migraciones catalizaron este proceso de interacción intelectual y artística. Si bien la primera mitad del siglo XX pudo sin duda atestiguar la parte oscura de la modernidad y los horrores de la guerra, también contribuyó a la creación de ideas y manifiestos de revolucionarias estéticas y les dio difusión mundial.

Cuba no fue excluida de esta dinámica global. Con un pie en Europa históricamente, Cuba envió a sus artistas del siglo XIX a las patrias artísticas de España e Italia para que recibiesen una formación académica avanzada en las artes[40]. Pero después de formar una nueva república cubana en 1902, *el pueblo* buscó articu-

tification with Peninsular Spain.[41] The first generation of Cuban avant-garde artists (1927–38), as with most of the intelligentsia in the Americas, gravitated toward Paris.[42] Stressing their intention of breaking with the past, the pioneers of the revitalization of the arts in Cuba first used the terms "new art"—*vanguardia* or *vanguardismo*—and then, shortly after the movement was launched, "modern art."[43]

Emerging Cuban painters of the second generation (1938–50) eschewed their predecessors' European focus, choosing instead Mexico as the departure point for exploration before branching out in diverse directions. Mariano was no exception; indeed, he was one of the first to embrace this exploration by traveling there and studying under Mexican painter Manuel Rodríguez Lozano (see Alejandro de la Fuente's essay in this volume for an exploration of Mariano's Mexican influences). Mexico and its artists connected to deep aesthetic roots through the influence of pre-Colombian and indigenous worlds as evidenced in the works of Rufino Tamayo as well as the Mexican muralists Diego Rivera, José Clemente Orozco, and David Alfaro Siqueiros. This emphasis reflected an empowerment intended to counter the messaging of the imperialist conquerors; indeed, many of the muralists were avowed communists. Mariano's own legacy with the Communist Party is storied: as a young twenty-two year old, in 1934, he participated in the National Congress of the Communist Youth League and joined the Youth's Red Guard.[44] At this time, despite his own ideological views, Mariano strikingly avoided the overt socio-political messaging found in the Mexican School. Instead, he explored Mexican techniques of expression by incorporating into his own work the earth-toned colors, rigid body forms, and exaggerated volumes, seen most readily in the works from the 1930s (see **28–31** and fig. 5).

What this second generation sought to carve out was a new dialectic between the universal and what was essentially Cuban. Mariano specifically worked within the parameters of classical themes juxtaposed against intimist Cuban scenes (peasants having a coffee [**69**] or strumming a guitar [**91**], women sewing in the home [**31**], the rooster in full glory or in battle [**68**], fishermen in boats on the sea [**99**], still lifes [**44**], female

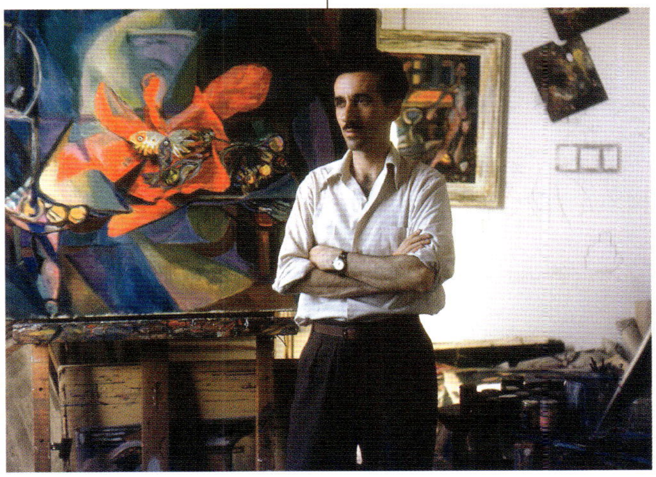

6. Mariano in his studio in front of *Still Life*, 1947 | Mariano en su estudio frente a *Naturaleza muerta*, 1947.

lar un creciente sentido de "cubanía", en oposición con la identificación con la España peninsular[41]. La primera generación de artistas de vanguardia cubanos (1927–38), como la mayor parte de la *intelligentsia* en las Américas, gravitó hacia París[42]. Enfatizando su intención de romper con el pasado, los pioneros de la revitalización de las artes en Cuba utilizaron primero los términos "arte nuevo"—vanguardia o vanguardismo—y luego, poco después del lanzamiento del movimiento, "arte moderno"[43].

Los pintores cubanos emergentes de la segunda generación moderna (1938–50) rehuyeron centrarse en lo europeo como sus predecesores, eligiendo en cambio a México como punto de partida para su exploración antes de ramificarse en diversas direcciones. Mariano no fue la excepción; de hecho, fue uno de los primeros ejemplos de esta exploración viajando allí y estudiando con el pintor mexicano Manuel Rodríguez Lozano (vea el ensayo de Alejandro de la Fuente en este volumen para una exploración de las influencias mexicanas de Mariano). México y sus artistas se conectaron a profundas raíces estéticas a través de la influencia de los mundos precolombinos e indígenas, como lo demuestran las obras de Rufino Tamayo y de los muralistas Diego Rivera, José Clemente Orozco y David Alfaro Siqueiros. Este énfasis reflejaba un empoderamiento destinado a contrarrestar los mensajes de los conquistadores imperialistas; de hecho, muchos de los muralistas eran comunistas declarados. Mariano mismo tuvo una temprana vinculación con el Partido Comunista: cuando tenía veintidós años, en 1934, participó en el Congreso Nacional de la Liga Juvenil Comunista y se integró a la Guardia Roja Juvenil[44]. Sin embargo, a pesar de su ideología, Mariano evitó sorprendentemente los claros mensajes sociopolíticos que se encuentran en la Escuela Mexicana. En cambio, exploró las técnicas de expresión mexicanas incorporando en su propio trabajo los tonos terrosos, las rígidas formas corporales y los volúmenes exagerados, como se puede apreciar más fácilmente en las obras de la década de 1930 (ver **28–31** y fig. 5).

Lo que esta segunda generación buscó forjar fue una nueva dialéctica entre lo universal y lo que era esencialmente cubano. Mariano trabajó específicamente dentro de los parámetros de temas clásicos yuxtapuestos a escenas cubanas intimistas (campesinos tomando un café [**69**] o rasgueando una guitarra [**91**], mujeres cosiendo en el hogar [**31**], el gallo en toda su gloria o en la batalla [**68**], pescadores en sus botes en el mar [**99**],

and male nudes in quiet or decadent activity [**36**]). In the 1940s, Mariano left Cuba for New York. There, encyclopedic museums also became the wellspring for exploration of classical themes most especially those interpreted by the baroque masters, as evidenced by his epistolary comments. Mariano wrote home to Havana about his favorites: Rembrandt—"a gentleman of painting" to tinge the most somber tones in "perfect masses" of black pigment or El Greco, with "the *Landscape of Toledo*...contrary to the others, it can give you the idea of color but never of composition, which is perfect...all which is universal is in El Greco."[45]

By the 1940s (fig. 6) we see clear evidence of the direct influence of the Paris School on Mariano, most especially the works of Cézanne (in his own words, "magnificent"[46]), Matisse (*La coiffure*, 1901, fig. 7), and Picasso (*Flowers*, 1901). Mariano's own reaction to those artists and their works is well documented[47] (fig. 8 and **44**). Through exhibitions in Havana as well as living in New York in the 1940s, Mariano observed works from the Paris School firsthand. By the second half of the 1940s, it became evident that Mariano (**93**, **98**) had embraced Picasso's work and some of the fundamental ideas of cubism.[48] Continually evolving, Mariano in the 1950s explored those same intimist themes but within the language of abstraction, both geometric abstraction and abstract expressionism (**99**, **164**). The richness of colors[49] with robust tones and strong brushstrokes remains a protagonist in his painting. Never does Mariano distance himself from what is essential to his art: color, line, and form; yet, in the fifties the forms become more abstract, deconstructed, and reconfigured.[50]

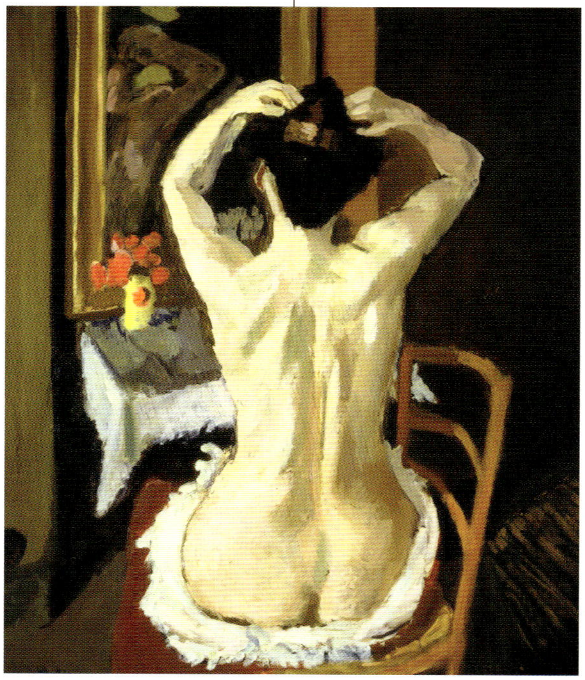

7. Henri Matisse (1869–1954), *La coiffure* | *The Hairstyle* | *El peinado*, 1901. Oil on canvas | óleo sobre lienzo, 37.5 × 31.6", National Gallery of Art, Washington, DC, 1963.10.165.

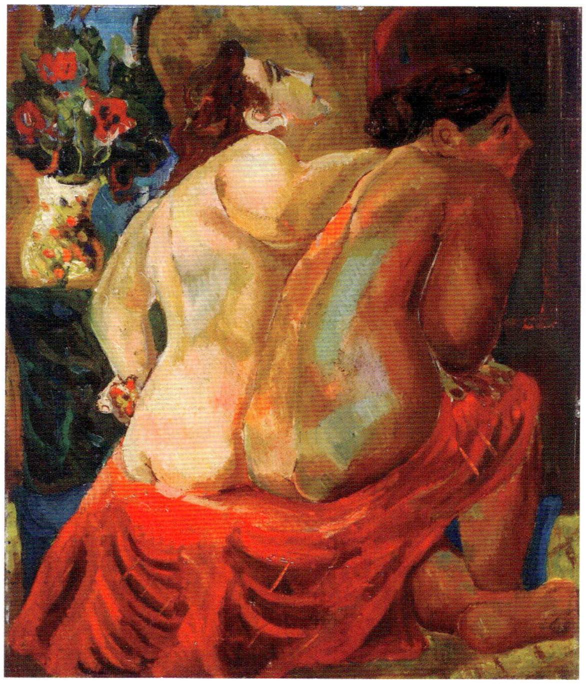

8. Mariano, *Mujeres* | *Women*, 1940. Oil on wood | óleo sobre madera, 22 × 18", private collection | colección privada.

naturalezas muertas [**44**], desnudos femeninos y masculinos en actividad tranquila o decadente [**36**]). En la década de 1940, Mariano salió de Cuba hacia Nueva York. Allí, los museos enciclopédicos también se convirtieron en la fuente para la exploración de temas clásicos, especialmente los interpretados por los maestros barrocos, como demuestran sus comentarios epistolares. Mariano escribió a su familia en La Habana sobre sus favoritos: Rembrandt: "un señor de la pintura" que podía teñir los tonos más sombríos en "masas perfectas" de pigmento negro; o El Greco, con "el *Paisaje de Toledo*... a la inversa de otros, te puede dar la idea del color, pero nunca de la composición, que es perfecta... todo lo que de universal hay en El Greco"[45].

En la década de 1940 (fig. 6) vemos una clara evidencia de la influencia directa de la Escuela de París en Mariano, especialmente las obras de Cézanne (en sus propias palabras, "magnífico"[46]), Matisse (*La coiffure*, 1901, fig. 7) y Picasso (*Flores*, 1901). La reacción de Mariano ante esos artistas y sus obras está bien documentada[47] (fig. 8 e **44**). A través de exposiciones en La Habana, y durante su estancia en Nueva York en la década de 1940, Mariano pudo ver en persona las obras de la Escuela de París. En la segunda mitad de la década de 1940, se hizo evidente que Mariano (**93**, **98**) había acogido la influencia de Picasso y algunas de las ideas fundamentales del cubismo[48]. En constante evolución, Mariano en la década de 1950 exploró esos mismos temas intimistas pero dentro del lenguaje de la abstracción, tanto la abstracción geométrica como el expresionismo abstracto (**99**, **164**). La riqueza de colores[49], con tonos robustos y fuertes pinceladas, sigue siendo la marca distintiva de su pintura. Mariano nunca se distancia de lo que es esencial para su arte: color, línea, y forma; sin embargo, en los años cincuenta las formas se vuelven más abs-

Cuban art scholar Antonio Eligio Fernández (Tonel) accurately observes, "a recurrent characteristic in his painting during the fifties and early sixties prevails: what is corporeal is accompanied by amalgamations and metamorphoses."[51]

The Baroque as Postmodernist

The baroque, a constant in Mariano's work since the 1940s, would find a distinct iteration in the 1960s. For second-generation Cuban artists, despite a divergence of interpretations, a common element emerged: a baroque style, rich in hybridization and an accumulation of elements, was adopted and reconfigured to fit a new Latin American artistic vision.[52] This Latin American/Caribbean hybridization is best exemplified in the work of Wifredo Lam and, indeed, the artistic relationship between Mariano and Lam and the symbiotic effects on their respective works from the fifties are immediately evident (fig. 9). The Afro-Cuban aspects of the culture offered both artists an ample opportunity to explore their respective interpretations (**95**, **98**, and Lam's *Contrepoint*, 1951, fig. 10). While Lam and Mariano's work converge in the use of certain hybridization, they diverge in their interpretation. To view the works of Mariano (**112**) is to focus on painting for painting's sake. Rarely is there an act of decoding that must be deconstructed in favor of comprehension. Mariano's work is rich, but the lexicon is not inaccessible. The excitement comes in the sensuality of the expression. Indeed, critics have devoted attention to the inherent tension between the sensual, symbolized by color and the intellectual, symbolized by form.[53] Notable Cuban intellect and poet José Lezama Lima[54] specifies the uniqueness of the baroque in Mariano's hands stating, "We observe a force in almost all of Mariano's paintings that is nourished from his own

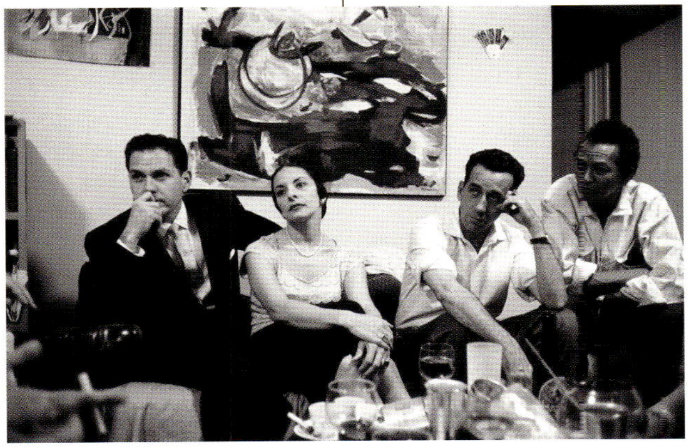

9. Fernando and Alicia Alonso, Mariano, and Wifredo Lam in Mariano's home, ca. 1958 | Fernando y Alicia Alonso, Mariano y Wifredo Lam en la casa de Mariano, ca. 1958.

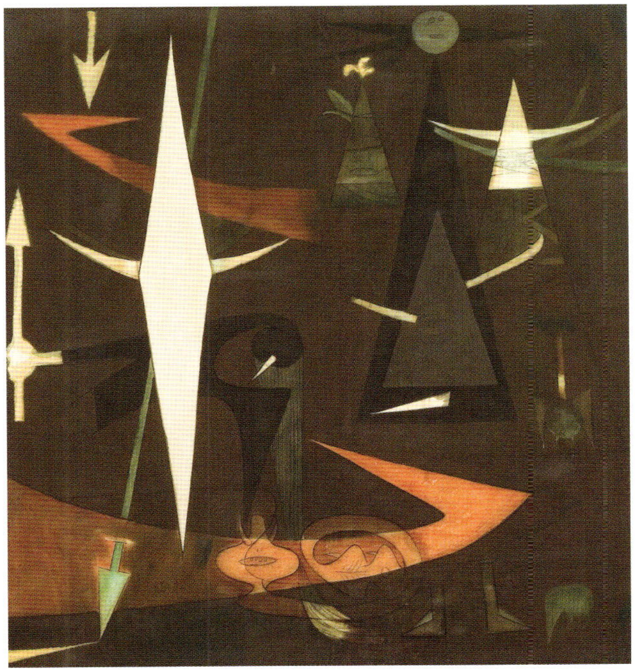

10. Wifredo Lam (1902–82), *Contrepoint* | *Counterpoint* | *Contrapunto*, 1951. Oil on canvas | óleo sobre lienzo, 85.4 × 77.2" MNBA, La Habana, 07.203.

tractas, deconstruidas y reconfiguradas[50]. El artista y crítico cubano Antonio Eligio Fernández (Tonel) observa con precisión que "domina una característica recurrente en su pintura de los años 50 y tempranos 60: lo corpóreo se acompaña de fusiones y metamorfosis"[51].

Lo barroco como posmodernista

Lo barroco, una constante en el trabajo de Mariano desde la década de 1940, encontraría un avatar distinto en la década de 1960. Para los artistas cubanos de la segunda generación moderna, a pesar de la divergencia de interpretaciones, surgió un elemento común: un estilo barroco, rico en hibridaciones y acumulación de elementos, fue adoptado y reconfigurado para adaptarse a una nueva visión artística latinoamericana[52]. Esta hibridación latinoamericana/caribeña se ejemplifica mejor en el trabajo de Wifredo Lam y, de hecho, la relación artística entre Mariano y Lam y los efectos simbióticos en sus respectivas obras a partir de los años cincuenta son evidentes (fig. 9). Los aspectos afrocubanos de la cultura ofrecieron a ambos artistas una amplia oportunidad para explorar sus respectivas interpretaciones (**95**, **98** y *Contrepoint* de Lam, 1951, fig. 10). Si bien las obras de Lam y Mariano convergen en el uso de cierta hibridación, divergen en su interpretación. Ver las obras de Mariano (**112**) es enfocarse en la pintura por la pintura misma. Rara vez hay un acto de decodificación que debe ser deconstruido para alcanzar la comprensión. El trabajo de Mariano es rico, pero su lenguaje no es inaccesible. La emoción viene en la sensualidad de la expresión. De hecho, los críticos han llamado la atención sobre la tensión inherente entre lo sensual, simbolizado por el color y lo intelectual, simbolizado por la forma[53]. El notable intelectual y poeta cubano José Lezama Lima[54] especifica la singularidad del barroco en manos de Mariano al afirmar, "Observamos en casi todos los cuadros de Mariano una fuerza que se nutre de su propia

sensual paradox instead of a distracting intelligent opinion. That is why his 'baroqueness' is not found in the turning and twisting or in the interminable absolute multiplications. Instead, his 'baroqueness' might show up in botanical multiplication in which the figure is embraced. But quickly this apparent situation is erased by the sensual paradox into which it finally settles."[55]

This retrieval of the baroque, now in a modern context, reflects a more properly postmodern interest in hybridity, which values a mixing of influences. Hybridization of form in Mariano's work was often inspired by popular religious festivities, which were in themselves syncretic, drawing on African and Catholic religious symbols (**96–98**).

Cuban ethnographer, author, art critic, and longtime friend of Mariano, Natalia Bolívar, emphasized in a recent interview: "Works like *Osaín*, *La bruja [The Witch]*, *San Lázaro*, and his various Virgin Mary figures [fig. 11] are inspired by popular festivities that were celebrated in Regla [Cuba]. Artists such as Mariano, Portocarrero, and Lozano attended. The church where the 'batá' [African drums] were kept, up until the eve of the celebration, was the church of the Virgin of Regla. The next day was the procession in which the Virgin Mary was carried to the sea. Mariano was nourished on this ceremony." Bolívar continues, "At the end of the 1950s, Mariano returned to the themes he had worked on but sought another aesthetic path. His figures in this stage are phantasmagorical and he turned to black in his paintings."[56]

These dark paintings became the departure point from which he would fully embrace his Black Paintings in the 1960s. On that point, noted Cuban art critic and scholar Roberto Cobas Amate concurs, "Mariano became initially interested in music and dance, in particular, the ritual celebrations known as *Bembés*. But while Portocarrero recreates them with an expressive and cheerful coloring...Mariano emphasizes the black and the grays"[57] (**96–98**).

The sensuality, so overt in his early figurative works, yet also observed in the organic and inorganic forms of the 1950s, is in constant evolution (**132**, **163**, **165**). By the late fifties and early sixties color and form are reconciled, prompting a deeper exploration of both.[58] What distinguishes Mariano from Lam, or, for that matter, any other second-generation modernist, is the insertion of the grotesque into the baroque. Cuban

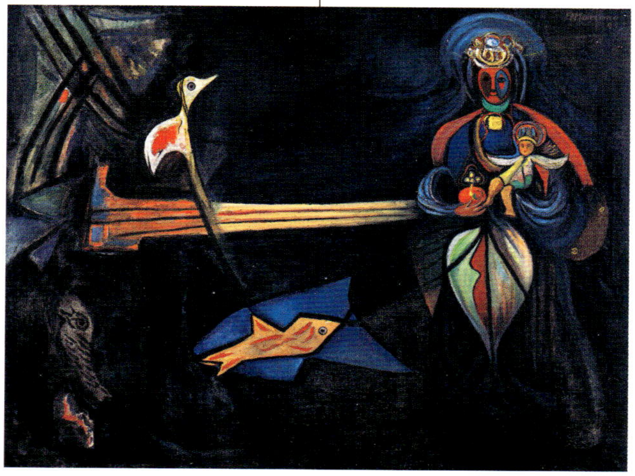

11. Mariano, *Aparición en el mar (La Virgen de las Aguas)* | *Apparition in the Sea (The Virgin of the Waters)*, 1946. Oil on wood | óleo sobre madera, 30 × 40", private collection | colección privada.

paradoja sensual, no de inteligente opinión desviada. Por eso su barroquismo no está en torcer ni en retorcer, o en interminables multiplicaciones absolutas y de lo absoluto, sino que pudiera aparecer en la multiplicación botánica en la que la figura se acoge, pero presto esa aparente situación es borrada por la paradoja sensual en la que finalmente resuelve"[55].

Esta recuperación del barroco, ahora en un contexto moderno, refleja un interés más propiamente posmoderno en la hibridación, que le otorga valor a la mezcla de influencias. La hibridación de la forma en el trabajo de Mariano a menudo se inspiraba en festividades religiosas populares que eran en sí mismas sincréticas, mezclando símbolos religiosos africanos y católicos (**96–98**).

Natalia Bolívar, etnógrafa, crítica de arte cubano y amiga de Mariano durante mucho tiempo, enfatizó en una entrevista reciente: "Obras como *Osaín*, *La bruja*, *San Lázaro* y sus varias Vírgenes [fig. 11] están inspiradas en las fiestas populares que se celebraban en Regla y a las cuales artistas como Mariano, Portocarrero y Lozano asistían. Los tambores batá se guardaban en la iglesia la víspera de la celebración de la Virgen y al día siguiente se hacía la procesión, en la cual se llevaba la Imagen hasta el mar. Mariano se nutrió de esa ceremonia". Continúa Bolívar, "A finales de los 50 Mariano retoma temas que ya había tratado pero buscando otro camino estético. Sus seres en esta etapa son fantasmagóricos, acude al negro en su pintura"[56].

Estas pinturas oscuras se convirtieron en el punto de partida para lo que serían sus pinturas negras en la década del 60. En ese punto, el crítico y experto en arte cubano Roberto Cobas Amate apunta: "Mariano se interesa inicialmente en la música y el baile, en particular, en las celebraciones rituales conocidas como *bembés*. Pero mientras Portocarrero los recrea con un expresivo y alegre colorido... Mariano enfatiza el negro y los grises"[57] (**96–98**).

La sensualidad, tan evidente en sus primeras obras figurativas, pero también observada en las formas orgánicas e inorgánicas de la década de 1950, continúa su constante evolución (**132**, **163**, **165**). A finales de los años cincuenta y principios de los sesenta, el color y la forma se han reconciliado, provocando una exploración más profunda de ambos[58]. Lo que distingue a Mariano de Lam o en general de cualquier otro miembro de la segunda generación modernista es la inserción de lo

art critic and scholar Antonio Eligio (Tonel) avers, "Mariano punctually focuses on the Afro-Cuban syncretism and on the carnival and there are very little ethnographic or picturesque elements in his images. When attending events where dance and music go hand in hand with the theatricality and the slaughtering of animals, his representation of the anatomy insists on what is deformed and the bodies are forced to a level of distortion appealing to grotesque expressiveness."[59] These works preface the exploration of the grotesque in the baroque that comes to full fruition in 1965.

The Grotesque

By the sixties, Mariano was a mature artist and the styles in which he fluently operated began to display Kant's essence of "spirit" that would catapult the Cuban artist into the realm of the true modernists of the twentieth century. In the paintings from 1965, those influences are primarily the reinterpretation of the baroque in light of the grotesque, another example of Mariano's hybridization of styles.

To better understand the grotesque it is useful to turn to one of the most influential studies of this subject, *The Grotesque in Art and Literature* by the German critic Wolfgang Kayser (1957).[60] The grotesque, tracing its roots to the Italian Renaissance and the discovery of the grottos of ancient Rome, attracted increasing attention throughout the centuries, with a resurgence of interest in nineteenth-century romanticism and realism and twentieth-century dream narration and surrealism.[61] Kayser interprets the grotesque alongside the horrific and the comedic, a paradox eliciting an ambiguous response.[62] Thus, we ground our conflicting reactions in the dichotomy between attraction and repulsion, fascination and repugnance, compassion and disregard, sympathy and disdain. According to Kayser, the grotesque appears as simultaneously of and opposed to the worlds in which the audience exists.[63]

In Mariano's case, his grotesque paintings seem to reflect this binary space. They tend to follow similar patterns: divided into two planes, either vertically or horizontally, one dark and obscured, the other light and illuminated. The "claroscuro," the essential characteristic of the baroque, dominates. Antonio Eligio (Tonel) observes: "Frequently, from here on, compositions will be based on the division of the level in two adjoining areas, one of them dark, mysterious: a zone of the stage protected from indiscreet looks. The focal light, the characters as actors, placed before backgrounds of indeterminate depth, and the importance of narration, are all traits indicating a revalorization of baroque aesthetics."[64] Hence, Mariano reimagines the baroque period of the Cuban avant-garde, reinterpreting it in a heavily narrative form. As such, he relies on history, mythology, and classicism as the seedbed of his inspiration.

The first work of the series *El pecado original (Origi-*

grotesco en lo barroco. El crítico de arte y artista cubano Antonio Eligio (Tonel) afirma: "Mariano se enfoca puntualmente en el sincretismo afrocubano y en el carnaval, y hay muy poco de etnográfico o de pintoresco en sus imágenes. Al atender a eventos donde la danza y la música van de la mano con la teatralidad y con el sacrificio de animales, su representación de la anatomía insiste en lo deforme, y los cuerpos son violentados hasta un nivel de distorsión que apela a la expresividad grotesca"[59]. Estas obras prefiguran la exploración de lo grotesco en lo barroco que se concretó en 1965.

Lo grotesco

En los años sesenta, Mariano era un artista maduro y los estilos en los que operaba con fluidez comenzaron a mostrar la esencia del "espíritu" de Kant que lo catapultaría al dominio de los verdaderos artistas modernistas del siglo XX. En las pinturas de 1965, esas influencias son principalmente la reinterpretación del barroco a la luz de lo grotesco, otro ejemplo de la hibridación de estilos de Mariano.

Para comprender mejor lo grotesco, es útil recurrir a uno de los estudios más influyentes acerca de este tema, *The Grotesque in Art and Literature*, del crítico alemán Wolfgang Kayser (1957)[60]. Lo grotesco, que remonta sus raíces al Renacimiento italiano y al descubrimiento de "le grotte" de la antigua Roma, atrajo cada vez más atención a lo largo de los siglos, con un resurgimiento del interés durante los tiempos del romanticismo y el realismo del siglo XIX y las narraciones oníricas y el surrealismo del siglo XX[61]. Kayser interpreta lo grotesco junto con lo horrible y lo cómico, como una paradoja que provoca una respuesta ambigua[62]. Así, basamos nuestras reacciones conflictivas en la dicotomía entre atracción y repulsión, fascinación y repugnancia, compasión y aversión, simpatía y desdén. Según Kayser, lo grotesco aparece como algo que es simultáneamente parte de los mundos en que existe la audiencia, y su opuesto[63].

En el caso de Mariano, sus pinturas grotescas parecen reflejar este espacio binario. Tienden a seguir patrones similares: divididas en dos planos, vertical u horizontalmente, uno sombrío y oscurecido, el otro claro e iluminado. Domina el claroscuro, la característica esencial del barroco. Observa Antonio Eligio (Tonel): "Con frecuencia, a partir de aquí, las composiciones se basarán en la división del plano en dos áreas contiguas, una de ellas oscura, misteriosa: zona del escenario protegida de miradas indiscretas. La luz focal, los personajes como actores, colocados ante fondos de hondura imprecisa, y la importancia de lo narrativo son todos rasgos que indican una revalorización de la estética barroca"[64]. De esta forma, Mariano reinventa el período barroco de la vanguardia cubana, reinterpretándolo en una forma acusadamente narrativa. Como tal, se basa en la historia, la mitología y el clasicismo como la simiente de su inspiración.

La primera obra de la serie *El pecado original*, 1965

nal Sin), 1965 (fig. 12) refers to Eve's transgression in the Garden of Eden, in which, after eating the forbidden apple, Eve realizes that she is nude. Examples abound in Renaissance and baroque art portraying Eve in shame, her hand or a fig leaf covering her genitals as an afterthought to her disobedience. But in Mariano's interpretation, we capture Eve in the moment *before* transgression. In the upper plane an inky blue black spreads across the top in various gradations, obliterating Eve's head and facial features. She is unidentifiable except by her sex. Unidentifiable, too, is the upper portion of the tree, whence the apple dropped and the snake descended, so central to the narrative and yet these overt symbols are markedly absent. Instead, like Goya's work, grotesque creatures hover in flight close to and behind the female figure, barely visible.[65] Illuminated in the lower horizontal plane is a glowing light that emanates from Eve's torso, breasts, genitals, and legs; it spreads with an incandescent glow that evokes the whites of the unequaled Spanish artists Velázquez and Goya. Mariano's Eve shimmers not in shame but in erotic promise. Eve disturbs.

In works like *Susana y los muchachos (Susana and the Young Men)*, 1965 (**178–79**, fig. 13), *Homenaje a Ingres (Homage to Ingres)*, 1964, and *The Three Graces*, ca. 1965 (fig. 2), we observe the wellspring of Mariano's evolving interpretation of the baroque.[66] The lessons witnessed from direct contact with those masters' works so many decades ago while living in New York would now be returned tenfold as Mariano sought to express the leitmotif of classicism within his own canon. That canon included the fascination with the female figure in all of her interpretations: seducer, naif, victim, Madonna, whore. In Mariano's production from 1965, author Antonio Eligio (Tonel) classifies the "Dionysian impulse" of his "series devoted to eroticism and the dialogue with the painting of classic masters...A considerable area of his work during these years is frankly hedonistic, therefore the abundance of female nudes—Evas, Gracias, Susanas, singers and so many

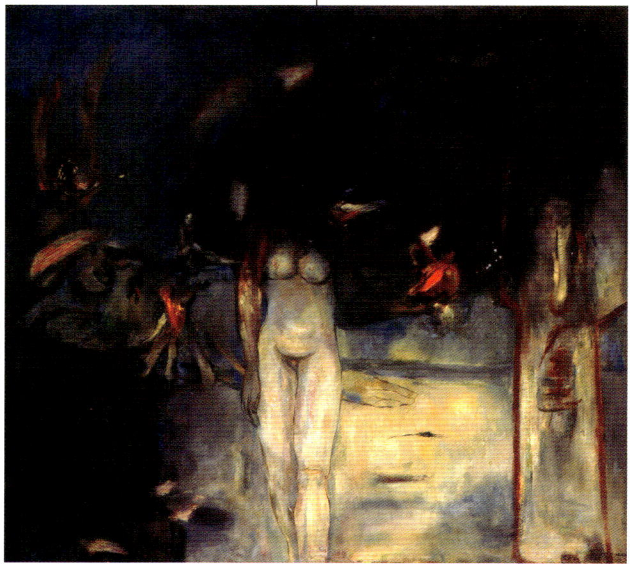

12. Mariano, *El pecado original* | *Original Sin*, 1965. Oil on canvas | óleo sobre lienzo, 44.4 × 49.5", private collection | colección privada.

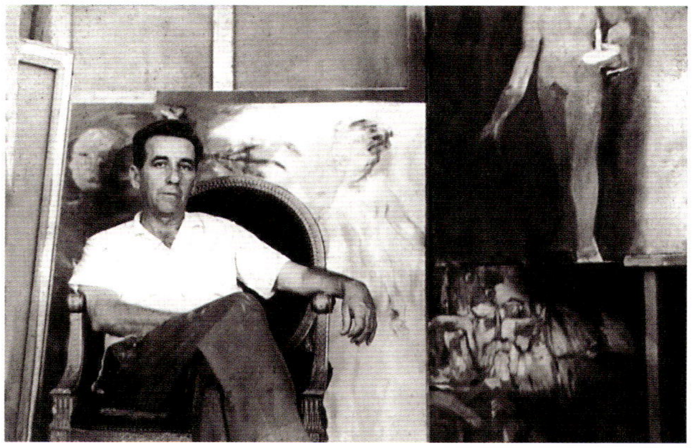

13. Mariano seated in front of *Susana and the Young Men*, 1965 (**179**) | Mariano sentado delante de *Susana y los muchachos*, 1965 (**179**).

(fig. 12) se refiere a la transgresión de Eva en el Jardín del Edén, en la que, después de comer la manzana prohibida, Eva se da cuenta de que está desnuda. Abundan los ejemplos en el arte renacentista y barroco de imágenes de Eva avergonzada, con su mano o una hoja de parra cubriendo sus genitales como un reconocimiento tardío de su desobediencia. Pero en la interpretación de Mariano, capturamos a Eva en el momento *anterior* a la transgresión. En el plano superior, un color negro azulado se extiende en varias gradaciones, borrando la cabeza y los rasgos faciales de Eva. Nada la identifica, excepto su sexo. Tampoco es identificable la parte superior del árbol, tan central en la narrativa, desde donde cayó la manzana y descendió la serpiente. Estos símbolos tan conocidos aquí destacan por su ausencia. En cambio, como en las obras de Goya, criaturas grotescas flotan alrededor de la figura femenina, apenas visibles[65]. Una luz que emana del torso, los senos, los genitales y las piernas de Eva ilumina el plano horizontal inferior; se extiende con un brillo incandescente que evoca los blancos de los inigualables Velázquez y Goya. La irradiación de la Eva de Mariano no proviene de la vergüenza sino de la promesa erótica. Es una Eva perturbadora.

En obras como *Susana y los muchachos*, 1965 (**178–79**, fig. 13), *Homenaje a Ingres*, 1964 y *Las tres gracias*, ca. 1965 (fig. 2), observamos la fuente de esta nueva interpretación de Mariano del barroco[66]. Las lecciones aprendidas en el contacto directo con las obras de los maestros décadas atrás, mientras vivía en Nueva York, ahora se devolverían multiplicadas cuando Mariano buscó expresar el leitmotiv del clasicismo dentro de su canon personal. Ese canon incluía la fascinación con la figura femenina en todas sus interpretaciones: seductora, ingenua, víctima, virgen, puta. En la producción de Mariano de 1965, Antonio Eligio (Tonel) clasifica el "impulso dionisíaco" de sus "series dedicadas a lo erótico y al diálogo con la pintura de maestros clásicos... Una zona considerable de su obra de estos años es francamente hedonística; de ahí la abundancia del desnudo femenino—Evas,

other women—mythological or earthly, as symbol of desire of pleasure and fertility, in series and individual works."[67]

In Mariano's works, like those of so many artists throughout history, the female often appears as an object, or a subject of objectification. Without a doubt, we find an abundance of nudes, not exclusively, but mostly female, operating in one plane or the other, subjects of an objectified or even, at times, a voyeuristic gaze, as in *Hombre tras la puerta (Mirón)* (*Man behind the Door [Voyeur]*), *El deseo (Desire)*, and *Mujer con flores (Woman with Flowers)* (**180–81**, **187**). Esteemed Cuban art and Mariano scholar José Veigas explains that there are, "small groups of paintings and drawings that reference [figures] in popular music, genre scenes, or beauty pageants which we know in Cuba as 'rascabuchadores' (voyeurs or observers),"[68] as does Antonio Eligio (Tonel) who states, "the contemplation of the nude in [Mariano's] work suggests, on occasions, a perspective associated with the creole picaresque. That is what is happening in the series of watchers."[69] Mariano pushes the boundaries, delving into the more difficult aspects of grotesquerie, challenging himself and viewers to break from accepted norms and attitudes. In the act of viewing, the audience becomes complicit in the same act of exploitation that is being exposed in the painting.[70] Likewise, other artists have experimented amply with voyeurism, such as Robert Mapplethorpe whose photographs, for example, compel the viewer to peer into a private world not usually accessible (fig. 14).

Additionally, Mariano explores exaggeration as an explicit aspect of the grotesque in *Feeling* (fig. 15), *Mozambique*,[71] and *Cantante I (Singer I)* (**176–77**), alluding to personalities in popular culture. In this

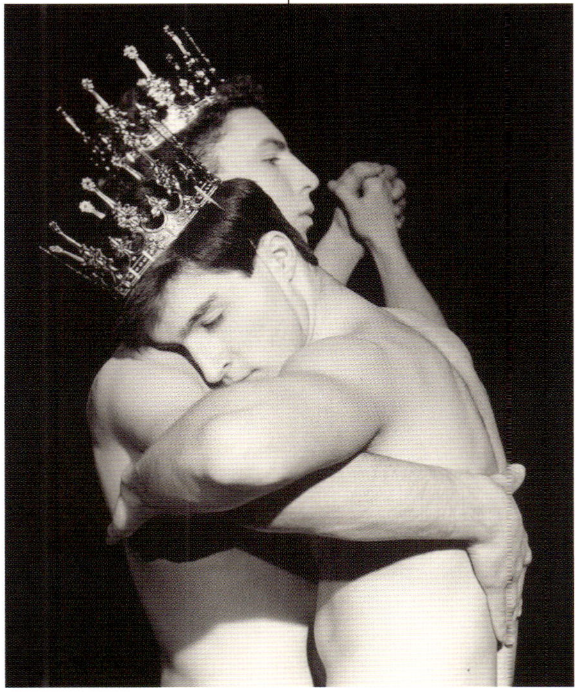

14. Robert Mapplethorpe (1946–89), *Two Men Dancing* | *Dos hombres bailando*, 1984. Gelatin silver print | impresión de gelatina en plata, 19.1 × 15.2", J. Paul Getty Trust & Los Angeles County Museum of Art, PG.2011.15.724.

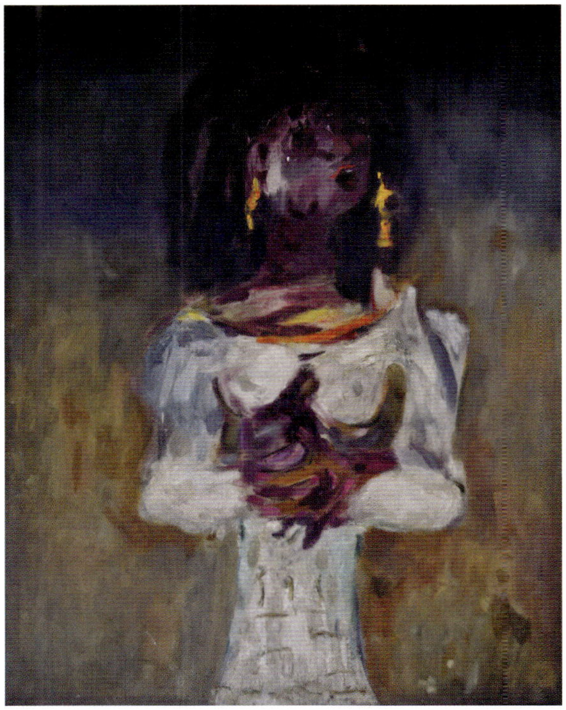

15. Mariano, *Feeling* | *Filin*, ca. 1965. Oil on canvas | óleo sobre lienzo, 39.1 × 31.1", private collection | colección privada.

Gracias, Susanas, cantantes y tantas otras mujeres, mitológicas o terrenales—como símbolo del deseo, del placer y de la fertilidad, en series y obras individuales"[67].

En las obras de Mariano, como en las de tantos artistas a lo largo de la historia, la mujer a menudo aparece como un objeto o sujeta a un proceso de objetivación. Sin dudas, encontramos una gran cantidad de desnudos, no exclusiva pero mayoritariamente femeninos, que operan en un plano u otro, sujetos a una mirada deshumanizada o incluso, a veces, voyeurista, como en *Hombre tras la puerta (Mirón)*, *El deseo* y *Mujer con flores* (**180–81**, **187**). José Veigas, reconocido crítico de arte cubano y experto en la obra de Mariano, explica que hay "pequeños grupos de telas y dibujos asociados a la música, al costumbrismo, a los concursos de belleza o a lo que en Cuba conocemos popularmente como 'rascabuchadores' (voyeurs o mirones)"[68], en lo que coincide Antonio Eligio (Tonel), quien afirma "la contemplación del desnudo en su obra se plantea, en ocasiones, desde una perspectiva asociada con la picaresca criolla. Así sucede en la serie de los mirones"[69]. Mariano desafía los límites, sumergiéndose en los aspectos más difíciles de lo grotesco, desafiándose a sí mismo y a los espectadores a romper con normas y actitudes aceptadas. En el acto de mirar, el público se vuelve cómplice del mismo acto de explotación que se expone en la pintura[70]. Del mismo modo, otros artistas han experimentado ampliamente con el voyeurismo, como Robert Mapplethorpe, cuyas fotografías, por ejemplo, empujan al espectador a asomarse a un mundo privado que no es usualmente accesible (fig. 14).

Por otro lado, Mariano explora la exageración como un aspecto explícito de lo grotesco en *Feeling (Filin)* (fig. 15), *Mozambique*[71] y *Cantante I* (**176–77**), aludiendo a figuras

series, we view grotesques in the figure of exaggerated images of female and male singers. Sociologist Chris Jencks observes that in the grotesque, exaggeration, whether of individual parts or the whole body, relies on transgression and disharmony, thereby challenging the limits of conventional aesthetics.[72] These works are categorized as almost carnivalesque. Antonio Eligio (Tonel) classifies "the expressionist deformation that we admire in paintings like *Cantante (Singer)* is modulated, at times, to become strident, to have a carnival-like mood tinged by the scatological, as can be appreciated in *Reunión en la OEA*"[73] (fig. 16, **186**). With its masses of people and their distorted faces, this work loudly echoes the tone if not the actual tenor of violence and intimidation in Goya's *El aquelarre (Witches' Sabbath)* (fig. 17).[74]

These readings of transgression have received critical attention by female scholars and have been examined in the light of feminine gendered readings of the form. These scholars argue that the female figure in the grotesque can reinforce ideals of social order while simultaneously functioning as a transgressive element. In *The Female Grotesque: Risk, Excess and Modernity*, Mary Russo highlights the possibilities of the grotesque for a feminist project that is transgressive. She writes that grotesquerie "'does not always function to keep women in their place' because the writer or artist 'intends to baffle, intimidate, and shock the viewer or reader and to stimulate [their] own (critical) thought process' to demand change in the world by breeding a grotesque female."[75] Scholar Julia Kristeva argues similarly that if "the 'perfect' woman's body is a product of the male gaze and its related power dynamics, then the affirmation and display of material bodies in all their diversity (shapes, contours, sizes, dimensions) and bodily functions (ingestions, excretions, menstruation, pregnancy, aging, sickness) have the potential to subvert patriarchal gender codes related to corporeality. Grotesque bodies can, in other words, resist absorption into the objectifying gaze that seeks to contain them."[76] Kara Walker's work is an example of just such a device: her celebrated use of exaggeration and violence in the grotesque powerfully intensifies her racial messaging (fig. 18).

While a female artist like Kara Walker can purposely subvert normative gender-based concepts of beauty and desire precisely *because* of her gender, it would be difficult to project such a reading onto Mari-

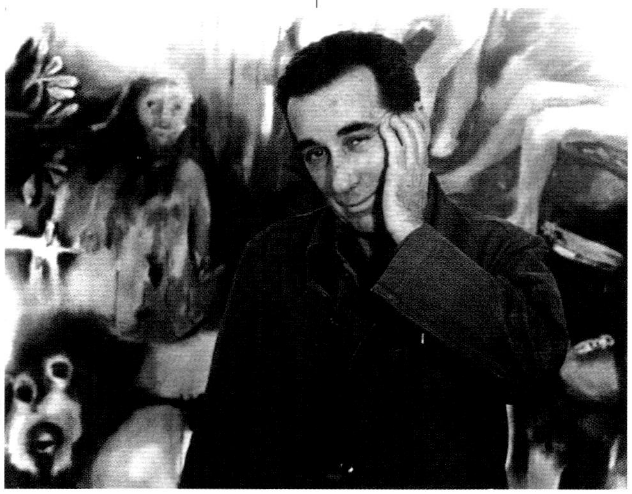

16. Mariano in front of *Meeting at the OAS*, ca. 1965 (**186**) | Mariano en frente de *Reunión en la OEA*, ca. 1965 (**186**).

de la cultura popular. En esta serie, vemos lo grotesco en las imágenes exageradas, femeninas y masculinas, de cantantes. El sociólogo Chris Jencks observa que, en lo grotesco, la exageración, sea de partes individuales o de todo el cuerpo, se basa en la transgresión y la falta de armonía, desafiando así los límites de la estética convencional[72]. Estas obras se clasifican como casi carnavalescas. Antonio Eligio (Tonel) afirma que "la deformación expresionista que admiramos en cuadros como *Cantante* se moduló en ocasiones, para llegar a lo estridente, a un tono carnavalesco matizado por lo escatológico, según puede apreciarse en *Reunión en la OEA*"[73] (fig. 16, **186**). Con sus masas de gente y sus caras distorsionadas, esta obra se acerca al tono si no al tenor real de violencia e intimidación en *El aquelarre* de Goya (fig. 17)[74].

Estas lecturas transgresivas han recibido atención crítica de mujeres académicas y han sido examinadas a la luz de las lecturas femeninas de género. Estas críticas argumentan que la figura femenina en lo grotesco puede reforzar los ideales del orden social y simultáneamente funcionar como un elemento transgresor. En *The Female Grotesque: Risk, Excess and Modernity*, Mary Russo destaca las posibilidades de lo grotesco para un proyecto feminista y transgresor. Escribe que lo grotesco "'no siempre funciona para mantener a las mujeres en su lugar' porque el escritor o artista 'tiene la intención de desconcertar, intimidar y sacudir al espectador o lector y estimular su [propio] proceso de pensamiento (crítico)' para exigir un cambio en el mundo al producir una hembra grotesca"[75]. La teórica Julia Kristeva argumenta de manera similar que si "el cuerpo de la mujer 'perfecta' es un producto de la mirada masculina y se relaciona con las dinámicas de poder, entonces la afirmación y exhibición de los cuerpos materiales en toda su diversidad (formas, contornos, tamaños, dimensiones) y funciones corporales (ingestiones, excreciones, menstruación, embarazo, envejecimiento, enfermedad) tienen el potencial de subvertir los códigos de género patriarcales relacionados con la corporeidad. Los cuerpos grotescos pueden, en otras palabras, resistir la absorción en la mirada objetivante que busca contenerlos"[76]. El trabajo de Kara Walker es un ejemplo de tal dispositivo: su célebre uso de la exageración y la violencia en lo grotesco intensifica poderosamente su mensaje racial (fig. 18).

Si bien una artista femenina como Kara Walker puede subvertir a propósito los conceptos normativos de belleza y deseo precisamente *por* ser mujer, sería

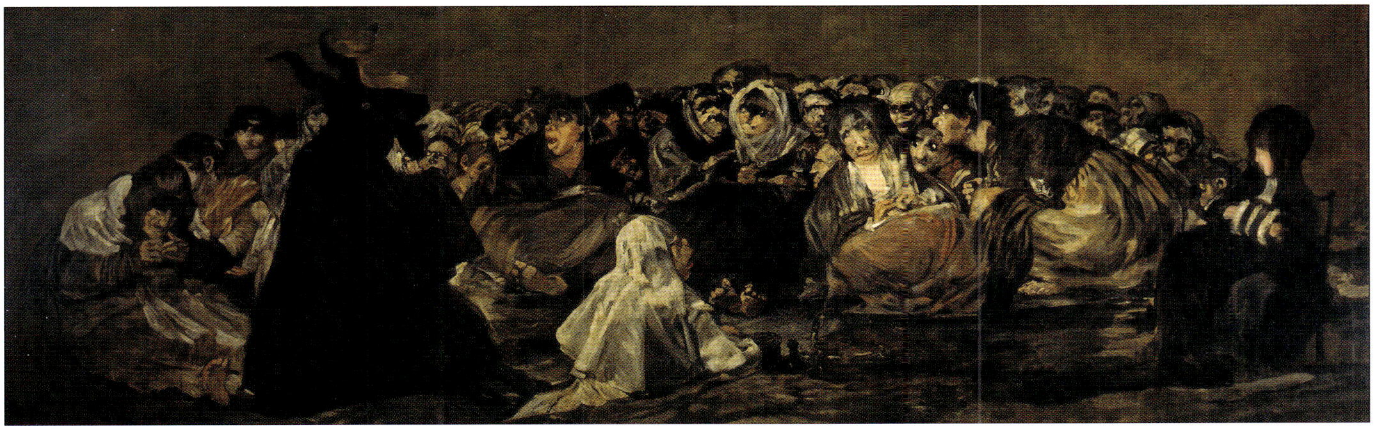

17. Francisco Goya, *El aquelarre o, El gran cabrón* | *Witches' Sabbath or, The Great He-Goat*, 1820–23. Oil on plaster wall, transferred to canvas | óleo sobre revestimiento mural trasladado a lienzo, 56 × 172", Museo del Prado, Madrid, P000761.

ano's work. However, a transgressive reading need not be gender-based. The outstanding question is why did Mariano depart from his classical conception of colors, lines, and forms? Why did he disrupt what had been, up to that time, successful styles of expression? Interestingly, the themes of classicism, religion, and mythology were constant throughout his canon; the novelty lay in the variation on the themes. While there is scarce scholarship on the grotesque in Mariano's work, there is a consensus that the works from 1965 are exceptional.[77]

By the end of the decade, concurrent with the triumph of the 1959 Cuban Revolution, Mariano was executing increasingly prestigious commissions in Cuba[78] and widely participating in international exhibitions. Nonetheless, Mariano related to ethnographer and friend Natalia Bolívar that "during that time he was going through a moment of skepticism and indecision as a painter concerning the themes that he had taken up until that time."[79] Bolívar recounted that, in her opinion, in the late fifties Mariano experienced an internal crisis.[80] In 1960, Mariano was named chargé d'affaires by Cuba's embassy in India (fig. 19). Bolívar asserts, "His work, his drawings during his time in India signify a period of exceptionality. Mariano experienced a tremendous depression after returning from India. He resumed working on themes found in classical painting but there was a change, an inflection point. Mariano, being an analytical man, felt the necessity to formally look for a way to change, a way in which to analyze his creation. And all of this was related to a sentimental, spiritual, and aesthetic change; it was a combination of all three."[81]

As argued above, Mariano sought an act of transgression: sexually, spiritually, and aesthetically. It was

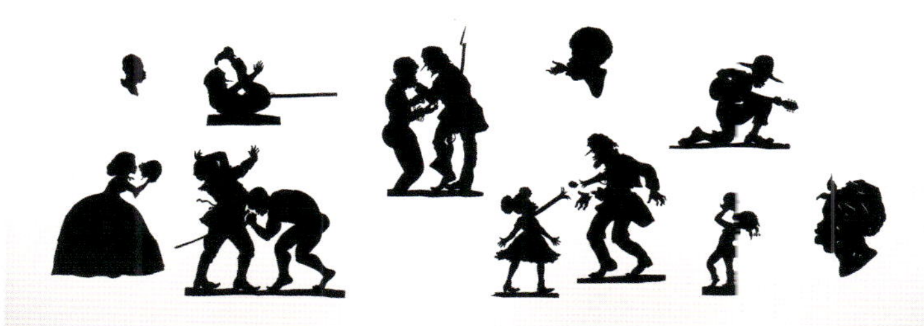

18. Kara Walker (1969–), *Auntie Walker's Wall Sampler for Civilians* | *Un muestrario de bordado de la Tía Walker para los civiles*, 2013. Cut paper on wall | papel cortado en la pared, 132 × 276", Art Basel, 2016.

difícil proyectar tal lectura en el trabajo de Mariano. Sin embargo, una lectura transgresora no necesita estar basada en el género. La pregunta relevante aquí es ¿por qué Mariano se apartó de su concepción clásica de colores, líneas y formas? ¿Por qué interrumpió lo que habían sido, hasta ese momento, estilos de expresión exitosos? Curiosamente, los temas de clasicismo, religión y mitología fueron constantes a lo largo de su canon; la novedad radica en la variación de esos temas. Si bien hay pocos estudios sobre lo grotesco en el trabajo de Mariano, existe un consenso de que los trabajos de 1965 son excepcionales[77].

A fines de la década del 50, concurrente con el triunfo de la Revolución cubana de 1959, Mariano ejecutaba comisiones cada vez más prestigiosas en Cuba[78] y participaba ampliamente en exposiciones internacionales. Sin embargo, Mariano le relató a su amiga Natalia Bolívar que "en algún momento de esos años [él] pasaba por un momento de incredulidad e indecisión como pintor sobre los temas que había tratado hasta el momento"[79]. Bolívar relató que, en su opinión, en esa época Mariano experimentó una crisis interior[80]. En 1960, Mariano fue nombrado encargado de negocios de la embajada de Cuba en la India (fig. 19). Bolívar afirma, "La India significa una época de excepción en su obra, en los dibujos. Después, Mariano sufrió una depresión grande al volver de la India. Retomó los clásicos pero había un cambio, una inflexión. Él, siendo un hombre analítico, se sintió en la necesidad de buscar formalmente y de analizar su creación. Y eso está relacionado con un cambio sentimental, espiritual y estético, las tres cosas juntas"[81].

Como se argumenta arriba, Mariano buscó un acto de transgresión: sexual, espiritual y estético. Fue preci-

precisely what he accomplished in these paintings. According to Jencks, "'transgressive behavior does not deny limits or boundaries, rather it exceeds them and thus completes them...The transgression is a component of the rule.'"[82] If Goya's modernist declaration was that "there are no rules in painting," Mariano's postmodern declaration was to transgress such rules. His female figures from 1965 could attract or repel but their effects of discomposure, uneasiness, and discomfort startle the viewer, much as did Goya's Black Paintings (fig. 20). According to French poet and art critic Charles Baudelaire, "Goya's great merit consists in his having created a credible form of the monstrous...No one has ventured further than he in the direction of the *possible* absurd. All those distortions, those bestial faces, those diabolic grimaces of his are impregnated with humanity...In a word, the line of suture, the point of junction between the real and the fantastic is impossible to grasp; it is a vague frontier which not even the subtlest analyst could trace, such is the extent to which the transcendent and the natural concur in his art."[83] Thus, Mariano, in dialogue with Goya, approached that frontier, however briefly, in a new century. In 1958, in an interview published in the Venezuelan newspaper *El Nacional de Caracas*, Mariano reflected: "One of the deepest impacts from my travels throughout Europe, was, without a doubt, Goya and his black period; a painter who, with his freedom of expression, inspired me to paint with greater boldness."[84] Mariano's contribution was not in monsters but in beauty in all of its forms, exaggerated, voyeuristic, and hedonistic. Mariano gave us paintings that disturb, provoke, and challenge; yet, distinct from Goya's grotesques, Mariano delved further into the beautiful.

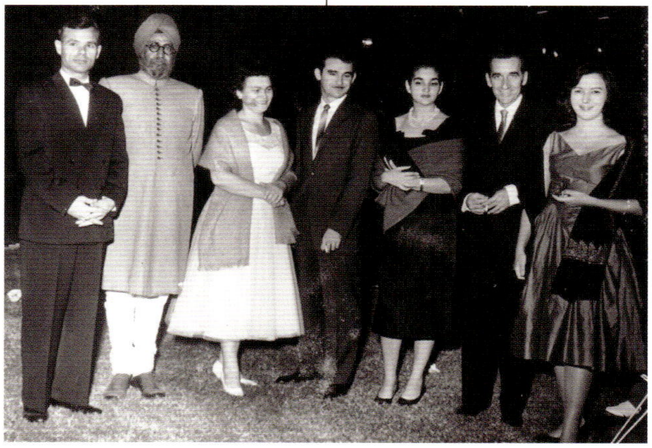

19. Mariano and his wife, Celeste, second and third from right, New Delhi, ca. 1960 | Mariano y su mujer, Celeste, segundo y tercero a la derecha, Nueva Delhi, ca. 1960.

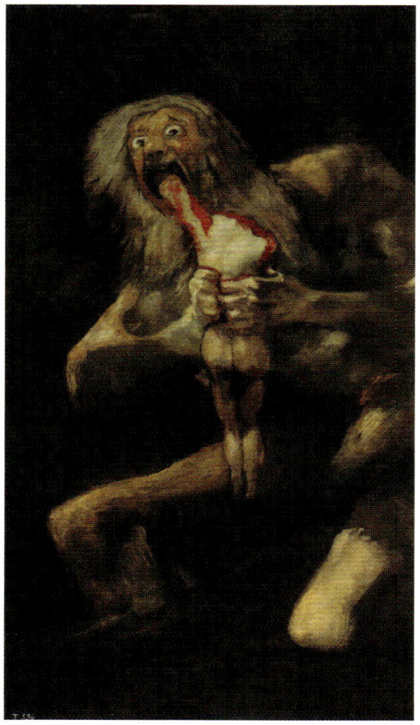

20. Francisco Goya, *Saturn*, 1820–23. Oil on plaster wall, transferred to canvas | óleo sobre revestimiento mural trasladado a lienzo, 56.5 × 32", Museo del Prado, Madrid, P000763.

samente lo que logró en estas pinturas. Según Jencks, "'el comportamiento transgresor no niega límites o fronteras, sino que los supera y, por lo tanto, los completa... La transgresión es un componente de la regla'"[82]. Si la declaración modernista de Goya fue que "no hay reglas en la pintura", la declaración posmoderna de Mariano fue transgredir tales reglas. Sus figuras femeninas de 1965 podrán atraer o repeler, pero sus efectos de turbación, inquietud e incomodidad sacuden al espectador, al igual que las pinturas negras de Goya (fig. 20). Según el poeta francés y crítico de arte Charles Baudelaire, "el gran mérito de Goya consiste en haber creado una forma creíble de lo monstruoso... Nadie se ha aventurado más allá de él en la dirección del absurdo *posible*. Todas esas distorsiones, esas caras bestiales, esas muecas diabólicas suyas están impregnadas de humanidad... En una palabra, la línea de sutura, el punto de unión entre lo real y lo fantástico es imposible de atrapar; es una frontera vaga que ni siquiera el analista más sutil podría trazar, tal es el grado en que lo trascendente y lo natural coinciden en su arte"[83]. Así, Mariano, en diálogo con Goya, se acercó a esa frontera, aunque fuese brevemente, en un nuevo siglo. En 1958, en una entrevista publicada en el periódico venezolano *El Nacional de Caracas*, Mariano reflexionó: "Uno de los impactos más profundos de mis viajes por Europa fue, sin duda, Goya y su período negro; un pintor que, con su libertad de expresión, me inspiró a pintar con mayor audacia"[84]. La contribución de Mariano no fue en monstruos sino en belleza en todas sus formas, exagerada, voyeurista y hedonista. Mariano nos dio pinturas que perturban, provocan y desafían, pero a diferencia de las imágenes grotescas de Goya, Mariano profundizó en lo bello.

The Beautiful

In the mid- to late 1960s, Mariano recovers his desire to paint colors and his palette literally explodes with variations on themes reminiscent of his earlier periods. Portrayed with sensual abandon, the female remains central to his exploration, but now she is one

Lo bello

En la segunda mitad de la década de los sesenta, Mariano recupera su deseo de pintar con color y su paleta literalmente explota con variaciones sobre temas reminiscentes de sus períodos anteriores. Retratada con sensual abandono, la figura femenina sigue siendo

with the flora and fauna of the Caribbean, the singular symbol of the region (**191**). The female figure becomes an homage to sensuality, a leitmotif and final statement of this artist's expression. According to Cuban art and Mariano scholar Betty Gago, Mariano's Black Paintings "were a short period, before he fully delved into [his series], *Frutas y realidad [Fruits and Reality]*, a completely distinct style of painting, much more serene and light-hearted"[85] (fig. 21).

Whatever Mariano's personal crises at the beginning of that decade, he was able to transcend and resolve those issues through his art. As humanist Guy Pérez-Cisneros observed so many years ago, "Thus, Mariano has arrived at his most favorable terrain, with ample resources, his forces intact and with all his colors. But in all the changes of the painter, one thing has not changed: the force that distinguished him from all the rest, applying [it] to what he wished and now seemingly applying it to what he wishes with flair."[86] This flair reemerges in the late *Fruits and Reality* series, exemplified in *La naranja (The Orange)*, 1972 (**192**) in which the juxtaposition of colors / lines / forms lends an exquisite force. In the upper portion of the painting, a hovering orange, sublimely painted in lush shades of the fruit, highlighted against flaming reds, floats much like an arrow, perhaps Cupid's, suspended in mid-air. The boldness of the colors found in the top field contrasts with the coolness of those below. The delicate lines, executed in the lower foreground, trace the curves of a reclining nude, face down and covered, revealing only the softness of the feminine form. The overall effect is one of sensual harmony, the balance of nature with humankind.

Mariano's painting in the 1970s and 1980s focused on the body, both the individual (fig. 22), and the collective (fig. 23). In *Masas (Masses)*, his bodies are molded, malleable, and colorful, a late nod to evolving notions of social change. These paintings reflect a thematic continuation of those completed at the beginning of the 1960s of popular demonstrations, such as *Asamblea popular (Popular Assembly)*, 1963 (see fig. 20 in the essay by Roberto Cobas Amate in this volume and **169**). While those paintings reflected a more idealized interpretation

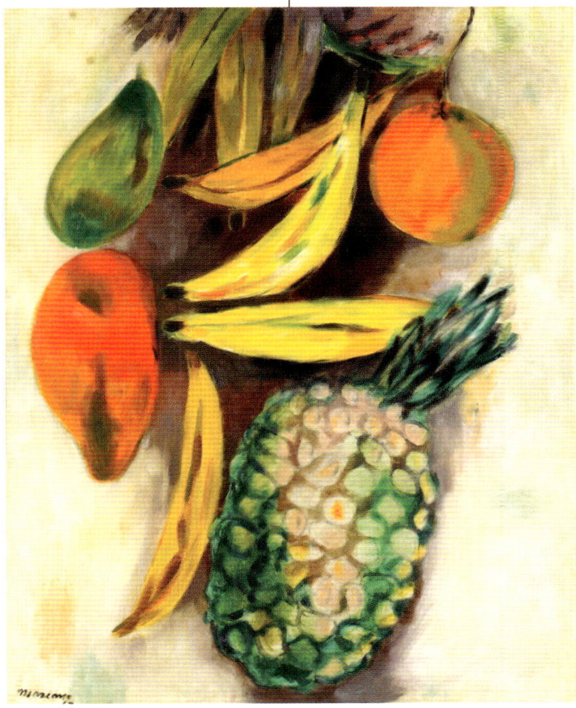

21. Mariano, de la serie *Frutas y realidad* | from the series *Fruits and Reality*, 1967. Oil on canvas | óleo sobre lienzo, 37 × 29.5", Cernuda Arte.

fundamental en su exploración, pero ahora se hace una con la flora y fauna del Caribe, el símbolo singular de la región (**191**). La figura femenina se convierte en un homenaje a la sensualidad, un leitmotiv, la última gran etapa en la expresión de este artista. Según Betty Gago, crítica de arte cubano y especialista en la obra de Mariano, las pinturas negras de Mariano "fueron un período corto, antes de sumergirse por completo en [su serie], *Frutas y realidad*, un estilo de pintura completamente distinto, mucho más sereno y ligero"[85] (fig. 21).

Independientemente de cuáles fuesen las crisis personales de Mariano a principios de esa década, fue capaz de trascender y resolver esos problemas a través de su arte. Como había observado el humanista Guy Pérez-Cisneros muchos años atrás, "así, Mariano ha llegado a su terreno más favorable, con amplios recursos, fuerzas intactas y todos los colores. Pero en todos los cambios del pintor, algo no ha cambiado: la fuerza, que lo distinguía de todos los demás, que él aplicaba a lo que quería, y que ahora parece querer aplicar a la gracia"[86]. Esta gracia resurge en su serie tardía, *Frutas y realidad*, ejemplificada en *La naranja*, 1972 (**192**) en la que la yuxtaposición de colores, líneas y formas consigue una fuerza exquisita. En la parte superior de la pintura levita una naranja, pintada de forma sublime en exuberantes tonos frutales que contrastan con el fondo de rojos encendidos, flotando como una flecha, tal vez la de Cupido, suspendida en el aire. La intensidad de los colores de la sección superior contrasta con la suavidad de los de más abajo. Una serie de delicadas líneas, ejecutadas en el primer plano inferior, trazan las curvas de un cuerpo desnudo reclinado, boca abajo y cubierto, revelando solamente la suavidad de la forma femenina. El efecto general es de armonía sensual, el equilibrio de lo natural con lo humano.

La pintura de Mariano de los años setenta y ochenta se centró en el cuerpo, tanto individual (fig. 22), como colectivo (fig. 23). En una de sus series finales, *Masas*, sus cuerpos son moldeados, maleables y coloridos, como un comentario final sobre la evolución de las nociones del cambio social. Estas pinturas reflejan una continuidad temática con sus obras de principios de la década de 1960 sobre las manifestaciones populares, como *Asamblea popular*, 1963 (ver fig. 20 en el ensayo de Roberto Cobas Amate en este volumen y **169**). Si bien aquellas pinturas reflejaban una interpretación ideali-

of social change, they were consistent aesthetically with a style that embraced the New York School's abstract expressionism and Europe's analogous informalism. Interestingly, the collectives in the *Masses* of the seventies and eighties lose that expression. Instead, that series embraces the emerging movement toward the United States' phenomenon of pop art (**196**) and the social and political pop art of Spain[87] and Latin America.[88] By the 1970s and 1980s we witnessed a cultural shift in Cuba as artists demanded artistic freedom, civil liberties, and public recognition of gays and those with AIDS. However, Mariano's work, unlike that of his Spanish and Latin American contemporaries, reflects a certain disinterest in the political implications of the time. Rather, his interest lies squarely in the aesthetics of the moment. In the late *Masses* there is a shift from the depiction of popular political demonstrations to a portrayal of the populist in all its expressions, moving and operating as a whole: gatherings on the beach (**195**) or the simpler group of *guajiros* (peasants) spilling out of the center as one (**198**).

Whatever his political sympathies, as an artist Mariano was careful to support emerging universal aesthetic movements such as abstract expressionism in the 1960s as well as the new forms of expression found in the artistic scene of the 1970s and 1980s. The *Masses* series represented *el pueblo* (the people). Mariano was not concerned with art as propaganda: Mariano was interested in art as such. In both *Fruits and Reality* and *Masses*, Mariano paints the Caribbean and, I would venture to surmise, his ultimate muse, Cuba, depicting both the sensual and the idealistic.

As to whether Mariano's paintings were more "spirited" or more "wholly original" in the early part

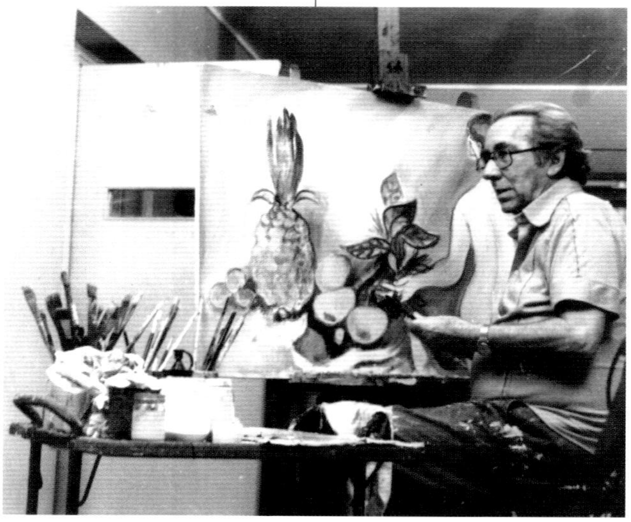

22. Mariano painting *Nude with Fruits*, 1980 (**199**) | Mariano pintando *Desnudo con frutas*, 1980 (**199**).

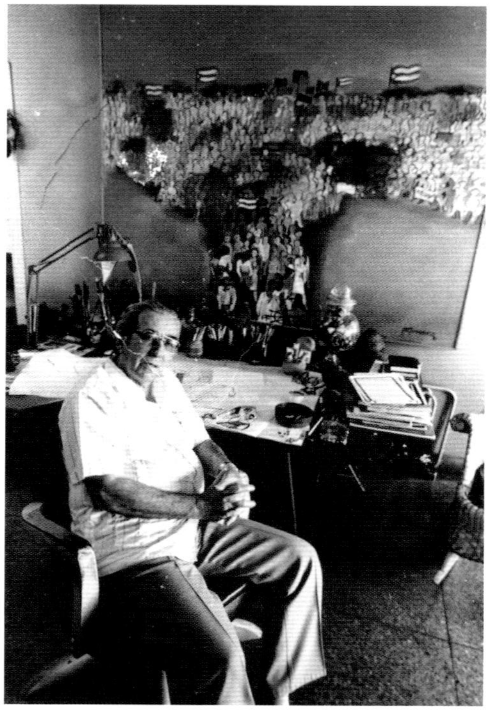

23. Mariano seated in front of *Masses*, 1981 (**202**) | Mariano sentado delante *Masas*, 1981 (**202**).

zada del cambio social, eran consistentes estéticamente con un estilo que abarcaba el expresionismo abstracto de la Escuela de Nueva York y su contraparte europea, el informalismo. Curiosamente, los colectivos en las *Masas* de los años setenta y ochenta pierden esa expresión. En cambio, esa serie se acerca al reciente fenómeno del arte pop de los Estados Unidos (**196**) y sus variantes con más implicación social y política en España[87] y América Latina[88]. Entre los años setenta y ochenta fuimos testigos de un cambio cultural en Cuba, a medida que los artistas se comprometían con temas como la libertad artística, los derechos civiles y el reconocimiento público de los homosexuales y las personas con SIDA. Sin embargo, las obras de Mariano, a diferencia de sus contemporáneos españoles y latinoamericanos, reflejan cierto desinterés en los temas políticos de la época. Más bien, su interés radica directamente en la estética del momento. En las *Masas* tardías se produce un cambio de la representación de manifestaciones políticas populares a una representación de aglomeraciones de todo tipo, donde los individuos se mueven y operan como una entidad única: reuniones en la playa (**195**) o el grupo más sencillo de guajiros que se desborda desde el centro como un cuerpo único (**198**).

Independientemente de sus simpatías políticas, como artista Mariano se preocupó de apoyar los movimientos estéticos universales emergentes, como el expresionismo abstracto en la década de 1960 y las nuevas formas de expresión que surgieron en la escena artística de los años 70 y 80. La serie *Masas* representaba simplemente al pueblo. Mariano no estaba interesado en el arte como propaganda, sino en el arte como tal. Tanto en *Frutas y realidad* como en *Masas*, Mariano pinta el Caribe y, me atrevería a suponer, su musa principal, Cuba, en representaciones que pueden ser tanto sensuales como idealistas.

En cuanto a si las pinturas de Mariano tenían más "espíritu" o eran más "totalmente originales" en la

of the 1960s, we are reminded once again of Kant's two concepts of beauty. Beauty is ultimately subjective and in the eyes of the beholder. Goya, before dying in 1828, acquired a house, the Quinta del Sordo (House of the Deaf Man), whose walls he decorated with the enigmatic Black Paintings.[89] If Goya had lived on and painted for decades longer, how would he have painted? Would continued life have beaten back the desperation of the Black Paintings? At best, this line of reasoning is speculative and the comparison between the two artists must end with the evidence that we retain. What is clear in Mariano's paintings from 1965 is their extraordinary nature; Mariano touched genius through his grotesque treatment in the baroque.

To echo the words of surrealist Spanish writer Ramón Gómez de la Serna, let us leave the baroque "undefined and with paths leading to all places."[90] Gómez de la Serna continued, "in no way does the baroque represent decadence, rather, a desire for greater perfection upon superseding the limits of academic or pure perfection. The greatest intent that the baroque can aspire to *is* [my emphasis] the baroque, and a hundred and one times, throughout the centuries, we have interfered with the baroque in order to find a way out of the impasse of desperation."[91] In the Cuban case, as the philosopher Pérez-Cisneros argued after reflecting on Gómez de la Serna's words, the baroque "does not deal only with leaving behind the impasse of desperation, but rather of approaching a style that is intuited as an essential factor of our being. Let us be happy then to see a new style born with all possibilities and, as Ramón advises us, 'let's leave it undefined and with paths leading to all places.'"[92] Gómez de la Serna's surrealism, whose roots extended back to the baroque for inspiration, was modernism's answer to just such a new style. Pérez-Cisneros would no doubt embrace Mariano's works from 1965 as postmodernism's answer to the baroque.

Acknowledgments

I am most thankful to all those who have helped me during the preparation of this essay, especially to the McMullen's publications and exhibitions manager, Kate Shugert. I am grateful for Kate's careful reading and attention to detail; she is a gifted colleague and friend (any errors or omissions are my own); to my daughter, Gabriela Goizueta, for her assistance in locating images and whose own interest in art took me down more contemporary paths; to my husband, Roberto S. Goizueta, for his constructive recommendations and encouragement; and to the Fundación Mariano Rodríguez and Betty Gago for their unfailing support. I am indebted to Betty for sharing her profound knowledge and scholarship on Mariano.

I am also deeply grateful to the McMullen staff: to Nancy Netzer, director, for her steadfast backing of the McMullen's Latin American Art Initiative; to Diana Larsen for the sensitive installation; to John McCoy for

primera parte de la década de 1960, podemos recordar una vez más los dos conceptos de belleza de Kant. La belleza es en última instancia subjetiva y está en los ojos del espectador. Goya, antes de morir en 1828, adquirió una casa, la Quinta del Sordo, cuyas paredes decoró con las enigmáticas pinturas negras[89]. Si Goya hubiese vivido y pintado algunas décadas más, ¿cómo habría pintado? ¿El transcurrir de la vida habría vencido la desesperación de las pinturas negras? En el mejor de los casos, esta línea de razonamiento es especulativa y la comparación entre los dos artistas debe terminar con la evidencia que poseemos. Lo que está claro en las pinturas de Mariano de 1965 es su naturaleza extraordinaria; la genialidad de Mariano está en su tratamiento grotesco del barroco.

Haciéndonos eco de las palabras del escritor surrealista español Ramón Gómez de la Serna, dejemos lo barroco "indefinido y con salidas por todos lados"[90]. Gómez de la Serna continuó: "de ningún modo es decadencia lo barroco, sino deseo de más perfección al saltar los límites de la perfección académica o puramente perfecta. El intento mayor que puede intentarse *es* [énfasis mío] lo barroco y una y cien veces, a través de los siglos se ha incurrido en él para salir del *impasse* de la desesperación"[91]. En el caso cubano, como argumentó Pérez-Cisneros después de reflexionar sobre las palabras de Gómez de la Serna, lo barroco "no se trata solamente de salir del *impasse* de la desesperación, sino de acercarse a un estilo que se intuye factor esencial de nuestro ser. Alegrémonos pues de ver nacer el nuevo estilo con todas las posibilidades y como nos aconseja Ramón: 'dejémoslo indefinido y con salidas por todos lados'"[92]. El surrealismo de Gómez de la Serna, cuyas raíces se remontaron al barroco en busca de inspiración, fue la respuesta modernista a un estilo nuevo. Sin duda, Pérez-Cisneros hubiese acogido entusiasmado las obras de Mariano de 1965 como la respuesta de la posmodernidad al barroco

Agradecimientos

Estoy muy agradecida a todos los que me han apoyado durante la preparación de este ensayo, especialmente a la gerente de publicaciones y exposiciones del McMullen Museum, Kate Shugert. Agradezco mucho su cuidadosa lectura y atención a los detalles; es una talentosa colega y amiga (cualquier error u omisión es mío). A mi hija, Gabriela Goizueta, quien ayudó en la localización de imágenes, y cuyo interés en el arte me llevó por caminos más contemporáneos; a mi esposo, Roberto S. Goizueta, por sus constructivas recomendaciones y aliento. Agradezco el infatigable apoyo de la Fundación Mariano Rodríguez, en especial de Betty Gago. Estoy en deuda con Betty por compartir su profundo conocimiento y erudición sobre Mariano.

También le estoy profundamente agradecida al personal del McMullen: a Nancy Netzer, directora, por su firme apoyo a la Iniciativa de Arte Latinoamericano del McMullen; a Diana Larsen por el diseño de la

his expertise in the design of the catalogue; to Rachel Chamberlain, for the educational programming of the exhibition.

My sincere appreciation goes to Dolores and Alejandro Rodríguez for sharing their memories of and reflections on their father, Mariano. My special recognition goes to Ramón and Nercys Cernuda for their unwavering efforts in assisting us with complex loans. I would also like to earnestly thank Alejandro de la Fuente for his enthusiastic embrace and commitment to the project.

A catalogue of this importance encompasses a complexity not only due to its content but also due to its bilingual character. I would like to especially recognize our talented translators, Erin Goodman and César Pérez, whose skills and commitment to excellence have yielded this comprehensive volume in two languages. This has permitted us to reach a more diverse and inclusive audience. I am profoundly grateful.

In addition, I would like to convey my heartfelt appreciation to the staff of Pérez Art Museum Miami for their patience and flexibility in scheduling and planning this exhibition. Chief curator René Morales was extraordinary in his support and collaboration. To Franklin Sirmans, director, I owe a debt of gratitude for his involvement in the project. I would like to thank Rafael Miyar and María Bechily-Hodes for their enthusiasm and constancy in helping to bring the exhibition to Miami.

Finally, I would like to dedicate this essay to my Cuban colleague, Roberto Cobas Amate, without whom this catalogue would not have been possible. His insights and dedication, despite all obstacles, have come to full fruition here since our first discussion in Cuba of a Mariano exhibition some years ago.

exposición; a John McCoy por su pericia en el diseño del catálogo; y a Rachel Chamberlain, por la programación educativa de la exposición.

Mi sincero agradecimiento a Dolores y Alejandro Rodríguez por compartir sus recuerdos y reflexiones sobre su padre, Mariano. Mi reconocimiento especial a Ramón y Nercys Cernuda por sus esfuerzos incansables para ayudarnos con complejos préstamos de obras. También quiero agradecer sinceramente a Alejandro de la Fuente por su entusiasta apoyo y compromiso con este proyecto.

Un catálogo de esta relevancia implica una complejidad no sólo por el contenido sino también por su carácter bilingüe. Quisiera reconocer en especial a nuestros talentosos traductores, Erin Goodman y César Pérez, cuyos habilidades y compromiso con la excelencia nos han brindado este volumen tan abarcador en dos idiomas, permitiéndonos acceder a un público más diverso e inclusivo. Les estoy profundamente agradecida.

Me gustaría transmitir mi sincero agradecimiento al personal del Pérez Art Museum Miami por su paciencia y flexibilidad en la programación y planificación de esta exposición. El curador principal, René Morales, fue extraordinario en su apoyo y colaboración. Tengo una deuda de gratitud con Franklin Sirmans, director, por su participación en el proyecto. Me gustaría agradecer a Rafael Miyar y María Bechily-Hodes por su entusiasmo y perseverancia para ayudar a llevar la exposición a Miami.

Finalmente, me gustaría dedicar este ensayo a mi colega cubano, Roberto Cobas Amate; este catálogo no hubiese sido posible sin él. Sus ideas y dedicación, a pesar de todos los obstáculos, han llevado a fructificar aquí nuestra primera discusión en Cuba sobre una exposición de Mariano, hace algunos años.

1 Ramón Gómez de la Serna in Betty Gago, *GPC: Evolución de la vanguardia en la crítica de Guy Pérez-Cisneros* (Madrid: Fundación Arte Cubano, 2015), 51. All translations in this paper, unless otherwise indicated, are my own.

2 Commonly referred to as "Mariano" among contemporaries, intellectual groups, and institutions, this essay will drop the surname "Rodríguez" throughout.

3 For an excellent explanation of the symbolism of the rooster in the works of Mariano, see Dannys Montes de Oca's full treatment of the theme in "Gallo y maestría del animal," in *Mariano: tema, discurso y humanidad*, ed. José Veigas (Seville: Escandón Impresores, 2004), 204–5.

4 Elizabeth Thompson Goizueta, "Wifredo Lam's Poetic Imagination and the Spanish Baroque," in *Wifredo Lam: Imagining New Worlds* (Chestnut Hill: McMullen Museum of Art, Boston College, 2014), 8–10.

5 Justin D. Edwards and Rune Graulund, *Grotesque* (London: Routledge, 2013), 10–12.

6 See Roberto Cobas Amate, "Mariano Rodríguez in the National Museum of Fine Arts of Havana: Splendor and Shortfalls of a Great Collection," in *Mariano: catálogo razonado; pintura y dibujo 1936–1949, volumen I*, ed. José Veigas, 1st ed. (Madrid: Ediciones Vanguardia Cubana, 2007), 295. And Antonio Eligio Fernández (Tonel), "Pensamiento clásico del pintor moderno: continuidad, retorno y diálogos en la obra de Mariano Rodríguez," in *Mariano: catálogo razonado; pintura, dibujo y cerámica 1950–1966, volumen II*, ed. José Veigas (Madrid: Ediciones Vanguardia Cubana, 2017), 46.

7 Sebastian Smee, *The Art of Rivalry: Four Friendships, Betrayals, and Breakthroughs in Modern Art* (New York: Random House, 2016), xxi.

8 See Dannys Montes de Oca's discussion of postmodernism in the works of Mariano in "Tema, discurso y humanidad, en Mariano Rodríguez," in Veigas, *Tema, discurso y humanidad*, 12.

9 For a full description of Guy Pérez-Cisneros, see Roberto Cobas Amate's essay in this volume.

10 Pérez-Cisneros references stanza 1291 of the poem by fourteenth-century Castilian monk and poet Juan Ruiz, *Libro de buen amor* [Book of Good Love], ed. Manuel Criado de Val and Eric W. Naylor (Madrid: Consejo Superior de Investigaciones Científicas, 1965), 408.

11 Guy Pérez-Cisneros, "...traía las manos tintas de la mucha cereza," in *Mariano: catálogo razonado; pintura y dibujo 1936–1949, volumen I*, ed. José Veigas, 2nd ed. (Madrid: Ediciones Vanguardia Cubana, 2008), 17. Originally published in *Grafos Havanity* 10, no. 105–6 (Nov.–Dec. 1942): 14–15.

12 "Exhibition of *Modern Cuban Painters*: March 17–May 1944," Museum of Modern Art, https://www.moma.org/documents/moma_master-checklist_325427.pdf. This checklist affirms that MoMA had Mariano's works *The Cock*, 1941 and *Figuras en el paisaje (Figures in a Landscape)*, 1942 (**47**) in its collection at the time of the exhibition. See also José Gómez Sicre, "Mariano," in *Pintura cubana de hoy (Cuban Painting of Today)*, trans. Harold T. Riddle (Havana: María Luisa Gómez Mena, 1944), 136.

1 Ramón Gómez de la Serna en Betty Gago, *GPC: Evolución de la vanguardia en la crítica de Guy Pérez-Cisneros* (Madrid: Fundación Arte Cubano, 2015), 51.

2 Comúnmente conocido como "Mariano" entre sus contemporáneos, grupos intelectuales e instituciones, en este ensayo no se usará el apellido "Rodríguez".

3 Para una excelente explicación del simbolismo del gallo en las obras de Mariano, vea "Gallo y maestría del animal", de Dannys Montes de Oca en *Mariano: tema, discurso y humanidad*, ed. José Veigas (Sevilla: Escandón Impresores, 2004), 204–5.

4 Elizabeth Thompson Goizueta, "La imaginación poética de Wifredo Lam y el barroco español", en *Wifredo Lam: imaginando nuevos mundos*, trad. Ileana Fuentes (Madrid: Fundación Arte Cubano, 2016), 15–17.

5 Justin D. Edwards y Rune Graulund, *Grotesque* (Londres: Routledge, 2013), 10–12.

6 Véase Roberto Cobas Amate, "Mariano Rodríguez en el Museo Nacional de Bellas Artes de La Habana: esplendor y carencias de una gran colección", en *Mariano: catálogo razonado; pintura y dibujo 1936–1949, volumen I*, ed. José Veigas, 1ra ed. (Madrid: Ediciones Vanguardia Cubana, 2007), 25. Y Antonio Eligio Fernández (Tonel), "Pensamiento clásico del pintor moderno: continuidad, retorno y diálogos en la obra de Mariano Rodríguez", en *Mariano: catálogo razonado; pintura, dibujo y cerámica 1950–1966, volumen II*, ed. José Veigas (Madrid: Ediciones Vanguardia Cubana, 2017), 46.

7 Sebastian Smee, *The Art of Rivalry: Four Friendships, Betrayals, and Breakthroughs in Modern Art* (Nueva York: Random House, 2016), xxi.

8 Véase la discusión de Dannys Montes de Oca sobre la posmodernidad en las obras de Mariano en "Tema, discurso y humanidad, en Mariano Rodríguez", en Veigas, *Tema, discurso y humanidad*, 12.

9 Para una descripción completa de Guy Pérez-Cisneros, véase el ensayo de Roberto Cobas Amate en este volumen.

10 Pérez-Cisneros hace referencia a la estrofa 1291 del poema del monje y poeta castellano del siglo XIV Juan Ruiz, *Libro de buen amor*, ed. Manuel Criado de Val y Eric W. Naylor (Madrid: Consejo Superior de Investigaciones Científicas, 1965), 408.

11 Guy Pérez-Cisneros, "...traía las manos tintas de la mucha cereza", en *Mariano: catálogo razonado; pintura y dibujo 1936–1949, volumen I*, ed. José Veigas, 2da ed. (Madrid: Ediciones Vanguardia Cubana, 2008), 17. Publicado originalmente en *Grafos Havanity* 10, no. 105–6 (nov.–dic. 1942): 14–15.

12 "Exhibition of *Modern Cuban Painters*: March 17–May 1944", Museum of Modern Art, https://www.moma.org/documents/moma_master-checklist_325427.pdf. Esta lista afirma que el MoMA tenía en su colección las obras de Mariano *Gallo (El gallo)*, 1941 y *Figuras en el paisaje*, 1942 (**47**) en el momento de la exposición. Véase también José Gómez Sicre, "Mariano", en *Pintura cubana de hoy (Cuban Painting of Today)*, trad. Harold T. Riddle (La Habana: María Luisa Gómez Mena, 1944), 136.

13 Gómez Sicre, "Mariano," 139.
14 Gómez Sicre, 139.
15 Gómez Sicre, 139.
16 "*Modern Cuban Painters*," 2. This records a list and short biography on all participating artists, as well as mediums, titles, dates, and pricing and purchasing information on the works included in the exhibition. Mariano contributed five oil paintings, two watercolors, and two drawings.
17 Gómez Sicre, "Mariano," 139. Alfred Barr Jr., MoMA advisory director and organizer of the *Modern Cuban Painters* exhibition wrote to Gómez Sicre, "I know of no work that surveys the whole field...What do you think of the possibilities of writing such a work yourself, or at least writing a short critical history of recent Cuban painting and sculpture of the last ten or twenty-five years? Could such a work be financed in Cuba?" Quoted in Claire F. Fox, *Making Art Panamerican: Cultural Policy and the Cold War* (Minneapolis: University of Minnesota Press, 2013), n96. The volume *Cuban Painting of Today* was financed by independent heiress and art patron María Luisa Gómez Mena.
18 Cobas Amate, "Splendor and Shortfalls," 291
19 Gómez Sicre, "Mariano," 139.
20 Montes de Oca, "Tema, discurso y humanidad," 10.
21 Elizabeth Thompson Goizueta, "The Heart That Lights from Inside: Rafael Soriano's Struggle for His Artistic Vision," in *Rafael Soriano: The Artist as Mystic | El artista como místico* (Boston: McMullen Museum of Art, Boston College, 2017), 20.
22 Artists from this generation also include: Mario Carreño, Mariano Rodríguez, Cundo Bermúdez, Luis Martínez Pedro, Alfredo Lozano, Raúl Milián, José Mijares, Roberto Diago, Roberto Estopiñán, Mirta Cerra, and Felipe Orlando. Ramón Cernuda, "The Cuban Avant-Garde and the International Art Community," in *Picturing Cuba*, ed. Jorge Duany (Gainesville: University of Florida Press, 2019), 85.
23 Luisa Campuzano, "Paseos, papeles, pinceles," in *Lápiz a su nube: Mariano y Lezama*, ed. Betty Gago and José Veigas (Seville: Fundación Arte Cubano, 2014), 37.
24 Pérez-Cisneros, "traía las manos," 17.
25 Admittedly, Danto grasps the potential critique of applying Kant's proposition to today's aesthetic where "good taste is optional, bad taste is artistically acceptable and 'kalliphobia'—an aversion to if not a loathing for beauty—is at least respected." But Danto renders this objection mute by citing modern art critic Clement Greenberg's endorsement of Kant's treatise. Arthur C. Danto, *What Art Is* (New Haven: Yale University Press, 2013), 116.
26 Danto, 116. Clement Greenberg was the spokesman for abstract expressionism between 1946 and 1963, responsible for what Tom Wolfe described in his book *The Painted Word* (1975) as the custodian of the "theory" behind artists' work.
27 Danto, 167.
28 Danto, 167.

13 Gómez Sicre, "Mariano", 139.
14 Gómez Sicre, 139.
15 Gómez Sicre, 139.
16 "*Modern Cuban Painters*", 2. Registra una lista y una breve biografía de todos los artistas participantes, así como medios, títulos, fechas e información sobre precios y compras de las obras incluidas en la exposición. Mariano aportó cinco pinturas al óleo, dos acuarelas y dos dibujos.
17 Gómez Sicre, "Mariano", 139. Alfred Barr Jr., director asesor del MoMA y organizador de la exposición *Modern Cuban Painters* escribió a Gómez Sicre: "No conozco ningún trabajo que analice todo el campo... ¿Qué opina de las posibilidades de escribir tal obra usted mismo, o al menos escribir una breve historia crítica de la pintura y escultura cubanas de los últimos diez o veinticinco años? ¿Podría tal trabajo ser financiado en Cuba?" Citado en Claire F. Fox, *Making Art Panamerican: Cultural Policy and the Cold War* (Minneapolis: University of Minnesota Press, 2013), n96. El volumen *Pintura cubana de hoy* fue financiado por la heredera y mecenas de arte María Luisa Gómez Mena.
18 Cobas Amate, "Esplendor y carencias", 22.
19 Gómez Sicre, "Mariano", 139.
20 Montes de Oca, "Tema, discurso y humanidad", 10.
21 Elizabeth Thompson Goizueta, "La luz que en el corazón ardía: la lucha de Rafael Soriano por su visión artística", en *Rafael Soriano: The Artist as Mystic | El artista como místico* (Boston: McMullen Museum of Art, Boston College, 2017), 20.
22 Artistas de esta generación incluyen a: Mario Carreño, Mariano Rodríguez, Cundo Bermúdez, Luis Martínez Pedro, Alfredo Lozano, Raúl Milián, José Mijares, Roberto Diago, Roberto Estopiñán, Mirta Cerra y Felipe Orlando. Ramón Cernuda, "The Cuban Avant-Garde and the International Art Community", en *Picturing Cuba*, ed. Jorge Duany (Gainesville: University of Florida Press, 2019), 85.
23 Luisa Campuzano, "Paseos, papeles, pinceles", en *Lápiz a su nube: Mariano y Lezama*, ed. Betty Gago y José Veigas (Sevilla: Fundación Arte Cubano, 2014), 37.
24 Pérez-Cisneros, "traía las manos", 17.
25 Es cierto que Danto comprende la potencial dificultad de aplicar la propuesta de Kant a la estética actual, en la que "el buen gusto es opcional, el mal gusto es artísticamente aceptable y la 'kalliphobia'—una aversión, si no odio, por la belleza—es al menos respetada". Pero Danto le quita peso a esta objeción citando el respaldo del crítico de arte moderno Clement Greenberg al tratado de Kant. Arthur C. Danto, *What Art Is* (New Haven: Yale University Press, 2013), 116.
26 Danto, 116. Clement Greenberg fue el portavoz del expresionismo abstracto entre 1946 y 1963, responsable de lo que Tom Wolfe describió en su libro *The Painted Word* (1975) como el custodio de la "teoría" detrás del trabajo de los artistas.
27 Danto, 167.
28 Danto, 167.
29 Kant en Danto, 117.

29 Kant in Danto, 117.

30 Danto, 117.

31 It is interesting to note that Mariano had limited formal art instruction. José Veigas, "Chronology 1912–1949," in *Catálogo razonado I* (2008), 325–26.

32 But a determination of spirit, a less objective characteristic than good taste and therefore a more elusive quality, must be approached with caution. Much damage has been done to artists in this pursuit. Nineteenth-century art critic John Ruskin in his book *Modern Painters* wrote devastating attacks against Italian baroque artist Domenichino based on the public accusations of his seventeenth-century rival, Lanfranco. In *Italian Hours*, the famed novelist Henry James eloquently but perhaps unjustly declared that Domenichino "is an example of effort detached from inspiration and school merit divorced from spontaneity." Whether or not James arrived at the criticism through his own musings or through the influence of Ruskin is irrelevant to this discussion: Dominichino's 150-year-old reputation was only resurrected in the late twentieth century.

33 Danto, *What Art Is*, 121.

34 Danto, 121.

35 Théophile Gautier, "Voyage en Espagne," in *Goya in Perspective*, ed. Fred Licht (Englewood Cliffs: Prentice-Hall, 1973), 24.

36 J. S. Marcus, "The Dark Originality of Goya," *Wall Street Journal*, Nov. 8, 2019, https://www.wsj.com/articles/the-dark-originality-of-goya-11573239001.

37 Fred Licht, "Introduction," in *Goya in Perspective*, 1.

38 Montes de Oca, "Tema, discurso y humanidad," 9.

39 In 1923, Spanish philosopher and author José Ortega y Gasset founded the philosophical, aesthetic, and scientific journal, *Revista de occidente*. It was widely read and fiercely debated first in Spain and subsequently in Latin America. Thompson Goizueta,"Lam's Poetic Imagination," 7.

40 Pérez-Cisneros, "traía las manos" and José Lezama Lima, "Todos los colores de Mariano," in Veigas, *Catálogo razonado I* (2008).

41 Jorge Duany, "Introduction: Cuba, a Moveable Nation," in *Picturing Cuba*, 2.

42 Thompson Goizueta, "Rafael Soriano's Struggle," 20.

43 Ramón Vázquez Díaz, "The School of Havana: Between Tradition and Modernity," in *Cuba: Art and History from 1868 to Today*, ed. Nathalie Bondil (Montréal: Montréal Museum of Fine Arts, 2008), 114.

44 Veigas, "Chronology 1912–1949," 326. Elvia Rosa Castro, "Mariano Rodríguez: The Shuffling of the Forms and the Fixedness of His Painting," in Veigas, *Catálogo razonado I* (2007), 281–82.

45 Mariano Rodríguez, letter to José Lezama Lima, New York, Oct. 24, 1944 in Gago and Veigas, *Lápiz a su nube*, 70–71.

46 Tonel, "Classic Thought of the Modern Painter: Continuity, Return and Dialogues in the Work of Mariano Rodríguez," in Veigas, *Catálogo razonado II*, 401.

47 See Lezama Lima, "Todos los colores," 10–11; Gómez

30 Danto, 117.

31 Es interesante notar que Mariano tenía poca instrucción de arte formal. José Veigas, "Cronología 1912–1949", en *Catálogo razonado I* (2008), 266–67.

32 Pero una determinación del espíritu, una característica menos objetiva que el buen gusto y, por lo tanto, una cualidad más elusiva, debe abordarse con cuidado. Se ha hecho mucho daño a los artistas en esta búsqueda. El crítico de arte del siglo XIX John Ruskin en su libro *Modern Painters* escribió ataques devastadores contra el artista barroco italiano Domenichino basándose en las acusaciones públicas de su rival del siglo XVII, Lanfranco. En *Italian Hours*, el famoso novelista Henry James declaró elocuentemente, pero quizás injustamente, que Domenichino "es un ejemplo de esfuerzo separado de la inspiración y del mérito escolar divorciado de la espontaneidad". Si James llegó o no a esa crítica por sus propias reflexiones o por la influencia de Ruskin es irrelevante para esta discusión: la reputación de Domenichino solo resucitó 150 años después, a fines del siglo XX.

33 Danto, *What Art Is*, 121.

34 Danto, 121.

35 Théophile Gautier, "Voyage en Espagne", en *Goya in Perspective*, ed. Fred Licht (Englewood Cliffs: Prentice-Hall, 1973), 24.

36 J. S. Marcus, "The Dark Originality of Goya", *Wall Street Journal*, 8 nov. 2019, https://www.wsj.com/articles/the-dark-originality-of-goya-11573239001.

37 Fred Licht, "Introduction", en *Goya in Perspective*, 1.

38 Montes de Oca, "Tema, discurso y humanidad", 9.

39 En 1923, el filósofo y autor español José Ortega y Gasset fundó la revista filosófica, estética y científica, *Revista de occidente*. Fue ampliamente leído y ferozmente discutido primero en España y luego en América Latina. Thompson Goizueta, "La imaginación poética de Lam", 18.

40 Pérez-Cisneros, "traía las manos" y José Lezama Lima, "Todos los colores de Mariano", en Veigas, *Catálogo razonado I* (2008).

41 Jorge Duany, "Introduction: Cuba, a Moveable Nation", en *Picturing Cuba*, 2.

42 Thompson Goizueta. "La lucha de Rafael Soriano", 20.

43 Ramón Vázquez Díaz, "The School of Havana: Between Tradition and Modernity", en *Cuba: Art and History from 1868 to Today*, ed. Nathalie Bondil (Montréal: Montréal Museum of Fine Arts, 2008), 114.

44 Veigas, "Cronología 1912–1949", 266. Elvia Rosa Castro, "Mariano Rodríguez: el trasiego de las formas y la fijeza de su pintura", en Veigas, *Catálogo razonado I* (2007), 12.

45 Mariano Rodríguez, carta a José Lezama Lima, Nueva York, 24 oct. 1944 en Gago y Veigas, *Lápiz a su nube*, 70–71.

46 Tonel, "Pensamiento clásico", 33.

47 Véase Lezama Lima, "Todos los colores", 10–11; Gómez Sicre, "Mariano", 139 y Gago, *GPC*.

48 Tonel, "Pensamiento clásico", 33.

49 Lo que tanto dicen que le admiró en Goya. Tonel, 33.

50 Para más información sobre el trabajo abstracto de Mariano, vea el ensayo de Roberto Cobas Amate en este

Sicre, "Mariano," 139; and Gago, *GPC*.

48 Tonel, "Classic Thought," 401.

49 What he is said to have so admired in Goya. Tonel, 401.

50 For more on Mariano's abstract work, see Roberto Cobas Amate's essay in this volume.

51 Tonel, "Classic Thought," 402.

52 For a detailed description of the Latin American baroque, see Thompson Goizueta, "Lam's Poetic Imagination," 4.

53 *La Gaceta de Cuba*, no. 2 (Oct. 3, 1963): 5.

54 For a full description of José Lezama Lima, please see Roberto Cobas Amate's essay in this volume.

55 Lezama Lima, "Todos los colores," 14.

56 Natalia Bolívar, interview with Betty Gago, Oct. 2019.

57 Cobas Amate, "Splendor and Shortfalls," 292. Cobas Amate refers to René Portocarrero of the second-generation.

58 *La Gaceta de Cuba*, no. 2 (Oct. 3, 1963): 5.

59 Tonel, "Classic Thought," 401.

60 Edwards and Graulund, *Grotesque*, 10–12.

61 Edwards and Graulund, 10–12.

62 Edwards and Graulund, 10–12.

63 Edwards and Graulund, 11.

64 Tonel, "Classic Thought," 403.

65 "Airborne figures, pointedly not Christian angels or demons, abound in [Goya's] drawings and prints," in *Goya: Order & Disorder*, ed. Stephanie Loeb Stepanek and Fredrich Ilchman (Boston: Museum of Fine Arts Publications, 2014), 30.

66 *Susana and the Young Men* is a clear reference to the classic theme of *Susana and the Elders* painted by Renaissance and baroque masters Peter-Paul Rubens, Tintoretto, Rembrandt, Artemisia Gentileschi, Lorenzo Lotto, among many others. Likewise, *The Three Graces* references those painted on the same theme by Raphael, Botticelli, and Rubens et al.

67 Tonel, "Classic Thought," 406.

68 José Veigas, interview with Betty Gago, Oct. 2019.

69 Tonel, "Pensamiento clásico," 47.

70 Leslie Fiedler, *Freaks: Myths and Images of the Secret Self* (1978) in Edwards and Graulund, *Grotesque*, 85.

71 Mozambique was a popular rhythm in the sixties that combined elements of conga, rumba, and iyesá drums. Mariano represented the figure of a dancer (possibly Cuban percussionist and composer Pello el Afrokán) swaying to the rhythm of Mozambique.

72 Edwards and Graulund, *Grotesque*, 65–67.

73 Tonel, "Pensamiento clásico," 47.

74 In 1962, the Cuban government was no longer permitted to participate in the Organization of American States, on the grounds of political and military links to the Soviet Union.

75 Mary Russo, *The Female Grotesque: Risk, Excess and Modernity* (1994) in Edwards and Graulund, *Grotesque*, 14–15.

76 Edwards and Graulund, 32.

77 Veigas and Gago, interview. "The religious (*Original Sin*) and the mythological (*The Three Graces*) are painted at the same time as *Homage to Ingres*, *The Supper* [**183**], or *Portrait of the Painter* [**185**] but they have little or nothing volumen.

51 Tonel, "Pensamiento clásico", 36.

52 Para una descripción detallada del barroco latinoamericano, ver Thompson Goizueta, "La imaginación poética de Lam", 15.

53 *La Gaceta de Cuba*, no. 2 (3 oct. 1963): 5.

54 Para una descripción completa de José Lezama Lima, consulte el ensayo de Roberto Cobas Amate en este volumen.

55 Lezama Lima, "Todos los colores", 14.

56 Natalia Bolívar, entrevista por Betty Gago, oct. 2019.

57 Cobas Amate, "Esplendor y carencias", 23. Cobas Amate se refiere a René Portocarrero, de la segunda generación.

58 *La Gaceta de Cuba*, no. 2 (3 oct. 1963): 5.

59 Tonel, "Pensamiento clásico", 33.

60 Edwards y Graulund, *Grotesque*, 10–12.

61 Edwards y Graulund, 10–12.

62 Edwards y Graulund, 10–12.

63 Edwards y Graulund, 11.

64 Tonel, "Pensamiento clásico", 40.

65 "Las figuras en el aire, principalmente los ángeles o demonios no-cristianos, abundan en los dibujos y grabados [de Goya]", en *Goya: Order & Disorder*, ed. Stephanie Loeb Stepanek y Fredrich Ilchman (Boston: Museum of Fine Arts Publications, 2014), 30.

66 *Susana y los muchachos* es una clara referencia al clásico tema de *Susana y los viejos* pintado por los maestros renacentistas y barrocos Peter-Paul Rubens, Tintoretto, Rembrandt, Artemisia Gentileschi, y Lorenzo Lotto, entre otros muchos. Así mismo, *Las tres gracias* hace referencia a los cuadros de este tema pintados por Raphael, Botticelli y Rubens, entre otros.

67 Tonel, "Pensamiento clásico", 46–47.

68 José Veigas, entrevista por Betty Gago, oct. 2019.

69 Tonel, "Pensamiento clásico", 47.

70 Leslie Fiedler, *Freaks: Myths and Images of the Secret Self* (1978) citado en Edwards y Graulund, *Grotesque*, 85.

71 El mozambique era un ritmo popular que combinaba elementos de conga, rumba y tambores iyesá. Mariano representaba una figura, posiblemente la de Pello el Afrokán, en un bailarín que se movía al ritmo de mozambique, que hizo furor en los años sesenta.

72 Edwards y Graulund, *Grotesque*, 65–67.

73 Tonel, "Pensamiento clásico", 47.

74 En 1962, al gobierno cubano ya no se le permitía participar en la Organización de Estados Americanos, debido a vínculos políticos y militares con la Unión Soviética.

75 Mary Russo, *The Female Grotesque: Risk, Excess and Modernity* (1994) citada en Edwards y Graulund, *Grotesque*, 14–15.

76 Edwards y Graulund, 32.

77 Veigas y Gago, entrevista. "Lo religioso (*El pecado original*) y lo mitológico (*Las tres gracias*) se pintan en la misma época que *Homenaje a Ingres*, *La cena* [**183**] o *Retrato del pintor* [**185**] pero poco o nada tienen en común salvo un cierto aire de familia que le imprime Mariano a cada obra y, como es posible observar, se trata de obras excepcionales".

in common except a certain familial resemblance that Mariano imprints on each work and, as it is possible to observe, they are exceptional works."

78 In 1956, Mariano won a competition for a ceramic mural entitled *Boomerang* in the building of the Retiro Médico in Havana (**129**). The following year he completed a mural in the lobby of the building in Calle E no. 461. Mariano traveled to Venezuela in 1958. And in 1959, the year marking the triumph of the Cuban Revolution, Mariano traveled to China, Moscow, Czechoslovakia, and the United States, while also exhibiting in Brazil. *Mariano: vuelo y arraigo* (Havana: MNBA, 2012), 62–66.

79 Bolívar and Gago, interview. Bolívar recounted "that she was in a sentimental relationship with Mariano during a brief period at the end of the fifties. Until the end of the painter's life, she maintained close friendly ties with him."

80 Bolívar and Gago, interview.

81 Natalia Bolívar, interview with Elizabeth Thompson Goizueta, Dec. 2019.

82 Chris Jencks, *Transgression* (2003) quoted in Edwards and Graulund, *Grotesque*, 66.

83 Charles Baudelaire, "Some Foreign Caricaturists," in Licht, *Goya in Perspective*, 35.

84 *La Gaceta de Cuba*, no. 2 (Oct. 3, 1963): 5.

85 Betty Gago, interview with Elizabeth Thompson Goizueta, Oct. 2019.

86 Pérez-Cisneros, "traía las manos," 19.

87 In post-Franco Spain, there was an attempt to embrace those aesthetic movements that had been oppressed during Franco's military dictatorship. Pop was used as a cultural and political tool to accomplish those aims. One such group was Equipo Crónica. EFE, "Spain's 1970s Counter-Culture Brought out of the Shadows for Madrid Show," *Al Día*, Dec. 3, 2018, https://aldianews.com/articles/culture/social/spains-1970s-counter-culture-brought-out-shadows-madrid-show/54565.

88 Pop art was explored in Latin America, the Caribbean, and North America through a cross-pollination of ideas, culture, and politics, the latter very much an active component of the whole. Artists on this continent used pop art to cope with the real and constant traumas caused by all forms of radical social change, whether revolutions, "golpes de estado" (coups d'etat), or dictatorships, which disavowed free expression. Duke University's Nasher Museum of Art explored these themes in 2019, reframing the canon to include Latin America instead of an exclusive European and North American orientation in their groundbreaking exhibition *Pop América, 1965–1975*. Stephanie Kulke, "Celebrating an Exuberant Latin American History of Pop Art," Northwestern Now, Aug. 28, 2019, https://news.northwestern.edu/stories/2019/08/the-block-museum-pop-america-exhibition/.

89 Stepanek and Ilchman, *Goya*, 48, 264, 345.

90 See note 1.

91 Gómez de la Serna in Gago, *GPC*, 51.

92 Gago, 51.

78 En 1956, Mariano ganó un concurso con un mural de cerámica titulado *Bumerán* en el edificio del Retiro Médico en La Habana (**129**). Al año siguiente completó un mural en el vestíbulo del edificio en la Calle E no. 461. Mariano viajó a Venezuela en 1958. Y en 1959, el año que marcó el triunfo de la Revolución cubana, Mariano viajó a China, Moscú, Checoslovaquia y Estados Unidos, mientras también exhibía en Brasil. *Mariano: vuelo y arraigo* (La Habana: MNBA, 2012), 62–66.

79 Bolívar y Gago, entrevista. Bolívar contó que "ella fue compañera sentimental de Mariano durante un corto periodo a finales de los años 50. Hasta la muerte del pintor, mantuvo estrechos vínculos de amistad con él".

80 Bolívar y Gago, entrevista.

81 Natalia Bolívar, entrevista por Elizabeth Thompson Goizueta, dic. 2019.

82 Chris Jencks, *Transgression* (2003) citado en Edwards y Graulund, *Grotesque*, 66.

83 Charles Baudelaire, "Some Foreign Caricaturists", en Licht, *Goya in Perspective*, 35.

84 *La Gaceta de Cuba*, no. 2 (3 oct. 1963): 5.

85 Betty Gago, entrevista por Elizabeth Thompson Goizueta, oct. 2019.

86 Pérez-Cisneros, "traía las manos", 19.

87 En la España pos-Franco, hubo un intento de adoptar esos movimientos estéticos que habían sido oprimidos durante la dictadura militar de Franco. El pop se utilizó como herramienta cultural y política para lograr esos objetivos. Uno de esos grupos fue el Equipo Crónica. EFE, "Spain's 1970s Counter-Culture Brought out of the Shadows for Madrid Show", *Al Día*, 3 dic. 2018, https://aldianews.com/articles/culture/social/spains-1970s-counter-culture-brought-out-shadows-madrid-show/54565.

88 El arte pop se exploró en América Latina, el Caribe y América del Norte a través de una polinización cruzada de ideas, cultura y política, siendo este último un componente activo del conjunto. Los artistas de esta región utilizaron el arte pop para hacer frente a los traumas reales y constantes causados por todas las formas de cambio social radical, ya sean revoluciones, "golpes de estado" o dictaduras, que rechazaron la libre expresión. El Nasher Museum of Art de la Universidad de Duke exploró estos temas en 2019, reformulando el canon para incluir a América Latina en lugar de una orientación exclusivamente europea y norteamericana en su innovadora exposición, *Pop América, 1965–1975*. Stephanie Kulke, "Celebrating an Exuberant Latin American History of Pop Art", Northwestern Now, 28 agosto 2019, https://news.northwestern.edu/stories/2019/08/the-block-museum-pop-america-exhibition/.

89 Stepanek y Ilchman, *Goya*, 48, 264, 345.

90 Véase nota 1.

91 Gómez de la Serna en Gago, *GPC*, 51.

92 Gago, 51.

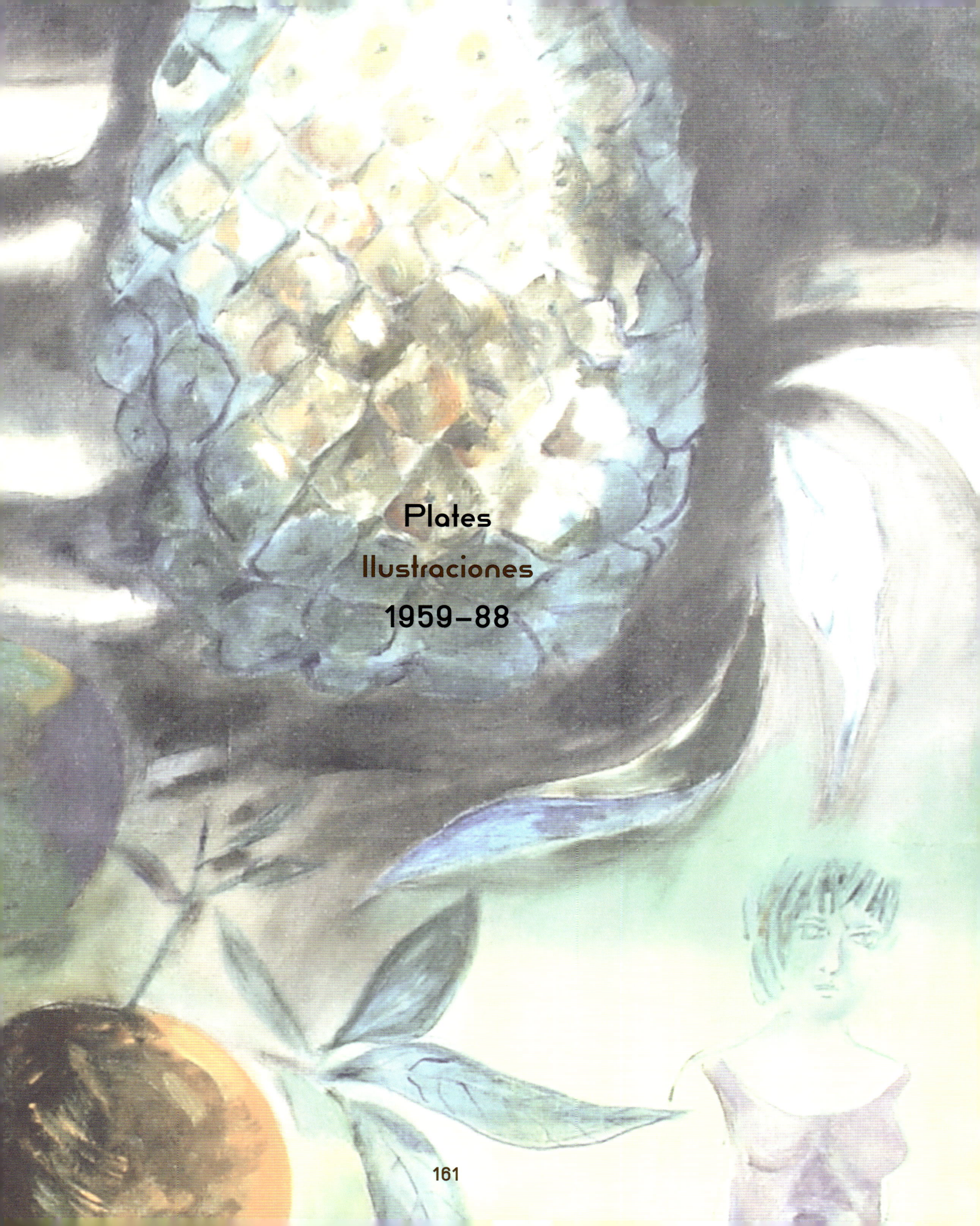

Plates

Ilustraciones

1959–88

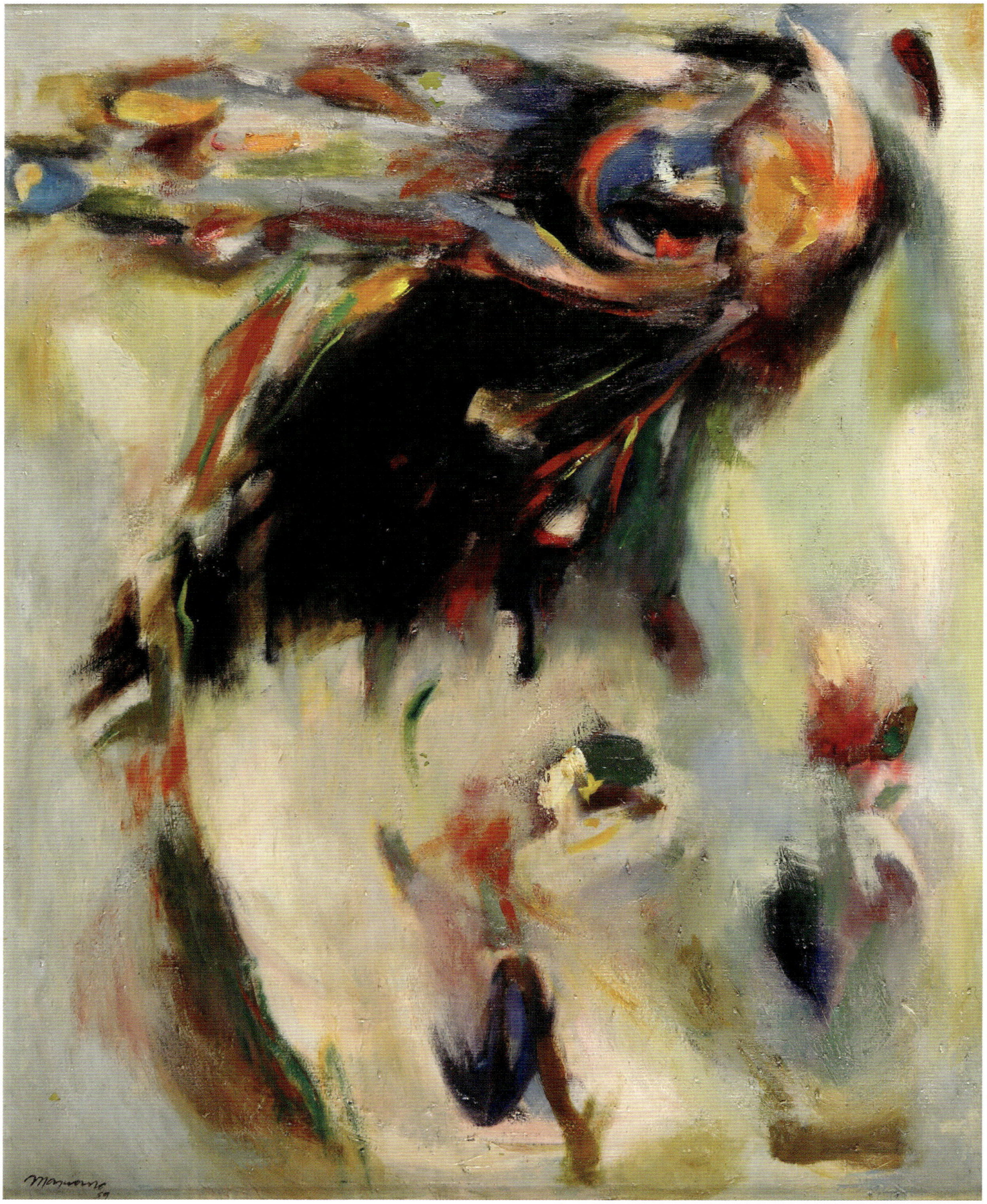

El gallo | *The Rooster*, 1959
oil on canvas | óleo sobre lienzo, 40 × 32.1″
private collection | colección privada, courtesy of | cortesía de Latin Art Core Gallery

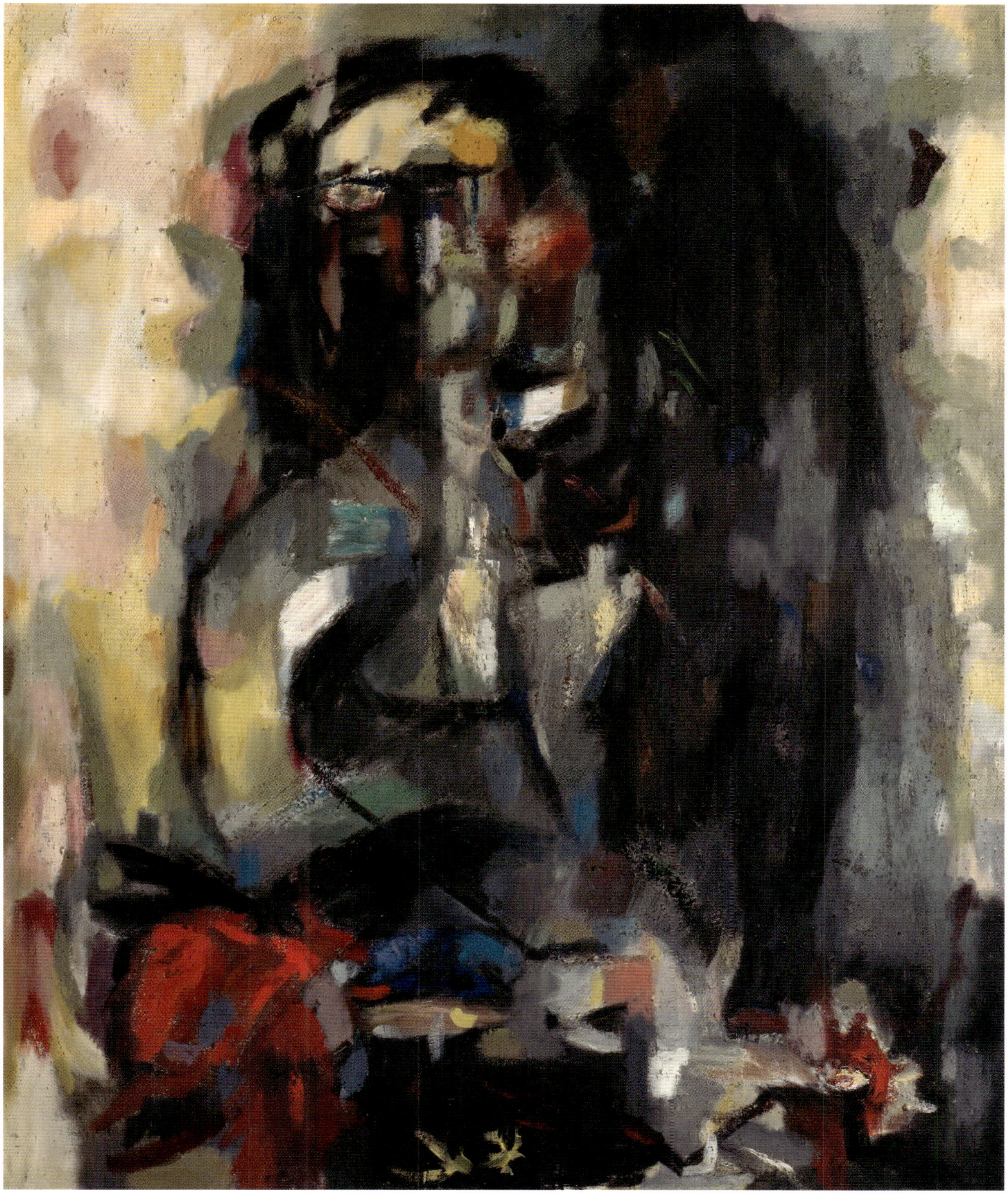

Mujer con gallo | *Woman with Rooster*, ca. 1959
oil on canvas | óleo sobre lienzo, 59.8 × 50″
Col. Fundación Mariano Rodríguez

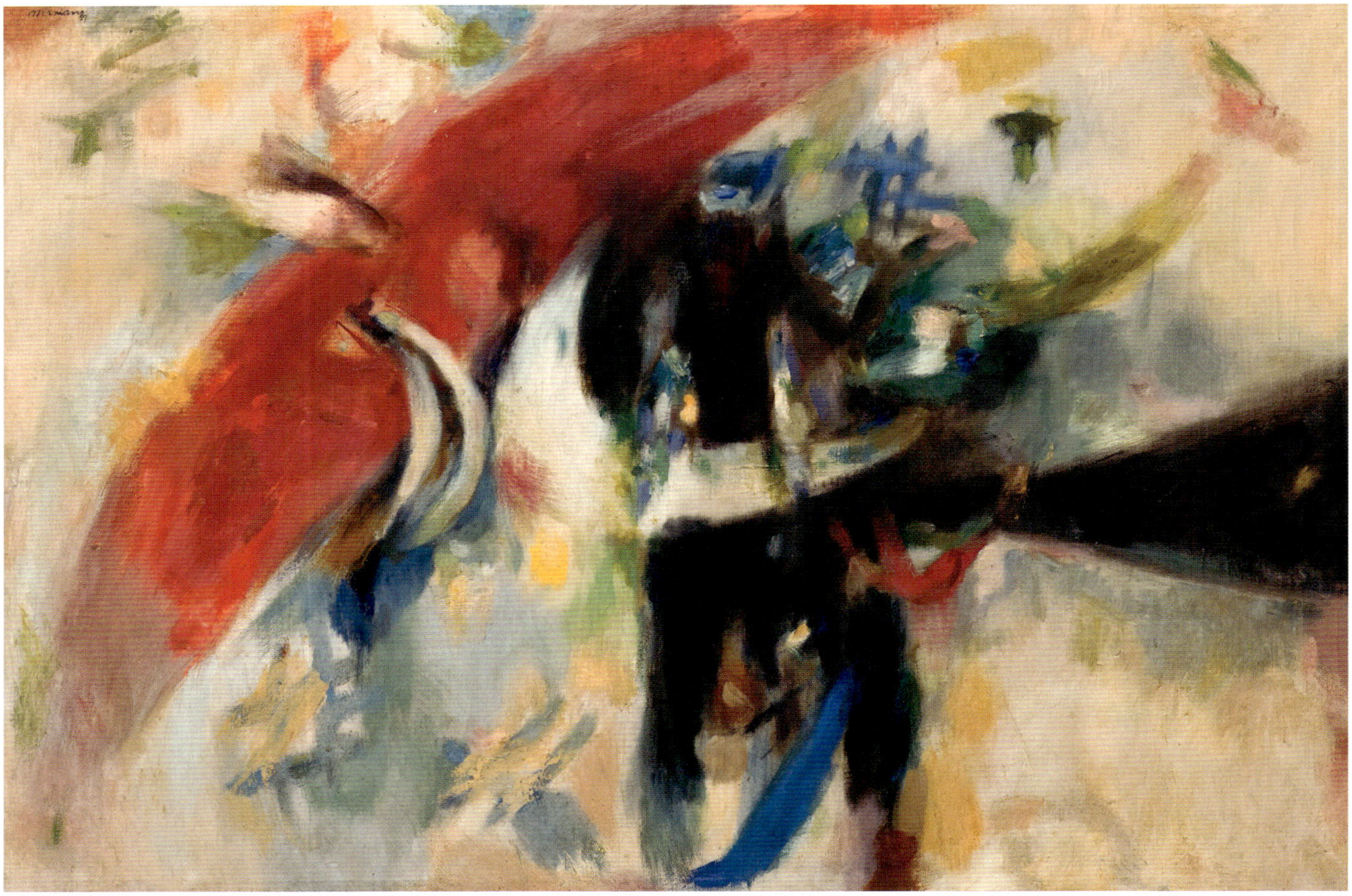

Jardines | *Gardens*, 1959
oil on canvas | óleo sobre lienzo, 35.8 × 56.3″
Col. Fundación Mariano Rodríguez

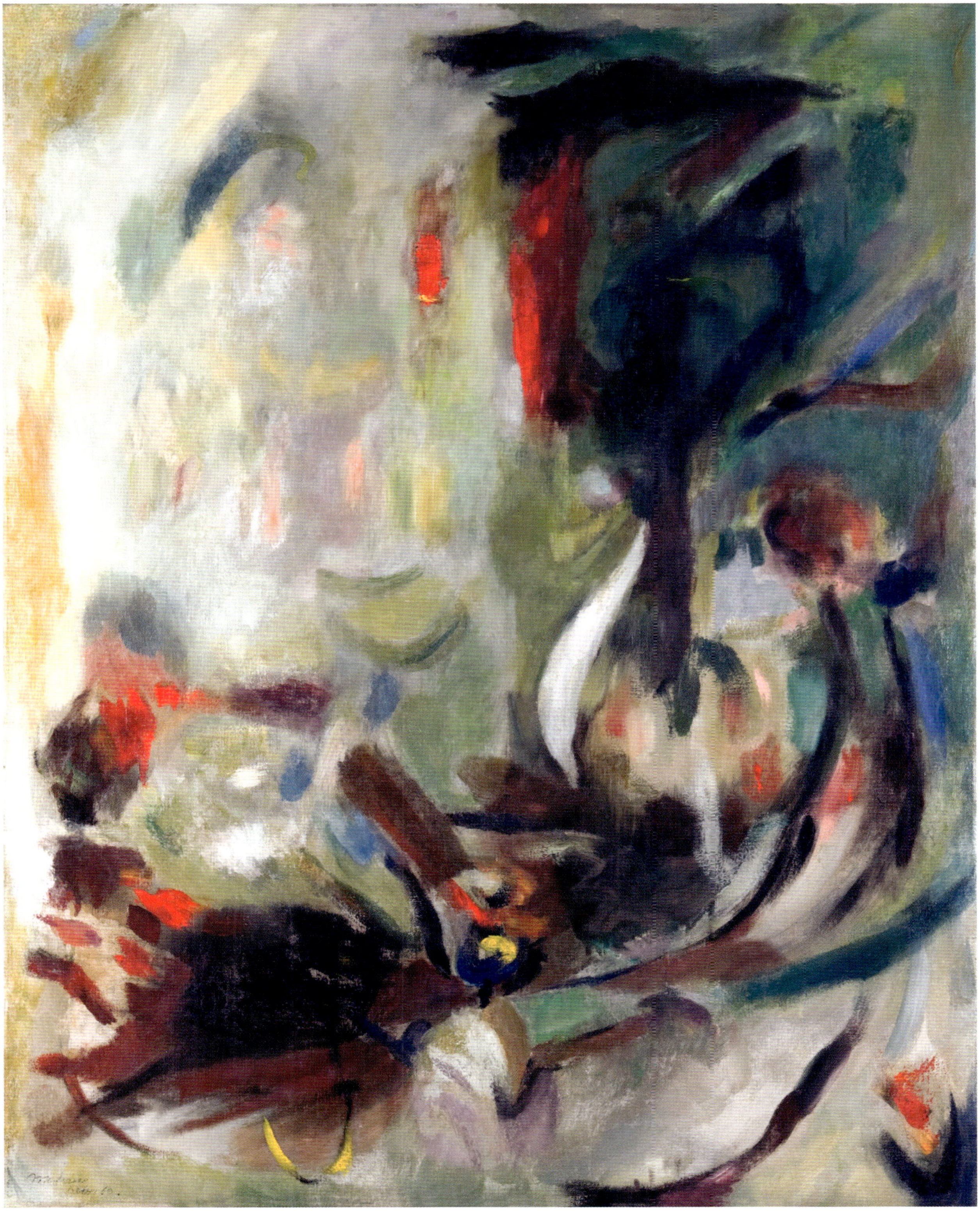

Hombre con gallo | *Man with Rooster*, 1960
oil on canvas | óleo sobre lienzo, 47.3 × 37″
Col. Silvia & Emilio M. Ortiz

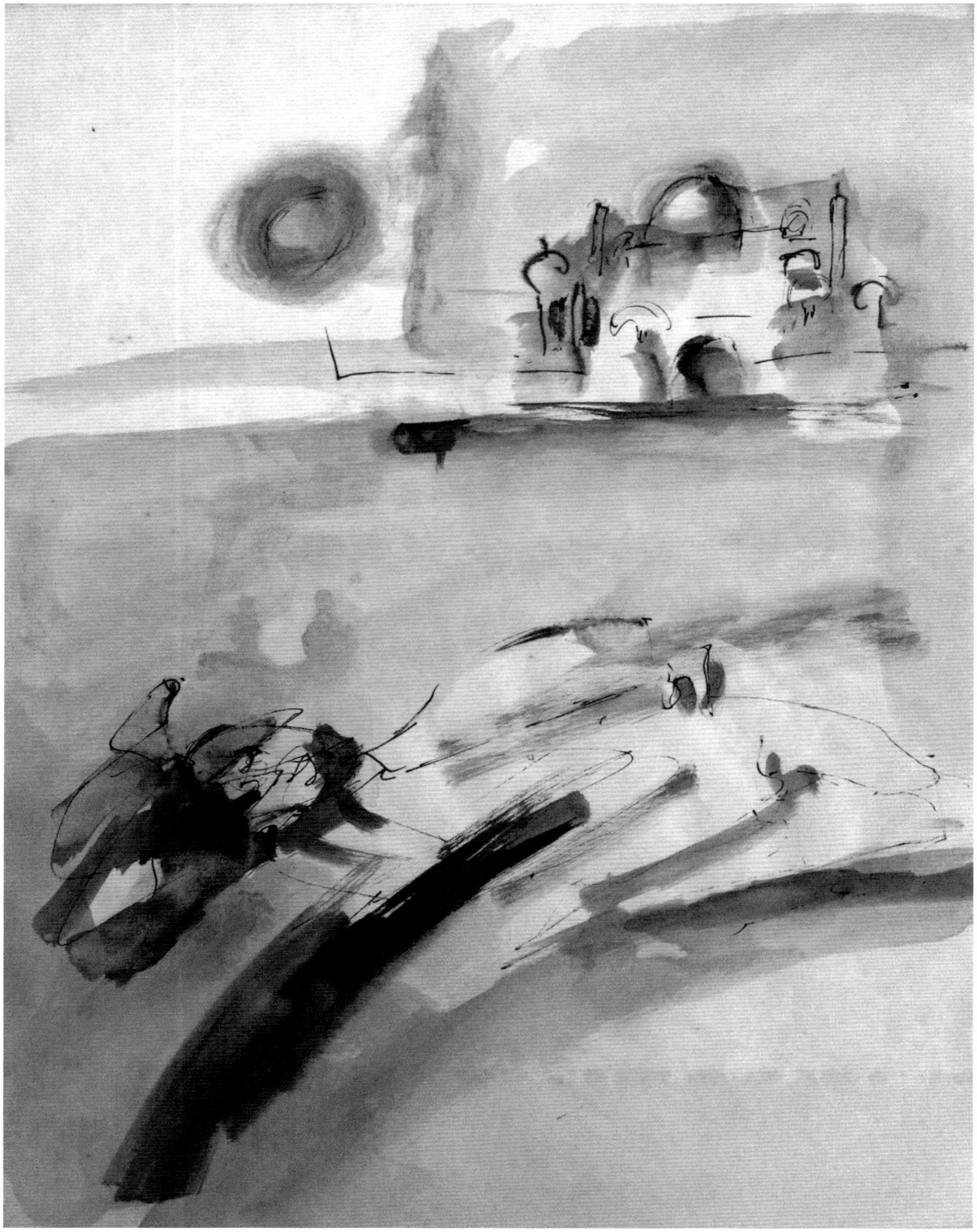

Mezquita | *Mosque*, 1960
ink and gouache on paper | tinta y aguada sobre papel, 13.9 × 10.8″
Col. Fundación Mariano Rodríguez

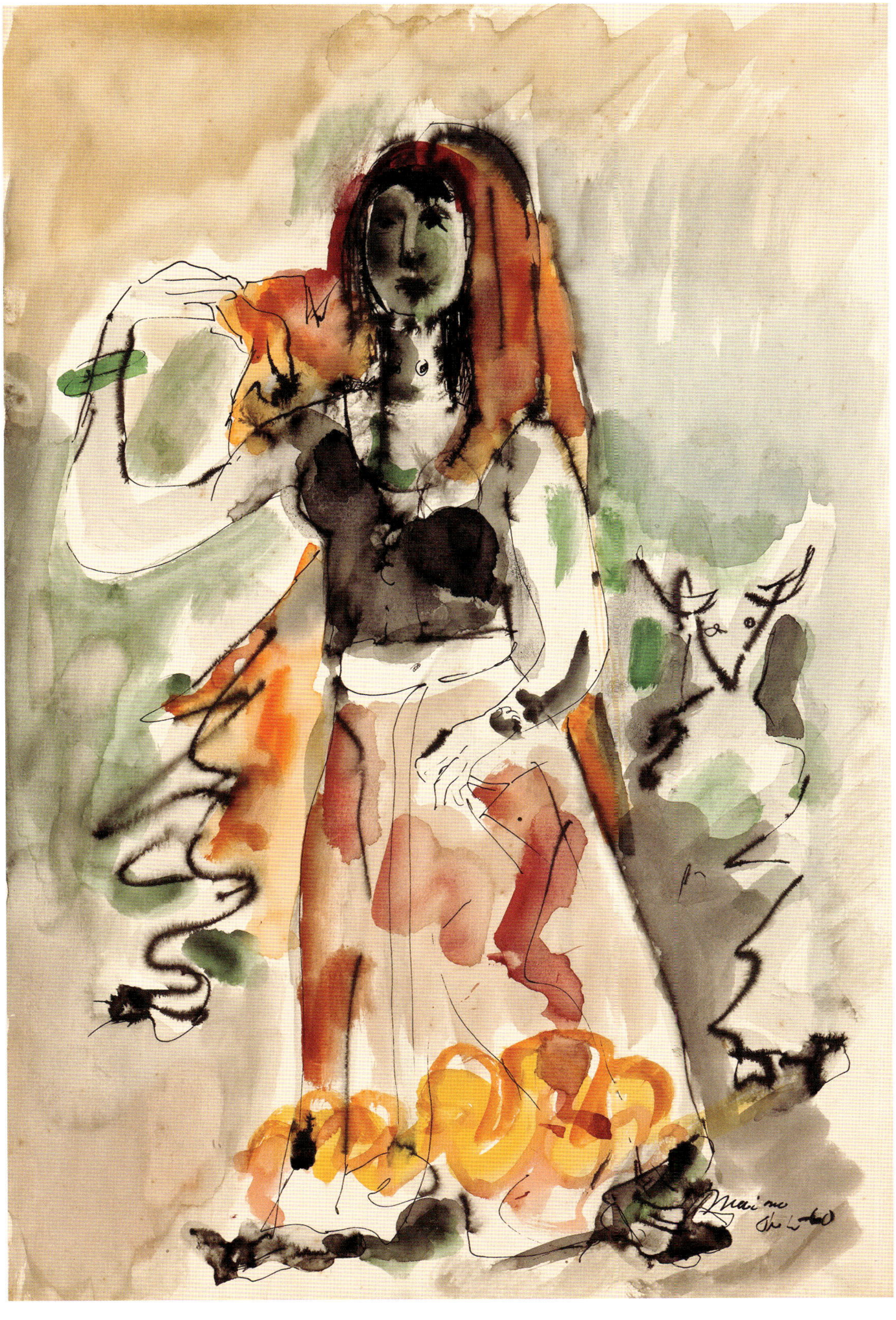

Mujer hindú | *Hindu Woman*, 1960
ink, gouache, and watercolor on cardboard | tinta, aguada y acuarela sobre cartulina, 17.9 × 11.8″
Col. Fundación Mariano Rodríguez

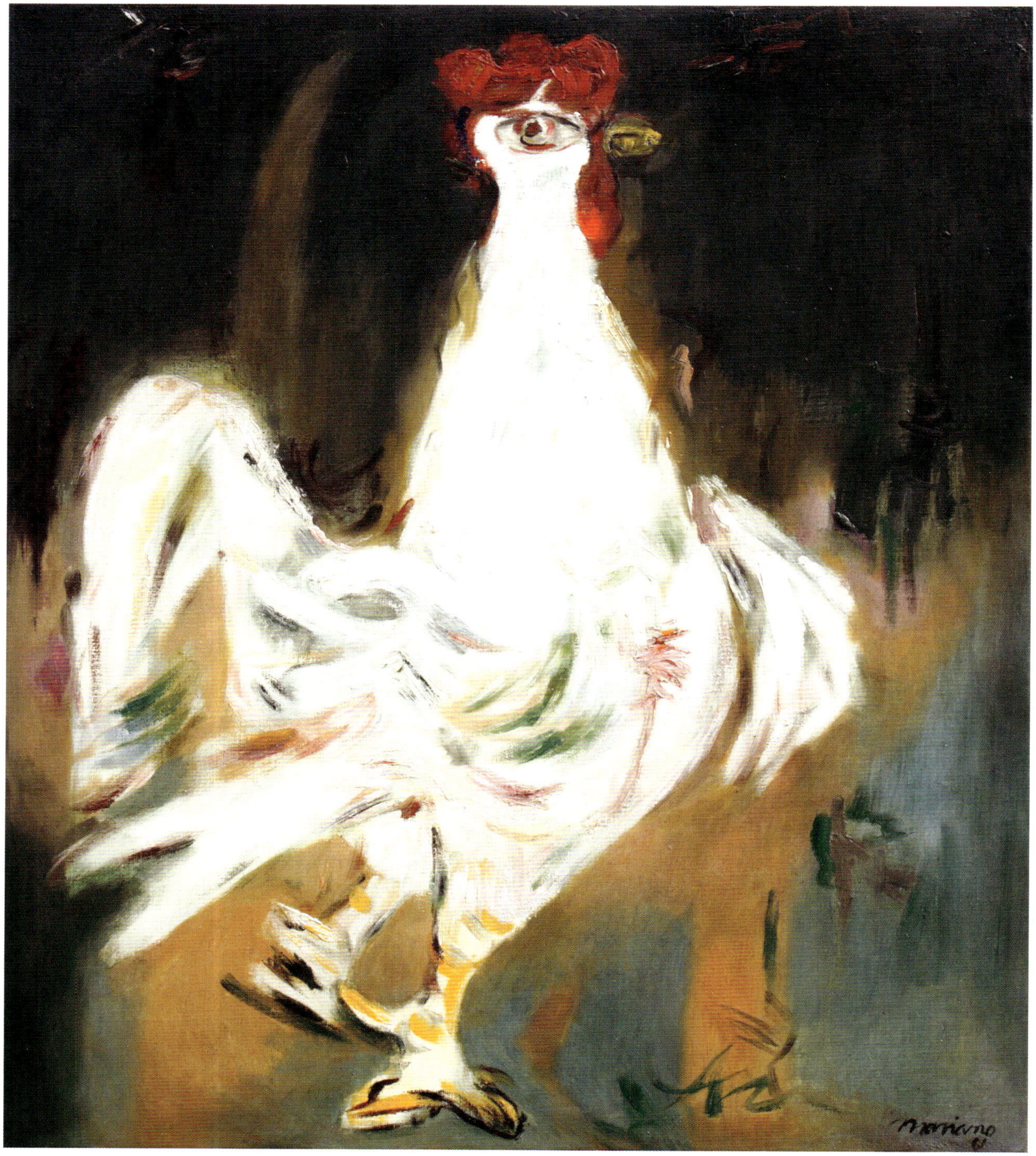

Gallo blanco | *White Rooster*, 1961
oil on canvas | óleo sobre lienzo, 35 × 30″
private collection | colección privada, courtesy of | cortesía de Cernuda Arte

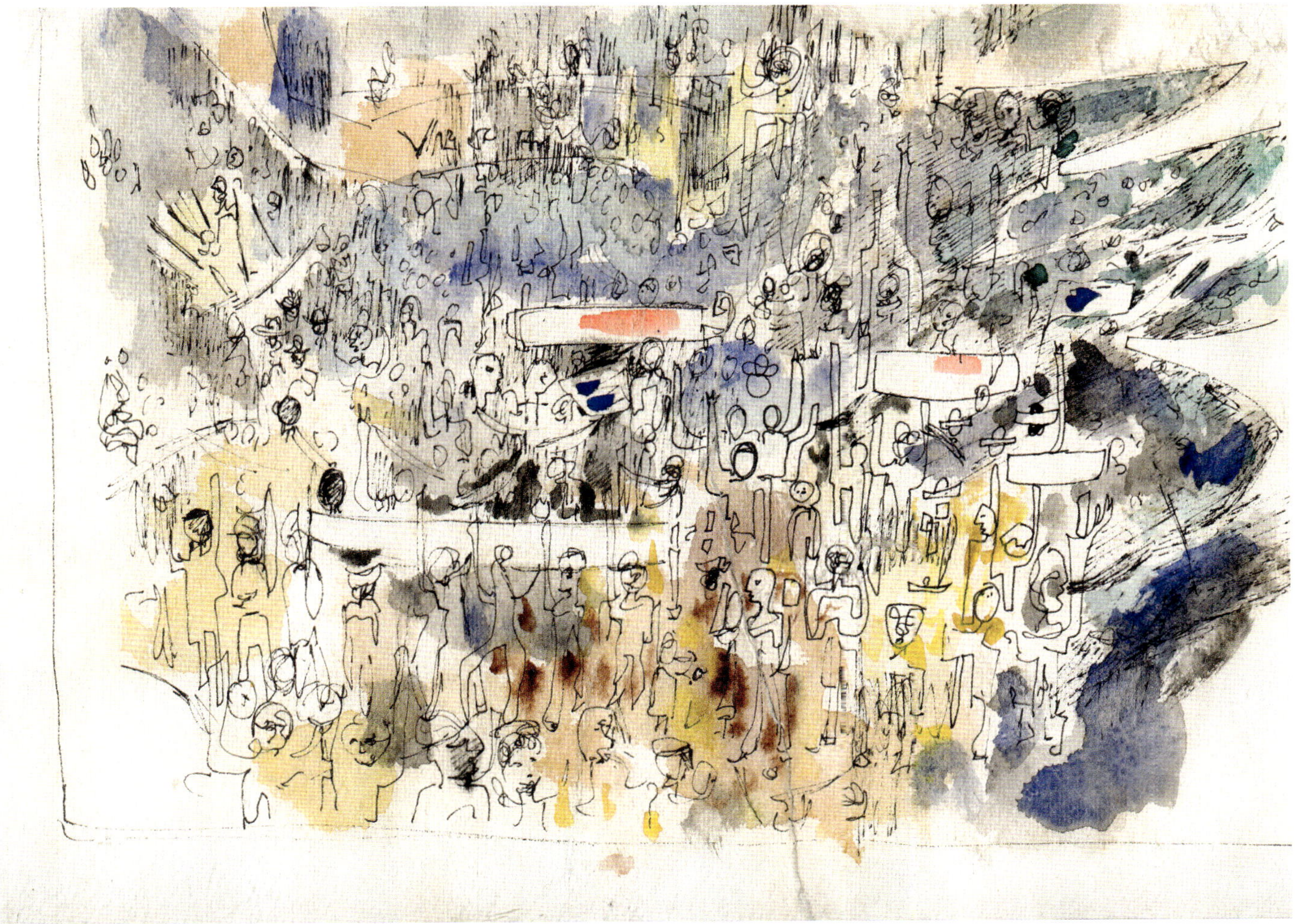

Asamblea popular | *Popular Assembly*, ca. 1961
ink and watercolor on paper | tinta y acuarela sobre papel, 9.9 × 12.9″
Col. Fundación Mariano Rodríguez

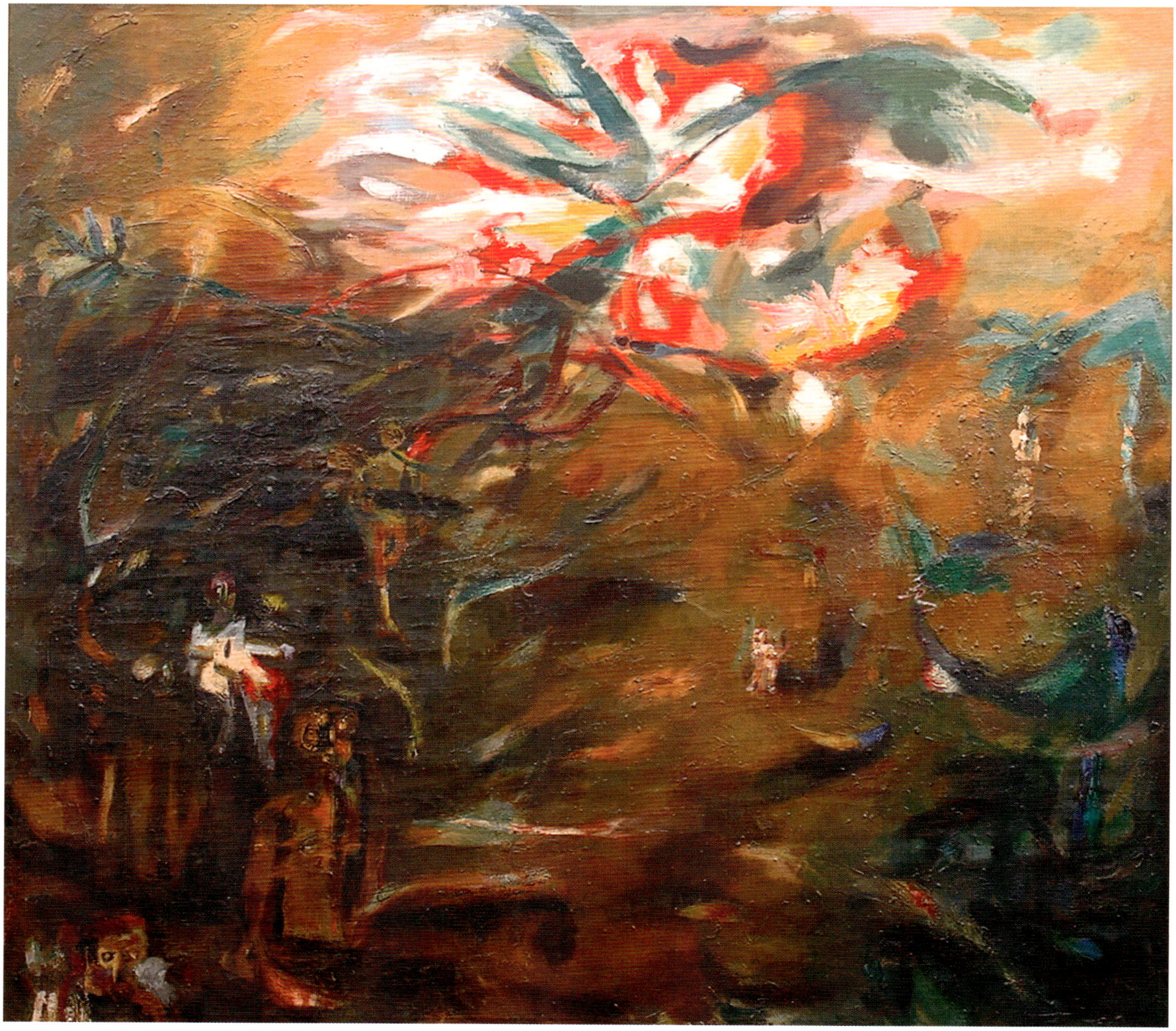

de la serie *Los hombres y las plantas vigilan* | from the series *Men and Plants Are Vigilant*, 1963
oil on canvas | óleo sobre lienzo, 45.3 × 50″
Col. Juan Rodríguez

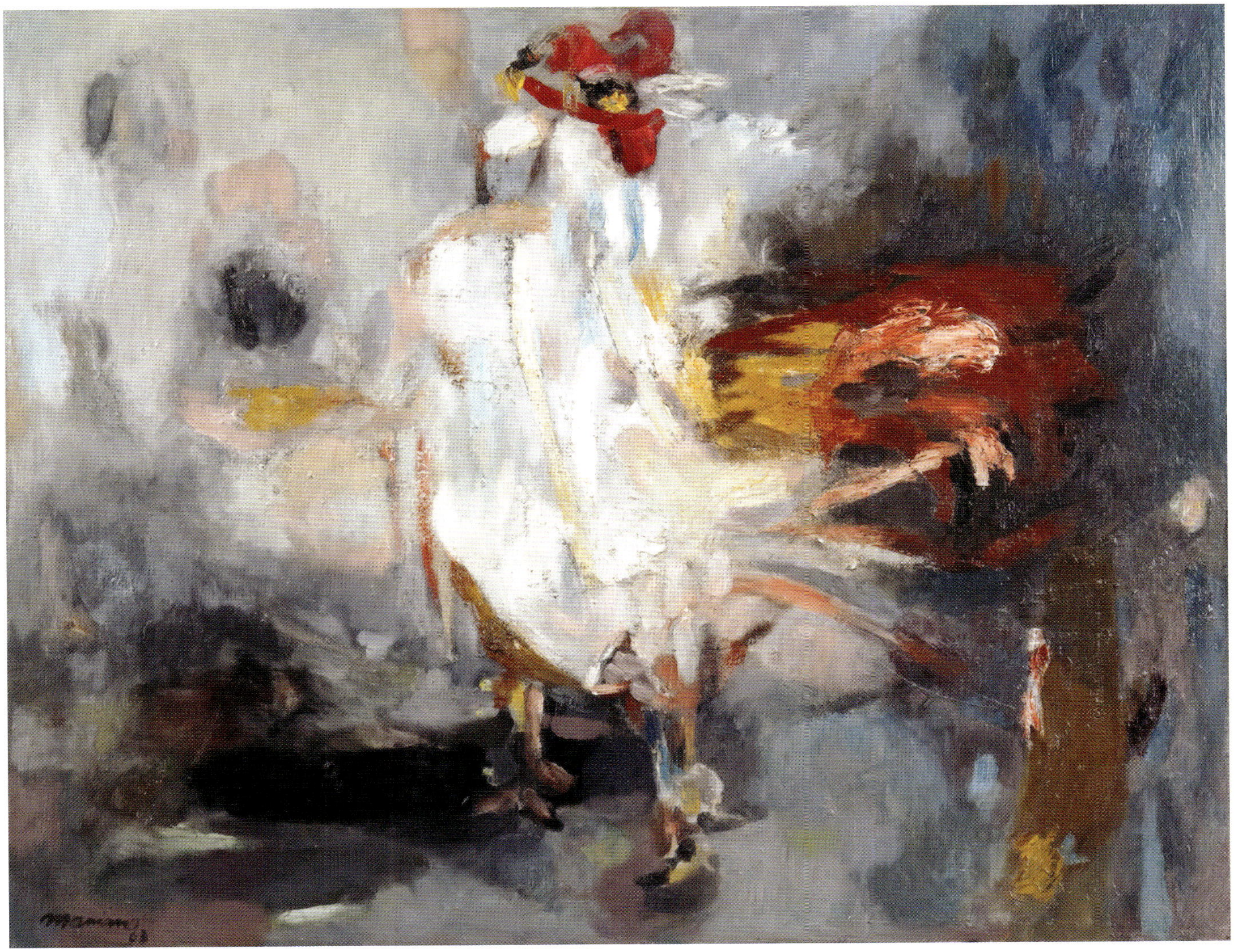

Gallo blanco | *White Rooster*, 1963
oil on canvas | óleo sobre lienzo, 32.3 × 40″
Col. Silvia & Emilio M. Ortiz

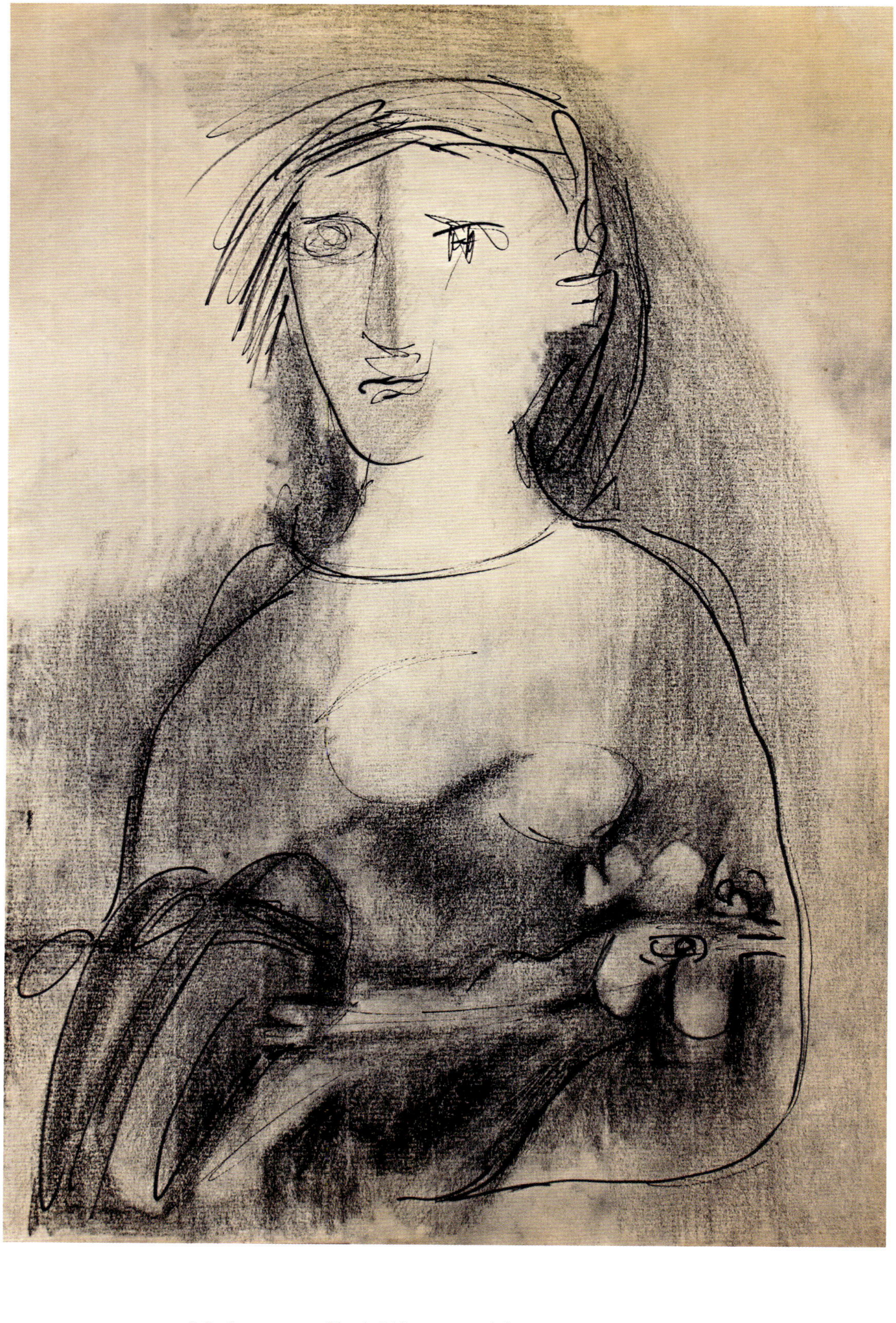

Mujer con gallo | *Woman with Rooster*, ca. 1963
ink and crayon on paper | tinta y creyón sobre papel, 13.9 × 10″
Col. Enrique Rodríguez

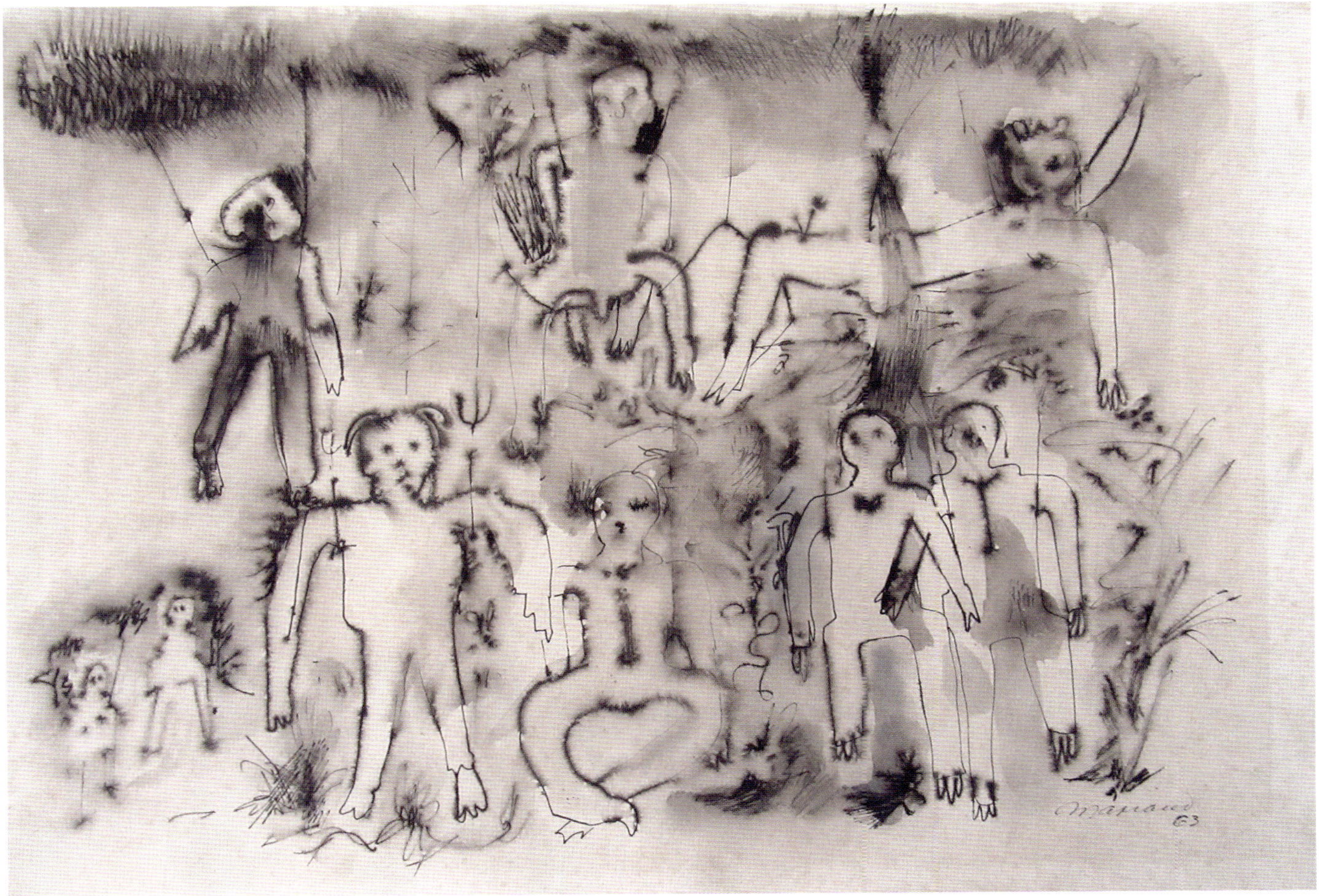

Figuras | *Figures*, 1963
ink and gouache on cardboard | tinta y aguada sobre cartulina, 13 × 19.8″
Col. Fundación Mariano Rodríguez

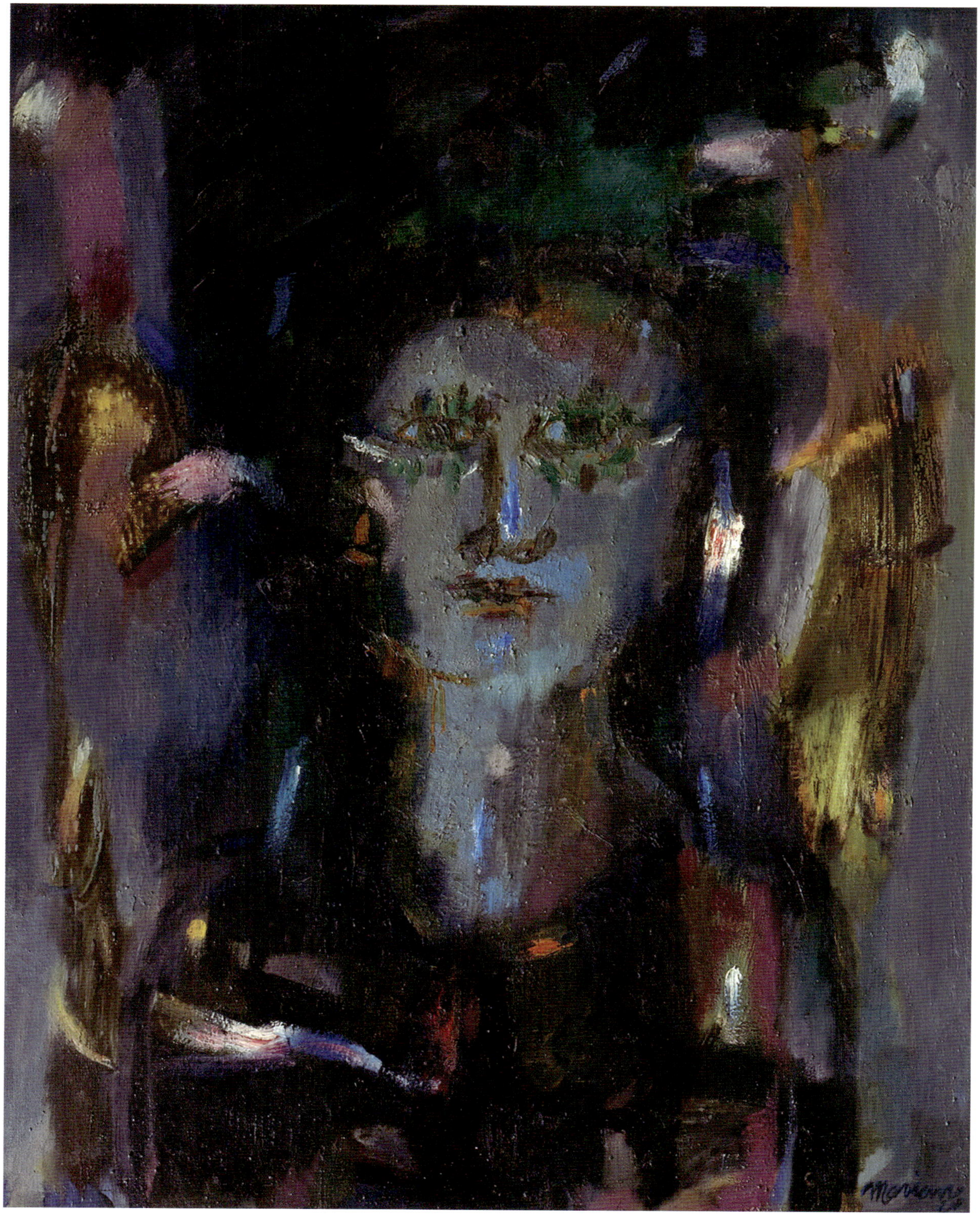

Retrato de mujer | *Portrait of a Woman*, 1964
oil on canvas | óleo sobre lienzo, 47.3 × 31.5″
Col. Fundación Mariano Rodríguez

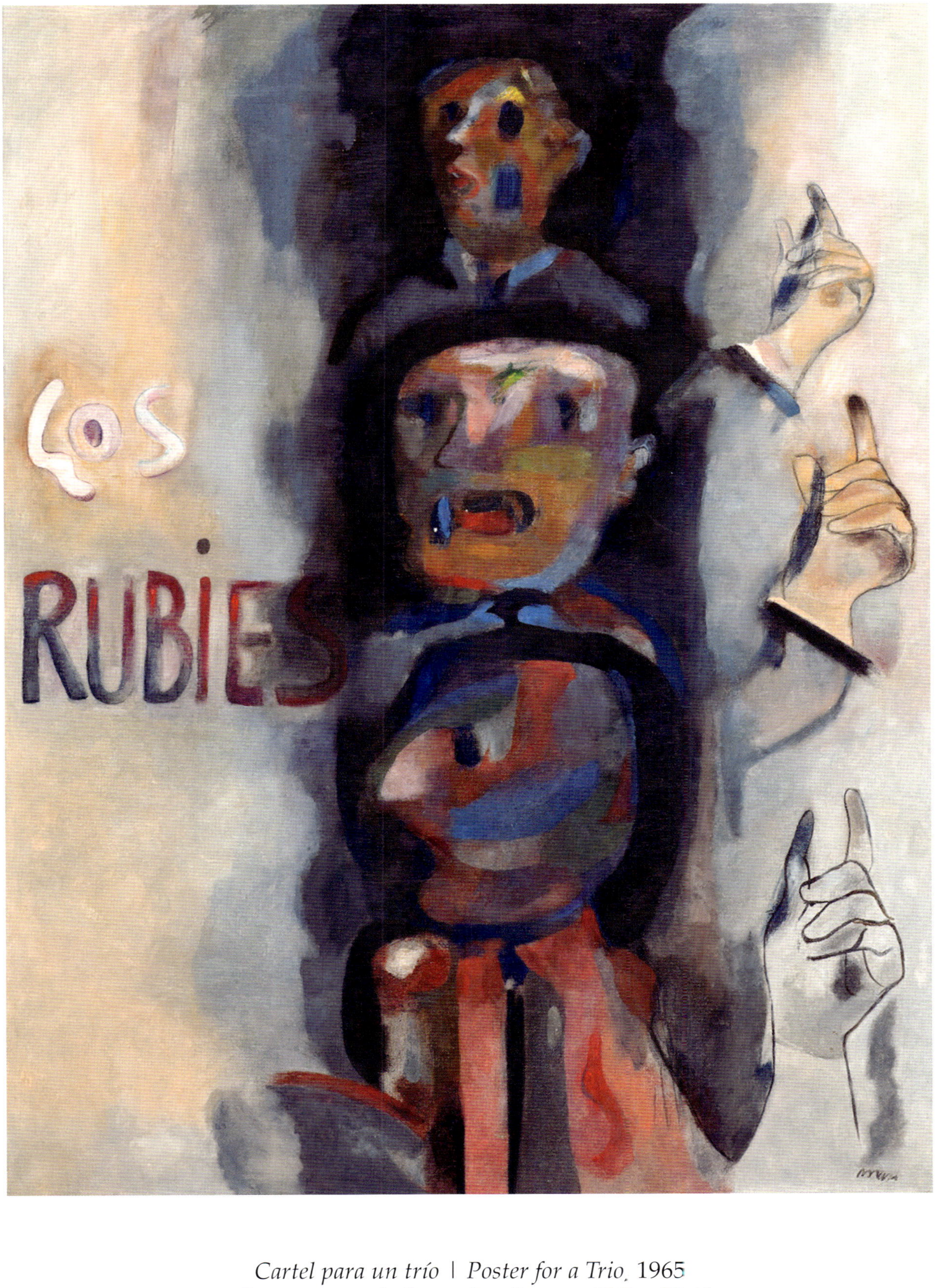

Cartel para un trío | *Poster for a Trio*, 1965
oil on canvas | óleo sobre lienzo, 43.7 × 32.4″
Col. Fundación Mariano Rodríguez

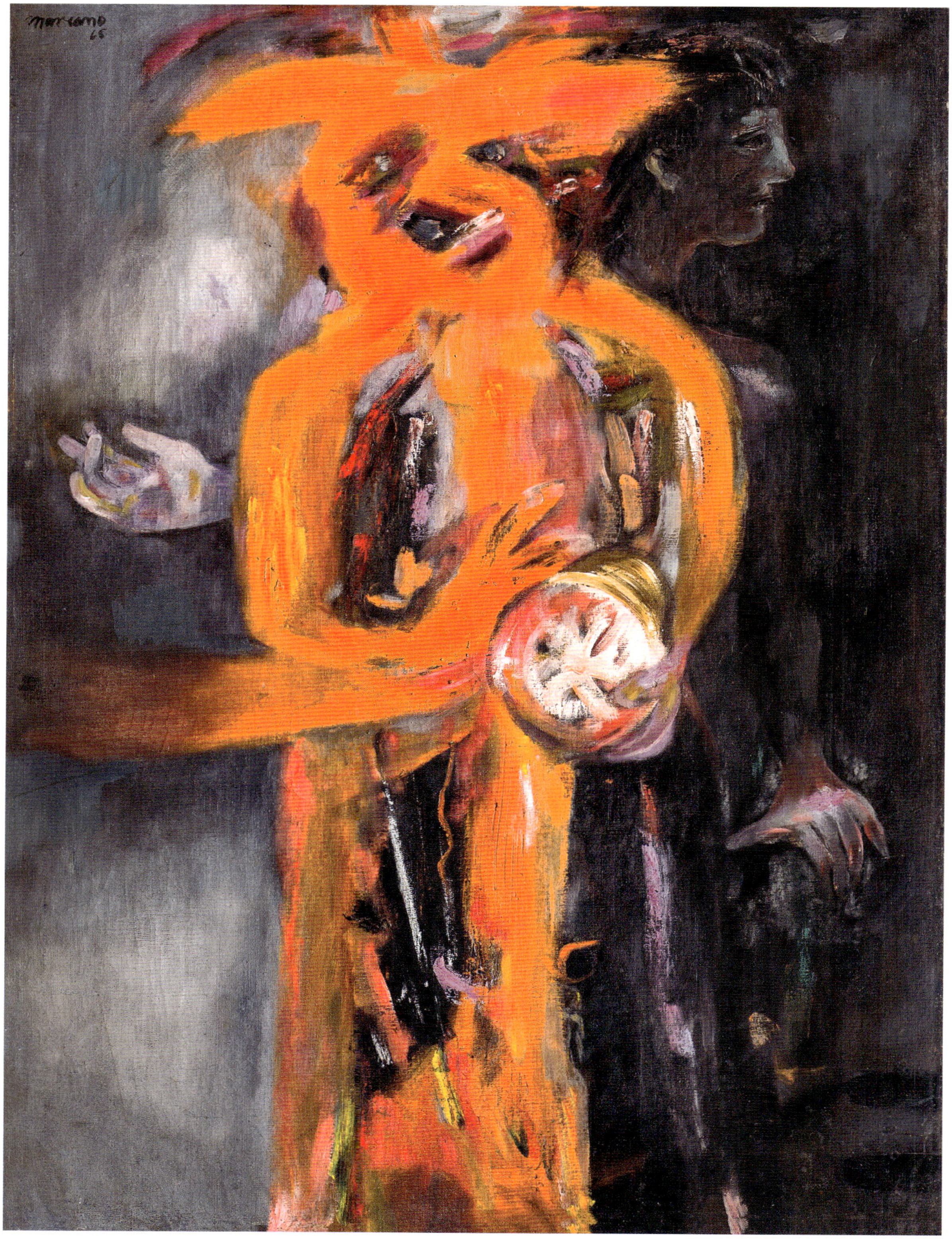

Mozambique, 1965
oil on canvas | óleo sobre lienzo, 35 × 30″
Col. Fundación Mariano Rodríguez

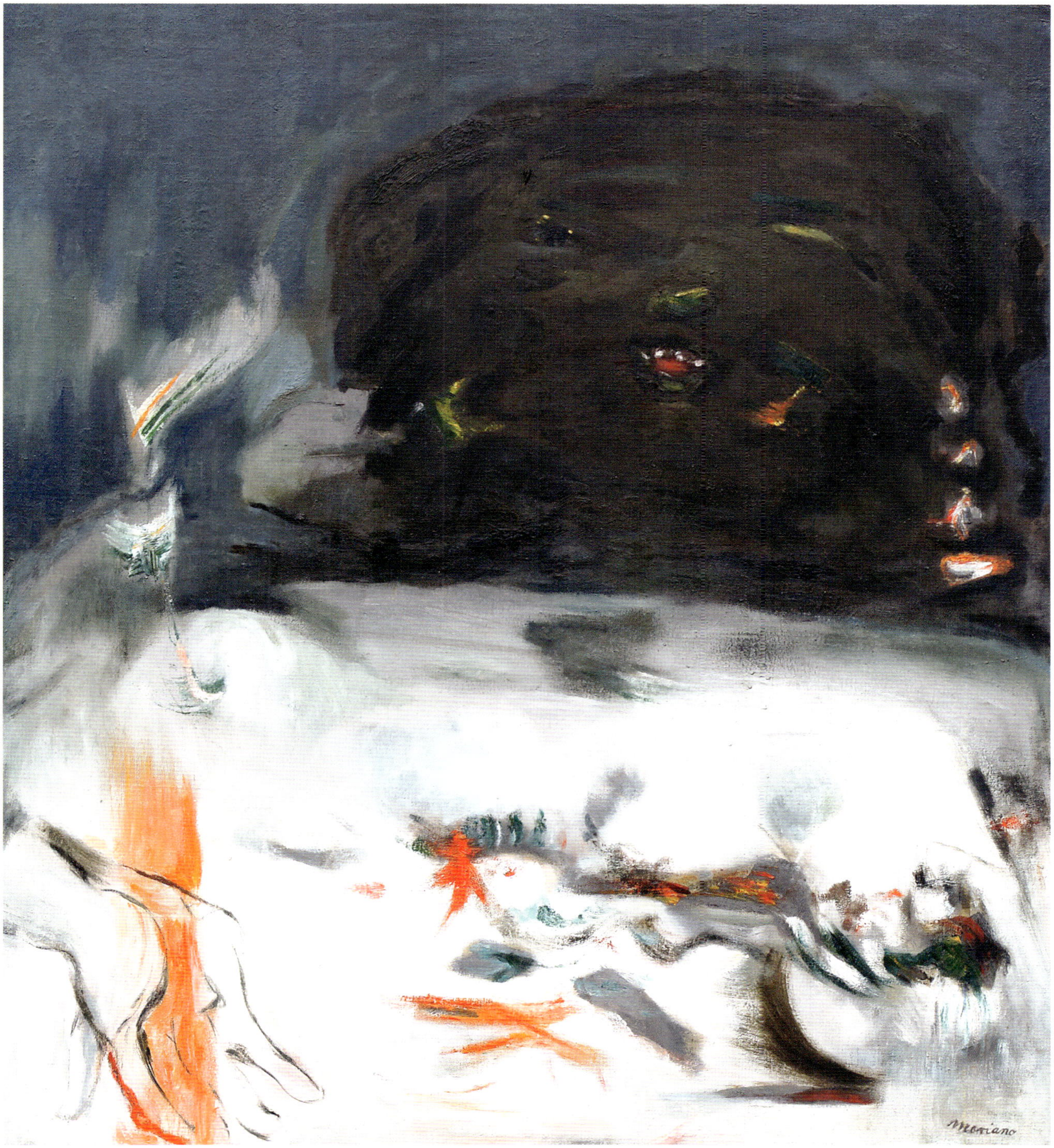

Cantante I | *Singer I*, ca. 1965
oil on canvas | óleo sobre lienzo, 50 × 45′
private collection | colección privada

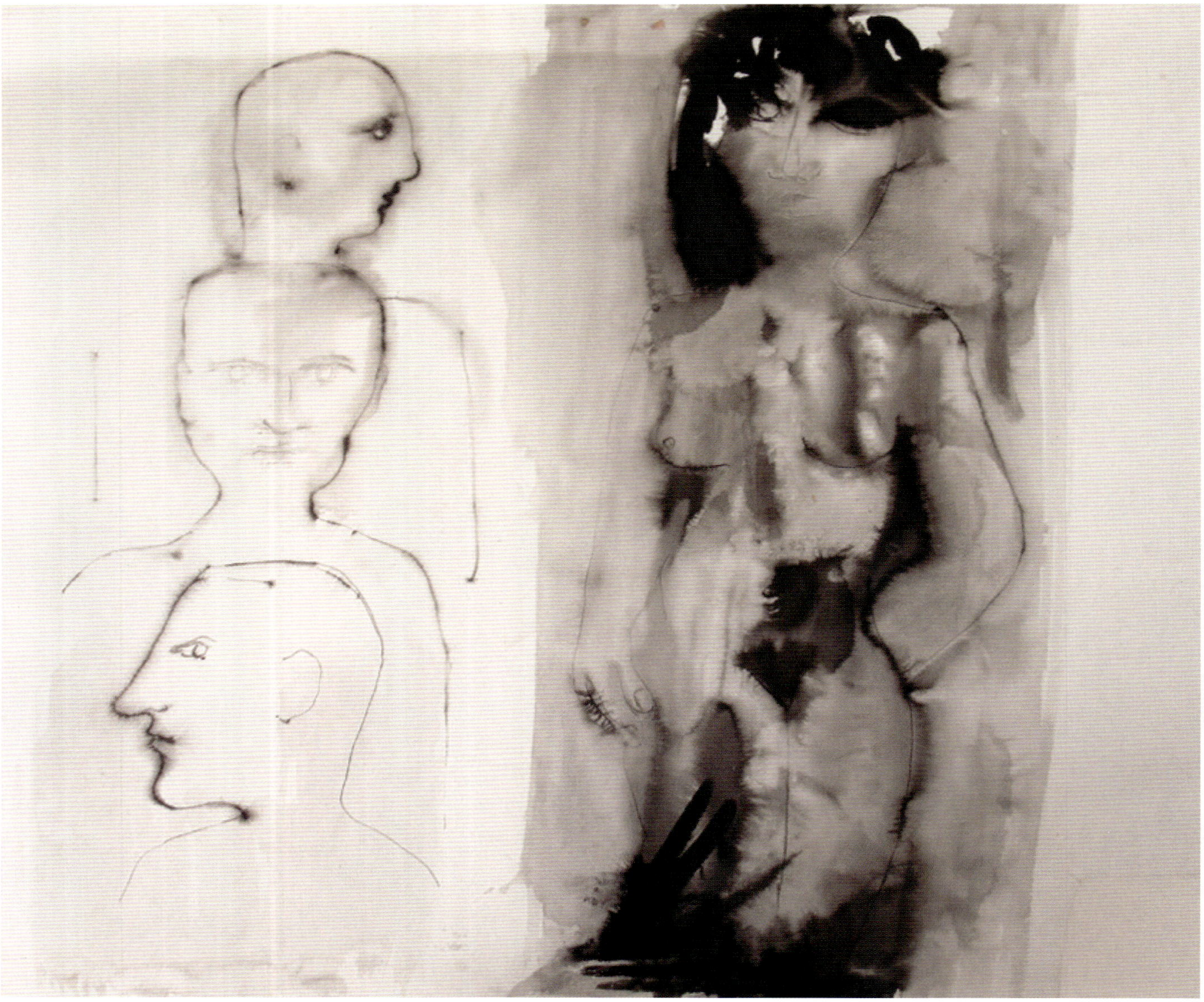

boceto para *Susana y los muchachos* | sketch for *Susana and the Young Men*, ca. 1965
ink and gouache on cardboard | tinta y aguada sobre cartulina, 21.8 × 29.8″
Col. Fundación Mariano Rodríguez

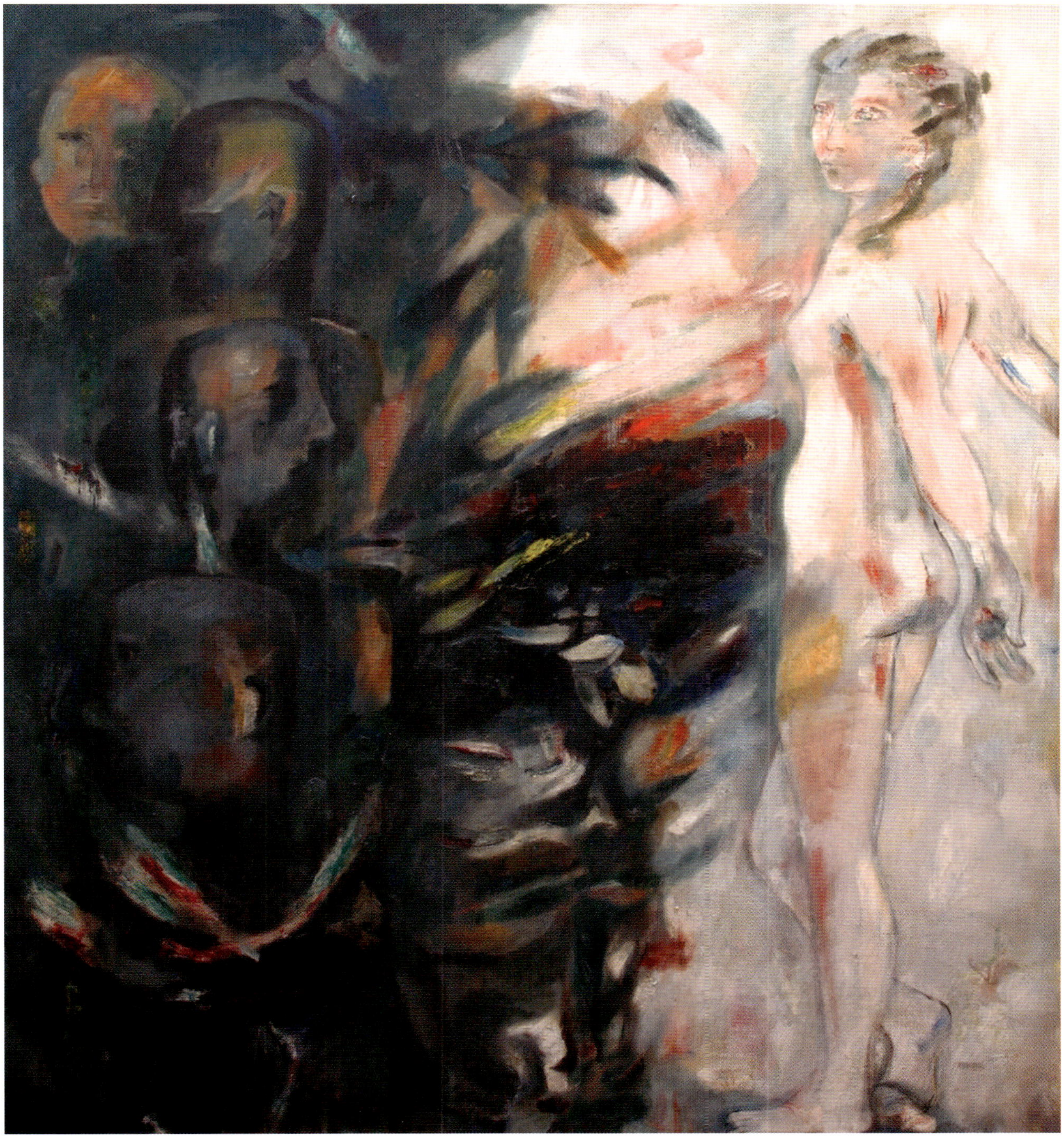

Susana y los muchachos | *Susana and the Young Men*, 1965
oil on canvas | óleo sobre lienzo, 50.1 × 45″
Col. Juan Rodríguez

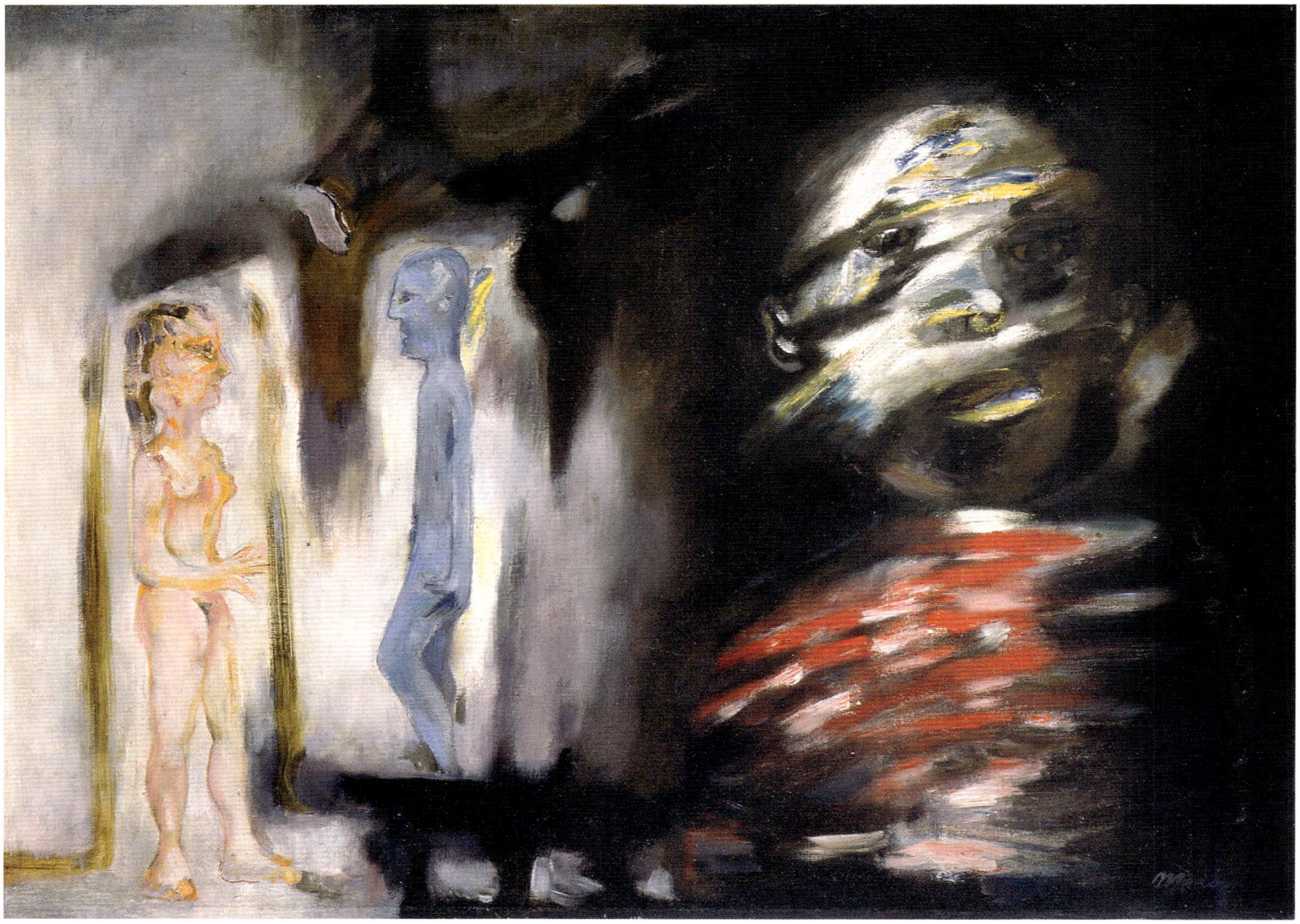

Hombre tras la puerta (Mirón) | *Man behind the Door (Voyeur)*, 1965
oil on canvas | óleo sobre lienzo, 30.3 × 42.1″
Col. Fundación Mariano Rodríguez

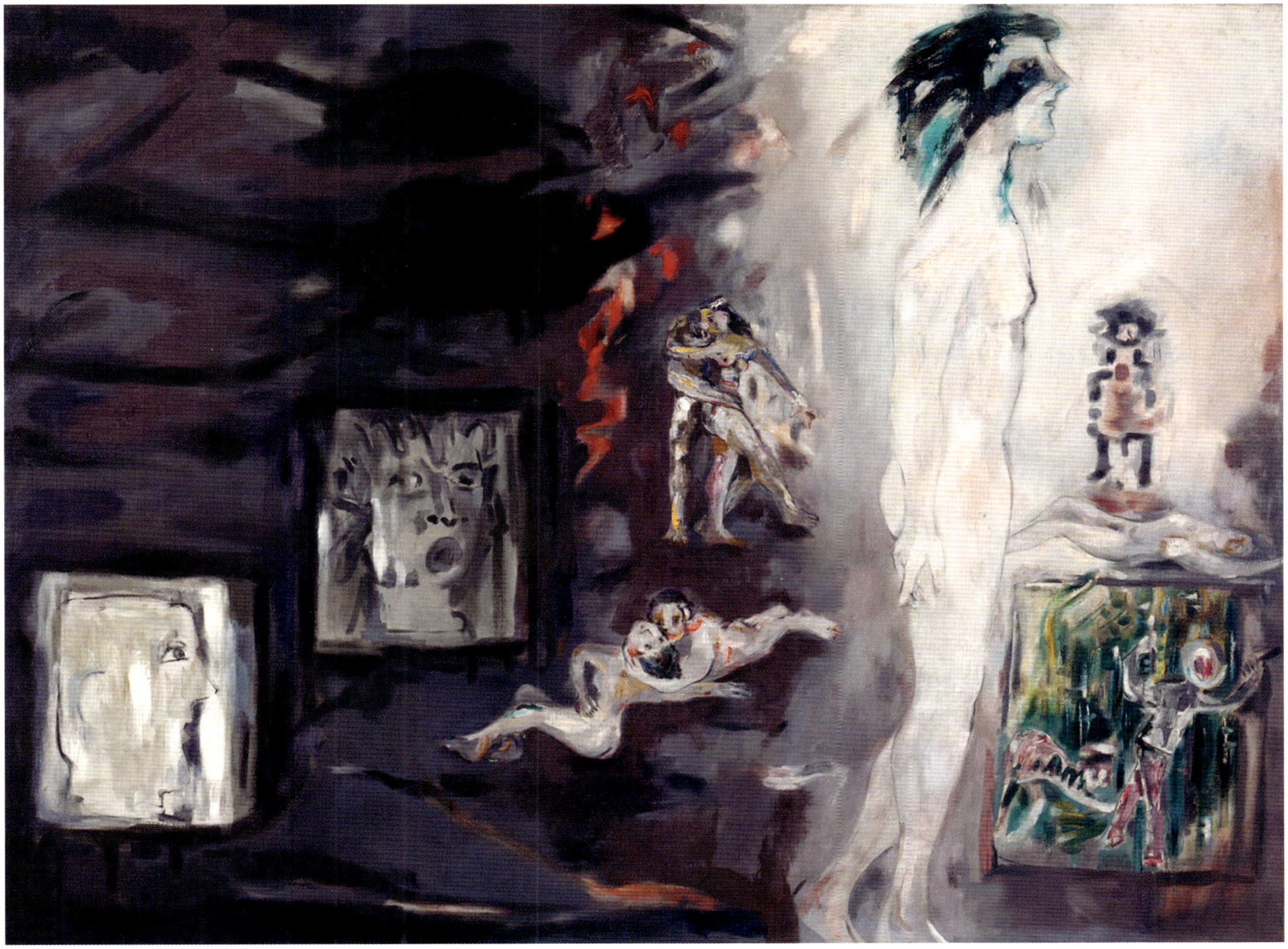

El deseo | *Desire*, ca. 1965
oil on canvas | óleo sobre lienzo, 59 × 78.8″
Col. Fundación Mariano Rodríguez

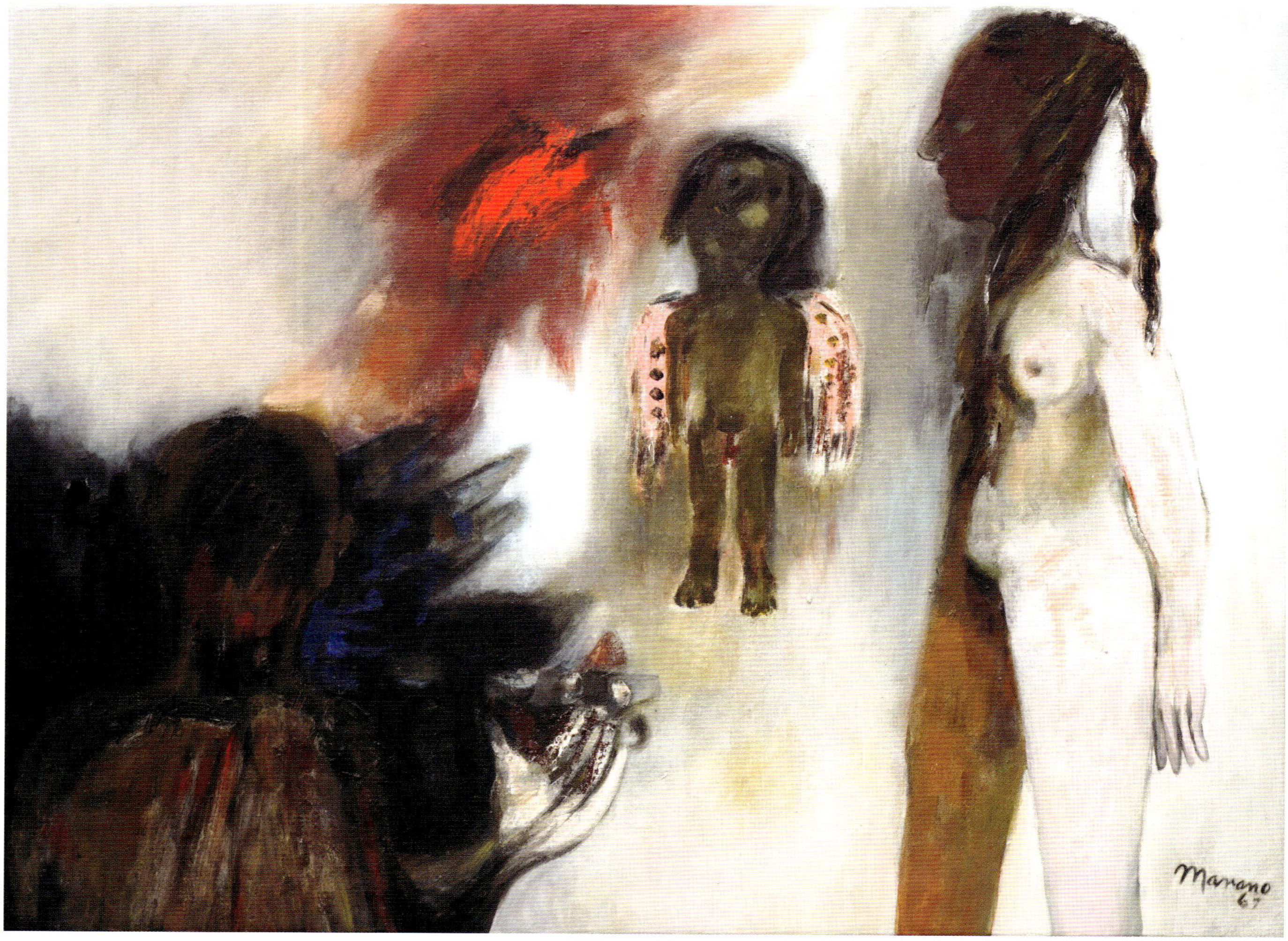

Cupido (Amorcillo) | *Cupid*, 1965
oil on canvas | óleo sobre lienzo, 29.5 × 39.9″
private collection | colección privada, courtesy of | cortesía de Cernuda Arte

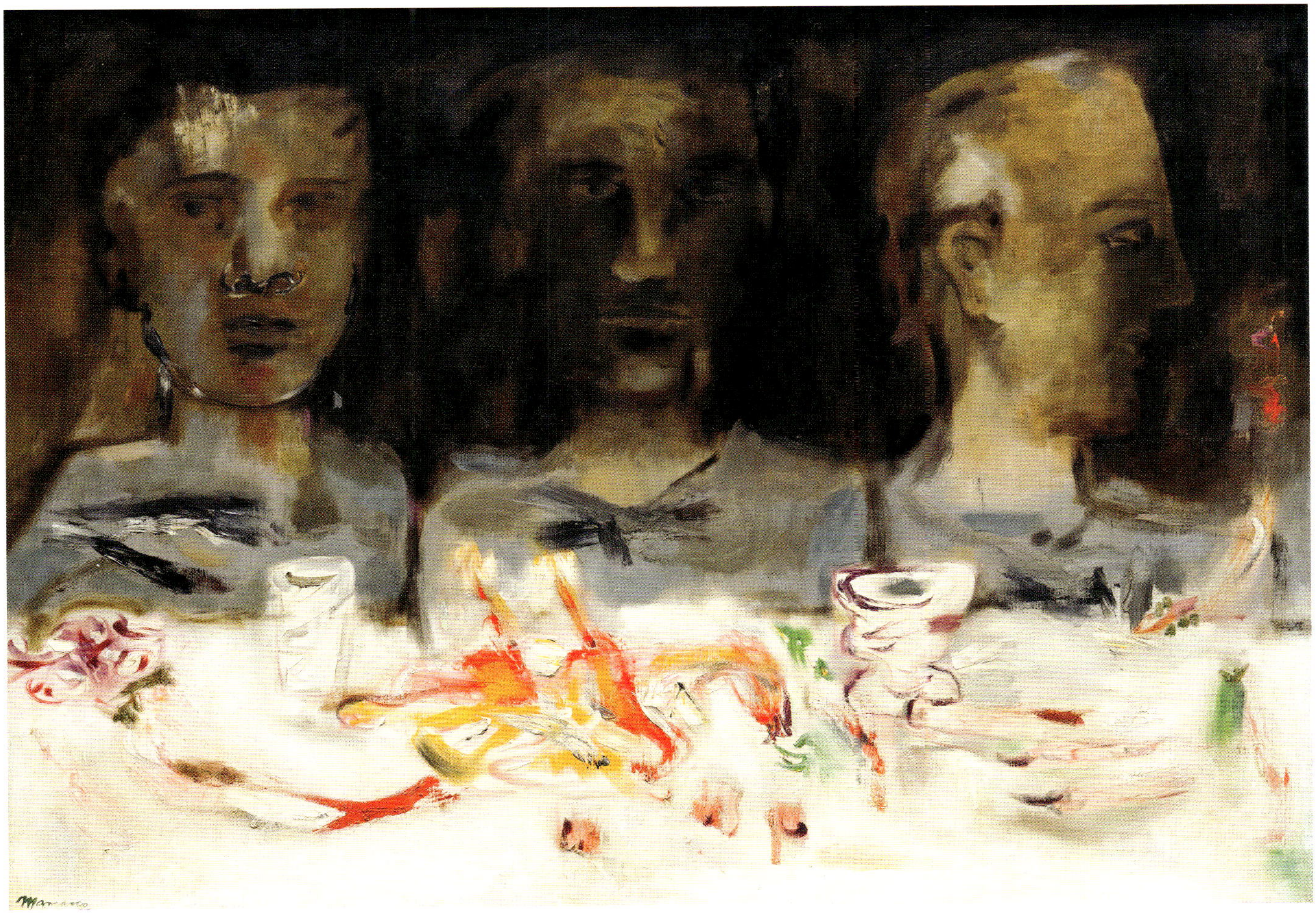

La cena | *The Supper*, 1965
oil on canvas | óleo sobre lienzo, 37.4 × 53.1″
Col. Fundación Mariano Rodríguez

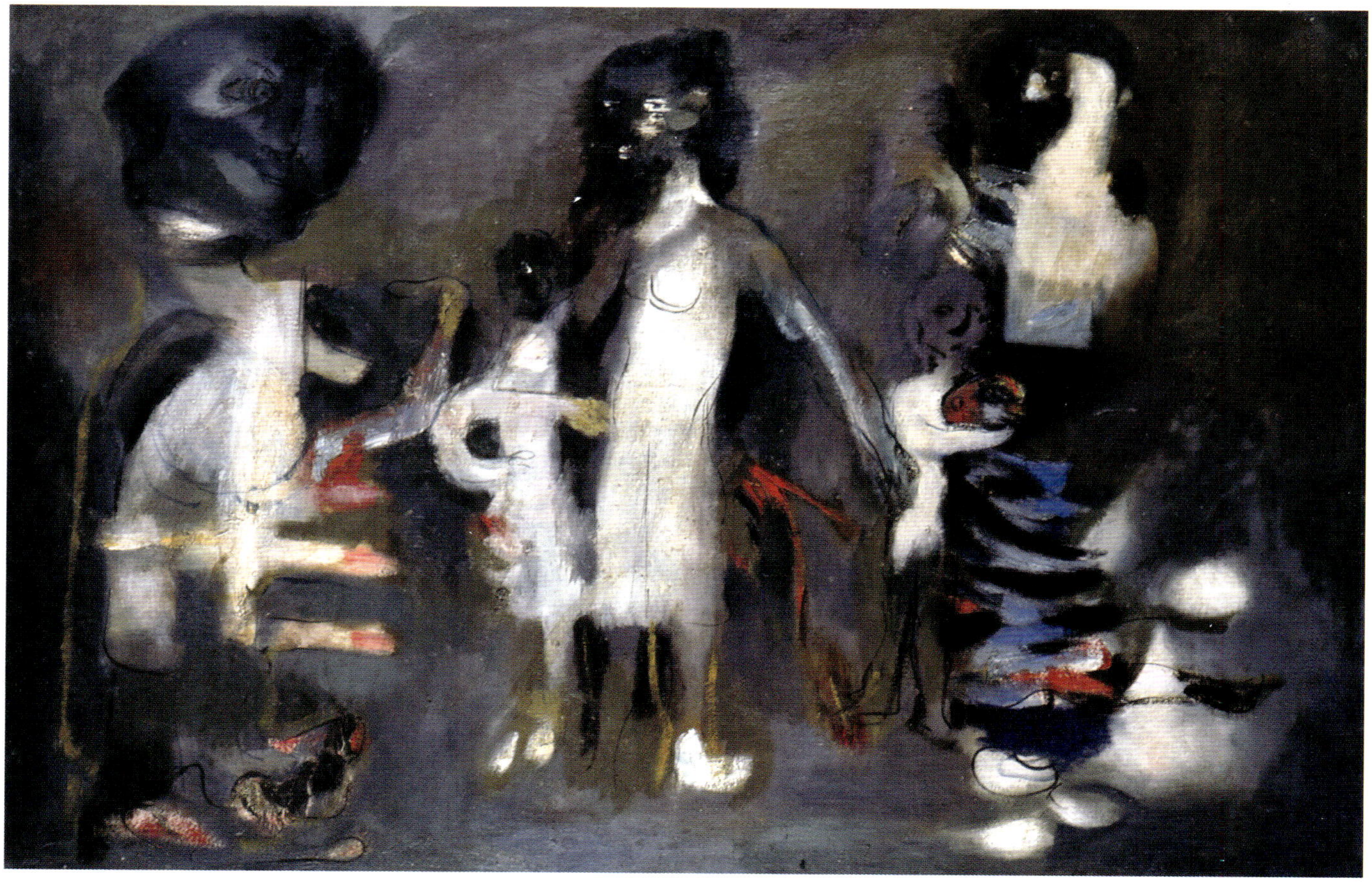

La familia | *The Family*, 1965
oil on canvas | óleo sobre lienzo, 31.8 × 47.5″
Col. Fundación Mariano Rodríguez

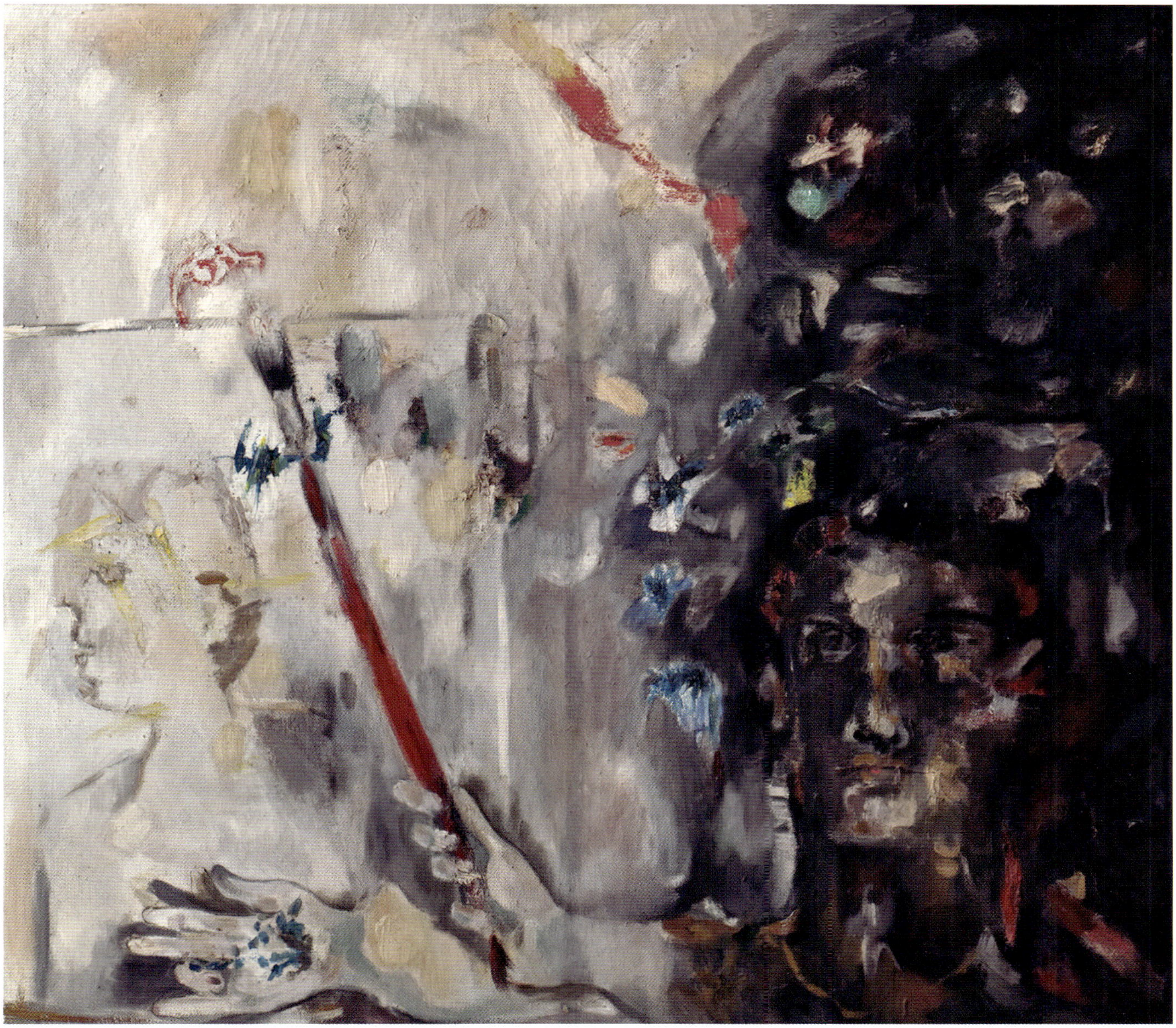

Retrato del pintor | *Portrait of the Painter*, ca. 1965
oil on canvas | óleo sobre lienzo, 45.3 × 50.3″
private collection | colección privada

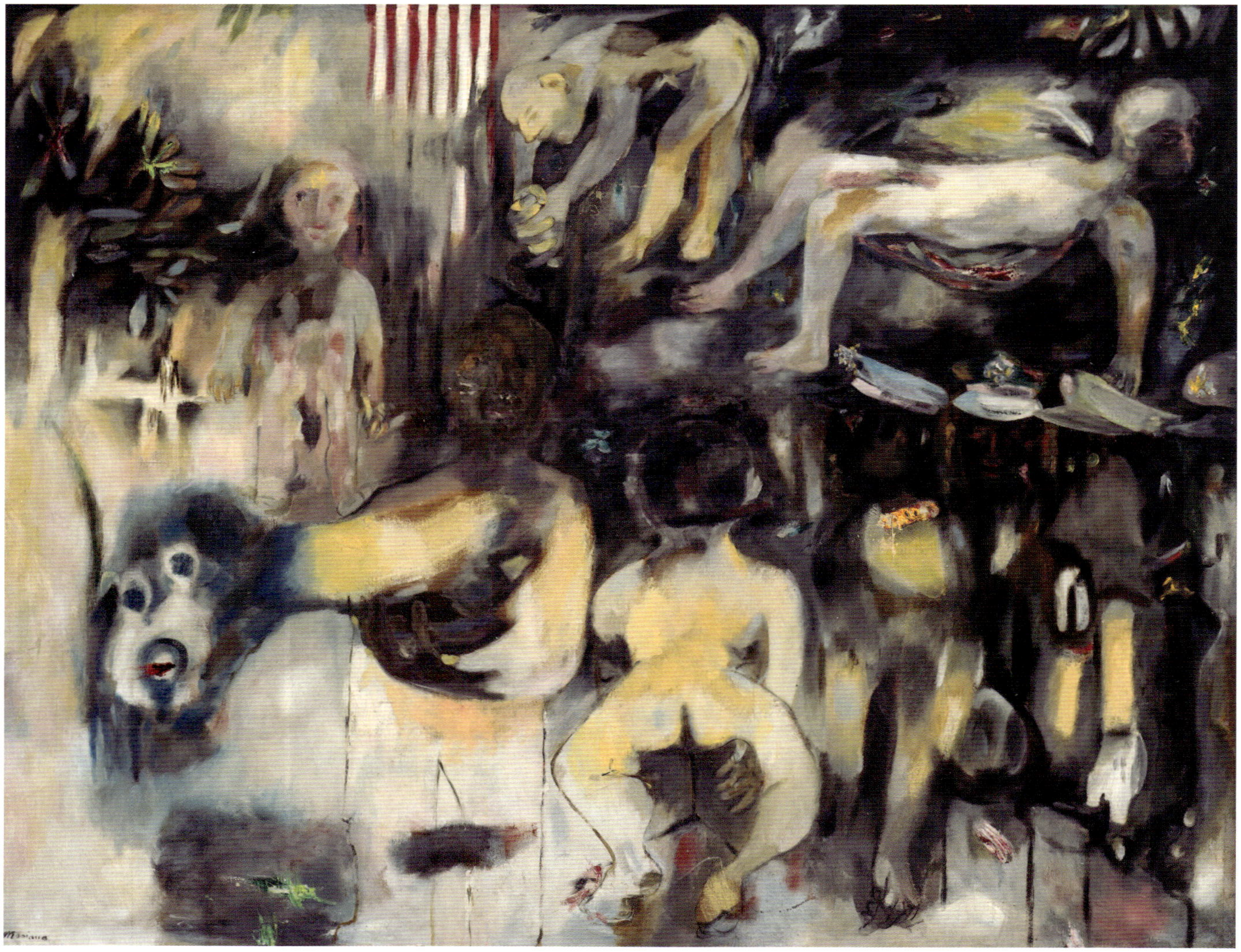

Reunión en la OEA | *Meeting at the OAS*, ca. 1965
oil on canvas | óleo sobre lienzo, 59.3 × 75.1″
Col. Fundación Mariano Rodríguez

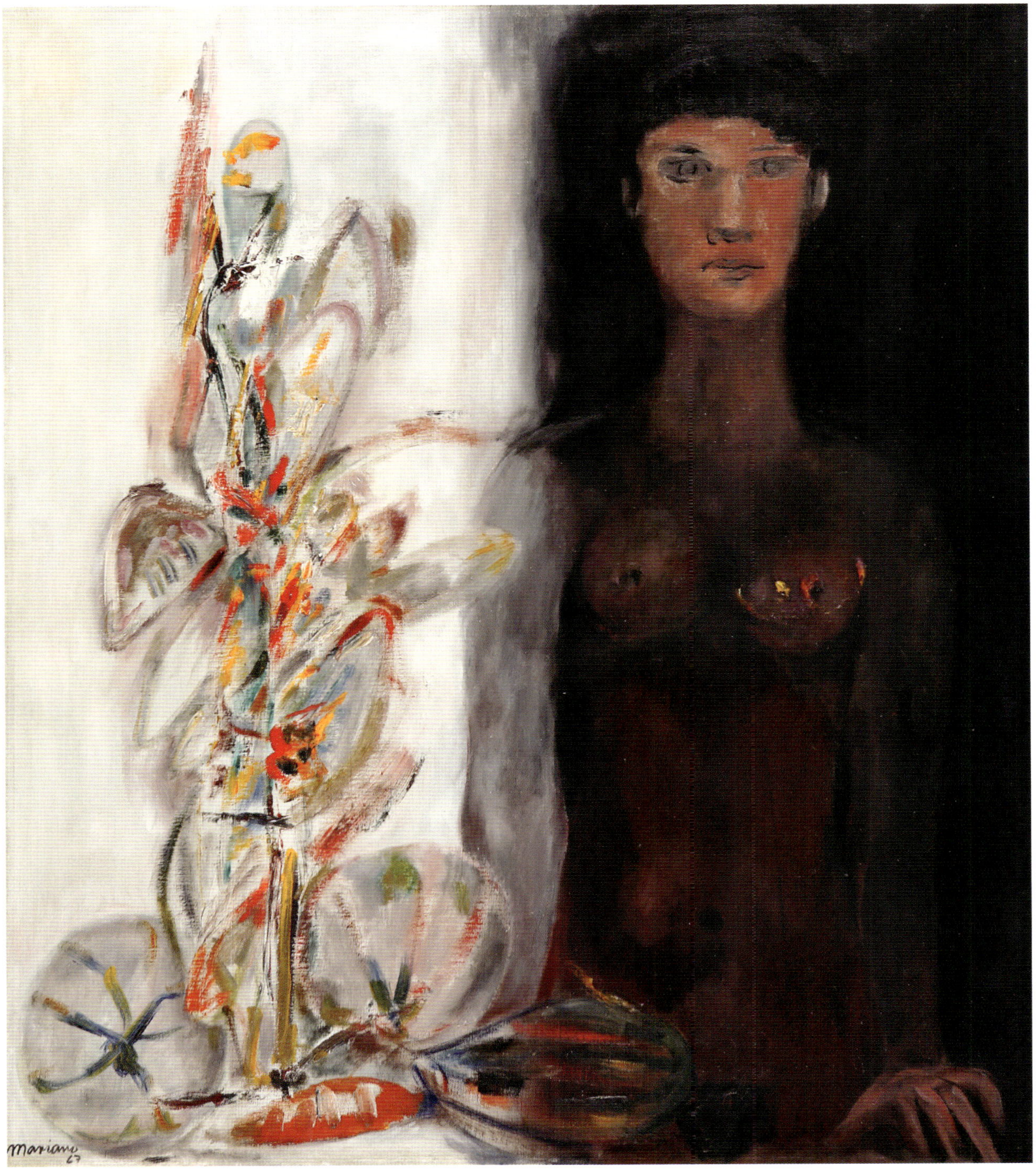

Mujer con flores | *Woman with Flowers*, 1967
oil on canvas | óleo sobre lienzo, 40 × 35″
Latin Art Core Gallery

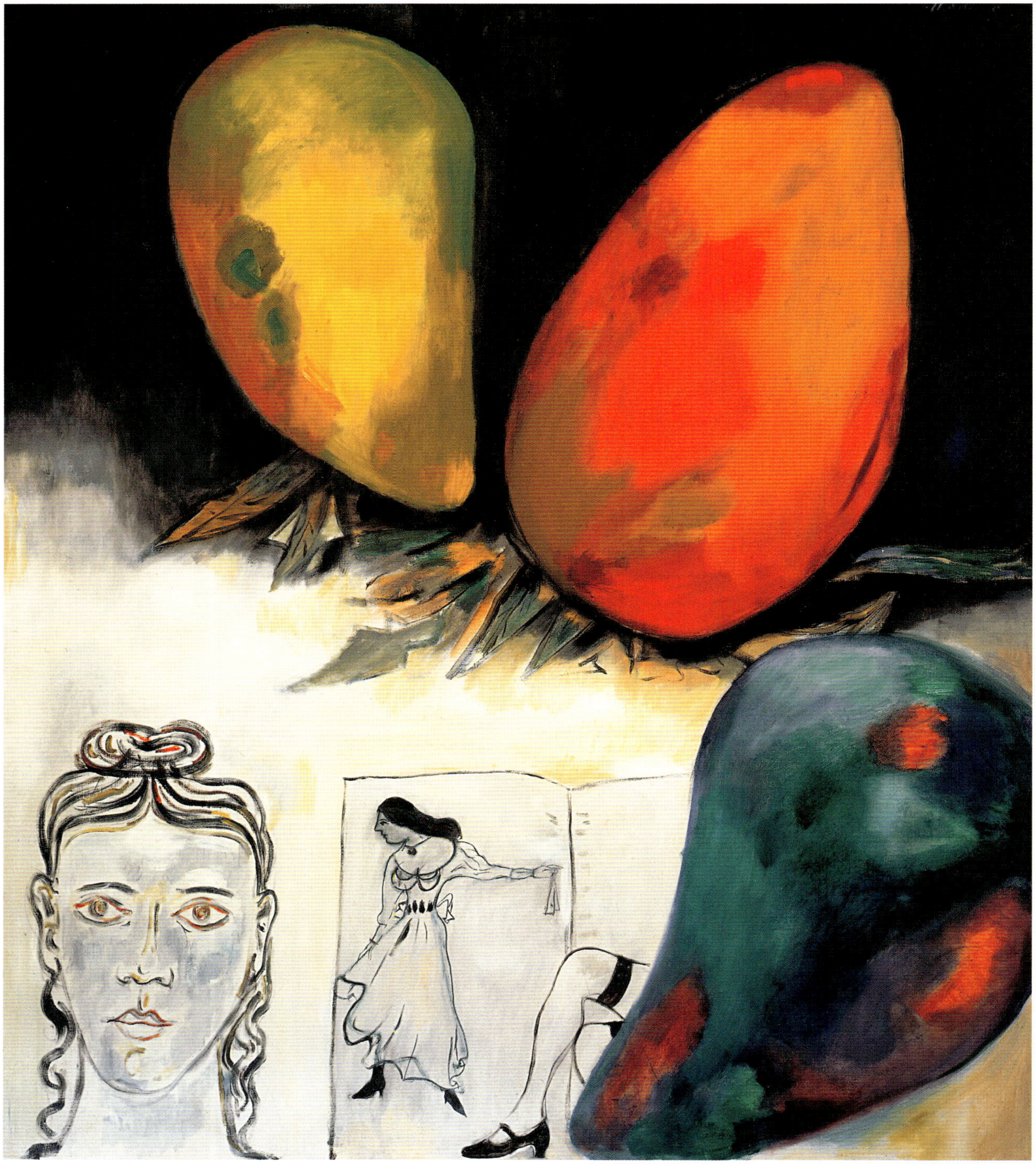

Mangos | *Mangoes*, 1967
oil on canvas | óleo sobre lienzo, 58 × 50″
Col. Grier Family | Familia Grier

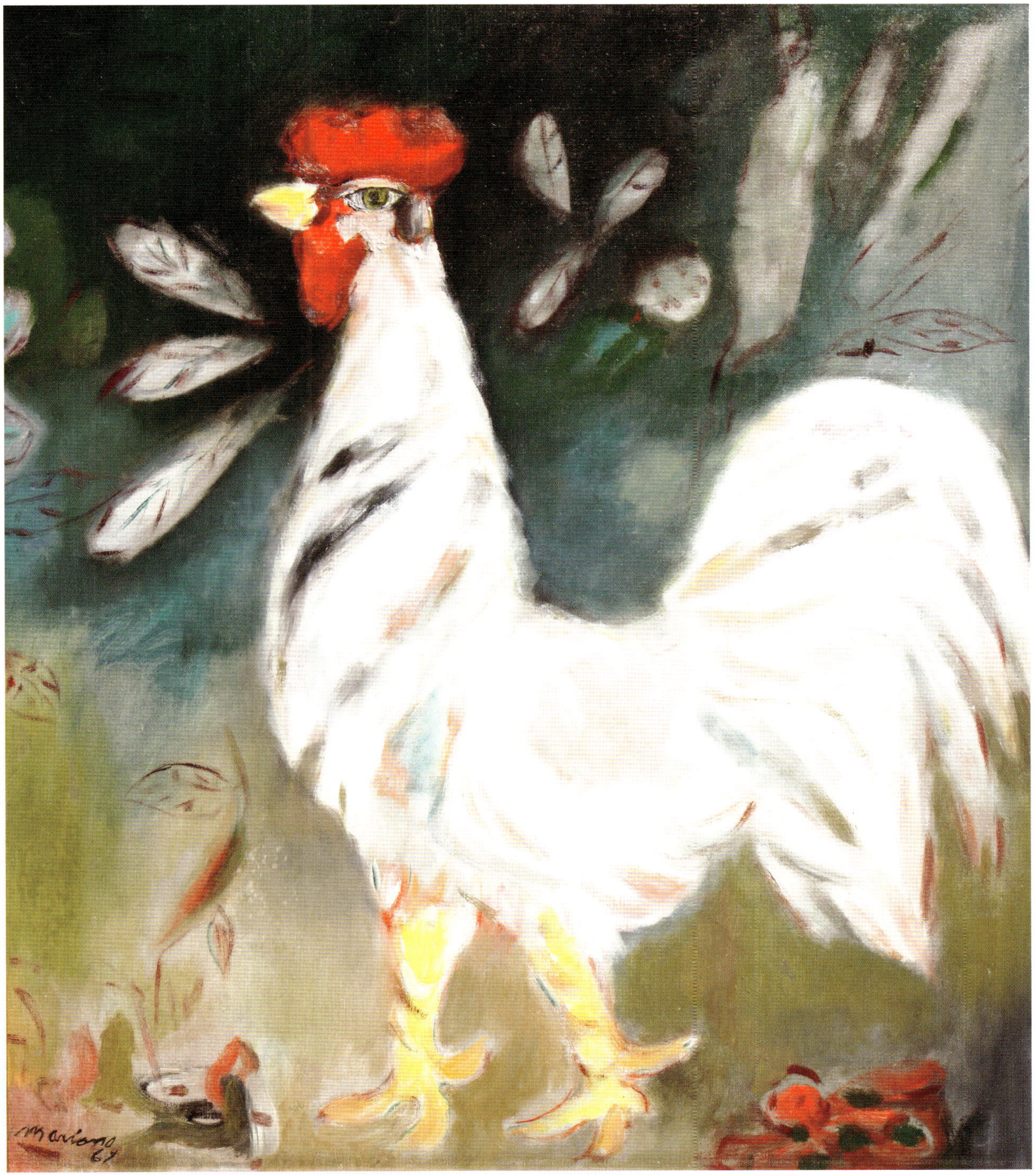

El gallo blanco | *The White Rooster*, 1968
oil on canvas | óleo sobre lienzo, 34 × 29.3″
Col. Nercys & Ramón Cernuda

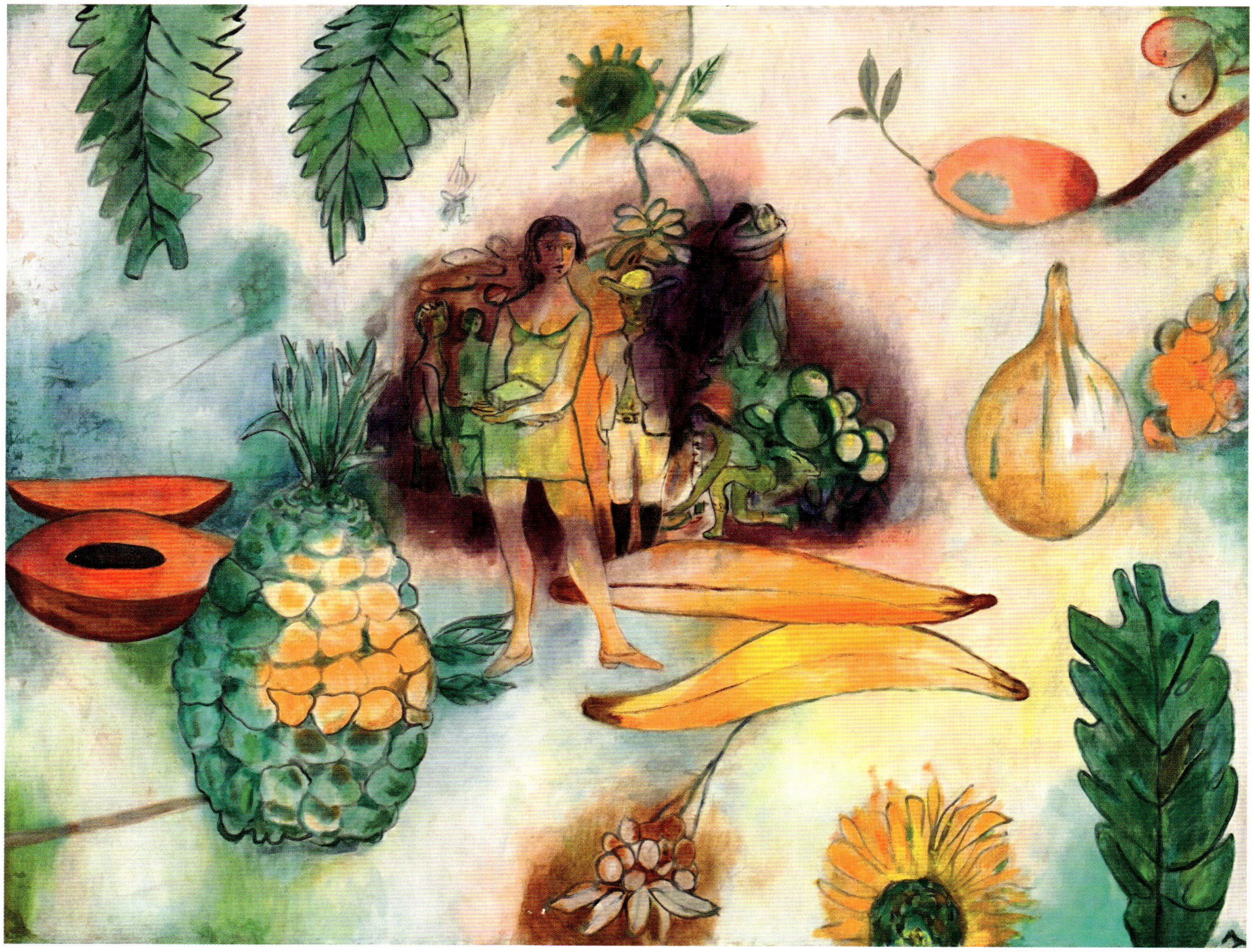

La estudiante (Frutas y realidad) | *The Student (Fruits and Reality)*, 1968
oil on canvas | óleo sobre lienzo, 66.9 × 78.7″
Col. Armando Amorín

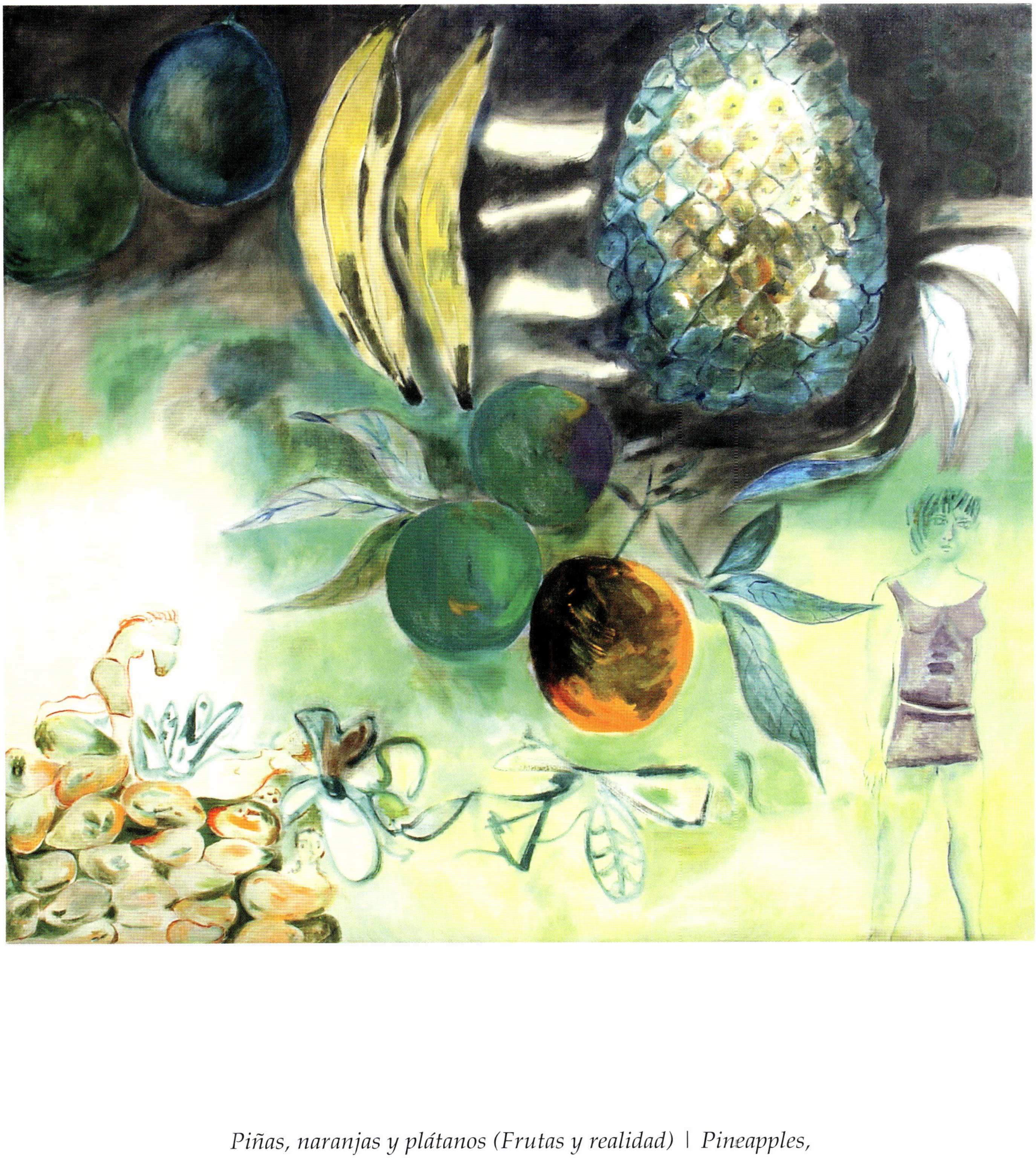

Piñas, naranjas y plátanos (Frutas y realidad) | *Pineapples, Oranges, and Bananas (Fruits and Reality)*, ca. 1969
acrylic on canvas | acrílico sobre lienzo, 56 × 59″
private collection | colección privada

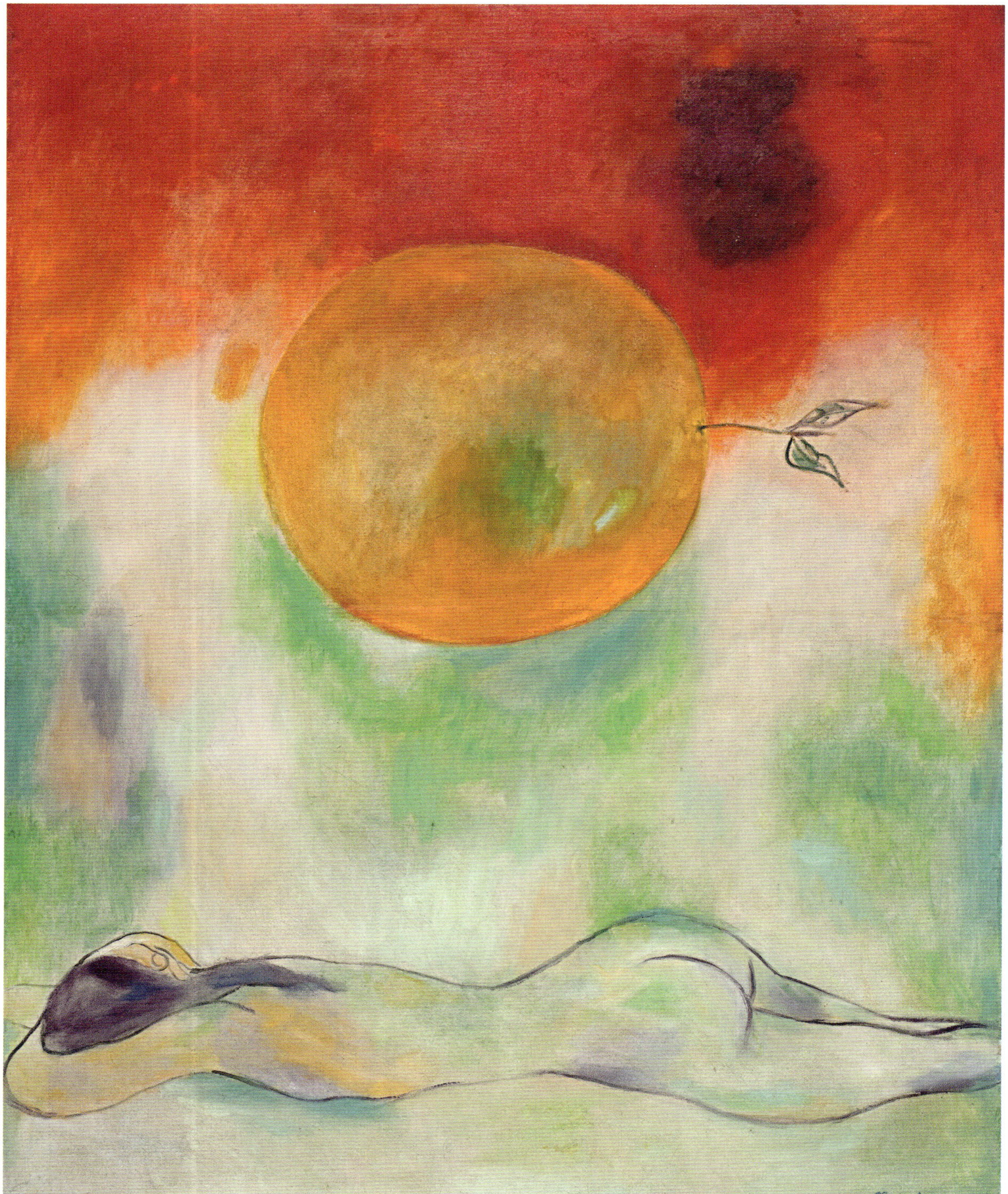

La naranja (Frutas y realidad) | *The Orange (Fruits and Reality)*, 1972
oil on canvas | óleo sobre lienzo, 51.2 × 39.4″
Col. Fundación Mariano Rodríguez

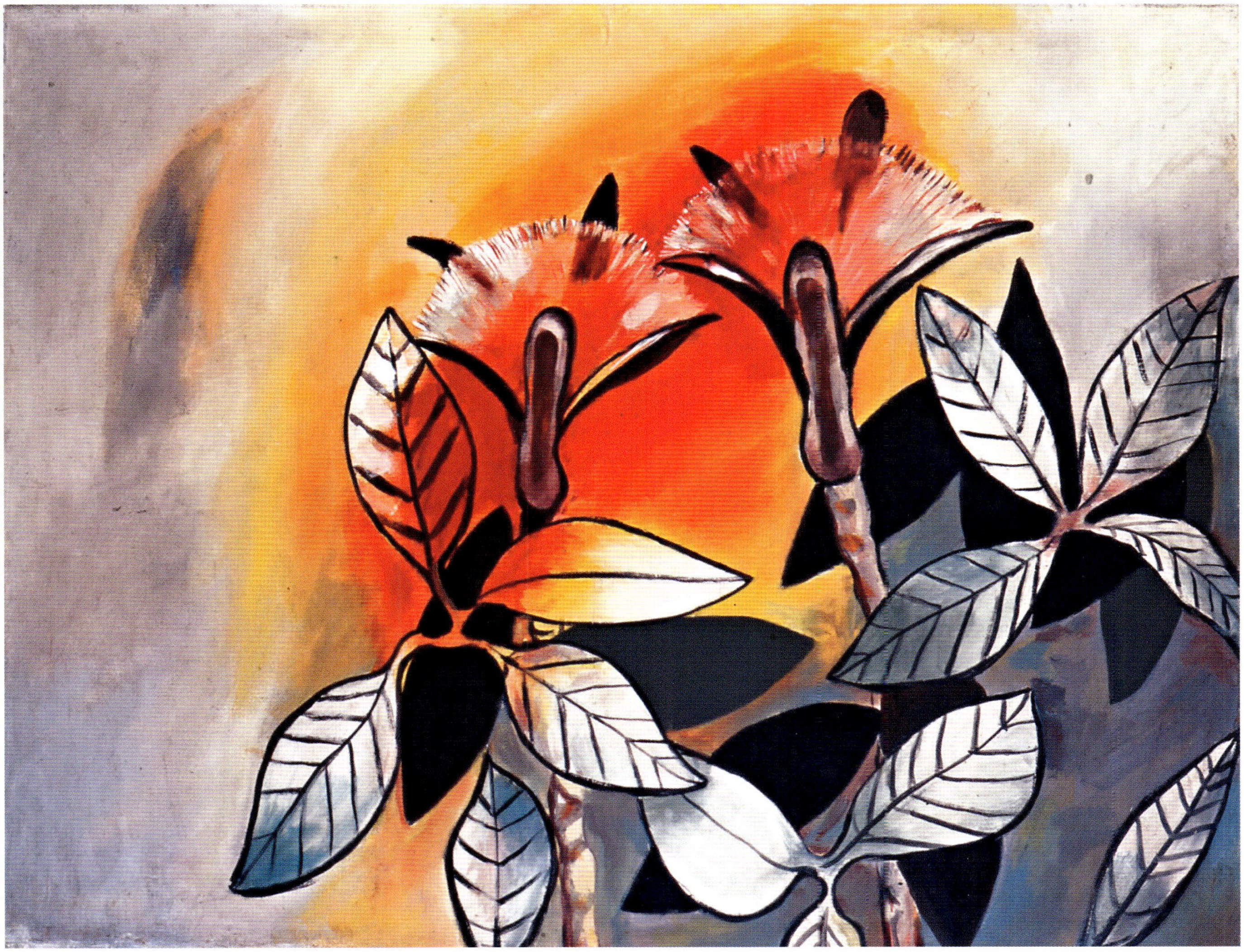

Carolinas | *Carolina Flowers*, 1974
acrylic on canvas | acrílico sobre lienzo, 35.2 × 45.1″
Col. Antonio Acosta

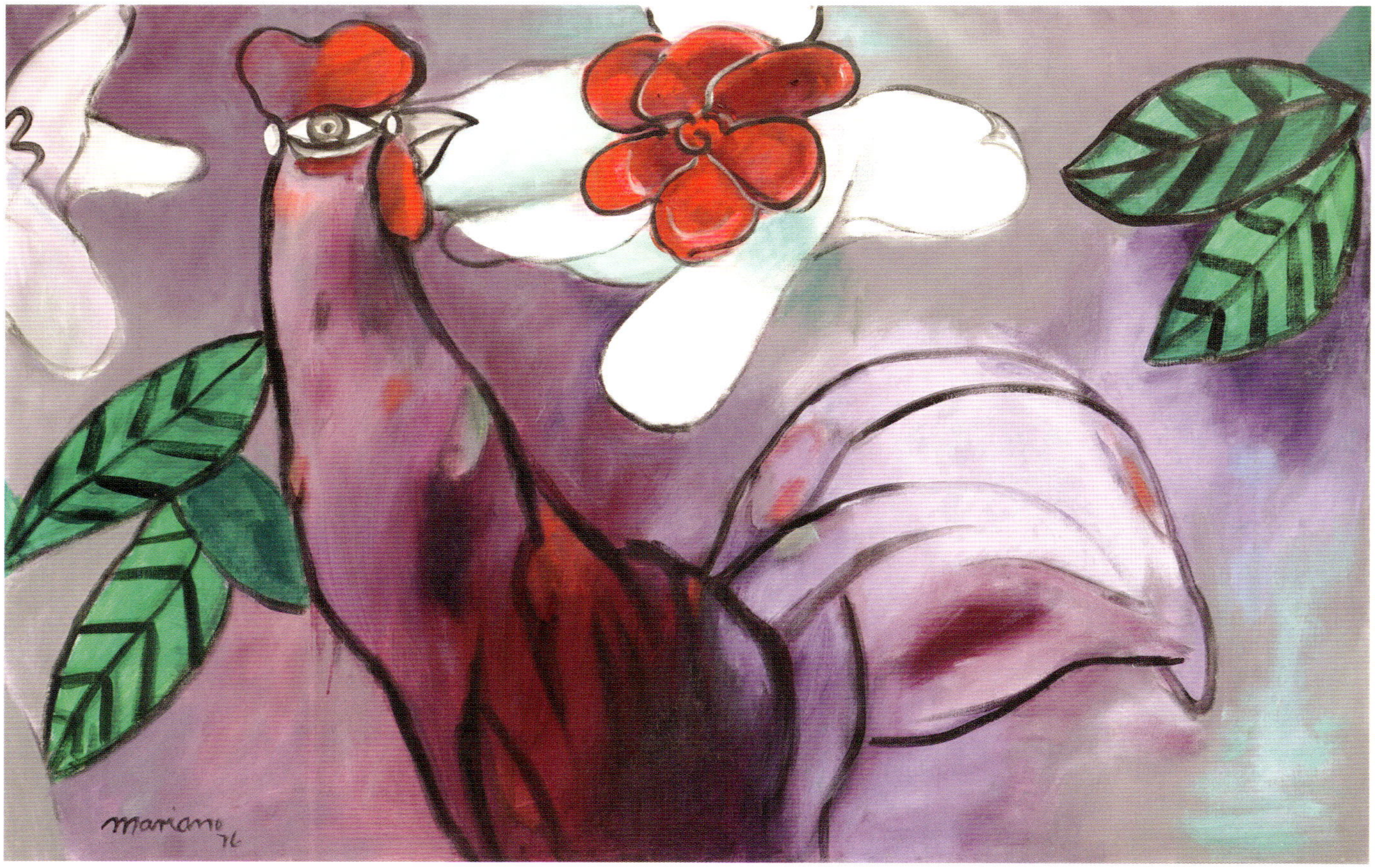

Gallo y flor | *Rooster and Flower*, 1976
acrylic on canvas | acrílico sobre lienzo, 39 × 59″
private collection | colección privada

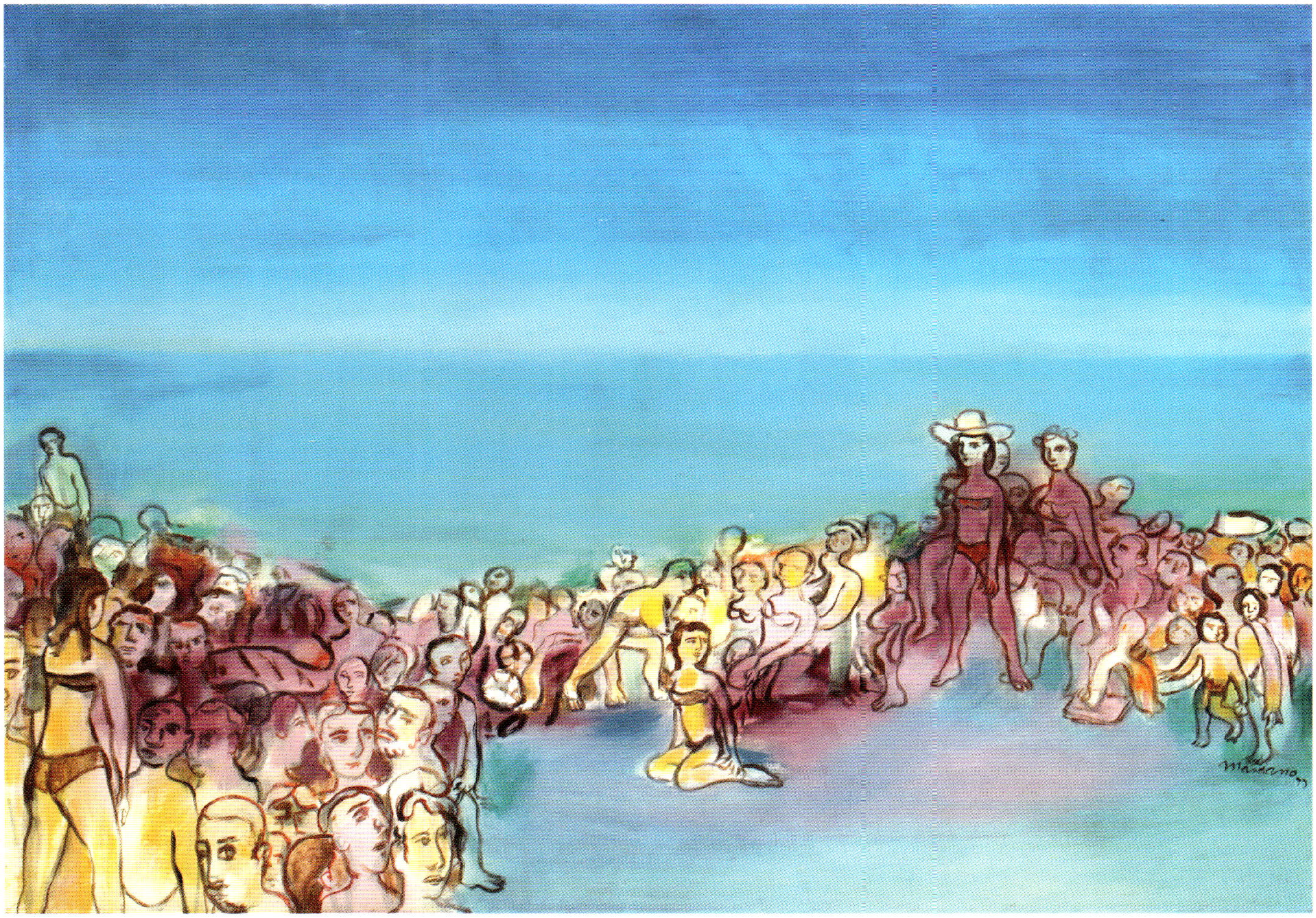

Varadero (Masas) | *Varadero (Masses)*, 1977
acrylic on canvas | acrílico sobre lienzo, 39.8 × 55″
private collection | colección privada, courtesy of | cortesía de Martha Richardson Fine Art

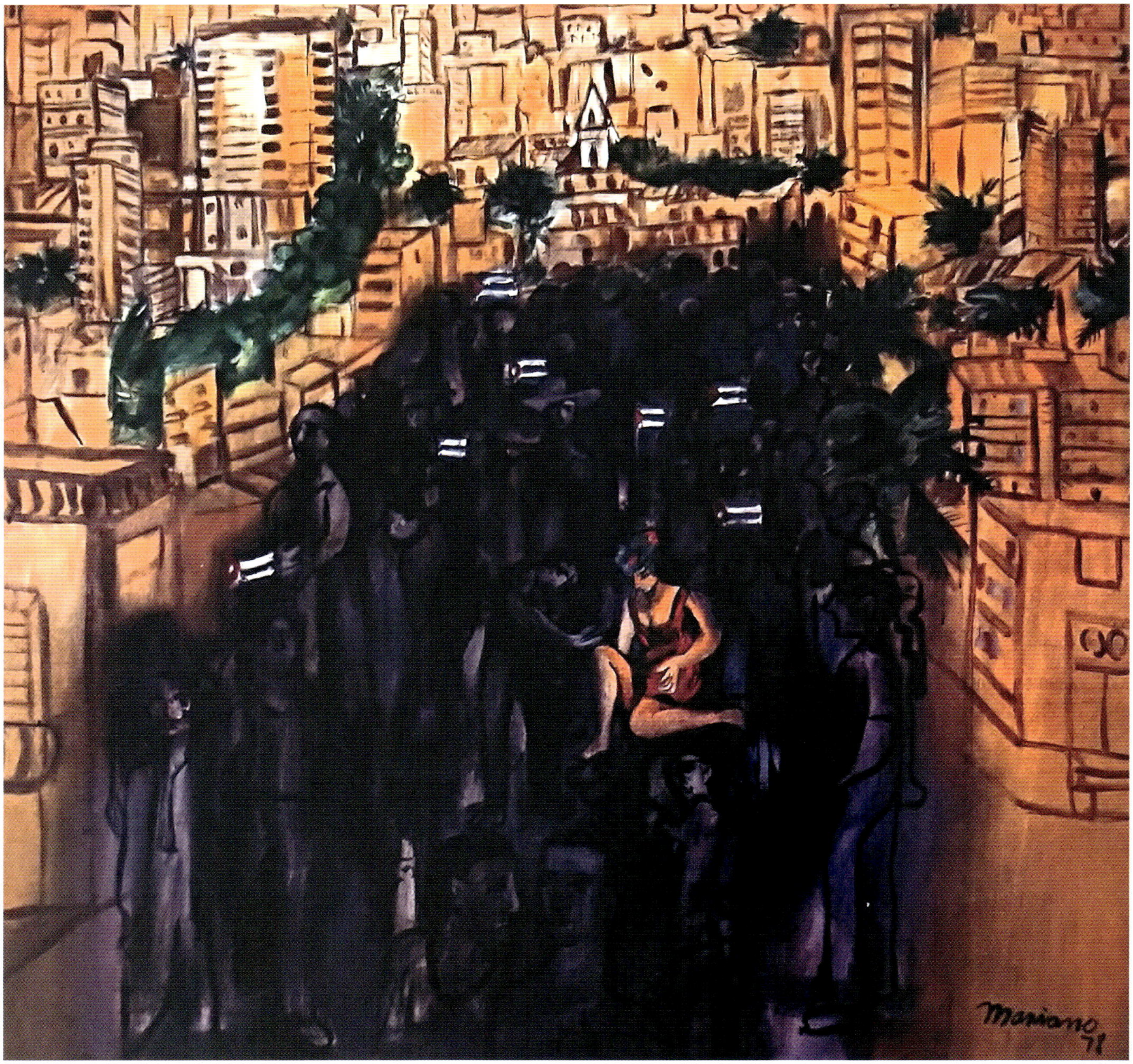

Masas y El Vedado no. 1 | *Masses and El Vedado #1*, 1978
acrylic on canvas | acrílico sobre lienzo, 49.2 × 52.8″
Col. Fundación Mariano Rodríguez

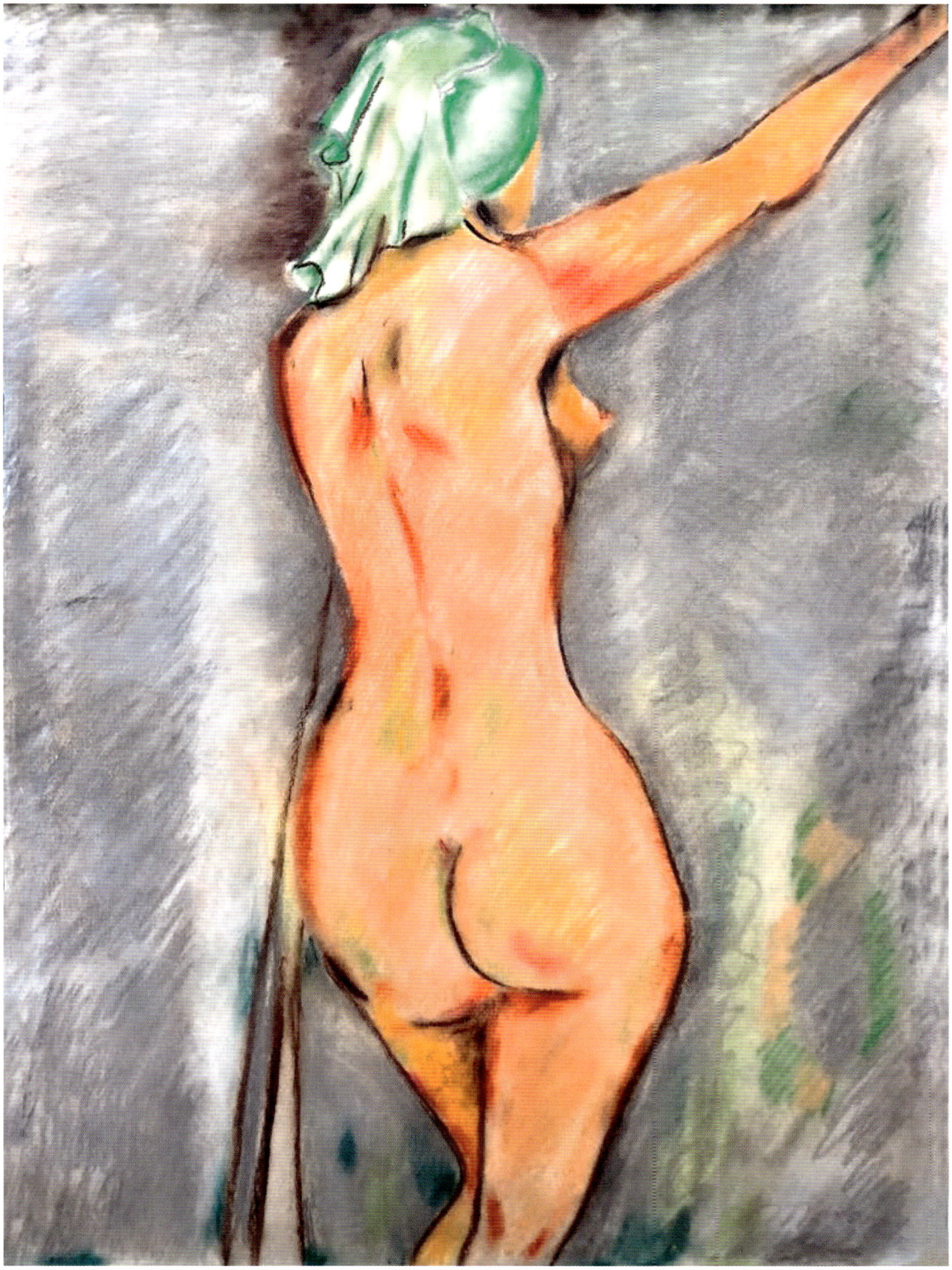

Desnudo | *Nude*, 1978
pastel on board | pastel sobre cartón, 31.5 × 22″
Col. Fundación Mariano Rodríguez

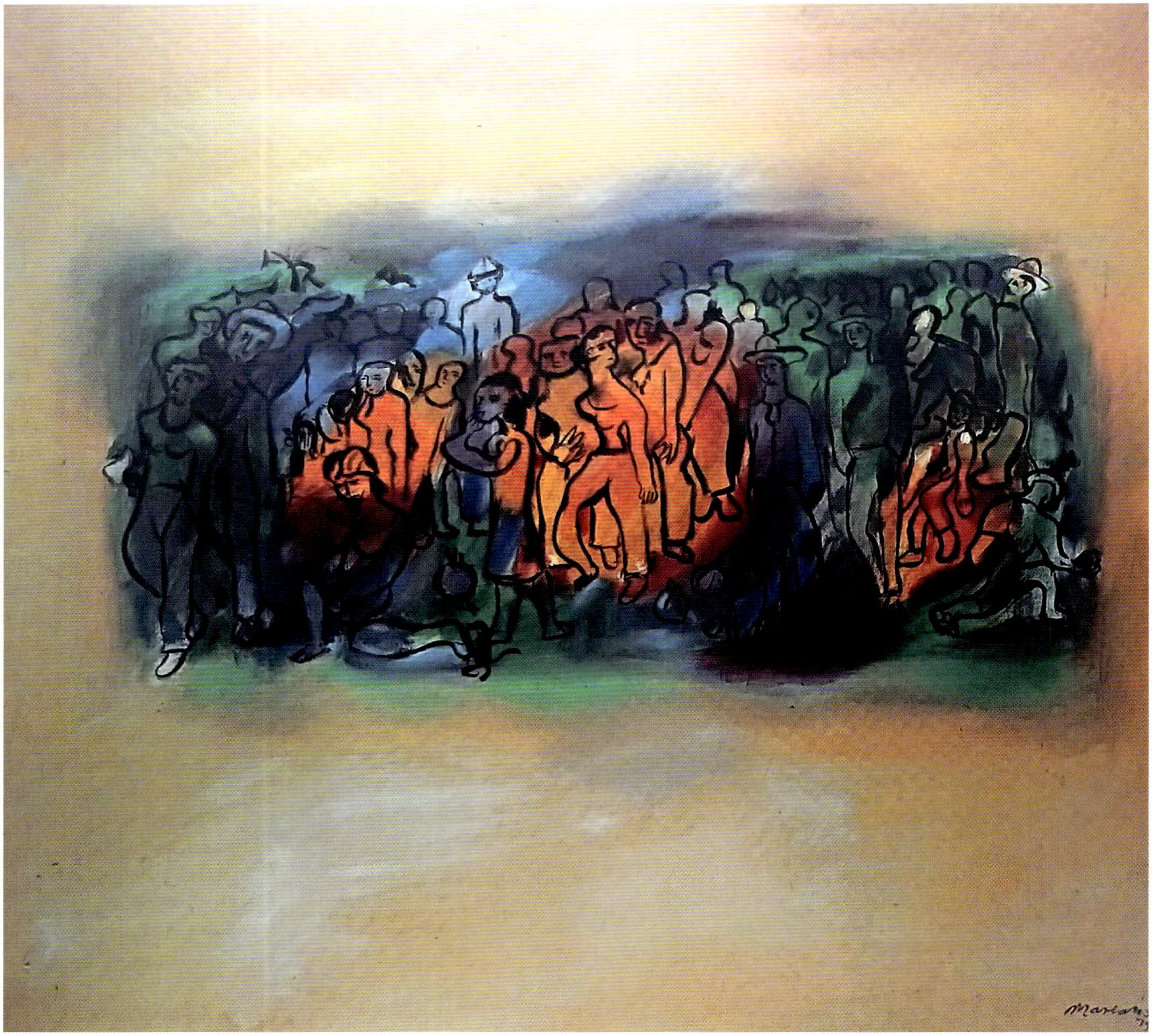

Masas | *Masses*, 1979
acrylic on canvas | acrílico sobre lienzo, 49.2 × 52.8″
Col. Fundación Mariano Rodríguez

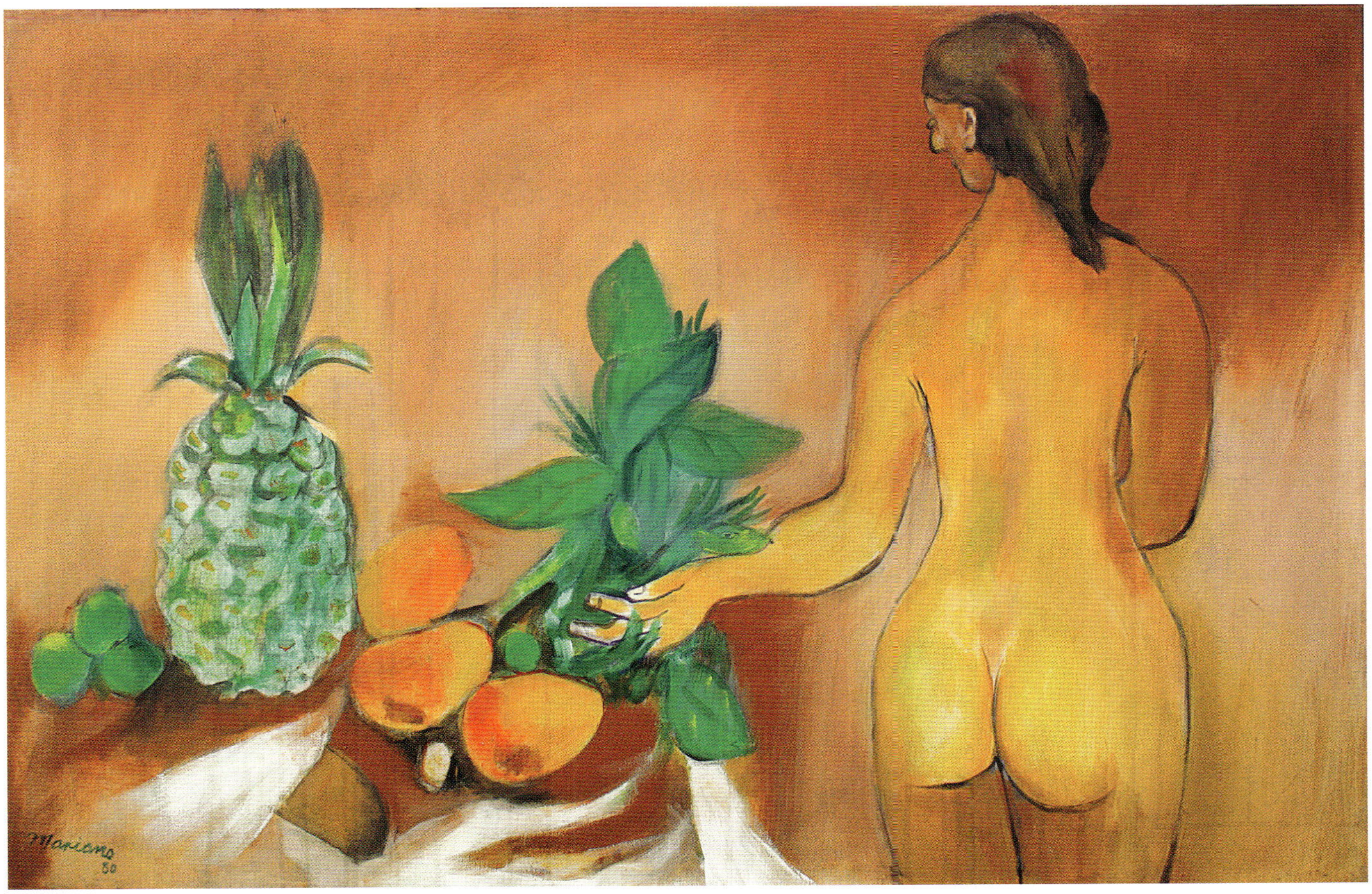

Desnudo con frutas | *Nude with Fruits*, 1980
acrylic on canvas | acrílico sobre lienzo, 31.5 × 47.5″
private collection | colección privada, courtesy of | cortesía de Cernuda Arte

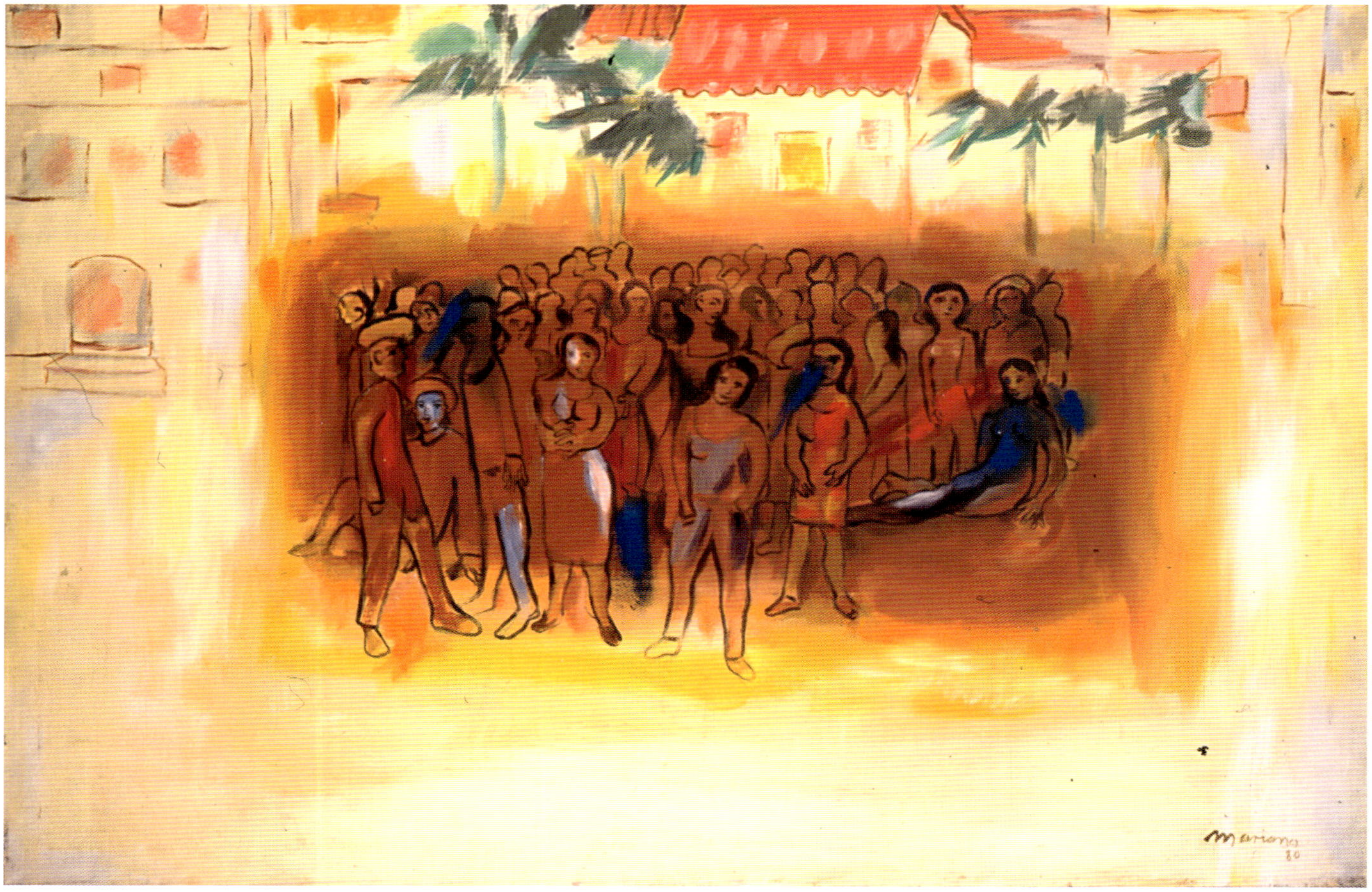

Masas y paisaje | *Masses and Landscape*, 1980
oil on canvas | óleo sobre lienzo, 31.5 × 47.2″
Col. Claussen

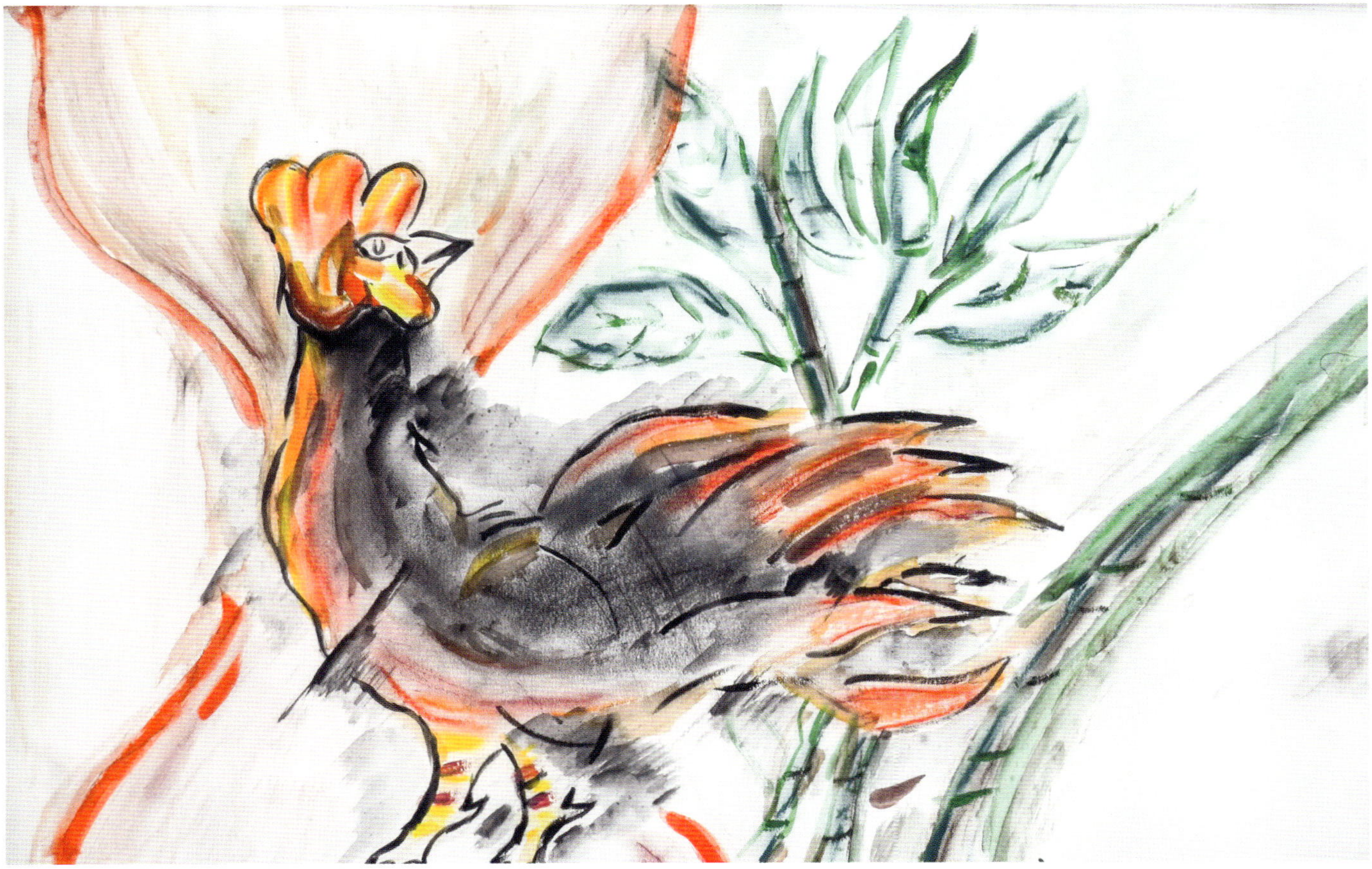

Gallo | *Rooster*, 1981
watercolor and colored pencil on paper | acuarela y lápices de colores sobre papel, 17.6 × 25.5″
Col. Jorge Virgili

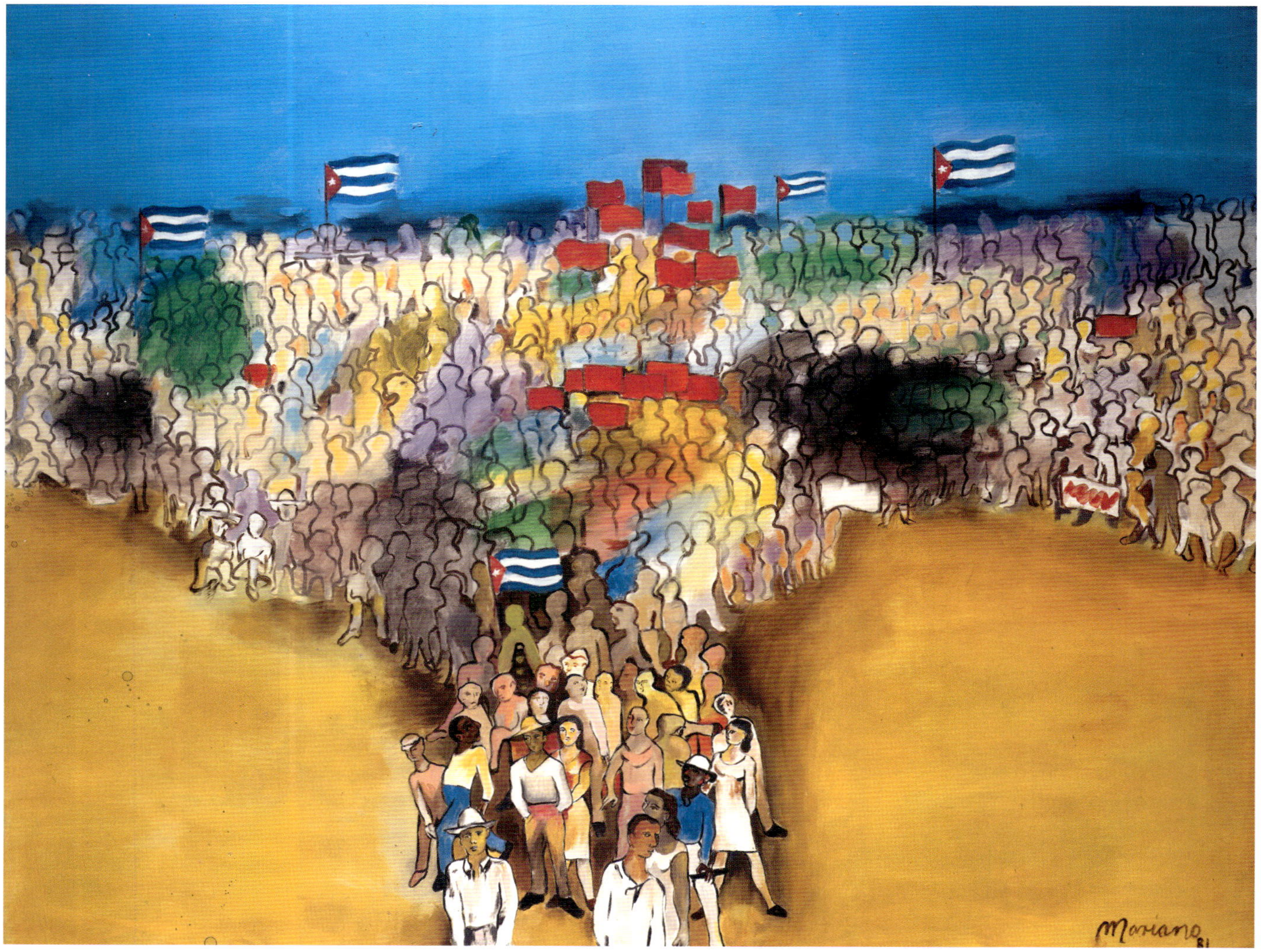

Masas | *Masses*, 1981
acrylic on canvas | acrílico sobre lienzo, 63 × 78.7″
Col. Fundación Mariano Rodríguez

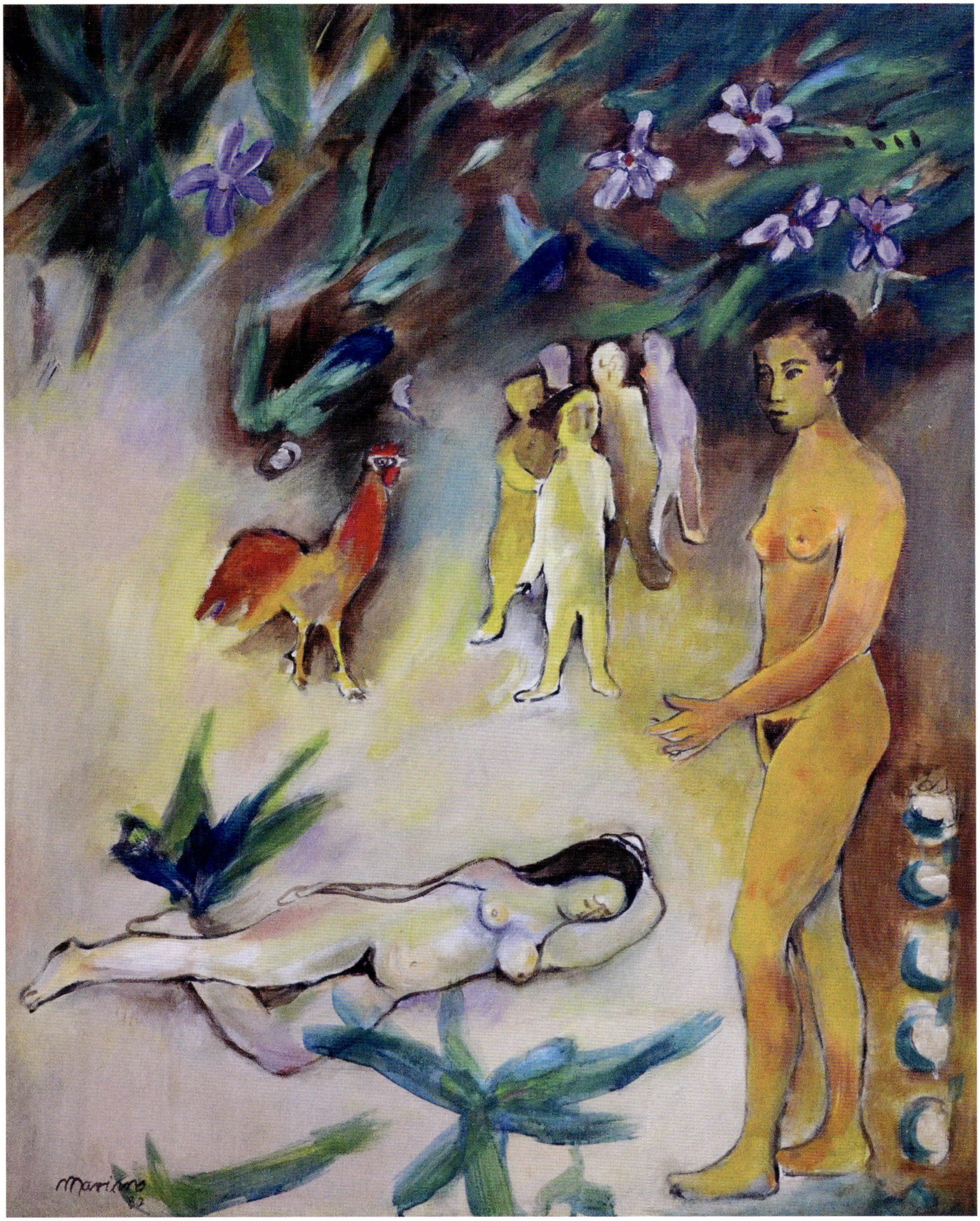

Descanso | *Rest*, 1982
oil on canvas | óleo sobre lienzo, 42.9 × 31.5″
Latin Art Core Gallery

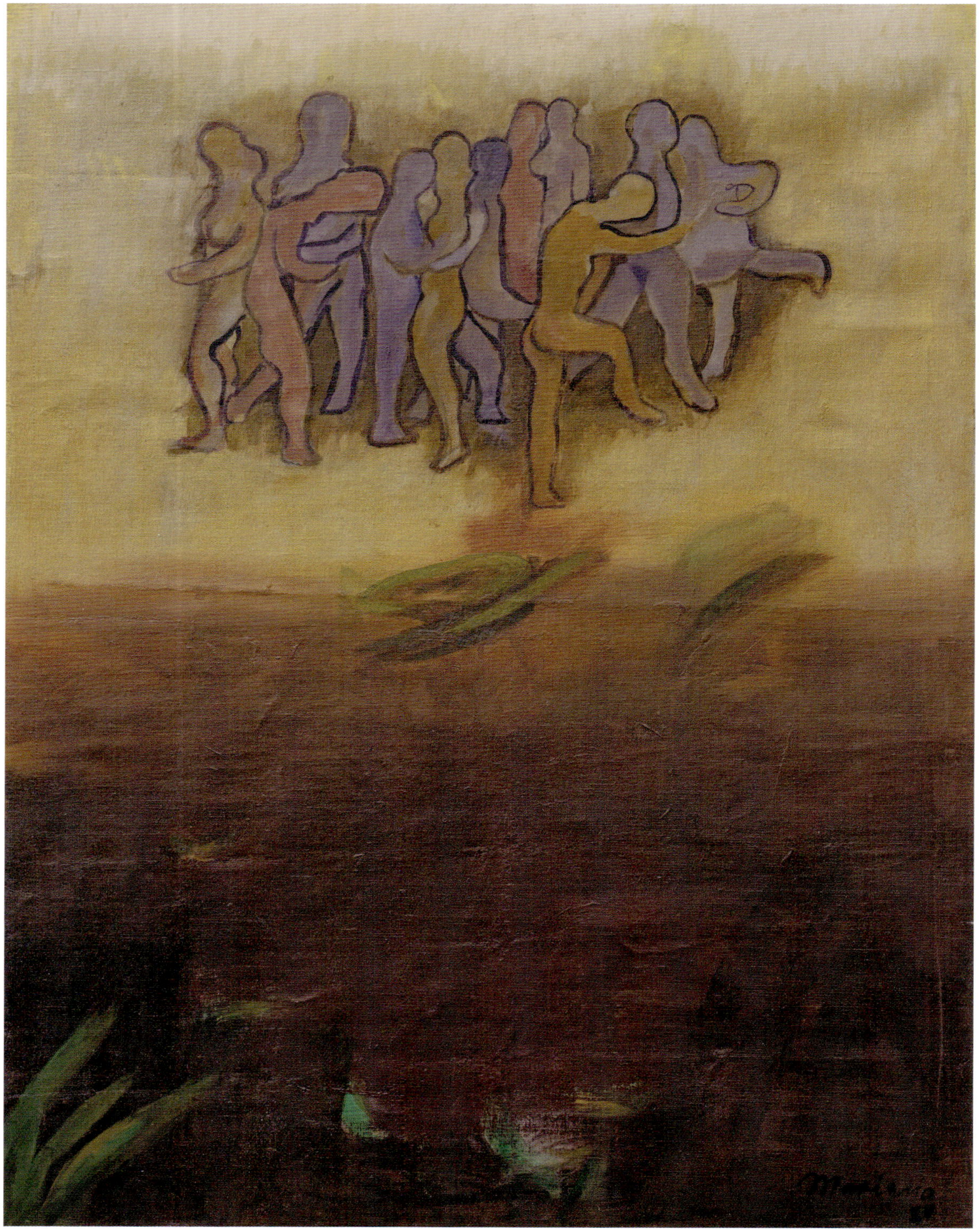

Fiesta del amor no. 3 | *Festival of Love #3*, 1984
acrylic on canvas | acrílico sobre lienzo, 47 × 35.5″
Col. Fundación Mariano Rodríguez

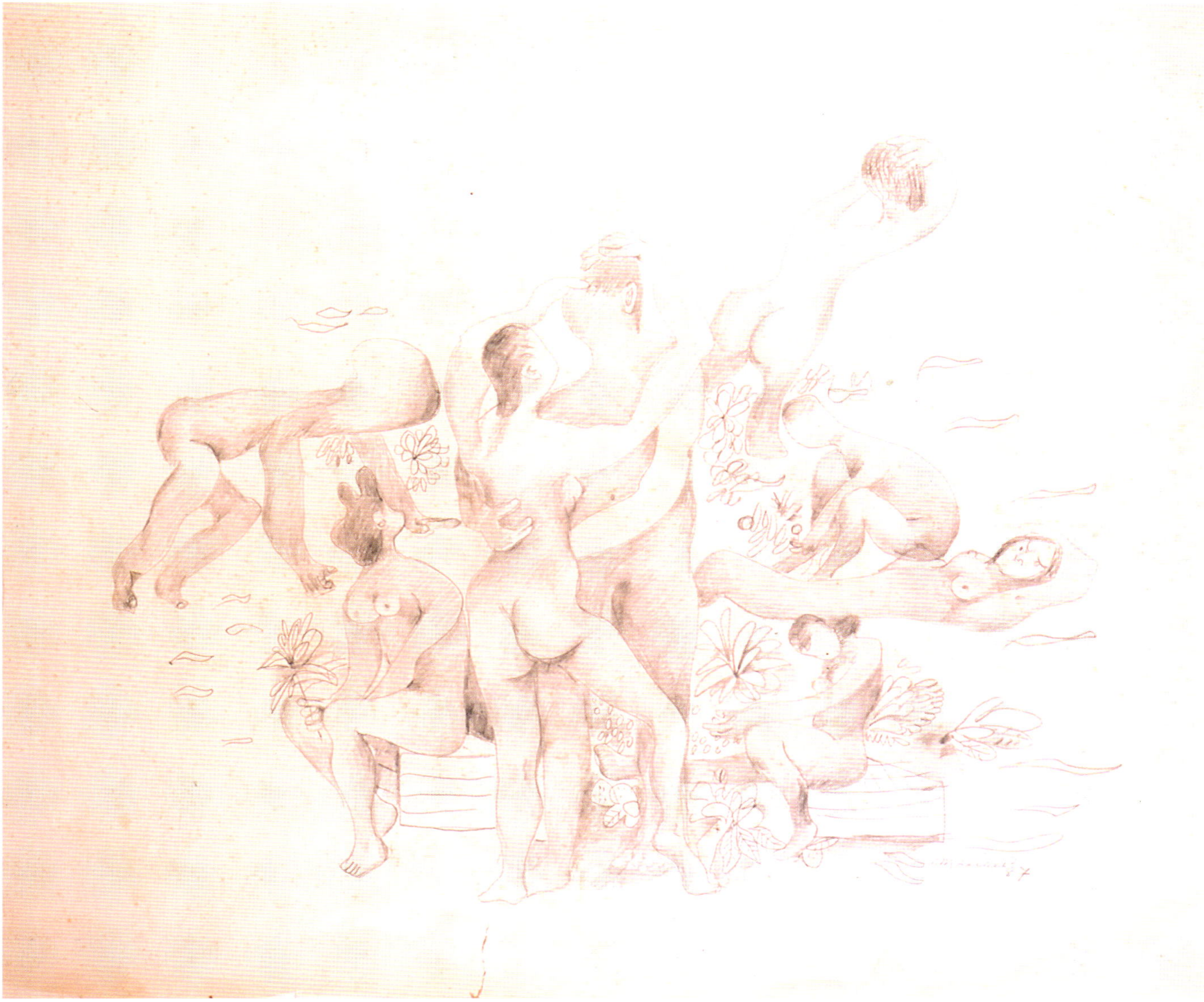

Fiesta del amor | *Festival of Love*, 1987
pencil on cardboard | lápiz sobre cartulina, 28.9 × 40″
private collection | colección privada

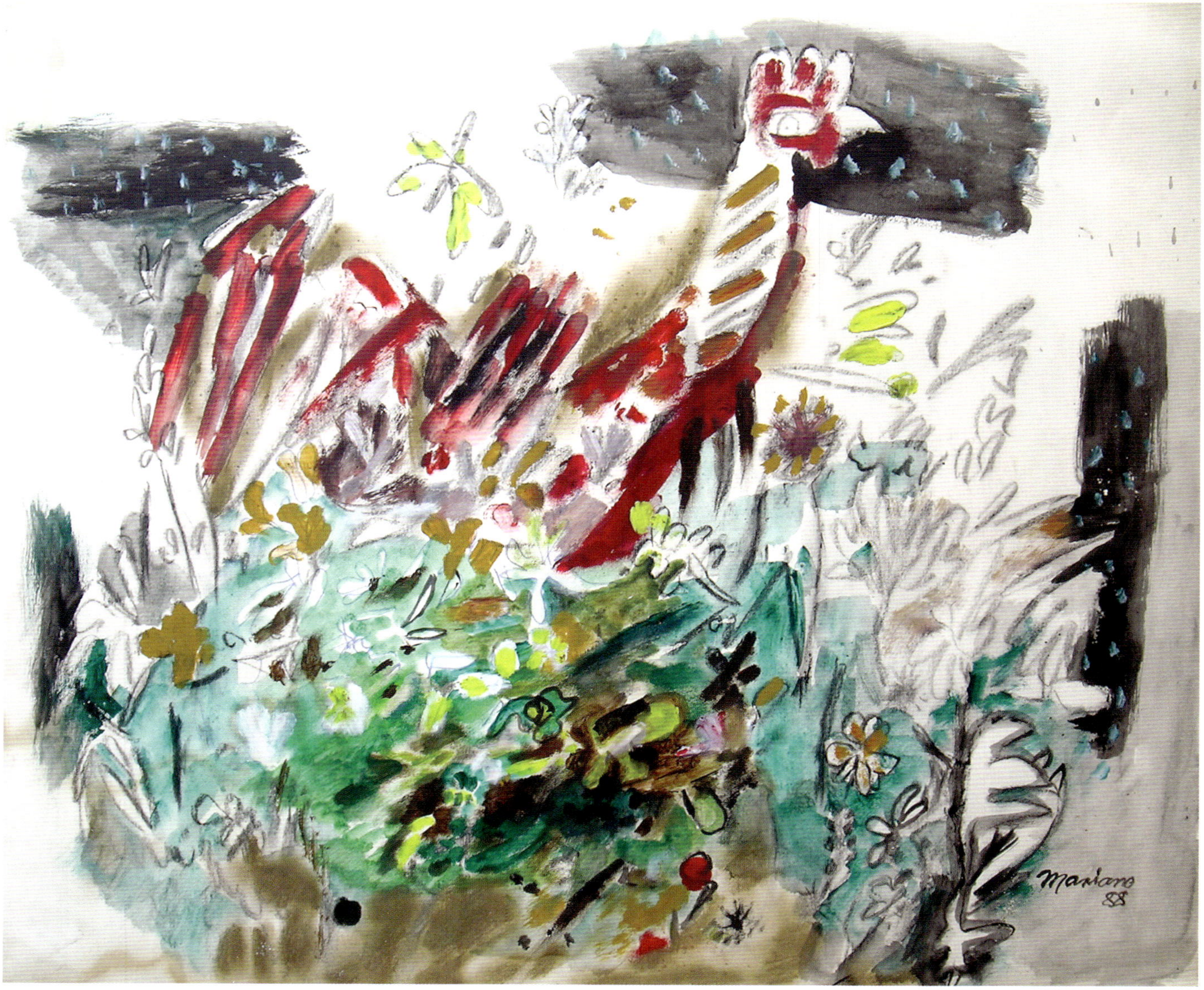

Sin título | *Untitled*, 1988
mixed media on paper | técnica mixta sobre papel, 23.5 × 27″
Pan American Art Projects

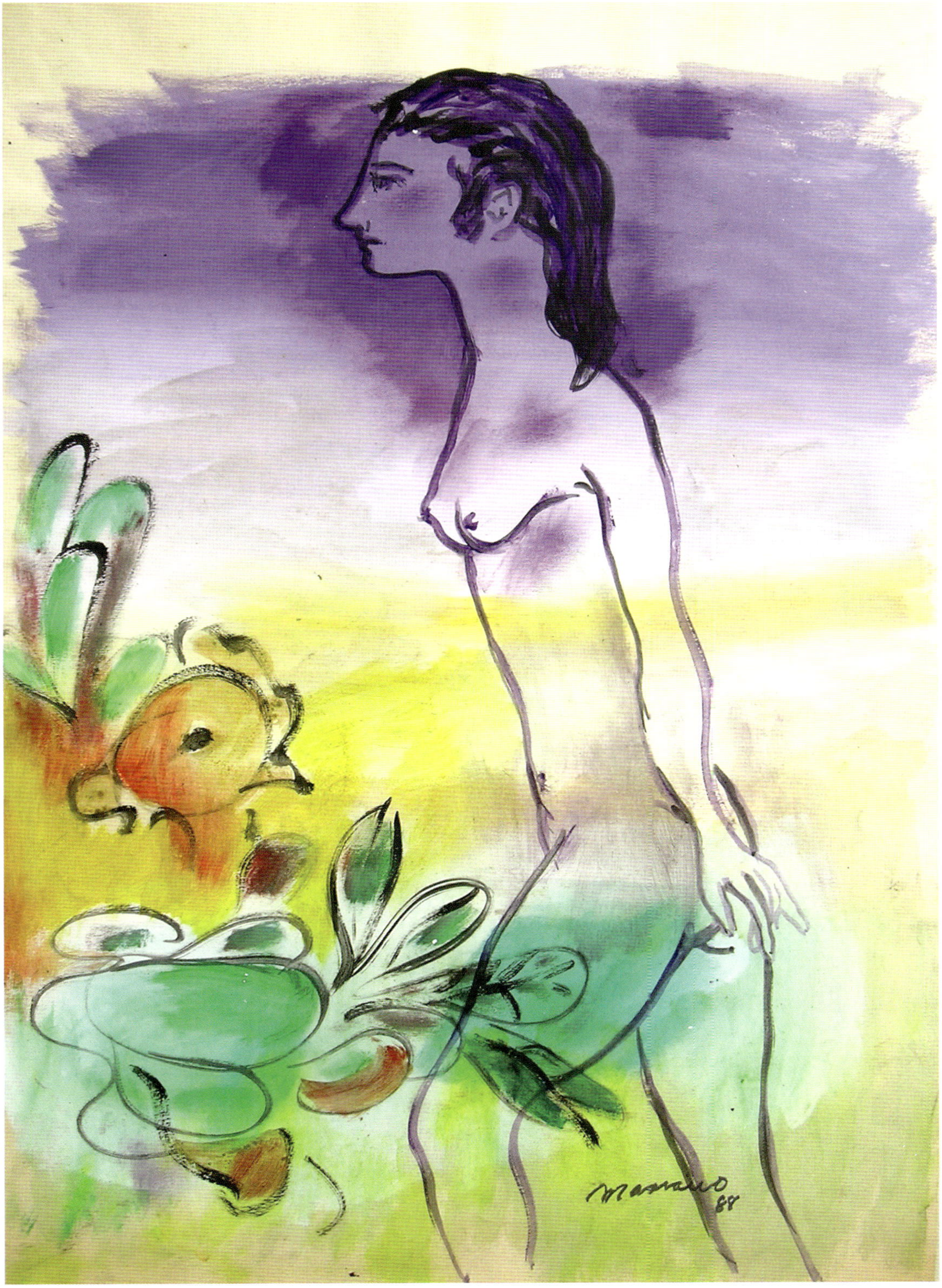

Sin título | *Untitled*, 1988
mixed media on paper | técnica mixta sobre papel, 27 × 23.5″
Pan American Art Projects

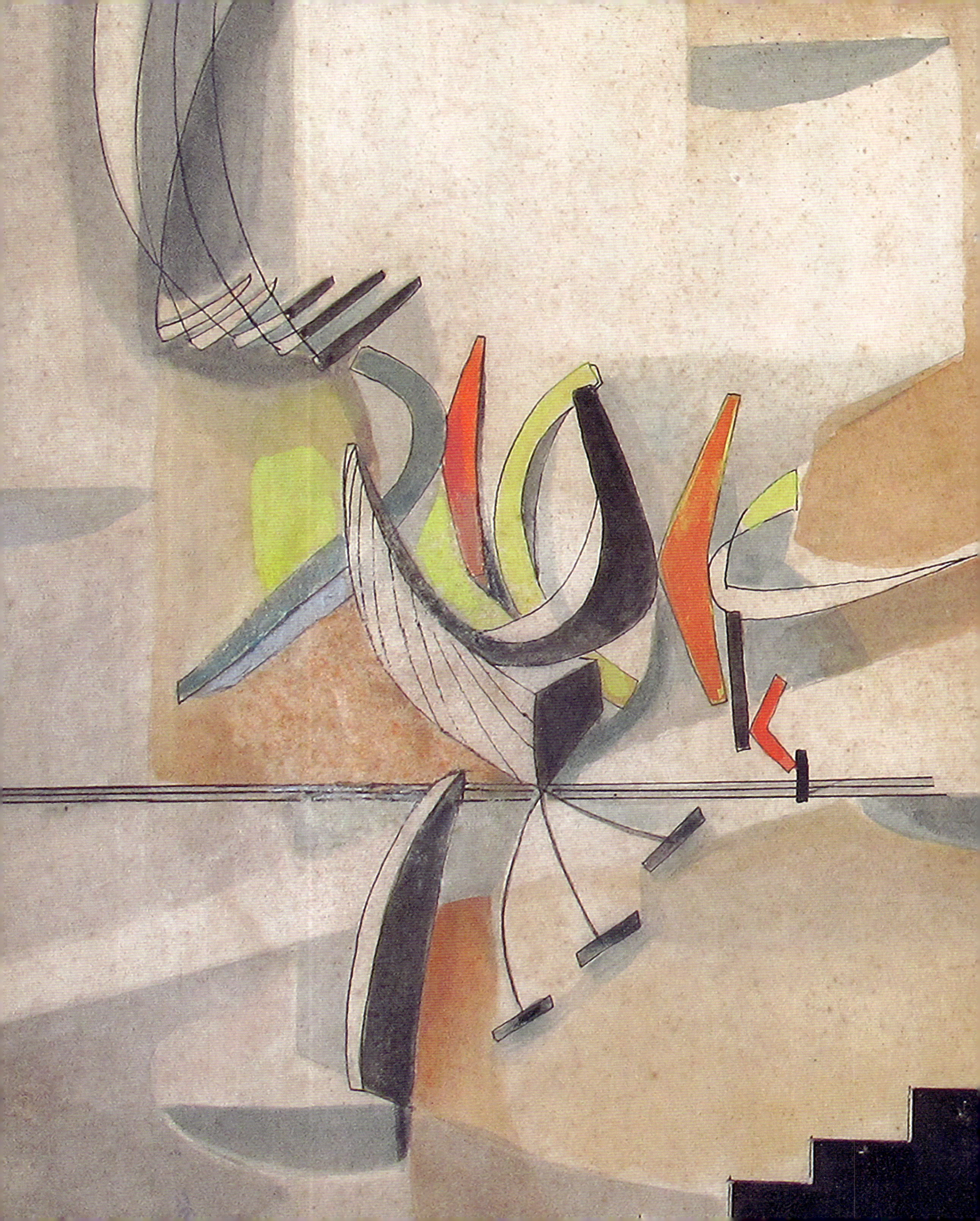